Mathias Walther

AF551905

Automatische Erkennung paralinguistischer Merkmale zur Bewertung der Gesprächsqualität in Callcentern

Zweistufige maschinelle Klassifikation mittels multipler Lernverfahren und perzeptiver Kriterien

TUD*press*

2018

Die vorliegende Arbeit wurde unter dem Titel „Automatische Erkennung paralinguistischer Merkmale zur Bewertung der Gesprächsqualität in Callcentern" am 26. Juni 2017 als Dissertation an der Juristischen und Wirtschaftswissenschaftlichen Fakultät der Martin-Luther-Universität Halle-Wittenberg verteidigt.

Promotionskommission:

Vorsitzender:	Herr Prof. Dr. Taïeb Mellouli (Institut für Wirtschaftsinformatik und Operations Research, Martin-Luther-Universität Halle-Wittenberg)
1. Gutachter:	Herr Prof. Dr. Taïeb Mellouli (Institut für Wirtschaftsinformatik und Operations Research, Martin-Luther-Universität Halle-Wittenberg)
2. Gutachter:	Herr Prof. Dr. Baldur Neuber (Abteilung Sprechwissenschaft und Phonetik, Martin-Luther-Universität Halle-Wittenberg)

Bibliografische Information der Deutschen Nationalbibliothek
Die Deutsche Nationalbibliothek verzeichnet diese Publikation in der Deutschen Nationalbibliografie; detaillierte bibliografische Daten sind im Internet über http://dnb.d-nb.de abrufbar.

Bibliographic information published by the Deutsche Nationalbibliothek
The Deutsche Nationalbibliothek lists this publication in the Deutsche Nationalbibliografie; detailed bibliographic data are available in the Internet at http://dnb.d-nb.de.

ISBN 978-3-95908-124-5

© 2018 Thelem Universitätsverlag & Buchhandlung
GmbH & Co. KG
Bergstr. 70 | D-01069 Dresden
http://www.tudpress.de

TUDpress ist ein Imprint von Thelem
Alle Rechte vorbehalten. All rights reserved.
Gesetzt vom Autor.
Printed in Germany.

Mathias Walther

Automatische Erkennung paralinguistischer Merkmale zur Bewertung der Gesprächsqualität in Callcentern

Zweistufige maschinelle Klassifikation mittels multipler Lernverfahren und perzeptiver Kriterien

TUDpress

Studientexte zur Sprachkommunikation
Hg. von Rüdiger Hoffmann
ISSN 0940-6832
Bd. 89

Für meine Eltern Edeltraud und Roland Walther und in Erinnerung an Jutta Riedel

Danksagung

Auf dem Weg von der Idee bis zur Fertigstellung der Dissertation haben mich viele Personen begleitet, denen ich meinen Dank für ihren Beitrag aussprechen möchte.

Zuerst möchte ich Prof. Dr. Taïeb Mellouli als Mentor und Betreuer der Arbeit für die hervorragende fachliche und persönliche Unterstützung in den arbeitsreichen Jahren am Lehrstuhl für Wirtschaftsinformatik und Operations Research danken. Außerdem danke ich ihm für die Möglichkeit, nach meiner Tätigkeit am Lehrstuhl als externer Doktorand arbeiten und forschen zu können.

Ein besonderes Wort des Dankes möchte ich an meine Kollegen des Seminars für Sprechwissenschaft und Phonetik der Martin-Luther-Universität Halle-Wittenberg richten. Meinem Zweitbetreuer Prof. Dr. Baldur Neuber gebührt der Dank für den wissenschaftlichen Diskurs und die stetige Unterstützung meiner Forschungsarbeit durch Ratschläge und Anmerkungen. In den Jahren der gemeinschaftlichen Arbeit habe ich neue Einblicke erhalten und sowohl meine Arbeit als auch mich persönlich weiterentwickelt. Hierfür möchte ich mich besonders bei Judith Pietschmann bedanken. Großer Dank gilt auch Prof. Dr. Oliver Jokisch von der Hochschule für Telekommunikation Leipzig. Mit seiner Expertise und stets gutem Rat hat er mir die Tür zur Wissenschaftsgemeinschaft geöffnet und mich in meinen Ideen bestätigt.

Die Anfänge dieser Arbeit sind als Teil des Verbundprojekts CoachOST entstanden, das von der damaligen itCampus GmbH geleitet wurde. Daher möchte ich Dr. Andreas Lassmann sowie Lars Nöbel meinen Dank für die gute Zusammenarbeit aussprechen. Des Weiteren danke ich Prof. Dr. Dr. h. c. Wolfgang Lassmann und PD Dr. Axel Stolze für die Unterstützung und Förderung durch das Institut für Unternehmensforschung und Unternehmensführung e. V. an der Martin-Luther-Universität. Für die lehrreichen Einblicke in die Callcenterbranche und für eine zeitweilige Finanzierung meiner Stelle bedanke ich mich außerdem bei Elsbeth Pohl-Roux.

Stellvertretend für alle ehemaligen Kollegen des Instituts für Wirtschaftsinformatik und Operations Research möchte ich mich bei Prof. Dr. Rolf Rogge sowie Uwe Bretschneider, Karsten Helbig, Sebastian Köhler, Hendrik Nieß, Dr. Michael Römer, Thomas Stoeck und Dr. Thomas Wöhner für das stets freundschaftliche Verhältnis und die vielen wissenschaftlichen und nicht-wissenschaftlichen Gespräche bedanken. Außerdem gilt mein großer Dank Andrea Beckmann für die administrative Unterstützung und für ihr offenes Ohr bei vielen kleineren und größeren Problemen.

Besonders möchte ich mich bei allen Freunden bedanken, die mich über die Jahre in meinem Ziel bestärkt und tatkräftig unterstützt haben. Der größte Dank gilt meinen Eltern, die mich auch in schwierigen Zeiten ermuntert haben, mein gestecktes Ziel zu erreichen. Durch ihren beständigen Rückhalt und unermüdlichen Einsatz haben sie Unschätzbares für mich und diese Arbeit geleistet.

Halle, im Januar 2017 Mathias Walther

Zusammenfassung

In der vorliegenden Arbeit wird ein innovatives zweistufiges Klassifikationsframework entwickelt, das auf Basis multipler Modelle für den Sprechausdruck qualitätsinduzierende Kriterien bei Callcentergesprächen mit erklärungsfähigen Regeln prognostizieren kann. Ziel ist die Unterstützung von Trainern und Agenten durch die Erklärung von wahrgenommenen Qualitätseigenschaften. Das System soll dazu Muster in Callcentergesprächen auf der Grundlage sprechwissenschaftlicher Methoden erfassen, Gespräche in Echtzeit auswerten und die gewonnenen Ergebnisse visualisieren. Das Dissertationsvorhaben ist Teil eines interdisziplinären Forschungsprojekts zur Untersuchung der Kommunikationsprozesse in Callcentergesprächen, auf dessen Ergebnisse zurückgegriffen werden kann. Basis der Arbeit ist die wissenschaftliche Analyse und Definition von Kriterien, die eine objektive Bewertung von Gesprächsqualität erlauben. Zentrales Konzept des entwickelten Ansatzes ist die automatische Erkennung sprecherisch-stimmlicher Merkmale des Sprechausdrucks, die als Realisierungsmittel für die intendierte Gesprächswirkung fungieren. Ziel der als Basisklassifikation bezeichneten ersten Stufe des Frameworks ist die bestmögliche Erkennung des Sprechausdrucks. Zu deren Realisierung werden multiple Klassifikationsmodelle trainiert, aus denen mit einem Auswahlverfahren der beste Algorithmus für das Training des Basisklassifikationsmodells selektiert wird. Durch diese Basisklassifikation wird eine symbolische Repräsentation des Sprechausdrucks in textueller Form erzeugt, die sowohl für Experten verständlich ist, als auch von Klassifikationsalgorithmen verarbeitet werden kann. In der zweiten Stufe werden mit Lernverfahren die erkannten sprecherisch-stimmlichen Merkmale zu einer Klassifikation der Qualitätsfaktoren zusammengeführt. Regeln und Entscheidungsbäume bilden die funktionalen Beziehungen zu den relevanten Merkmalen ab und können so anhand der erkannten sprecherisch-stimmlichen Merkmale die wahrgenommenen Qualitätsfaktoren erklären. Die trainierten Entscheidungsbäume werden für sechs Kriterien, die Gesprächsqualität induzieren, detailliert beschrieben und ausgewertet. In umfangreichen Tests wird das Klassifikationsframework statistisch verifiziert. Die Validierung des Frameworks erfolgt in vier Fallstudien. Hierbei wird dessen Fähigkeit untersucht, unbekannte Sprachdaten zuverlässig klassifizieren zu können. Diese ist entscheidend für die Überführung des akademischen Prototyps in ein einsatzfähiges System.

Inhaltsverzeichnis

Abbildungsverzeichnis

Tabellenverzeichnis

Symbol- und Abkürzungsverzeichnis

ER: Erkennungsrate.

F_1: F_1-Wert.

UA: ungewichtete mittlere Erkennungsrate.

f_n: falsch-negativ.

f_p: falsch-positiv.

p_a: p-Wert der Varianzanalyse.

p_b: p-Wert des Binomial-Tests.

p_t: p-Wert des T-Tests.

p_w: p-Wert des Wilcoxon-Tests.

p_{sw}: p-Wert des Shapiro-Wilk-Tests.

r_n: richtig-negativ.

r_p: richtig-positiv.

rnr: r_n-Rate.

rpr: r_p-Rate.

Ada: AdaBoost.M1 (Weka-Implementierung).

afr: Sprachkennung für Afrikaans nach ISO 639.

AUC: Area under Curve.

AzAR: Automat for Accent Reduction.

BN: Bayes-Netz (Weka-Implementierung).

CAL: Computer-Aided Learning.

CAPT: Computer-Aided Pronunciation Training.

CFS: Correlation-based Feature Selection.

CP: Computational Paralinguistics.

CRDI: Continuous Response Digital Interface.

CRISP-DM: Cross-Industry Standard Process for Data Mining.

CRM: Continuous Response Measurement.

CTI: Computer Telephony Integration.

CV: Kreuzvalidierung.

dan: Sprachkennung für Dänisch nach ISO 639.

DBN: Deep Belief Network.

DES: Danish Database of Emotional Speech.

deu: Sprachkennung für Deutsch nach ISO 639.

DM: Data-Mining.

Emo-DB: Berlin Database of Emotional Speech.

eng: Sprachkennung für Englisch nach ISO 639.

EWE: Evaluator Weighted Estimator.

F_0: Grundfrequenz.

GA: Genetischer Algorithmus.

GMM: Gaussian Mixture Models.

HMM: Hidden-Markov-Modell.

IVR: Interactive Voice Response.

J48: C4.5-Entscheidungsbaum (Weka-Implementierung).

JRip: Ripper (Weka-Implementierung).

k-NN: *k*-Nearest-Neighbour.

KDD: Knowledge Discovery in Databases.

KI: künstliche Intelligenz.

KNN: künstliches neuronales Netz.

LLD: Low-Level-Deskriptor.

LMT: Logistic Model Tree (Weka-Implementierung).

LPC: Linear Predictive Coding.

LSP: Line Spectral Pairs.

MFCC: Mel Frequency Cepstrum Coefficients.

MLP: Multilayer-Perzeptronen-Netz (Weka-Implementierung).

NB: Naïve Bayes (Weka-Implementierung).

OCEAN: Openness, Conscientiousness, Extraversion, Agreeableness, Neuroticism.

PBC: Perception-based Classification.

RF: Random-Forest (Weka-Implementierung).

ROC: Receiver Operator Characteristics.

SA: South-Africa Database.

SLD: Speaker Likability Database.

SMO: Sequential Minimal Optimization.

SMOTE: Synthetic Minority Over-sampling Technique.

SNNS: Stuttgart Neural Network Simulator.

SPC: Speaker Personality Corpus.

SRC: Sparse Representation Classification.

SSP: Social Signal Processing.

SVM: Support-Vektor-Maschine.

WI: Wirtschaftsinformatik.

1 Problemstellung, Ziele und Forschungsansatz

1.1 Einführung

1.1.1 Motivation

Sowohl für produzierende Unternehmen als auch für die Dienstleistungsindustrie sind Kundenorientierung und hohe Kundenzufriedenheit wichtige Wettbewerbsfaktoren, um sich von vergleichbaren Konkurrenzunternehmen abzuheben und die eigene Marktdurchdringung zu erhöhen. Zunehmend komplexe Produkte erfordern mehr Aufwand und generieren eine höhere Beratungsintensität. Damit geht eine Steigerung des Personaleinsatzes einher, welche den Kostendruck erhöht und die Produktmargen verringert. Um diesem Zwiespalt entgegenzuwirken und gleichzeitig einfachere Vertriebsaufgaben zu verlagern, wird häufig die Expertise externer, spezialisierter Dienstleister für unterstützende Kundendienstangebote herangezogen. Trotz der wachsenden Nutzung digitaler Medien bleibt das Telefon hierbei das meistgenutzte Kommunikationsmedium [Roc11, S. 29]. Die Hauptlast der Erbringung von Kundendienstleistungen liegt daher bei der Callcenterbranche, die eine wichtige und entscheidende Schnittstelle zwischen Unternehmen und Kunden bereitstellt [Job10, S. 1]. Somit kann eine Trennung zwischen eigentlichem Vertragspartner und extern eingekauftem Dienstleister von den Kunden kaum noch nachvollzogen werden. Die Außenwirkung des Unternehmens wird nun maßgeblich durch die Qualität des Telefongespräches bestimmt. Entsprechend dieser Entwicklung ist der Dienstleistungsmarkt in Deutschland in den letzten Jahren stetig mit ca. 7 % pro Jahr gewachsen. Im Jahr 2009 waren in 5.700 Callcentern 435.000 Mitarbeiter beschäftigt, die täglich 20 Mio. Gespräche führten [Har09, S. 17]. Bis zum Jahr 2013 erhöhte sich die Anzahl der Callcenter auf 6.800 mit insgesamt 520.000 Beschäftigten. Das Gesprächsaufkommen stieg gleichzeitig auf 25 Mio. pro Tag [NH13, S. 66]. Eine gleichbleibend hohe Gesprächsqualität gehört zu den kritischsten Erfolgsfaktoren in modernen Callcentern, da die kommunikative Arbeit der Agenten an der Schnittstelle Auftraggeber–Kunde der Kernprozess eines Callcenters ist [Bos+12, S. 144]. Jährliche Befragungen zum Investitionsbedarf in der Branche offenbaren wachsende Ausgaben für Maßnahmen zur Qualitätssicherung [Gru15; Gru14; Gru13].

Die mündliche Kommunikation stellt hohe Anforderungen an Mitarbeiter im Callcenter, da die Effektivität der Vermittlung von Informationen am Telefon durch die Begrenzung der nutzbaren Kommunikationsmittel eingeschränkt ist. In Telefongesprächen kann die Kommunikation zwischen Kunde und Agent nur über Sprache und Stimme erfolgen. Der im Gespräch von Angesicht zu Angesicht vorhandene und für das Verständnis wichtige visuelle Eindruck, durch den in Form von Mimik und Gestik sprachbegleitend Informationen vermittelt werden, fehlt am Telefon völlig. Zum Führen hochwertiger

Gespräche benötigt der Agent daher sprachliche Gewandtheit und rhetorische sowie sprecherische Kompetenz [FN03, S. 21].

Ein wichtiger Meilenstein auf dem Weg zu einer objektiven Bewertung von Gesprächen ist die Identifikation und Untersuchung von Qualitätsfaktoren. Forschungsergebnisse zeigen, dass Gesprächsqualität nicht isoliert an einzelnen Parametern festgemacht werden kann. Sie ist zu einem großen Teil situativ von der Wahrnehmung des Gesprächsverlaufs abhängig [HN11b, S. 18 f.]. Beispielsweise ist ein Verkaufsabschluss durch den Agenten nicht notwendigerweise auch langfristig betrachtet erfolgreich, da die Möglichkeit besteht, dass der Kunde überredet wurde und den Kauf widerruft. Ebenso ist das Gegenteil denkbar: Ein Agent kann weniger Abschlüsse vorweisen, trägt aber dazu bei, dass sich die Kunden gut betreut fühlen und auf andere Weise Umsatz für den Auftraggeber generieren. Ein positives Kundenerlebnis, sei es eine Problemlösung oder ein proaktiver Produktverkauf, wird in erster Linie durch ein angenehmes und vor allem qualitativ hochwertiges Telefongespräch geschaffen. Die Suche nach Faktoren für ein gutes Gespräch ist zudem eine Frage der eingenommenen Perspektive, die differenziert für Kunden und Callcenter betrachtet werden muss. Der Kunde empfindet ein Gespräch als „gut“ und behält es in Erinnerung, wenn sein Anliegen gemeinsam mit dem Agenten gelöst wurde. Aus der Sicht des Callcenterbetreibers ist ein Gespräch in erster Linie erfolgreich, wenn der Agent interne Richtlinien abgearbeitet und dabei seine Aufgaben erfüllt hat [Pie14, S. 152].

Ungeachtet ihrer hohen wirtschaftlichen Bedeutung ist der Kommunikations- und Interaktionsprozess von Callcentergesprächen bisher unzureichend erforscht und birgt ein großes Verbesserungspotenzial. Die vielen Gespräche, die in modernen Callcentern täglich geführt werden, können nur stichprobenartig von Trainern oder Teamleitern analysiert werden. Daher erhalten die Agenten kein kontinuierliches Feedback über die Qualität der von ihnen geleisteten Kommunikationsarbeit. Die Untersuchung des Gesamtkomplexes der professionellen Telekommunikation ist ein Ziel des interdisziplinären Langzeitprojekts „Erforschung und Optimierung der professionellen Telefonie“. Das vom Seminar für Sprechwissenschaft und Phonetik der Martin-Luther-Universität Halle-Wittenberg mit verschiedenen Partnern durchgeführte Forschungsprojekt untersucht aus sprechwissenschaftlicher Perspektive verschiedene Themengebiete im Bereich der Callcentertelefonie.

Die vorliegende Arbeit leistet einen Beitrag zur quantitativen Erforschung der Sprechwirkung und soll somit eine Brücke zwischen den Forschungsfeldern aufbauen. Es soll gezeigt werden, wie das gewonnene qualitative Wissen über gute Gespräche transformiert und quantitativ verarbeitet werden kann.

1.1.2 Funktion und Aufbau von Callcentern

Lassmann u. a. [LRS06, S. 538] definieren Callcenter als „[...] besondere Organisationsformen zur effizienten Abwicklung kommunikationsintensiver Prozesse.“ Aus der Praxisperspektive gesehen sind Callcenter Orte, an denen in großen Mengen Telefongespräche geführt werden, sowohl ein- als auch ausgehend [Foj08, S. 44]. In Callcentern produzieren die Angestellten, die im Allgemeinen als Agenten oder Operatoren bezeichnet werden, Tele-Dienste. Dies sind solche Dienstleistungen, bei denen Produzent und Konsument räumlich getrennt, aber zeitlich gebunden sind. In einem klassischen Callcenter werden zumeist Telefongespräche sowie Briefe und Faxe beantwortet. Zunehmend werden aber auch E-Mails und Nachrichten aus sozialen Netzwerken verarbeitet. Wenn die Kommunikation multimodal erfolgt, wird oft die Bezeichnung Contact-Center verwendet [HS04, S. 1]. Weiterhin wird häufig Customer-Care-Center als Synonym für Callcenter verwendet [Foj08, S. 44]. Callcenter sind überwiegend in Großraumbüros mit teilweise mehreren Hundert Mitarbeitern organisiert [HS04, S. 1]. Nach der Art der geführten Gespräche wird in Inbound- und Outbound-Betrieb unterschieden. Outbound bezeichnet ausgehende Gespräche, d. h. Agenten des Callcenter rufen Kunden an [DB02, S. 137]. Wenn die Agenten eingehende Anrufe annehmen, wird von Inbound-Betrieb gesprochen [DB02, S. 93]. Callcenter können verschiedene Aufgaben wahrnehmen. Im Inbound sind dies u. a. Notfall und Support, Informationshotlines und Beratung sowie Auftrags- und Bestellannahme. Direktvertrieb, Marktforschung oder Kundenzufriedenheitsanalyse sind Schwerpunkte des Outboundbetriebs [Foj08, S. 47]. Callcenter haben in fast allen Bereichen des öffentlichen Lebens und der Wirtschaft Einzug gehalten. Im öffentlichen Sektor werden beispielsweise Notrufzentralen oder Auskunftsdienste von Verwaltungen über Callcenter betrieben. Callcenter profitieren in hohem Maß vom Wachstum des Versandhandels. Sie dienen Handelsunternehmen und vor allem Versicherungen, Banken sowie Telekommunikationsunternehmen als Hauptinstrument der Kundenkommunikation [HS04, S. 1].

Insgesamt ist in den letzten Jahren eine immer stärkere Durchdringung der Prozesse im Callcenter mit modernen Technologien zu erkennen. Nahezu alle Geschäftsprozesse werden durch IT-Systeme unterstützt. Hierzu werden u. a. Systeme für Kampagnenmanagement, Workforcemanagement, Wissensmanagement und Workflowmanagement eingesetzt [Gru15, S. 52–63]. Daraus ergibt sich eine tiefgreifende Integration der Unternehmensanwendungen und die teilweise oder vollständige Abbildung sprachbasierter Geschäftsprozesse [LRS06, S. 540]. Für die Unterstützung der Agenten bei der Durchführung der Anrufe gibt es umfangreiche technische Lösungen, die als Computer Telephony Integration (CTI) bekannt sind. CTI bezeichnet keine konkrete Technologie, sondern steht vielmehr als Sammelbegriff für Methoden, Standards und Protokolle zur IT-basierten Ausführung der Kernprozesse im Callcenter [LRS06, S. 532]. Im Inbound-Betrieb beginnt der Prozess der Anrufbearbeitung mit dem eingehenden Anruf des Kunden. Die Anzahl der Telefonleitungen und die freien Agenten sind die Begrenzung für die maximal gleichzeitig stattfindenden Gespräche. Wenn alle Leitungen belegt sind, so gelangt der Anrufer in die Warteschleife oder erhält ein Besetztzeichen [HS04, S. 7 f.]. In modernen Callcentern wird ein eingehender Anruf in der Regel von einem automatischen interaktiven System entgegengenommen, das als Interactive Voice Response (IVR) bezeichnet wird [LRS06, S. 537]. IVR-Systeme sind Dialogsysteme, mit denen der Anrufer in der Warteschleife kommunizieren kann. Sie können durch Sprache oder auch durch Tastatureingaben gesteuert werden [Foj08, S. 105]. Beim Warten werden die eingehenden Anrufe durch die automatische Anrufverteilung in eine Warteschlange eingereiht und den

Agenten nach bestimmten Regeln zugewiesen. Die Anrufverteilung kann zum sogenannten Skill-Based-Routing verwendet werden. Hierbei werden die eingehenden Anrufe nach Fähigkeiten des Agenten zugeordnet, z. B. Fachgebiete oder Fremdsprachenkenntnisse [Foj08, S. 47]. Wenn die Leitungen belegt sind, besteht bei einigen Systemen die Möglichkeit, Nachrichten zu hinterlassen. Der Agent muss diese abarbeiten und den Kunden ggf. zurückrufen. Da erfolglose Rückrufe den eigentlichen Bearbeitungsvorgang verlängern, wird die Anrufaufzeichnung wenig verwendet. Im Outbound kann eine automatische Wählanlage die Prozesse effizienter machen und den Agenten von der fehleranfälligen manuellen Nummernwahl entlasten. Weiterhin kann die Auslastung der Agenten erhöht werden, da automatisch ein freier Agent einen bereits begonnen Anruf übertragen bekommt [HS04, S. 7 f.]. Durch die CTI-Technologien wird der Agent beim Führen des Gesprächs mit notwendigen Informationen versorgt. Beispielsweise kann der Kunde über die Telefonnummer identifiziert werden. Daraufhin stellen die Informationssysteme die Kundenhistorie des Anrufers für den Agenten bereit [Foj08, S. 64].

1.2 Forschungsrahmen

1.2.1 Interdisziplinäre Erforschung der Callcenterkommunikation

Die in der Motivation dargestellte Situation in der Callcenterbranche führte im Jahr 2006 zur Initiierung des interdisziplinären Langzeitprojekts „Erforschung und Optimierung der professionellen Telefonie“, in das die vorliegende Arbeit eingebunden ist. Auf Grund der hohen Praxisrelevanz der Callcenterforschung wurde das Projekt mit 25 Partnern initialisiert, darunter ein Unternehmen aus der Softwarebranche sowie mehrere Callcenter. Aktuell werden aufbauend auf den Erkenntnissen der letzten Jahre weitere Teilprojekte durchgeführt, die verschiedene Forschungsschwerpunkte untersuchen [Pie17, S. 1]. Diese werden in Hirschfeld und Neuber [HN11b, S. 12–24] detailliert besprochen und an dieser Stelle kurz skizziert. Forschungsgegenstand ist die Analyse und Verbesserung der für Callcenter wichtigen Basisprozesse eines Gesprächs, mit dem Ziel, die Kommunikation zwischen Kunden und Agenten zu verbessern. Dazu muss zunächst ermittelt werden, durch welche Merkmale ein gutes Gespräch gekennzeichnet ist. Grundlage hierfür sind Sprechwirkungsuntersuchungen, bei denen in Experimenten die Reaktion von Probanden auf Gesprächspassagen erfasst wird. Aus diesem Verhalten können Handlungsempfehlungen generiert werden. Der Sprechausdruck (siehe 2.1.3) bildet hierbei einen großen Forschungsschwerpunkt. Callcentergespräche besitzen besondere Eigenheiten in der Variation des Sprechausdrucks. Bei professionellen Telefongesprächen ist oft eine Diskrepanz zwischen Routine und Individualität zu beobachten. Auf der einen Seite besteht beim Kunden die Erwartungshaltung, individuell beraten zu werden. Dem gegenüber sind die Handlungen des Agenten von hoher Routine geprägt. Neben den sprecherisch-stimmlichen Aspekten ist die rhetorische Gesprächsgestaltung ein Ansatz zur Steigerung der Gesprächsqualität. Aus den ermittelten Kriterien, die in sprecherisch-stimmlicher, rhetorischer und argumentativer Weise die Qualität eines Gesprächs beschreiben, werden wissenschaftlich fundierte Trainingskonzepte erstellt. Diese berücksichtigen sowohl die situativen Eigenschaften der mündlichen Kommunikation im Kontext des Callcenters als auch die sprecherische Ausbildung des Agenten. Als Weiterentwicklung der Forschungsfragen mit Fokus auf Umsetzung in der betrieblichen Praxis wurde Ende 2015 das Unterprojekt „Empathischer serviceorientierter Kundendialog – Deskription und Didaktisierung“ abgeschlossen. Hierin wurden Schulungsmaßnahmen zur Verbesserung von Kommunikationskompetenzen konzipiert und mit aktuellen Methoden aus dem E-Learning umgesetzt [Pie17, S. 1 ff.].

Im Folgenden werden stellvertretend für den Forschungsbereich sechs Abschlussarbeiten vorgestellt, deren Ergebnisse in der vorliegenden Arbeit berücksichtigt wurden. Für weiterführende Erläuterungen zum Projekt sei auf die Sammelbände Hirschfeld und Neuber [HN11a] sowie Neuber und Pietschmann [NP17] verwiesen, welche den aktuellen Stand der sprechwissenschaftlichen Forschung zur Callcenterkommunikation darlegen.

Beier [Bei15]: Die Autorin untersucht in einer empirischen Studie anhand von vier Callcentergesprächen die Wirkung der Agenten auf 31 ungeschulte Probanden. Für die Bewertung wurden keine Kriterien vorgegeben. Daher konnten die Probanden implizit nach ihren individuellen Vorstellungen bewerten. Im Gegensatz zu anderen Untersuchungen wurden die Bewertungen sowohl in der Zeitdimension als auch im Wertebereich quasi-kontinuierlich aufgezeichnet. Die Autorin kommt aus den Ergebnissen der Experimente zu dem Schluss, dass auch ungeschulte Hörer ihren Höreindruck konsistent bewerten können. Die ausgewählten Gespräche und die gewonnenen Daten werden in der vorliegenden Arbeit für eine Fallstudie in Kapitel 5.4 verwendet.

Birner [Bir10]: In der Arbeit wird untersucht, wie sich sprecherisches Routineverhalten in Form von institutionellen Vorgaben auf das Kommunikationsverhalten auswirkt. Die Autorin vergleicht anhand von 34 Callcentergesprächen von vier Agentinnen intra- und interindividuelle Realisierungsformen von Routine. Es wird festgestellt, dass trotz hoher Standardisierung und wiederkehrenden Mustern der Sprechhandlungen keine vollständige Automation des Sprechens festzustellen ist. Die Realisierung von Routine in Callcentergesprächen ist weitgehend individuell geprägt und unterscheidet sich von Agent zu Agent.

Mielau [Mie08]: Ziel der Arbeit ist die Identifikation von phonetischen Parametern, die für eine emotionale Sprechweise im spezifischen Kontext eines Callcentergesprächs charakteristisch sind. Es zeigt sich, dass die relevanten Parameter durch Testhörer nicht eindeutig zuzuordnen sind, da diese neben der Signalisierung von Emotionen noch weitere Funktionen besitzen. Zudem stellt der Autor fest, dass die professionelle Komponente überwiegt und die Gespräche nur zu einem kleinen Teil emotional im Sinne der Basisemotionen geprägt sind.

Pietschmann [Pie08]: In dieser Arbeit wird der Einfluss von Merkmalen der Sprechstimme auf die Wahrnehmung der Persönlichkeit von Callcenteragenten untersucht.

Im empirischen Teil der Arbeit wird gezeigt, dass die Hörer den Sprechern differenzierte Persönlichkeitseigenschaften zuschreiben, obwohl alle untersuchten Gespräche ähnlich strukturiert waren. Weiterhin wird festgestellt, dass sich positiv wahrgenommene Persönlichkeitseigenschaften ebenfalls positiv auf das Gesprächsinteresse des Kunden auswirken. Die von der Autorin gewonnenen Erkenntnisse sind eine wichtige Basis für die vorliegende Arbeit und werden daher wiederholt aufgegriffen.

Sachse [Sac10]: Der Autor untersucht, ob und in welcher Form die sprecherisch-stimmliche Gestaltung von Gesprächseröffnungen Verlauf und Erfolg des Gesprächs beeinflusst. Der empirische Teil der Arbeit zeigt, dass im Korpus von 15 Gesprächen die Eröffnungen von hoher Standardisierung gekennzeichnet sind. In diese gleichbleibenden Muster der Sprechhandlungen werden individuelle Variationen im Sprechausdruck eingebracht.

Rothe [Rot09]: In dieser Arbeit wird anhand von telefonischen Verkaufsgesprächen geprüft, wie sich ein vorformulierter Leitfaden im Gespräch auf das Kommunikationsverhalten von Agent und Kunde auswirkt. Die identifizierten Auffälligkeiten werden funktional interpretiert und eingeordnet.

Ein weiteres Ziel des Projekts ist die Gewinnung von Grundlagenwissen über die Schnittstelle zwischen Mensch und Maschine zur Verbesserung der kommunikativen Abläufe. Darüber hinaus werden Potenziale der automatischen Qualitätskontrolle und deren Grenzen identifiziert und untersucht [HN11b, S. 9]. An dieser Stelle fügt sich die Arbeit des Lehrstuhls für Wirtschaftsinformatik (WI) und Operations Research als Schnittstelle zwischen der Anwendung und der rechentechnischen Umsetzung in das Forschungsprojekt ein. Mit der vorliegenden Arbeit obliegt der WI als gestaltender Wissenschaft die Konzeption neuer Verfahren und deren Integration in Anwendungsszenarien. Aus der technischen und methodischen Perspektive werden aktuelle Ansätze zur automatischen Qualitätskontrolle diskutiert. Weiterhin wird experimentell ermittelt, wie sich nach Kriterien der Sprechwissenschaft annotierte Gesprächsausschnitte mit Klassifikationsverfahren automatisch erkennen lassen.

1.2.2 Status quo des Qualitätsmanagements in Callcentern

Mit den CTI-Systemen werden vielfältige Informationen erfasst, von denen ein Teil für das Qualitätsmanagement genutzt wird. Dies sind vor allem statistische Daten, wie Anrufdauer, Zeit in der Warteschleife oder Anzahl der Kunden, die die Warteschleife vorzeitig verlassen haben [Ben11, S. 337]. Auch die Bearbeitungszeit kann als Qualitätsindikator verwendet werden [ST16, S. 71]. Eine wichtige Kennzahl zur Messung der Leistung eines Callcenters ist das Servicelevel. Es bezeichnet den Anteil der persönlich beantworteten Anrufe innerhalb einer bestimmten Wartezeit. Hierbei werden Werte über 85 % innerhalb von 30 Sekunden als gut angesehen [LRS06, S. 531]. Diese Kennzahl ist nicht immer aussagekräftig, da z. B. Gespräche, bei denen der Agent den Kunden weiterleitet oder einen Rückruf vereinbart, das Servicelevel erhöhen, obwohl das Kundenanliegen nicht gelöst wurde [Ben11, S. 338]. Die Verbesserung der Gesprächsqualität ist ein entscheidendes Mittel zur Steigerung der Kundenzufriedenheit in Servicecentern. Ausgehend von dieser Vorgabe wurden in Callcentern und von externen Trainern viele Coachingkonzepte und Richtlinien für Gesprächsverhalten erstellt. Diese betrachten jedoch meist isolierte Aspekte ohne grundlegende wissenschaftliche Aufbereitung der Wirkungsmechanismen. In den aktuellen Trainingskonzepten wird oft auf unwissenschaftliche Literatur und Erfahrung der Agenten gesetzt, was als „Meisterlehre“ bezeichnet wird [HN11b, S. 9]. Beispielsweise wird von den Callcentern und Trainern der „faire Verkauf“ als eine neue Leitidee propagiert. Kennzeichnend hierfür ist, dass der Agent partnerschaftlich mit dem Kunden umgeht, hinter dem Produkt steht und aktiv das Gespräch durch klare Aussagen und gezielte Fragen führt [Har09, S. 26 f.].

Nach eingehender wissenschaftlicher Analyse, die im Projekt „Erforschung und Optimierung der professionellen Telefonie“ durchgeführt wurde, lässt sich die aktuelle Situation im Callcenter wie folgt zusammenfassen [NH13, S. 71]:

1. Strikte Handlungsvorgaben für die Agenten,
2. Gesprächsleitfäden, die insbesondere im Outbound die Gesprächsstruktur beeinflussen,
3. Kontrolle der Einhaltung der Vorgaben,
4. fortwährende Einübung der Vorgaben durch Trainingsmaßnahmen.

Hauptkritikpunkt ist die fehlende Flexibilität im Gespräch, die durch strikte Handlungsvorgaben (Punkt 1) verursacht wird. Die Vorgaben können lexikalischer oder phonetischer Art sein und sollen nach bestehender Meinung die Gesprächsführung positiv beeinflussen [NH13, S. 71]. Lexikalische Vorgaben werden in Form von Listen mit unerwünschten Wörtern/Wortgruppen und besseren Alternativen als Formulierungshilfe verwendet [NH13, S. 71]. Diese Wörter werden auch als „Stoppwörter“ und „Zauberwörter“ bezeichnet. Stoppwörter sind aus Sicht der Trainer solche, die beim Kunden negative Reaktionen oder einen falschen Eindruck auslösen können. Als Beispiele werden hierfür „billig“, „teuer“ oder „Problem“ genannt. Zauberwörter vermitteln in der aktuellen Trainingsmethodik positive Inhalte. Dies können entsprechend den o. g. Beispielen „günstig“, „wertvoll“ oder „Herausforderung“ sein [Har09, S. 29]. Als phonetische Handlungsvorgabe wird von den Agenten das „Lächeln in der Stimme“ gefordert, das Freundlichkeit signalisieren soll [Fes13]. Telefonische Verkaufsgespräche sind zudem von überholten rhetorischen Gestaltungsmitteln wie Suggestivfragen geprägt [Har09, S. 23 ff.]. Zu den allgemeinen Standardregeln gehört auch die namentliche Ansprache des Kunden. Für diese gibt es teilweise genaue Regeln, wie insgesamt dreimalige namentliche Ansprache des Kunden, jeweils in der Begrüßung, im Hauptteil und in der Verabschiedung [Rot11b, S. 99].

In der Praxis dienen Gesprächsleitfäden (Punkt 2) als Steuerungs- und Kontrollinstrument. Sie sollen die Alternativen im Gesprächsablauf und Reaktionsmöglichkeiten darstellen und dem Agenten als Werkzeug zur aktiven Gesprächsführung dienen. Leitfäden können bis zu zehn Seiten lang sein und in Stichpunkten oder ganzen Sätzen formuliert sein. Neben Text können auch Flussdiagramme den Gesprächsablauf darstellen. Die konkrete Gestaltung und der benötigte Umfang hängen immer vom Projekt bzw. Ziel ab. Bei der Erstellung des Leitfadens muss beachtet werden, dass einerseits zu umfangreiche und strikte Leitfäden zu überstandardisierten Gesprächen führen können, welche die Arbeit des Agenten eintönig werden lassen. Andererseits lassen zu wenig Vorgaben das Gespräch planlos erscheinen und eventuell vom Ziel abkommen [KG10, S. 45 ff.]. Für weitere Details zu Gesprächsleitfäden sei auf Rothe [Rot11a] und Rothe [Rot11b] verwiesen, wo die Auswirkung der Leitfäden analysiert wurde.

Die Kontrolle der Umsetzung der Vorgaben (Punkt 3) kann methodisch durch verschiedene Verfahren unterstützt werden. In Praxishandbüchern wird das Monitoring als wichtigste und effektivste Methode der Gesprächsqualitätssicherung präsentiert [KG10, S. 90]. Monitoring kann in unterschiedlichen Konstellationen als Side-by-Side-Monitoring und stilles Mithören (Silent Monitoring) erfolgen. Beim Side-by-Side-Monitoring führt der Agent im Beisein des Trainers das Gespräch. Das Silent Monitoring erfolgt ohne Wissen des Agenten, in dem sich der Trainer z. B. in ein laufendes Gespräch zuschaltet. Bei beiden Varianten erfolgt nach dem Mithören eines Gesprächs eine Auswertung mit dem Agenten [Foj08, S. 161]. Silent Monitoring hat den Vorteil, dass keine gespielten Situationen, sondern reale Gespräche begutachtet werden können. Nachteile sind die hohen Anforderungen an Vertraulichkeit und Datenschutz. Für die Aufzeichnung von Gesprächen setzt der Datenschutz enge Grenzen, die teilweise einer Automatisierung im Weg stehen [HAN11, S. 77]. Weiterhin kann das Silent Monitoring beim Agenten das Gefühl erwecken, ständig überwacht zu werden, was zu Demotivation führen kann [KG10, S. 95].

Basis für die Gesprächsbewertung ist die für das Projekt oder das gesamte Callcenter festgelegte Definition von Gesprächsqualität. Diese kann je nach Unternehmen oder Projekt höchst unterschiedlich aufgefasst werden. Herter und Stenzel [HS03] beschreiben die Qualität mit fünf Kriterien: (1.) Gesprächsführung, (2.) Beziehung zum Kunden, (3.) Rhetorik/Stilmittel, (4.) Stimme und (5.) Umgang mit schwierigen Kunden [HS03, S. 78]. Die Qualitätsbewertung erfolgt beim Mithören des Gesprächs durch Erfassung und Bewertung von Kriterien in einem Coachingbogen. Abbildung 1.1 zeigt den für die Gesprächsqualität relevanten Ausschnitt. Im Kriterium Rhetorik/Stilmittel sind die oben angesprochenen Handlungsvorgaben bezüglich der Reizwörter und Positivformulierungen zu erkennen.

Um den Agenten bei der Erreichung der definierten Ziele und Qualitätsvorgaben zu unterstützen, werden fortlaufende Trainingskonzepte implementiert (Punkt 4). Wie die Qualitätsdefinitionen sind auch diese Konzepte im Detail unterschiedlich und werden am folgenden Beispiel der „davero call center“ verdeutlicht [FN03, S. 34]. Das Trainingskonzept besteht aus den drei Komponenten Kommunikations-Coaching, Training-on-the-Job und Fachcoaching. Das Kommunikations-Coaching vermittelt Rhetorik und Techniken der Gesprächsgestaltung. Es wird zwei Mal im Jahr und bei jedem neuen Projekt durch einen Trainer durchgeführt. Training-on-the-Job wird vom Teamleiter mindestens vier Mal pro Jahr durchgeführt und ist auf die Ziele der Kampagne ausgerichtet. Das Fach-

Operator: ______________ Anlass: O Bewertung
Coach: ______________ O Simulationstraining
Datum: ______________ O Einarbeitung

Kriterium	Unterpunkt	Projekt	1	2	3	4	5	6	Bemerkung
Gesprächs-führung	Begrüßung								
	Länge des Gespräches								
	Projektinhalte vollständig								
	Erreichen des Projektziels								
	Sicherheit								
	Flexibilität								
	Verabschiedung								
	Gesamt/Durchschnitt:								
Umgang mit schwierigen Kunden	Auffangen von Negativschwingungen								
	Angemessene, persönliche Note								
	Verhalten des Kunden								
	Akzeptanz des Angebotes								
	Gesamt/Durchschnitt:								
Rhetorik/ Stilmittel	Reizwörter								
	Fragetechnik								
	Positivformulierungen								
	Einwandbehandlung								
	Sprachvermögen								
	Gesamt/Durchschnitt:								

Abbildung 1.1: Auszug eines Coachingbogens [aus HS03, S. 82].

coaching prüft die korrekte Vermittlung und Umsetzung der fachlichen Inhalte und wird zwei Mal im Jahr durch einen Fachcoach durchgeführt [FN03, S. 34 f.].

1.2.3 Defizite der Callcenterkommunikation

Der gesamte Bereich der professionellen Telefonie ist äußerst vielschichtig und beinhaltet viele komplexe Prozesse, so dass die Ursachen für das teilweise negative Image der Branche in der vorliegenden Arbeit nur kurz skizziert werden können. Für eine detaillierte und umfassende Beschreibung sei auf die Publikationen der Forschungsgruppe verwiesen.

Grundsätzlich ist die Kommunikationsarbeit in Callcentern differenziert zu betrachten. Der überwiegende Teil der Gespräche verläuft positiv. Jedoch prägen einige Erfahrungen ein allgemeines, eher negatives Bild der Callcenterbranche. Besonders deutlich werden die Defizite im Outbound. Die schlechte Außenwirkung der Verkaufsgespräche wird oft fehlender Kompetenz sowie unmotivierter und phrasenhafter Gesprächsführung seitens des Agenten zugeschrieben [NH13, S. 68]. Besonders bei Outbound-Telefonaten herrscht häufig ein großer Verkaufsdruck, der beim Kunden ein Gefühl von Bedrängung auslöst. Mitarbeiter sind oft in mehrere Projekte eingebunden und wechseln zwischen diesen, was nicht zur Identifikation mit den Zielen beiträgt. In Callcentern, die sowohl im Inbound als auch im Outbound arbeiten, werden meist sogenannte Switch-Agents eingesetzt, die je nach Bedarf wechseln. Dies ist positiv für die Gesamtauslastung des Callcenters, kann jedoch durch das häufige Wechseln zwischen Themen zu erhöhter Frustration beim Mitarbeiter führen [KG10, S. 59]. Besonders im Outbound stellen die Auftraggeber

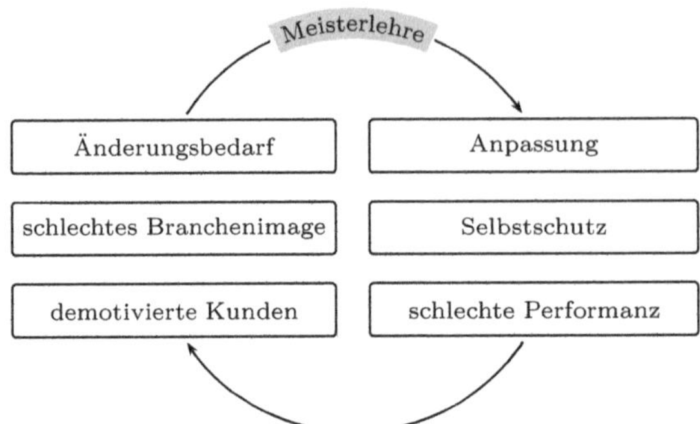

Abbildung 1.2: Teufelskreis der Telekommunikation [nach NH13, S. 72].

bezüglich der zu erbringenden Verkaufserfolge hohe Anforderungen an die ausführenden Callcenter. Gleichzeitig verringern sich die Gewinnmargen. Das Callcenter übt daher wiederum teilweise Druck auf die Agenten aus, die gewünschten Verkaufszahlen zu erreichen. Um die Anforderungen zu erfüllen, gibt der Agent letztendlich den Druck an den Kunden weiter. Für den Agenten ist es schwierig, sich entgegen dem auf ihm lastenden Erfolgsdruck dem Kunden freundlich und aufgeschlossen zu präsentieren [Roc11, S. 54]. Hohe Call-Volumina wirken sich oft negativ auf den Umsatz aus. Bei vielen Anrufen sinkt die Zeit für den einzelnen Kunden und der Aufwand in Vor- und Nachbereitung erhöht sich. Eine hohe Auslastung bei Agenten veranlasst die Verantwortlichen oft zur Einstellung neuer unerfahrener Mitarbeiter [Har09, S. 29].

Die aktuelle Situation führt zu dem in Abbildung 1.2 gezeigten „Teufelskreis der Telekommunikation", der vom Prinzip der Meisterlehre getrieben ist. Die standardisierten Vorgehensmuster der erfahrungsbasierten Trainingsmethoden beachten meist nicht, dass Kommunikation ein individueller Prozess ist. Dies forciert die Reproduktion von Stereotypen durch den Agenten. Dieser fühlt sich in eine künstliche Rolle gezwungen, kann sich mit dieser aber nicht identifizieren und versucht, sich vor den für ihn unpassenden Vorgaben zu schützen. Dies führt zu einer schlechten Performanz des Agenten und zu demotivierten Kunden, die das allgemeine Branchenimage prägen [NH13, S. 70 ff.]. Besonders die telefonischen Verkaufsgespräche haben ein schlechtes öffentliches Image. Verkaufstätigkeit wird oft als anstrengend und manipulativ empfunden. Ein Grund für das negative Image ist die Routine der Gesprächsführung und Argumentation, die mit der großen Anzahl der pro Tag vom Agenten geführten Gespräche zusammenhängt. Neuber und Hirschfeld [NH13, S. 66] bezeichnen dies als „industrielle Gesprächsproduktion". Die Untersuchungen von Birner [Bir11] und Rothe [Rot11b] zeigen, dass die immer wieder nach gleichem Schema geführten Gespräche zu Routinehandlungen auf gesprächsgestalterischer und stimmlicher Ebene führen. Der Kunde erwartet jedoch vom Callcenteragenten als Beratungssuchender besonders bei schwierigen Problemen freundliche, individuelle und nicht zuletzt auch kompetente Beratung [NH13, S. 66].

1.2.4 Neue Ansätze zur Bewertung der Gesprächsqualität

Zusammenfassend betrachtet kann die fehlende wissenschaftliche Fundierung sowohl der Kommunikationsprozesse aus sprechwissenschaftlicher Perspektive als auch der Trainingskonzepte als Haupthindernis bei der objektiven Bewertung von Gesprächen in der professionellen Telefonie identifiziert werden. Daher bildete die Untersuchung von objektiven Kriterien zur Bewertung von Callcentergesprächen einen Forschungsschwerpunkt im Projekt „Erforschung und Optimierung der professionellen Telefonie“ [HN11b, S. 9]. Für sprechwissenschaftliche Untersuchungen im Forschungsprojekt wurden von einer Expertengruppe nach umfangreicher Literaturrecherche und qualitativer Analyse von 840 authentischen Callcentergesprächen sechs phonetische und rhetorische Qualitätsfaktoren ermittelt. Diese Faktoren dienen zur Charakterisierung von Verkaufsgesprächen im Outbound und werden in Abbildung 1.3 verdeutlicht. Für eine detaillierte Beschreibung sei auf die in Meißner und Pietschmann [MP11a], Meißner u. a. [Mei+11] und Pietschmann [Pie11] sowie Meißner und Pietschmann [MP11b] veröffentlichten Ergebnisse verwiesen. Im Folgenden wird auf die für eine automatisierte Qualitätsbewertung relevanten Faktoren eingegangen. Wie bereits dargelegt, ist eine vollständige Erklärung der Merkmale eines guten Gesprächs nicht möglich, da der Qualitätseindruck immer ein Ergebnis der Interaktion und damit situativ geprägt ist. Für andere Gesprächsarten. z. B. Servicegespräche im Inbound müssen die Qualitätsfaktoren bezüglich ihrer Gültigkeit geprüft werden.

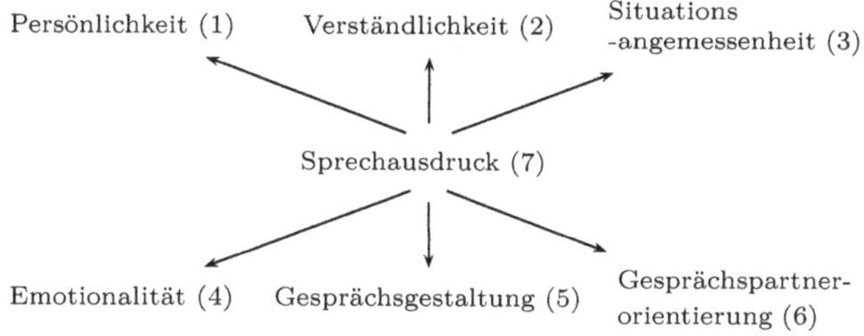

Abbildung 1.3: Phonetische und rhetorische Gesprächsqualitätsfaktoren [nach MP11b, S. 305, ergänzt].

Abbildung 1.3 verdeutlicht die dieser Arbeit zugrunde liegenden Annahmen zu den Wirkungsprinzipien der Sprachrezeption. Im Zentrum steht der Sprechausdruck als Mittel zur sprecherisch-stimmlichen Realisierung der Qualitätsmerkmale. Der Sprechausdruck wird im Abschnitt 2.1.3 intensiver betrachtet. Über die Wahrnehmung der stimmlichen und sprecherischen Merkmale werden dem Agenten Eigenschaften zugeschrieben, die Einfluss auf die wahrgenommene Gesprächsqualität haben. Im Folgenden werden die identifizierten Faktoren der Gesprächsqualität charakterisiert. Eine detaillierte Beschreibung der Gesprächsqualitätsfaktoren kann Meißner und Pietschmann [MP11a] entnommen werden.

Persönlichkeit (1): Persönlichkeit und Authentizität sind von entscheidender Bedeutung für die Qualität mündlicher Kommunikation. Dieser Faktor hat großen Einfluss auf das Gesprächsinteresse und die Gesprächsqualität [Pie11, S. 87]. Die Beziehungsqualität des Gesprächs bestimmen vor allem dem Agenten zugeschriebene Persönlichkeitseigenschaften. Diese beeinflussen nachgewiesen die Arbeitsleistung des Agenten. Die drei Persönlichkeitseigenschaften Gewissenhaftigkeit, Verträglichkeit und Neurotizismus korrelierten dabei signifikant mit der Leistung der Agenten, gemessen am Anteil erfolgreicher Gespräche [Sky+05, S. 96]. Aktuelle Trainingsmethoden und Personalauswahlkriterien stellen besonders Eigenschaften wie Begeisterungsfähigkeit, Motivation, Aufgeschlossenheit und Extraversion in den Vordergrund [MP11a, S. 219]. In der vorliegenden Arbeit wird Authentizität nicht betrachtet, daher wird im Folgenden vereinfachend „Persönlichkeit" anstelle der in Meißner und Pietschmann [MP11a] genutzten Bezeichnung „Persönlichkeit/Authentizität" für den Qualitätsfaktor verwendet.

Verständlichkeit (2): Die Verständlichkeit umfasst als Gesprächsqualitätsfaktor zwei Aspekte. Der erste Aspekt ist das Gesagte selbst, d. h. die inhaltliche Verständlichkeit [MP11a, S. 236 f.]. Der zweite Aspekt ist die sprecherische Realisierung des Gesagten. Verständlichkeit wird von verschiedenen Merkmalen des Sprechausdrucks beeinflusst, z. B. von der Sprechgeschwindigkeit und dem Pausenverhalten. Auf der artikulatorischen Ebene kann die Verständlichkeit mit „deutlich" oder „undeutlich" beschrieben werden.

Situationsangemessenheit (3): Die Situationsangemessenheit beinhaltet Aspekte der sozialen und rhetorischen Kompetenz. Die soziale Kompetenz beschreibt die Fähigkeit, die aktuelle Situation sowie die Erwartungshaltung des Gesprächspartners zu erfassen und darauf eine den eigenen Fähigkeiten angemessene Reaktion zu finden. Die rhetorische Kompetenz äußert sich in der Fähigkeit, die eigene Reaktion stimmlich und sprachlich adäquat zum Ausdruck zu bringen [Har04, S. 50].

Emotionalität (4): Der Grad der Emotionalität muss differenziert betrachtet werden. Der Beschreibung von Emotionalität als Qualitätsfaktor liegt die Kommunikationsfunktion von Emotionen nach Fiehler [Fie90] zu Grunde. Die emotionale Kommunikation beinhaltet den Austausch von Bewertungen und Meinungen [Fie90, S. 36; zit. nach MP11a, S. 234]. Emotionalität ist ein wichtiger Bestandteil der Kommunikationsarbeit. Sie wird genutzt, um Freude und Verständnis oder Enttäuschung zu signalisieren [MP11a, S. 234]. Wie bereits in Abschnitt 1.2.1 dargelegt, hat eine Untersuchung zur emotionalen Sprechweise in Callcentergesprächen ergeben, dass die professionelle Komponente überwiegt und in den Gesprächen nur selten die sogenannten Basisemotionen auftreten [MWD07, S. 107; nach Mie08, S. 42].

Gesprächsgestaltung (5): Die Gesprächsgestaltung gehört zur sozialen Kompetenz und dient zur Lösung von verschiedenen Problemen. In der professionellen Telekommunikation, besonders bei Verkaufsgesprächen, ist die Gesprächsgestaltung dafür kennzeichnend, wie sich der Agent im Gespräch positioniert und mit seinen sprecherisch-stimmlichen Mitteln das Gespräch steuern und kontrollieren kann [MP11a, S. 229].

Gesprächspartnerorientierung (6): Ein wichtiger Aspekt in der aktuell angewendeten Qualitätsdefinition ist die Kundenorientierung bzw. Partnerorientierung [MP11a, S. 221]. Aus betriebswirtschaftlicher Sicht im Kontext des Callcenters bezeichnet Kundenorientierung die ganzheitliche Ausrichtung der Unternehmensprozesse an den Bedürfnissen des Kunden in Dienstleistungsunternehmen. Ziel der Kundenorientierung ist die Schaffung von langfristig stabilen Kundenbeziehungen [Bru09, S. 37]. Die Gesprächspartnerorientierung als Gesprächsqualitätsfaktor konzentriert sich auf das Kommunikationsverhalten des Agenten. Dessen Ziel soll es sein, den Kunden angemessen zu beraten und mit der richtigen Menge und Art von Informationen zu versorgen [MP11a, S. 221]. Die Gesprächspartnerorientierung beschreibt aus sprechwissenschaftlicher Betrachtung, „ob sich eine Sprechäußerung auditiv erkennbar an einen Partner oder auf den Sprecher selbst richtet“ [Bos03, S. 47].

Operationalisierung durch Bewertungskriterien

Zur Operationalisierung der Bewertung wurde ein Kriterienkatalog entwickelt, der die Beschreibung von Qualitätsmerkmalen durch Bewertungskriterien ermöglicht [MP11a, S. 217 f.]. Er ist mit seiner hierarchischen Gliederung auf zwei Ebenen in Anhang A.1.1 wiedergegeben. In der oberen sind die Faktoren der Gesprächsqualität angesiedelt. Darunter befinden sich insgesamt 43 Bewertungskriterien, welche die Qualitätsfaktoren weiter spezifizieren. Entsprechend dem Forschungsansatz besitzt der Sprechausdruck (7) die meisten Kriterien. Für die vorliegende Arbeit wird das Bezeichnungsschema des Katalogs sowohl für Qualitätsfaktoren als auch für Bewertungskriterien durchgehend verwendet. Die Nummerierung der Faktoren wurde in diesem Abschnitt eingeführt. Die Bezeichnung der Kriterien ergibt sich aus der Ziffer für den Qualitätsfaktor und einem Buchstabenkürzel. Auf Basis des Kriterienkatalogs wurde ein Korpus annotiert, mit dem die in dieser Arbeit beschriebenen Experimente durchgeführt wurden. Seine Beschreibung steht im Mittelpunkt von Kapitel 4.2. In Tabelle 1.1 sind die sechs Qualitätsfaktoren sowie der Sprechausdruck mit der Anzahl der zugehörigen Bewertungskriterien vermerkt.

Wegen des umfangreichen Katalogs können nicht alle 43 Kriterien intensiv untersucht werden. Dies gilt sowohl für die theoretische Fundierung, die manuelle Annotation als auch die maschinelle automatische Erkennung. Für den Sprechausdruck wird daher ebenfalls eine Untermenge des vorgestellten Katalogs verwendet, die aus der Analyse des annotierten Korpus hervorgegangen ist. Die nicht berücksichtigten Kriterien sind weitgehend Verfeinerungen der grundlegenden 13 Sprechausdrucksmerkmale, die in Abschnitt 2.1.3 vorgestellt werden. Dies sind z. B. Umfang der Lautheit (7cU) als Verfeinerung von Lautheit (7c) sowie Form (7hFo) und Verlauf (7hV) als Verfeinerung der Sprechgeschwindigkeit (7h).

Tabelle 1.1: Bewertungskriterien und Qualitätsfaktoren des Annotationskatalogs.

Qualitätsfaktor	Bewertungskriterien
Persönlichkeit (1)	5
Verständlichkeit (2)	3
Situationsangemessenheit (3)	3
Emotionalität (4)	5
Gesprächsgestaltung (5)	2
Gesprächspartnerorientierung (6)	6
Sprechausdruck (7)	19
$\sum$	43

Da die Qualitätsfaktoren nicht mit dem Fokus der automatischen Erkennung erstellt wurden, müssen sie für diese Arbeit ebenso wie die untergeordneten Kriterien differenziert betrachtet werden. Bei den Faktoren zeigt sich, dass der vom Gesprächspartner wahrgenommene Eindruck zusätzlich zum Sprechausdruck zu einem großen Teil durch eine interaktive Komponente, z. B. durch Sprecherwechsel beeinflusst wird. Dies ist vor allem bei Situationsangemessenheit (3), Gesprächsgestaltung (5) und Gesprächspartnerorientierung (6) der Fall. Beim Qualitätsfaktor Persönlichkeit (1) und seinen Bewertungskriterien ist der Einfluss von sprecherisch-stimmlichen Merkmalen auf die Wahrnehmung größer als der Einfluss der Interaktionen im Gespräch. Persönlichkeit, bzw. die Persönlichkeitswirkung, ist ein wichtiges Element in der telefonischen Interaktion und wird daher in der Literaturstudie in Abschnitt 2.2.3 gesondert betrachtet. Aus dem Bewertungskatalog werden für diese Arbeit zur Beurteilung der Persönlichkeit die Kriterien Natürlichkeit (1a), Glaubwürdigkeit (1b), Kompetenz (1d) und Sicherheit (1e) verwendet. Weiterhin werden aus der Gesprächspartnerorientierung (6) die Bewertungskriterien Freundlichkeit (6a) und Kooperativität (6c) für die Experimente eingesetzt. Die Freundlichkeit (6a) besitzt einen starken Zusammenhang mit der paraverbalen Ebene. Kooperativität (6c) wurde als Beispiel für einen Qualitätsfaktor mit einem hohen Interaktionsanteil gewählt. Aus der Reduktion des Merkmalskatalogs ergeben sich insgesamt 19 Kriterien, mit denen die Experimente dieser Arbeit durchgeführt werden. Mit den oben genannten sechs Kriterien aus Persönlichkeit und Gesprächspartnerorientierung, die im Weiteren als Kriterien der Gesprächsqualität bezeichnet werden, wird die zweistufige Klassifikation entwickelt.

1.3 Forschungsbeitrag und Ziele

1.3.1 Bedarf für eine automatische Gesprächsbewertung

Nach Betrachtung des Status quo kann resümiert werden, dass die aktuell in Callcentern angestrebte Qualität in erster Linie über richtiges Verhalten definiert wird und sich auf das Abarbeiten von Aufgaben, die Befolgung von Regeln und Vorgaben sowie die Anwendung mutmaßlich erfolgversprechender Praktiken und Tricks durch die Agenten beschränkt [Pie14, S. 155].

Untersuchungen bestätigen, dass den Agenten im Allgemeinen rhetorische Fähigkeiten fehlen. Als Ursache für rhetorische Defizite konnten sowohl mangelnde Schulungsquantität als auch -qualität identifiziert werden [HN11b, S. 21]. Gezielte Schulungen zu Stimme und Sprechausdruck und dem bewussten Einsatz sprecherisch-stimmlicher Ausdrucksmittel gehören nicht zum Standardcoaching. Sie werden nur zur Unterstützung der Interviewer in telefonischen Befragungen der Sozialforschung eingesetzt [BL11b, S. 324]. In der Praxis werden durch die Trainer hauptsächlich Best-Practice-Methoden angewendet, die sich auf Erfahrungswerte beziehen und vorwiegend rhetorische Ziele verfolgen [HN11b, 9f]. Bei der Konzeption neuer Schulungsformen und -inhalte kann nicht bei der althergebrachten Methodik verharrt werden, sondern es sollte im Gegensatz zu den herkömmlichen Trainingsmethoden der gesamte Merkmalskomplex des Sprechausdrucks berücksichtigt werden [Roc11, S. 54].

Für die Messung der Gesprächsqualität existieren bisher nur wenige Arbeiten und keine allgemeingültigen gesicherten Definitionen [Mei+11, S. 200 ff.]. Das Ergebnis und die Qualität der Gespräche werden durch gesprächsgestaltende Fähigkeiten sowie die zwischenmenschliche Interaktion beeinflusst. Zu einem großen Teil wird das Gelingen des Gesprächs durch Wesenszüge und Persönlichkeitseigenschaften des Agenten beeinflusst. Die Wirkung der Persönlichkeit des Agenten kann allerdings durch Standardisierung wie die skriptbasierte Gesprächsführung nicht voll zur Geltung kommen [MP11a, S. 216 f.]. Daher wird die Wirksamkeit der herkömmlichen, wegen ihrer leichten Anwendbarkeit in Callcentern weit verbreiteten, aber nicht wissenschaftlich begründeten Qualitätskriterien angezweifelt.

Neben den aufgedeckten Defiziten in der forschungsmethodischen Fundierung der professionellen Kommunikation stehen vor allem die großen Datenmengen, d. h. die hohe Anzahl der geführten Gespräche, einer vollständigen und kontinuierlichen Evaluation der geleisteten Kommunikationsarbeit im Callcenter entgegen. Trainer können durch den thematisierten allgegenwärtigen Kostendruck die gewünschte Abdeckung beim Abhören nicht sicherstellen. Oft werden weniger als 5 % der geführten Gespräche qualitativ bewertet [HA08, S. 17].

Die Möglichkeit einer automatischen Bewertung von Faktoren, die einen Einfluss auf die wahrgenommene Gesprächsqualität haben, ist somit ein wichtiger Schritt zur Sicherung einer gleichbleibend hohen Qualität und Steigerung der Wettbewerbsfähigkeit des Callcenters. Momentan gibt es keine automatischen Systeme, die Gespräche auf paraverbaler Ebene bewerten. Hierfür lassen sich zwei Hauptgründe identifizieren:

Keine objektive Qualitätsbewertung: Durch den fehlenden wissenschaftlichen Diskurs in der Callcenterbranche gibt es keine einheitlichen belastbaren Definitionen zur Gesprächsqualität. Aufgrund der fehlenden wissenschaftlichen Fundierung der Wirkungsbeziehungen bei der Wahrnehmung von Gesprächsqualität kann deren Bewertung nicht objektiviert und operationalisiert werden.

Keine erklärungsfähigen Verfahren und Merkmale: Automatische Unterstützung für Agenten und Trainer oder Teamleiter ist nur dann wirkungsvoll, wenn die zugrundeliegenden Entscheidungen nachvollziehbar sind. Aktuell verwendete Klassifikationsverfahren können ihre Entscheidungen nicht oder nur unzureichend begründen. Zum einen können Verfahren mit einer guten Klassifikationsleistung ihre Entscheidungen aufgrund ihrer internen Strukturen nicht begründen. Zum anderen können die Signalmerkmale, die durch komplexe mathematische Verfahren extrahiert werden, nur in wenigen Fällen mit einer Semantik versehen werden. Daher kann die komplexe Aufgabe der automatischen introspektablen Bewertung der Gesprächsqualität nur mit der Kombination von Klassifikationsmodellen gelöst werden, die auf verschiedene Aufgaben trainiert sind.

1.3.2 Grundkonzept des zweistufigen Klassifikationsframeworks

In den vorigen Abschnitten wurden die Defizite in der Callcenterkommunikation aufgezeigt und die in intensiver sprechwissenschaftlicher Forschung entwickelten neuen Kriterien zur Qualitätsbewertung vorgestellt. Von diesem Ausgangspunkt wird im Folgenden die grundlegende Idee der zweistufigen Klassifikation erläutert. Das konzeptionelle Modell wurde in Meißner u. a. [Mei+11, S. 189] präsentiert und soll anhand von Abbildung 1.4 veranschaulicht werden. Zur Verdeutlichung der Komplexität der paralinguistischen Spracheigenschaften sind in der Abbildung verschiedene Ebenen des Höreindrucks dargestellt. Die Hausstruktur symbolisiert den hierarchischen Aufbau. Die empfundene Gesprächsqualität als Höreindruck bildet das „Dach". Es vereint verschiedene paralinguistische Merkmale, die Hinweise auf die Gesprächsqualität geben können. Für diese Arbeit werden nur die sechs Kriterien der Persönlichkeit und Gesprächspartnerorientierung untersucht, wie in Abschnitt 1.2.4 erläutert wurde.

In aktuellen Forschungsarbeiten, die in Kapitel 2 betrachtet werden, können einige Merkmale, z. B. Emotionalität und Persönlichkeit in einem begrenzten Rahmen mit Klassifikationsverfahren erlernt werden. Die verwendeten Klassifikationsmodelle arbeiten mit spektralen und akustischen Merkmalen, die aus dem Signal extrahiert werden. Klassifikationsmodelle, die in herkömmlicher Weise aus Signalmerkmalen paralinguistische Eigenschaften erkennen, werden in dieser Arbeit als einstufige Modelle bezeichnet, um sie von dem Konzept der zweistufigen Klassifikation abzugrenzen. Sie sind auf der rechten Seite in Abbildung 1.4 dargestellt. Das Signal, d. h. die Sprachaufnahme in digitaler Form, findet sich daher im Fundament wieder, da die erste Stufe des Klassifikationsframeworks auf der Signalebene aufbaut. Aus dem Signal kann z. B. die Grundfrequenz (F_0) als akustisches Merkmal relativ zuverlässig bestimmt werden [dW09]. Bis auf wenige Ausnahmen sind die Signalmerkmale jedoch schlecht interpretierbar und eignen sich somit nicht für eine erklärungsfähige Klassifikation. Details zur Signalrepräsentation von Audiodateien werden in Kapitel 2.3.4 beschrieben.

Wie Abbildung 1.4 zeigt, nimmt mit zunehmenden Abstand des paralinguistischen Merkmals vom Signal die Prognosefähigkeit der einstufigen Modelle ab, da das Abstrak-

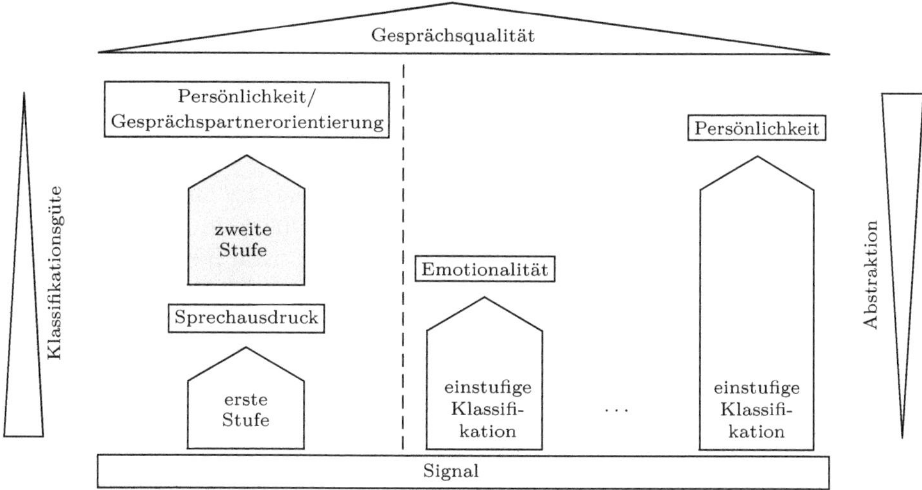

Abbildung 1.4: Konzeptuelles Modell des zweistufigen Klassifikationsframeworks.

tionsniveau steigt und die zu untersuchenden Segmente länger werden. Einstufige Klassifikationsmodelle für paralinguistische Merkmale der oberen Abstraktionsebenen, wie z. B. Persönlichkeitseigenschaften, sind sehr komplex und weisen eine schlechte Erkennungsrate auf [Mei+11, S. 188 f.]. Zwischen der Emotionalität und den Persönlichkeitseigenschaften gibt es noch weitere paralinguistische Merkmale, die je nach Abstraktionsniveau besser oder schlechter auf das Signal zurückgeführt werden können.

Das Konzept der zweistufigen Klassifikation entwickelt die in Abschnitt 1.2.4 präsentierten neuen Ansätze zur Bewertung der Gesprächsqualität weiter. Im Mittelpunkt steht der Sprechausdruck als Realisierungsmittel für die intendierte Gesprächswirkung. Abbildung 1.4 verdeutlicht, dass einzelne Merkmale des Sprechausdrucks durch einen funktionalen Zusammenhang anhand akustischer Größen mit Lernverfahren relativ gut erkannt werden können. Diese einstufigen Modelle werden in 4.3.6 und den darauf folgenden Abschnitten vorgestellt. Sie werden in der Terminologie der vorliegenden Arbeit als Basismodelle der ersten Stufe bezeichnet, da auf ihren Entscheidungen die Modelle der zweiten Stufe basieren. Die Basismodelle nutzen multiple Lernverfahren und setzen das „Divide-and-Conquer“-Prinzip um. Dieses Prinzip beruht auf der Teilung des Gesamtproblems in kleinere, isoliert lösbare Teilprobleme und ist universell anwendbar [SM06, S. 136]. Dies bedeutet, dass für jedes der 13 Sprechausdrucksmerkmale ein separates Klassifikationsmodell trainiert wird. Auf den Entscheidungen dieser Basismodelle baut die zweite Klassifikationsstufe des Frameworks auf. In Abbildung 1.4 sind die Modelle der zweiten Stufe grau gekennzeichnet. Durch die Basisklassifikation wird in der ersten Stufe eine symbolische Repräsentation des Sprechausdrucks nach dem Merkmalskatalog erzeugt. Basierend auf der maschinellen Erkennung von Sprechausdrucksmerkmalen werden die funktionalen Beziehungen zu den relevanten Eigenschaften der Sprechstimme als Regeln oder Entscheidungsbaum generiert. Die zweite Stufe ist sowohl durch die Darstellung in symbolischer Form als auch durch die eingesetzten Klassifikationsalgorithmen erklärungsfähig.

1.3.3 Zielsetzung

Ziel der Arbeit ist die Konzeption, prototypische Realisierung und Evaluation eines zweistufigen Klassifikationsframeworks, das auf Basis multipler Modelle für den Sprechausdruck Kriterien der Gesprächsqualität mit erklärungsfähigen Regeln erkennen kann. Der Fokus liegt dabei in der Erstellung von aussagekräftigen Modellen, die Sprechwirkung im Sinne der Zuschreibung von Persönlichkeitseigenschaften und der Beurteilung von Gesprächsqualität erklären können. Da herkömmliche Methoden dies nicht leisten können, werden neue Ansätze entwickelt, welche die Einbindung des Wissens der Sprechwissenschaft in die mathematisch-technische Entwicklung von Klassifikationsmodellen ermöglichen. Ziel der Klassifikation sind keine möglichst hohen Erkennungsraten, sondern gesamtheitlich erklärbare Entscheidungen. Die Ziele der automatischen Bewertung der Gesprächsqualität und die Hauptmotivation für die Entwicklung des zweistufigen Klassifikationsframeworks lassen sich in vier Punkten zusammenfassen:

- Verständlichkeit,
- Unterstützung für Agenten,
- Unterstützung für Trainer und
- interdisziplinärer Erkenntnisgewinn.

Oberstes Ziel der Entwicklung ist die Verständlichkeit der Klassifikationsmodelle und somit die Nachvollziehbarkeit der Entscheidungen. Wie in Abschnitt 1.2.4 festgestellt, ist dies eine große Schwachstelle bestehender Systeme. Zentraler Gedanke der Zweistufigkeit ist die Transformation von einer numerischen Darstellung der Eingabedaten in eine symbolische Repräsentation. Durch diesen neuartigen Schritt wird es dem Experten möglich, Entscheidungen des automatischen Systems zu verstehen, nachzuvollziehen und gegebenenfalls korrigieren zu können.

Mit diesem innovativen Ansatz lassen sich aus den bereits erkannten Defiziten der Qualitätsbewertung und -kontrolle für Callcentergespräche sowohl Agenten als auch Trainer als Zielgruppe des Frameworks im Praxiseinsatz definieren. Im ersten Einsatzszenario als Bewertungsinstrument für Trainer kann das System als passiver Filter für Gespräche eingesetzt werden. Dies erweitert die Möglichkeiten des Monitorings beträchtlich, da mit aufgezeichneten Gesprächen in einem Stapelverarbeitungsprozess Analysen für eine große Anzahl an Konversationen berechnet werden können. Ein derartiges Klassifikationsverfahren könnte in einem dem Telefonat nachgelagerten Prozess der Qualitätskontrolle positiv und negativ erkannte Abschnitte markieren. Potentielle Kennzahlen sind beispielsweise die Art und Anzahl der vom System erkannten Sprechausdrucksmerkmale. Dadurch wird es möglich, aggregiert über einen längeren Zeitraum z. B. die Entwicklung

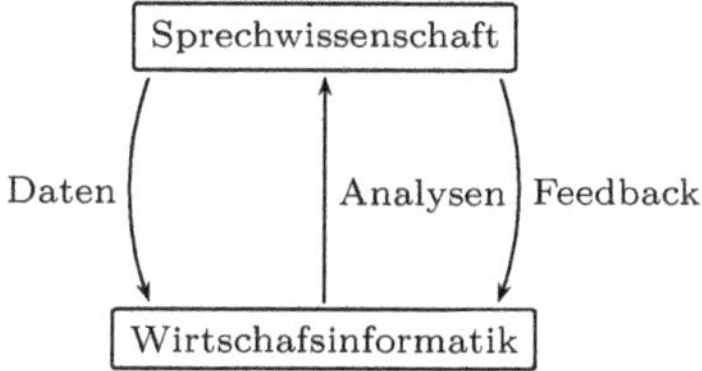

Abbildung 1.5: Feedbackschleife zwischen Sprechwissenschaft und Wirtschaftsinformatik.

des Pausenverhaltens oder der Melodieführung zu monitoren. Aus den Ergebnissen kann der Trainer oder Teamleiter bereits ohne die vollständige Erklärungsfähigkeit des Systems das Gesprächsverhalten beurteilen. Mit dem zweistufigen System kann der Trainer die Gespräche der Agenten gezielt auf Zusammenhänge zwischen Sprechausdruck und der Wirkung im Sinne der Bewertungskriterien der Gesprächsqualität untersuchen. Die Ergebnisse der dem Gespräch nachgelagerten automatischen Analysen sollen den Trainingsprozess unterstützen [HN11b, S. 23]. Die Agenten selbst als zweite Zielgruppe können durch eine Live-Monitoring-Anwendung unterstützt werden. Diese neuartige Funktionalität soll in Echtzeit das Gespräch analysieren und nach Qualitätsmerkmalen klassifizieren. Die Fähigkeit, Entscheidungen des Systems auf Sprechausdrucksmerkmale zurückzuführen, ermöglicht es dem Agenten, während des Gesprächs durch Änderung der Sprechweise einer negativen Wirkung entgegenzusteuern. Um die Vorschläge des Systems umsetzen zu können, muss der Agent gezielt präzise mit seiner Stimme arbeiten können und die Arbeitsweise des Systems kennen. Daher setzt die Nutzung des Systems eine grundlegende Neukonzeption von Trainingsmethoden voraus, die individuell benötigte sprecherische und stimmliche Fähigkeiten vermitteln.

Die Kombination der Fachlichkeit der Sprechwissenschaft mit der integrativen Wirtschaftsinformatik ist durch einen interdisziplinären Erkenntnisgewinn gekennzeichnet, der durch fortwährenden Abgleich von Erkenntnissen und Zielen erreicht wurde. Abbildung 1.5 zeigt die Feedbackschleife, die während der Entwicklungsphase wiederholt durchlaufen wurde. Die Daten repräsentieren das zentrale Element der Forschungsarbeit, sowohl seitens der Sprechwissenschaft als auch bei der Umsetzung in der Wirtschaftsinformatik. Als Daten werden in erster Linie alle mit dem Korpus zusammenhängenden Informationen angesehen. Dies beinhaltet sowohl die digital aufgezeichneten Gespräche als auch zugehörige Metadaten. Die in der sprechwissenschaftlichen Callcenterforschung entstandenen Daten wurden zur Weiterverarbeitung in eine Datenbank eingelesen und analysiert. Der zugehörige Workflow und die entwickelten Skripte sind Gegenstand von Abschnitt 4.3.1. Die datenbankgestützten Analysen ermöglichen die komplette Auswertung der Datenbasis. Deren Ergebnisse liegen beispielsweise den in Meißner und Pietschmann [MP11b] veröffentlichten Untersuchungen zugrunde. Wichtigstes Element der gemeinsamen Forschungsarbeit ist das Feedback von der Sprechwissenschaft zur Wirtschaftsinformatik. Während der Erstellung des Korpus wurde nach Datenanalyse der Annotationskatalog in mehreren Iterationen verfeinert und auf maschinelle Auswertbarkeit geprüft. Weiteres Potential für die Feedbackschleife zwischen den beiden Wissenschaften wird durch die Implementierung und Anwendung des Frameworks realisiert. Somit können mit den Entscheidungsmodellen der zweiten Stufe automatisiert Gespräche analysiert und maschinell erkannte Auffälligkeiten im Sprechausdruck mit auditiven Untersuchungen abgeglichen werden. Die Einbindung von Feedback der sprechwissenschaftlichen Untersuchung in das Klassifikationsframework wird in den Fallstudien I und II in Kapitel 5 untersucht. Durch die deklarative Formulierung von Entscheidungsregeln können durch Experten erkannte relevante sprecherisch-stimmliche Eigenschaften in die Klassifikationsmodelle integriert werden und die Genauigkeit verbessern.

1.3.4 Formale Ziele und Forschungsfragen

Zur Formalisierung der Ziele können in beiden Stufen des Frameworks primäre und sekundäre Klassifikationsaufgaben aufgestellt werden, welche jeweils mit Randbedingungen versehen sind [Her10, S. 67]. Für diese Arbeit werden folgende Klassifikationsaufgaben definiert:

Primäre Klassifikationsaufgabe: Primäre Klassifikationsaufgabe des Gesamtsystems und vorrangig der zweiten Stufe ist die automatische Erkennung und Klassifikation von Gesprächsqualitätsmerkmalen.

Randbedingung: Die Randbedingung der primären Klassifikationsaufgabe ist eine gute Erklärungsfähigkeit der Klassifikationsmodelle zur Ableitung von Hinweisen zur Verbesserung. Dies ist das zentrale Ziel der Arbeit. Erklärungsfähigkeit wird in erster Linie über Entscheidungsbäume und -regeln erreicht.

Sekundäre Klassifikationsaufgabe: Die sekundäre Klassifikationsaufgabe, die in der ersten Stufe angesiedelt wird, ist die Erkennung von Sprechausdrucksmerkmalen.

Randbedingung: Die Randbedingung der sekundären Klassifikationsaufgabe ist die bestmögliche Erkennung. Dies ist entscheidend für die Klassifikationsgüte und die Realisierbakeit der zweiten Klassifikationsstufe. Die Bestimmung des besten Modells für eine Klassifikationsaufgabe ist eine komplexe Fragestellung, auf die in Kapitel 3.4 eingegangen wird. Zur empirischen Bestimmung des am besten für die Klassifikationsaufgabe geeigneten Algorithmus wird nach der in Abschnitt 3.5 erläuterten Methodik vorgegangen. Da die Modellauswahl eine zentrale Entscheidung ist, von der die zweite Stufe abhängt, wird in Abschnitt 4.5.2 ein Experiment beschrieben, das diese Abhängigkeit statistisch untersucht.

Der Gang der Forschung und Entwicklung des Systems wird durch die folgenden sechs Forschungsfragen geleitet. Die ersten drei konzentrieren sich auf die Literaturanalyse in den Kapiteln 2 und 3.

Forschungsfrage 1: Welche Signalmerkmale sind charakteristisch für die Erkennung paralinguistischer Merkmale?

Forschungsfrage 2: Welche Skalierung und Struktur der Daten ist für die automatische Erkennung am besten geeignet?

Forschungsfrage 3: Welche Verfahren erkennen die relevanten paralinguistischen Merkmale am besten?

Die Beantwortung der ersten drei Forschungsfragen legt die methodische und experimentelle Basis für die Entwicklung des zweistufigen Klassifikationsframeworks. Für die Basis der Klassifikationsverfahren wird in Frage 1 untersucht, ob es bestimmte Signalmerkmale gibt, die für die Erkennung von paralinguistischen Merkmalen besonders relevant sind. Forschungsfrage 2 klärt, wie wahrgenommene Kriterien und Eigenschaften, die durch individuelle Präferenzen geprägt sind, für eine automatische Verarbeitung aufbereitet werden können. Es muss untersucht werden, wie abstrakte, nicht messbare Eigenschaften wie „Freundlichkeit" in eine valide und mathematisch auswertbare Darstellung überführt werden können. Darauf aufbauend wird in Forschungsfrage 3 evaluiert, welche Verfahren aktuell zur Erkennung paralinguistischer Merkmale zum Einsatz kommen und welche Vor- und Nachteile diese haben.

Die Forschungsfragen 4, 5 und 6 beziehen sich auf den experimentellen Hauptteil der Arbeit in den Kapiteln 4 und 5. Sie definieren zentrale Anforderungen an das zu entwickelnde zweistufige Klassifikationsframework.

Forschungsfrage 4: Welche paralinguistischen Merkmale, die einen Einfluss auf Gesprächsqualität haben, können mittels Verfahren der Mustererkennung aus dem Sprachsignal hinreichend gut erkannt werden?

Forschungsfrage 5: Ist die Erkennungsleistung der erklärungsfähigen Modelle der zweiten Stufe genauso gut wie die einstufigen Modelle, die auf dem Audiosignal arbeiten?

Forschungsfrage 6: Ist das Klassifikationsframework universell auf andere Korpora und Anwendungsfälle übertragbar?

Die Beantwortung der 4. Frage dient als Voruntersuchung für die Konzeption des zweistufigen Systems. Anhand der Ergebnisse kann beurteilt werden, welche Kriterien aus dem Korpus sich gut für eine automatische Klassifikation eignen. Es wird erwartet, dass Sprechausdrucksmerkmale aus dem Signal besser erkannt werden können als die unter Gesprächsqualität subsumierten Kriterien der Kompetenz und Gesprächspartnerorientierung. Aufgrund des in Abschnitt 1.2.4 herausgestellten Charakters der beiden Qualitätsfaktoren wird weiterhin vermutet, dass sich die Kriterien der Gesprächspartnerorientierung aufgrund der hohen Interaktivität schlechter erkennen lassen als Bewertungskriterien der Persönlichkeit.

Die Evaluation und Validierung des Frameworks erfolgt anhand der Forschungsfragen 5 und 6. Als Basis für die Überführung des prototypischen Systems in einen realen Einsatz im Callcenter muss Forschungsfrage 5 positiv beantwortet werden. Durch die Fokussierung auf die Erklärbarkeit in der zweiten Stufe wird nicht die Maximierung der Erkennungsleistung in den Vordergrund gestellt. Grundsätzlich sind gleich gute

Erkennungsleistungen anzustreben. Für die wissenschaftliche Bewertung der Ergebnisse müssen diese einen Mehrwert gegenüber einer zufälligen Entscheidung darstellen. Um belastbare Ergebnisse zu generieren, muss daher durch statistische Tests abgesichert werden, dass die Erkennungsleistung des Gesamtsystems zuverlässig über dem liegt, was durch Raten erreichbar wäre. Eine weitere wichtige Fragestellung bei der Evaluation ist die Universalität, die Gegenstand von Forschungsfrage 6 ist. Das zu entwickelnde System soll als Framework den Rahmen für die Adaption der Modelle an verschiedene Einsatzszenarien bieten.

1.3.5 Übersicht der Forschungsgebiete

Das menschliche Kommunikationsrepertoire beinhaltet auditive und visuelle Komponenten, wie Sprechbewegungen, Gesichtsaudruck oder Körperhaltung des Sprechers [NP86, S. 242; Vin+08, S. 1063]. In einer Untersuchung wurde belegt, dass Entscheidungen zu 7 % auf der Wortbedeutung, zu 38 % auf Stimmeindruck und Sprechausdruck und zu 55 % auf dem Gesichtsausdruck des Kommunikationspartners beruhen [MW67; zit. nach Kre+91, S. 75 f.]. Ein wichtiger Teil der menschlichen Kommunikation wird somit neben der Sprache durch das Gesicht mit Mimik und Gestik vermittelt. Über diese Kommunikationskanäle werden die Informationen als sogenannte soziale Signale transportiert, die Ausdruck und Kommunikationsmedium von sozialer Intelligenz und elementarem Sozialverhalten sind. Sozialverhalten umfasst Zustimmung und Ablehnung sowie Empathie und Höflichkeit [VPB09, S. 1743]. Abbildung 1.6 zeigt die verschiedenen Formen der sozialen Signale. Gegenstand der vorliegenden Arbeit ist die Erkennung und Klassifikation von paralinguistischen Merkmalen. Diese existieren losgelöst von den linguistischen Inhalten und umfassen Sprechereigenschaften, wie Physiologie, Emotionen, Sprechgewohnheiten, Gesundheit und Dialekt [SB14a, S. 3]. Abschnitt 2.2.2 ist der Charakterisierung für diese Arbeit relevanten paralinguistischen Merkmale gewidmet. Zu den Lautäußerungen gehören neben paralinguistischen Merkmalen auch Sprache, Interjektionen und nichtverbale Äußerungen. Interjektionen sind Partikel wie „ach“, „hm“, „pfui“, etc. und dienen dem Ausdruck spontaner Emotionen [Gal+11, S. 597]. Häufig wird auch „Empfindungswort“ verwendet. Interjektionen sind durch die fehlende

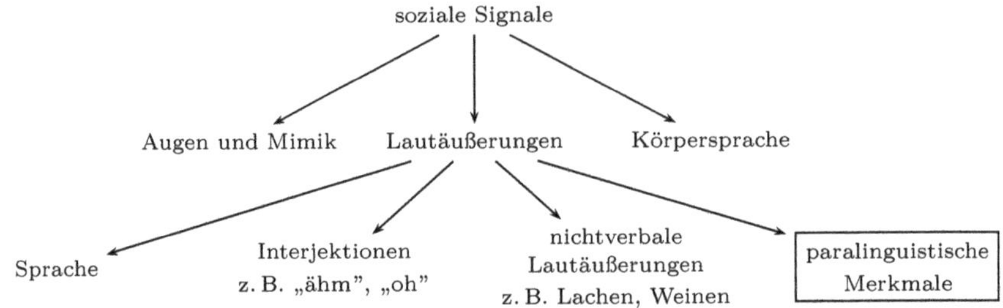

Abbildung 1.6: Taxonomie der sozialen Signale [nach Sch07, S. 54; Sza07, S. 12].

Bindung zum übrigen Satz gekennzeichnet [Nüb04, S. 13]. Nichtverbale Äußerungen, z. B. Lachen, Interjektionen oder gefüllte Pausen, können mit der gleichen Methodik wie paralinguistische Merkmale verarbeitet werden und sind daher in die Literaturanalyse eingeschlossen.

Zu den sprachlichen Äußerungen ist auch die geschriebene Sprache zu zählen, deren Verarbeitung Gegenstand von Spracherkennung und Sprachverarbeitung ist. Die Sprachverarbeitung beschäftigt sich mit dem semantischen Verstehen von Texten meist in schriftlicher Form. Die Grundlage dafür ist eine syntaktische und lexikalische Analyse des Textes [PK08, S. 5]. In einigen Arbeiten, die sich mit der Erkennung von Sprechermerkmalen beschäftigen, werden linguistische Eigenschaften genutzt, die aus geschriebenen Dokumenten extrahiert werden [Mai+07; MW06b; MW06a]. Diese Verfahren erfordern eine vollständige Verschriftung des Korpus. Im Forschungsprojekt „Erforschung und Optimierung der professionellen Telefonie“ steht die Analyse sprecherisch-stimmlicher Eigenschaften im Vordergrund. Daher werden die Spracherkennung und -verarbeitung im Rahmen dieser Arbeit nicht näher betrachtet.

Einordnung der verwendeten Methoden

Das Thema des Dissertationsprojekts verbindet als Arbeit der Wirtschaftsinformatik die künstliche Intelligenz (KI) und die fachliche Anwendung. In der Wirtschaftsinformatik wird zwischen Daten-, Informations- und Wissensverarbeitung unterschieden. Datenverarbeitung bezeichnet im engeren Sinn die Verarbeitung von Daten durch einen Computer [SH99, S. 13]. Daten sind maschinell interpretierbar und besitzen keine Bedeutung. Erst durch einen Interpretationsprozesses entstehen Informationen, d. h. Daten mit Bedeutung. Informationen beschreiben Sachverhalte und Vorgänge und sind in der Wirtschaftsinformatik handlungsbestimmend [LRS06, S. 215]. Wenn die Informationen erlernt werden, so wird dies als Wissen definiert [AN95, S. 197; LPR01, S. 254]. Charakteristisch ist, dass die Verarbeitung von Informationen nur mit den verwendeten Algorithmen erklärt werden kann und der Verarbeitungsablauf explizit festgelegt ist [LRS06, S. 50]. Abbildung 1.7 stellt den Zusammenhang von Daten, Information und Wissen sowie den Transformationsschritten dar. Im Sinne der Wissenspyramide bewegen sich die aktuellen akademischen Projekte zur Erkennung paralinguistischer Sprachmerkmale auf den Ebenen Information und Wissen. Mit den etablierten Klassifikationsverfahren lassen sich nur eingeschränkt in der Anwendungsdomäne Entscheidungsregeln aus generiertem Wissen ableiten. Als etablierte Verfahren können Assoziationsregeln oder Entscheidungsbaumverfahren prinzipiell nachvollziehbare Klassifikationsmodelle erzeugen [Sch06, S. 76]. Entscheidend für die Aussagekraft der Regeln sind die Attribute und ihre Berechnung. Wenn diese nicht für den Menschen (Experten) nachvollziehbar sind, können auch die Regeln bzw. Handlungsvorschläge nicht umgesetzt werden. Das Handeln als kognitiver Prozess ist ein zentraler Bestandteil der künstlichen Intelligenz, da es die Interaktion mit der Umwelt ermöglicht [RN04, S. 21]. In den aktuell eingesetzten Verfahren zur automatischen Klassifikation paralinguistischer Merkmale findet dies keine Beachtung. In Abschnitt 1.3.3 wurde die Unterstützung von Agent und Trainer als Ziel dieser Arbeit besprochen. Dazu

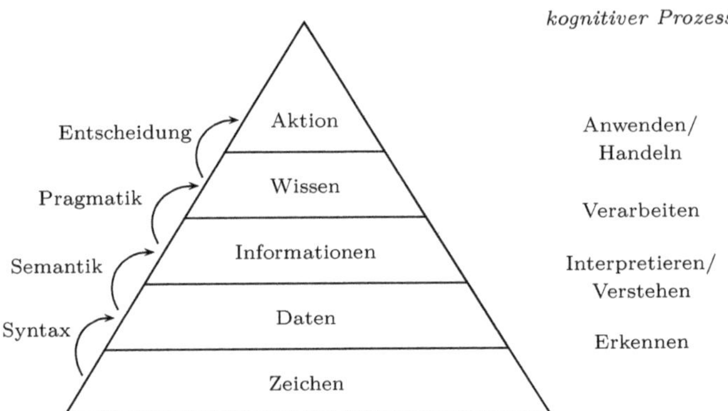

Abbildung 1.7: Wissenspyramide [nach Fuc10, S. 37, ergänzt].

werden vom Klassifikationsframework regelbasiert Handlungsempfehlungen generiert. Wie in Abbildung 1.7 deutlich wird, überdeckt das konzipierte Klassifikationsframework in seiner Zweistufigkeit alle Pyramidenstufen. Um aus den verfügbaren Daten, d. h. dem aus Zeichen bestehenden digitalisierten Sprachsignal, das als Pyramidenbasis dargestellt ist, die anwendbaren Regeln an der Pyramidenspitze zu erhalten, müssen alle Ebenen und deren Transformationen durchlaufen werden. Die verwendeten Verfahren und Methoden sind den Bereichen künstliche Intelligenz, Mustererkennung und Data-Mining zuzuordnen und Gegenstand von Kapitel 3.

1.4 Vorgehen

1.4.1 Struktur der Arbeit

In Abbildung 1.8 sind die Bestandteile des Klassifikationsframeworks dargestellt. Die Gesamtsicht wird als zusammenfassendes Element gesehen, das von vier Säulen gestützt wird. Im unteren Teil ist die integrative Funktion der WI veranschaulicht. Sie verbindet die Seite der Anwendungswelt, d. h. die Bewertung von Callcentergesprächen, mit der methodischen KI-Welt, die Verfahren bereitstellt. Die Erörterung der Grundlagen für die technischen Komponenten sowie die Skizzierung der Forschungsinhalte der Sprechwissenschaft erfolgt in den ersten beiden Kapiteln. Nach der Einführung in diesem Kapitel wird der begriffliche Bezugsrahmen für die vorliegende Arbeit geschaffen. Danach werden in Kapitel 2 zunächst die Grundlagen von Sprachproduktion und -perzeption durch den Hörer erläutert. Dabei wird besonders auf die Eigenschaften der Sprechstimme und die in Abschnitt 1.3.4 eingeführten Merkmale des Sprechausdrucks eingegangen, da diese die Grundlage des gesamten Vorgehens bilden. Weiterführend erfolgt die Vermittlung der erforderlichen Grundlagen der Signalverarbeitung. Da dies außerhalb des Fokus der Arbeit liegt, ist dieser Abschnitt sehr kurz gehalten. Darauf folgend wird in Kapitel 2.2 eine Übersicht über den Stand der Forschung bei der automatischen Erkennung von

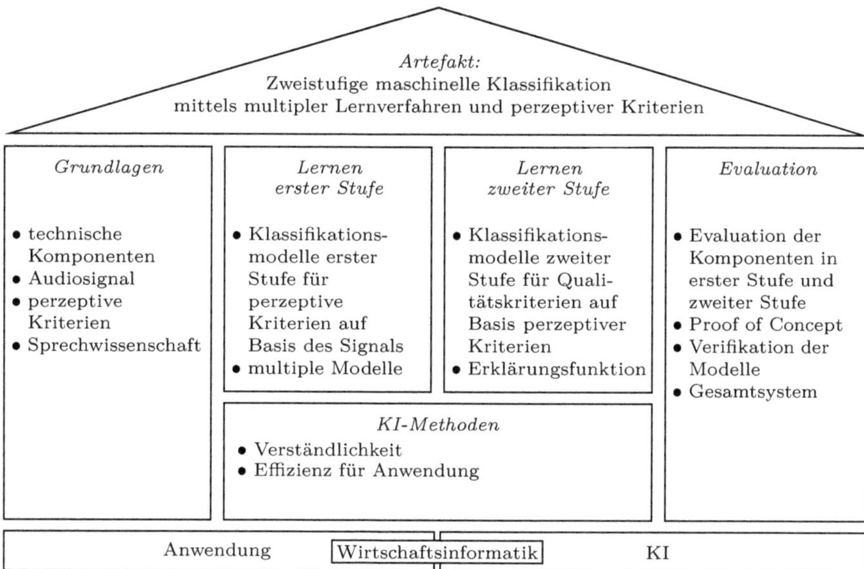

Abbildung 1.8: Struktur der Arbeit.

paralinguistischen Merkmalen gegeben. Es werden dafür paralinguistische Merkmale vorgestellt und aktuelle Studien beschrieben. Auf die Erkennung von Persönlichkeitseigenschaften wird detailliert eingegangen, da diese in enger Beziehung zum Eindruck der Gesprächsqualität stehen. Die KI-Methoden, die in Abbildung 1.8 zentral die Basis der zweistufigen Klassifikation darstellen, sind Gegenstand von Kapitel 3. Nach einer Einführung zum Prozess der Erstellung von Klassifikationsmodellen werden im ersten Teil des Kapitels die anhand der Literaturanalyse identifizierten Klassifikationsalgorithmen vorgestellt. Im zweiten Teil des Kapitels wird genauer auf die Kombination multipler Verfahren eingegangen. Um die Forderung nach dem bestmöglichen Klassifikationsmodell zu erfüllen, werden Konzepte zur Beurteilung der Klassifikationsgüte erläutert. Davon ausgehend wird das im experimentellen Teil der Arbeit genutzte Auswahlverfahren beschrieben.

Der zweite, experimentelle Teil der Arbeit schließt sich ab Kapitel 4 an. Diese Kapitel beschreibt die Entwicklung des zweistufigen Klassifikationsframeworks und bildet gemäß Abbildung 1.8 den zentralen Gegenstand der Arbeit. In Kapitel 4.1 wird aus der in diesem Kapitel geschilderten Ausgangssituation mit den in Kapitel 2 und 3 vorgestellten Grundlagen die Methodik der zweistufigen Klassifikation entwickelt. Danach wird das Korpus vorgestellt. Anschließend werden die Ergebnisse der Experimente für die Basismodelle präsentiert. Das Kapitel 4.4 beinhaltet die Klassifikationsmodelle der zweiten Stufe für die sechs Kriterien der Gesprächsqualität. Abschnitt 4.5 ist Teil der in Abbildung 1.8 gezeigten Säule Evaluation. Als Validierung werden die zweistufigen Modelle mit den

Ergebnissen der einstufigen Klassifikation verglichen. Kapitel 5 ist dem Hauptteil der Validierung in Form von Fallstudien gewidmet. In vier Fallstudien werden die Einsatzmöglichkeiten anhand realistischer Szenarien geprüft. Im abschließenden Kapitel 6 werden offene Forschungsfragen diskutiert und alternative Möglichkeiten erörtert. Die Arbeit endet mit der Zusammenfassung der Forschungsergebnisse und dem Ausblick.

1.4.2 Forschungsmethodik

Die Forschung in der Wirtschaftsinformatik kann nach verschiedenen Erkenntnisstrategien durchgeführt werden. Neben der verhaltenswissenschaflichen Vorgehensmethodik, die vor allem im „Information Systems Research" verbreitet ist, kann auch konstruktionsorientiert geforscht werden. In der Wirtschaftsinformatik als konstruktionsorientierter Wissenschaft werden Artefakte z. B. in Form von Referenzmodellen und Prototypen geschaffen [WH07, S. 280]. Im Data-Mining und im Bereich der künstlichen Intelligenz werden diese Artefakte in Form von Modellen und Algorithmen realisiert. Die vorliegende Arbeit folgt daher dieser, nach Hevner u. a. [Hev+04] als Design-Science-Ansatz bezeichneten Forschungsmethodik. Für diesen konstruktivistischen Ansatz wurden Richtlinien entworfen, die im Folgenden kurz charakterisiert und in den Rahmen der Arbeit eingeordnet werden [Hev+04, S. 83; Spr08, S. 23].

Artefaktkonstruktion: Generelles Ziel des Design-Science-Ansatzes ist die Erstellung eines funktionsfähigen Artefakts in Form eines Modells oder einer Methode. In dieser Arbeit wird als Artefakt das zweistufige Klassifikationsframework entwickelt, das auf Basis von vortrainierten multiplen Modellen für den Sprechausdruck Persönlichkeitseigenschaften bzw. Kriterien der Gesprächsqualität mit erklärungsfähigen Regeln erkennen kann.

Problemrelevanz: Problemrelevanz beschreibt die Fokussierung auf die Lösung wichtiger und relevanter Probleme. Sie wird durch die Einbindung der Arbeit in den Rahmen eines interdisziplinären Forschungsprojekts und durch die stets steigenden Anrufvolumina begründet, die eine große Herausforderung für das Qualitätsmanagement sind. Die praktische Problemrelevanz zeigt sich auch durch den Bedarf der Callcenterbetreiber an geeigneten Softwarelösungen.

Forschungsbeitrag: Die Forschung muss einen Beitrag im Bereich des Artefakts, der Grundlagen oder Methoden liefern. Der Erkenntnisgewinn und Forschungsbeitrag dieser Arbeit liegt in der Konzeption des Gesamtsystems und der Anwendung der KI zur introspektierbaren Bewertung von Sprechereigenschaften. Weitere Forschungsbeiträge können in der Sprechwirkungsforschung erbracht werden, da die zu schaffenden Modelle Erklärungen für die bisher nur unzureichend erforschte Wirkung der Sprechweise in Callcenter-Gesprächen auf den Kunden bieten.

Evaluierung: Die Nutzbarkeit und Wirksamkeit des Artefakts muss bewiesen werden. Für die Evaluation der Artefakte werden in dieser Arbeit einerseits statistische

Hypothesentests zur Absicherung der Ergebnisse eingesetzt und andererseits werden die Modelle auf unbekannte Daten angewendet, um deren Verhalten zu analysieren. Dies ist Gegenstand von Kapitel 5. Teilaspekte wurden in Walther u. a. [Wal+16] und Walther u. a. [WJM16] veröffentlicht.

Methodenstringenz: Design-Science-Forschung beruht auf der Einhaltung wissenschaftlicher Methoden sowohl bei der Erstellung des Artefakts als auch bei dessen Evaluation. Zur Erstellung der Artefakte werden in der vorliegenden Arbeit wissenschaftlich fundierte Vorgehensmodelle des Data-Mining (DM) verwendet. Bei der Evaluation kommen statistische Standardverfahren zum Einsatz. Aus dem Methodenspektrum der Wirtschaftsinformatik werden das Prototyping und die Fallstudie in dieser Arbeit genutzt [WH07, S. 282].

Suchprozess: Der Suchprozess beschreibt die Erstellung des Artefakts und Problemlösung durch Iteration. In der ersten Stufe ist das Ziel des Suchprozesses das bestmögliche Modell für die Sprechausdrucksmerkmale. Auf der Gesamtebene wird die Iteration im Zuge des Data-Mining-Prozesses zur Erstellung und Verfeinerung der zweistufigen Modelle eingesetzt. Bei der Erstellung der Klassifikationsmodelle der zweiten Stufe wird ein iteratives Verfahren zur Anpassung von erlernten Regeln beschrieben.

Ergebnisvermittlung: Die Richtlinie der Ergebnisvermittlung sieht die technologie- sowie anwendungsorientierte Präsentation der Forschungsergebnisse vor. Verschiedene Aspekte der vorliegenden Arbeit wurden in unterschiedlichen Entwicklungsstadien in Veröffentlichungen und Vorträgen präsentiert. Die ersten Systemideen zur mehrstufigen Erkennung der Gesprächsqualität wurden in Walther [Wal09] vorgestellt. Die Präsentation der Lösungsvorschläge vor einem Fachpublikum der Sprech- und Sprachwissenschaftler erfolgte in einem Vortrag [Wal10] und in Buchbeiträgen [Wal11; Mei+11]. Im Rahmen der Multikonferenz Wirtschaftsinformatik [WMN12] wurden die Verfahren und die Anwendungsperspektiven dargelegt. Die Veröffentlichung von Ergebnissen mit Fokus auf Basismodelle und Aspekte der Signalverarbeitung erfolgte in Walther u. a. [WMJ15]. Die Anwendungsszenarien für ein Entscheidungsunterstützungssystem zur Bewertung von Callcentergesprächen und die Basisidee des Expertensystems für Gesprächsqualität wurden in Walther u. a. [Wal+15] erläutert.

2 Erkennung paralinguistischer Merkmale – Stand der Forschung

Schwerpunkt dieses Kapitels ist Herausarbeitung des aktuellen Stands der Forschung in der automatischen Erkennung paralinguistischer Merkmale und die Ableitung von Erkenntnissen für die Entwicklung des zweistufigen Klassifikationsframeworks. Ziel des Kapitels ist es, anhand der Literaturstudie die in Abschnitt 1.3.3 definierten Forschungsfragen 1, 2 und 3 zu beantworten. Diese bilden die Basis für den experimentellen Teil der Arbeit. Zunächst wird auf die Grundlagen der Stimmproduktion und -wahrnehmung eingegangen. Nach einem Überblick über die Entstehung des Sprachsignals im Vokaltrakt und der Darstellung der perzeptiven Basisprozesse werden die für diese Arbeit relevanten stimmlichen Merkmale erläutert. Hier wird besonders auf die Prosodie eingegangen, da diese wesentlich für die Wahrnehmung paralinguistischer Merkmale verantwortlich ist. Danach werden davon ausgehend die in Abschnitt 1.2.4 eingeführten Sprechausdrucksmerkmale erläutert. Zur Beantwortung von Forschungsfrage 1 werden die relevanten Signaleigenschaften beschrieben und die Grundlagen der Merkmalsextraktion vermittelt. Das Kapitel 2.2 stellt den Stand der Forschung zur automatischen Erkennung paralinguistischer Merkmale dar. Zunächst werden paralinguistische Merkmale definiert und Studien zu deren Erkennung präsentiert. Anhand der gut erforschten automatischen Emotionserkennung werden beispielhaft wichtige Aspekte der Klassifikation und Methodik vorgestellt. Dies sind gemäß Forschungsfrage 2 Struktur und Klassenaufteilung der Daten und nach Forschungsfrage 3 geeignete Verfahren zu deren Erkennung. Im Anschluss wird die Erkennung von Persönlichkeitseigenschaften beschrieben, da dies wichtige Kriterien zur Beurteilung der Gesprächsqualität sind. Die vorgestellten Studien dienen dabei als Referenz für die in Kapitel 4 präsentierten Ergebnisse der ein- und zweistufigen Klassifikationsmodelle. Die abschließende Diskussion identifiziert Defizite aktueller Arbeiten. In der Diskussion werden die analysierten Arbeiten hinsichtlich mehrerer Kriterien geprüft. Dies sind die Anwendbarkeit auf beliebige Korpora, die Grundvoraussetzung für die Anwendung im Live-Betrieb ist, und die Fähigkeit zur Erkennung der definierten Qualitätsmerkmale. Ein weiteres Kriterium ist die Erklärungsfähigkeit der eingesetzten Algorithmen. Aus der Diskussion werden Schlüsse für die Entwicklung der zweistufigen Klassifikation gezogen.

2.1 Grundlagen der Sprachproduktion und -perzeption

2.1.1 Sprachproduktion und Sprechprozess

Die Fähigkeit zur Kommunikation mittels Sprache ist eine wichtige und essentielle Eigenschaft des Menschen. Sprache ist das effektivste Kommunikationsmittel, das dem

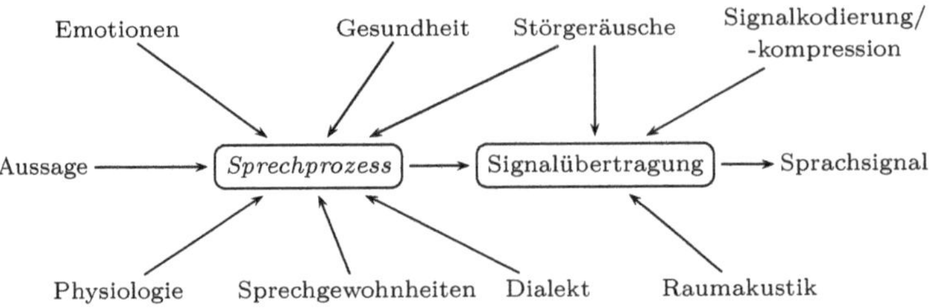

Abbildung 2.1: Sprechprozess [nach PK08, S. 25].

Menschen ohne Hilfsmittel zur Verfügung steht [Fur00, S. 1]. Die Verarbeitung von Sprache allgemein, sowohl gesprochene als auch geschriebene, ist ein äußerst komplexer Vorgang im menschlichen Gehirn. Das Wissen über den Aufbau und die Funktionsweise des Gehirns ist sehr unterschiedlich ausgeprägt. Grobstrukturen sind relativ gut erforscht. Dies umfasst die Zuordnung von Gehirnarealen zu bestimmten Funktionalitäten und deren Verhalten bei Störungen, z. B. Verletzungen. Die feinen Strukturen der Neuronen und deren elektrische und bioelektrische Eigenschaften sind ebenfalls erklärbar. Über die Art und Weise, wie das Gehirn Informationen, insbesondere Sprache verarbeitet, ist allerdings wenig bekannt [Min06; zit. nach Hil12, S. 12].

Abbildung 2.1 zeigt den stark vereinfachten Sprechprozess zur Übertragung von Informationen zwischen Sender und Empfänger. Bei der Kommunikation über Lautsprache kodiert der Sender die zu übermittelnde Aussage in ein Schallsignal. Dieses wird durch die Luft übertragen und vom Empfänger wieder dekodiert [PK08, S. 25]. Neben der semantischen Aussage, die in dieser Arbeit nicht betrachtet wird, wirken auf den Prozess der Sprachproduktion eine Vielzahl von Einflussfaktoren. In Abbildung 2.1 sind Physiologie, Gesundheit, Sprechgewohnheiten, Dialekt und Emotion vermerkt. Charakteristische Merkmale der Stimme entstehen in erster Linie durch die Physiologie, z. B. durch die Länge der Stimmbänder und die Gestalt des Sprechapparates. Beim Sprechen können sich Teile des Sprechapparates, z. B. durch Muskelkontraktionen, verändern [Sch05, S. 123]. Diese Veränderungen, die etwa durch körperliche Anspannung entstehen, beeinflussen die Sprachproduktion stark und können deutlich wahrgenommen werden.

Das vom Sender (Sprecher) ausgesendete Sprachsignal kann auf dem Weg zum Empfänger (Hörer) vielfältigen Störeinflüssen unterliegen. Dies sind beispielsweise die Raumakustik oder Eigenschaften von Aufnahmegeräten, wie Mikrofoncharakteristik oder Kompressionsverfahren. Die Signalübertragung und ihre Einflussfaktoren auf das Sprachsignal bleiben in dieser Arbeit unberücksichtigt. Der Mensch besitzt aber die Fähigkeit, die in Abbildung 2.1 markierten Störeinflüsse zu kompensieren: Er kann aus der Geräuschkulisse gezielt diejenigen Signalanteile und Muster erkennen, die Laute und Sprache formen. Dies gelingt, da das Sprachsignal in hohem Maße redundant ist, was bedeutet, dass sich Merkmale aus mehr Einheiten zusammensetzen, als für ihre Funktion notwendig sind. Somit kann der Hörer entfallene Laute oder Worte ersetzen und die wahrgenommene Sprache trotz ihrer Unvollständigkeit verstehen. Diese selektive Wahrnehmung ist in

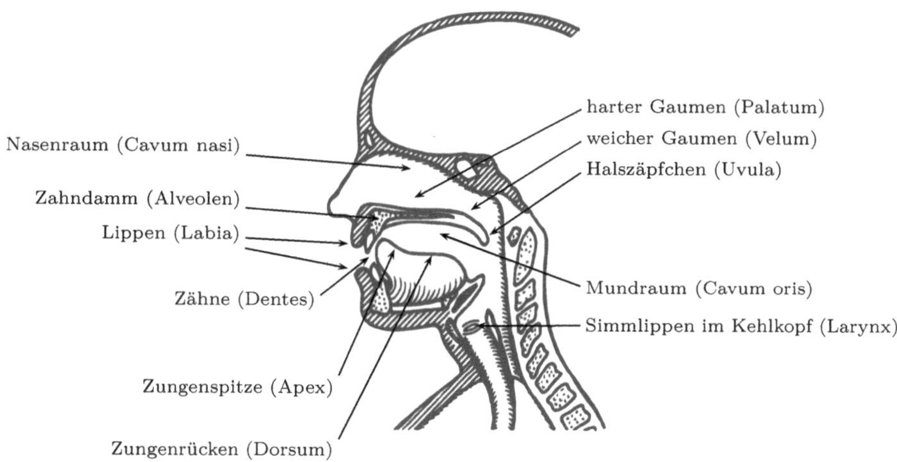

Abbildung 2.2: Schnitt durch den menschlichen Sprechapparat [nach PK08, S. 13].

hohem Maße individuell. Der Hörer interpretiert Schallsignale nach seinen Erwartungen, die er durch eigene Erfahrungen beim Spracherwerb geformt hat [NP86, S. 241 f.]. Informationen sind im Sprachsignal kodiert und können auditiven Mustern zugeordnet werden. Die Dekodierung des Signals erfolgt beim Hören in zwei Schritten. Im ersten Schritt werden im Sprachschall erkannte Muster den erlernten auditiven Strukturen zugeordnet und so linguistische Formen erkannt. Im zweiten Schritt werden aus den linguistischen Formen Bedeutungen und Inhalte gebildet. Dieser Teil des Wahrnehmungsprozesses ist noch weitgehend unerforscht, da keine eineindeutigen Beziehungen zwischen Wahrnehmung und den messbaren Signalmerkmalen bestehen [Bos+13, S. 7]. Der eigentliche Sprechprozess ist in der Abbildung 2.1 als Black-Box dargestellt und soll im Folgenden skizziert werden.

Bei der Entstehung des Sprachsignals wird zwischen Laut- und Stimmbildung unterschieden. Die Stimmbildung geschieht im Kehlkopf durch die Stimmlippen, während die Lautbildung mit Hilfe der Artikulationsorgane stattfindet [Sch05, S. 123]. Abbildung 2.2 zeigt den Sprechapparat mit den wichtigsten Artikulationsorganen. Der aus der Lunge ausgestoßene Luftstrom regt die Stimmlippen zu periodischen Schwingungen an, welche den Luftstrom unterbrechen. Die dadurch entstehenden Schwingungen bestimmen die Grundfrequenz (F_0) des Sprachsignals [Car+10, S. 174]. Die F_0 ist das akustische Korrelat der wahrgenommenen Tonhöhe [Sch06, S. 46]. Dies bedeutet, dass die messbare Grundfrequenz und die wahrgenommene Tonhöhe in einem monotonen, aber nichtlinearen Verhältnis zueinander stehen [FZ07, S. 129 f.]. Bei Männern liegt die F_0 bei ca. 100–150 Hz, bei Frauen mit 190–250 Hz etwas höher [NP92, S. 103]. Aus den im Kehlkopf erzeugten Schallwellen entstehen bei der Lautbildung die von uns wahrgenommenen Laute. Im Sprachsignal bilden Laute und Sublaute sogenannte Elementarereignisse, die hintereinander Laute, Silben, Wörter, usw. ergeben [Wol11, S. 3].

Aufgrund der kontinuierlichen Natur der Sprache können jedoch die produzierten Laute sowohl in ihren Eigenschaften als auch zeitlich nicht voneinander abgegrenzt werden [PK08, S. 7]. Die Lautbildung von Vokalen und Konsonanten geschieht unterschiedlich. Bei den Vokalen werden vor allem Lippen, Zunge und der weiche Gaumen mit dem Zäpfchen als Artikulationsorgane eingesetzt [Sch05, S. 124]. Im Vokaltrakt, der aus Rachen, Mund und Nasenraum besteht, werden durch Bewegungen der Artikulationsorgane der Mundhöhle (Zunge, Lippen, Gaumen, Kiefer) Resonanzfrequenzen verändert [PK08, S. 13]. Kennzeichnend für das Sprachsignal sind neben F_0 die Formanten. Dies sind Verstärkungen von einzelnen Frequenzbereichen, die von der Filterwirkung der Resonanzräume in den Artikulationsorganen verursacht werden [Car+10, S. 177]. Die Formanten werden mit aufsteigender Frequenz als F_1, F_2, F_3, usw. bezeichnet und charakterisieren die einzelnen Laute [PK08, S. 48]. Für die Klangfarbe der Vokale sind die Formanten von besonderer Bedeutung, da Vokale aus einem Grundton und einer Reihe von Obertönen bestehen [Sch05, S. 124]. Bei der Produktion von Konsonanten können je nach Laut die Stimmlippen ruhen. Konsonanten werden durch einen kurzzeitigen Verschluss oder eine Verengung des Vokaltrakts erzeugt, wodurch die Luftströmung kurze Zeit gestoppt wird [PK08, S. 14].

2.1.2 Eigenschaften der Sprechstimme

Das Sprachsignal wird von vielen unterschiedlichen Faktoren beeinflusst, so dass dessen Analyse und Verarbeitung ein aufwendiger Prozess ist [PK08, S. 7]. Für die Analyse der gesprochenen Sprache allgemein und paralinguistischer Merkmale im Speziellen sind Kenntnisse über die Struktur der Sprache nötig. Besonders wichtig ist das Wissen darüber, welche Elemente und Abfolgen für bestimmte Effekte verantwortlich sind [PK08, S. 8]. Zur strukturellen Analyse kann Sprache auf verschiedenen Ebenen beschrieben werden. Die linguistische Ebene beschreibt die Struktur der Sprache und wird in dieser Arbeit nicht betrachtet. Auf der phonetischen Ebene wird Sprache in ihrer konkreten Realisierung des Schallsignals untersucht [PK08, S. 8]. Untersuchungsgegenstand der Phonetik ist der Laut, die kleinste artikulatorisch, akustisch und auditiv analysierbare Einheit. Die sprechwissenschaftliche Phonetik befasst sich mit der Produktion (artikulatorische Phonetik), Wahrnehmung (perzeptive Phonetik) und der Struktur des Schallsignals (akustische Phonetik) [Bos+13, S. 28 f.]. Sprachverarbeitung ist abhängig von den untersuchten Phänomenen zwischen Phonetik und Linguistik angesiedelt [SB14a, S. 58].

Durch die zeitliche Abfolge von benachbarten Segmenten des Sprachsignals entstehen suprasegmentale Merkmale, welche keinem einzelnen Laut zugeordnet werden können. Diese Merkmale verbinden die einzelnen Laute zu rhythmisch-melodischen Einheiten und werden auch als Prosodie bezeichnet [Bos+13, S. 38]. Der Realisierungsbereich von suprasegmentalen Merkmalen ist in der Regel größer als der des Segments (Lauts) [NP92, S. 133 f.]. Die Prosodie existiert nur in der Lautsprache, eine Entsprechung in der Schriftsprache gibt es nicht [PK08, S. 8]. Zur Prosodie gehören auditiv wahrnehmbare Merkmale wie Melodieführung, Lautheit, Sprechgeschwindigkeit, Pausen u. a [Neu02,

S. 51]. Prosodie kann in komplexe und einfache Phänomene eingeteilt werden. Die einfachen Phänomene liegen auf der perzeptiven Ebene und beinhalten Tonhöhe und Sprechgeschwindigkeit. Zwischen den akustischen Größen und der Prosodie existieren keine direkten funktionalen Zusammenhänge. Die Beziehungen können aber beschrieben werden [Neu02, S. 52]. Einfache Phänomene lassen sich zudem durch ihre akustischen Korrelate, wie z. B. der Grundfrequenz messen [Pae03, S. 24]. Bei komplexen Phänomenen der Prosodie, wie z. B. bei Sprechrhythmus und bei Akzentuierung, ist keine eindeutige Zuordnung zu messbaren Größen möglich, vielmehr setzen sich diese aus mehreren einfachen Merkmalen zusammen [Pae03, S. 24 f.]. Akzentuierung einer Silbe kann beispielsweise durch Änderung der Grundfrequenz, Dauer oder Lautstärke realisiert werden [Pae03, S. 25]. Prosodie hat linguistische und paralinguistische Funktionen [Pae03, S. 23]. Linguistische Funktionen vermitteln die Syntax und Semantik einer Äußerung, wie die Akzentuierung bei Kennzeichnung von Fragen und Satzgliederung [PK08, S. 11]. Paralinguistische Funktionen drücken losgelöst vom Inhalt physische Befindlichkeiten, Stimmungen oder Emotionen aus. Redecker [Red06, S. 55] formuliert dies wie folgt: „Prosodische Mittel geben nicht nur in lingualer, sondern auch in paralingualer Verwendung Auskunft über Merkmale einer sprechenden Person.“ Paralinguistische Merkmale sind sehr individuell und situationsabhängig und daher schwierig zu untersuchen [NP92, S. 167 f.].

2.1.3 Perzeptive Sprechausdrucksmerkmale

Die Sprechausdrucksforschung in unterschiedlichen Gesprächssituationen ist ein Schwerpunkt der Arbeit der Sprechwissenschaft an der Martin-Luther-Universität. Der Sprechausdruck ist das stimmliche Realisierungsinstrument für vom Gesprächspartner wahrgenommenen Eigenschaften, die sich als Faktoren der Gesprächsqualität manifestieren. Die Merkmale des Sprechausdrucks sind die zentrale Grundlage der zweistufigen Klassifikationsmethodik und werden im Folgenden vorgestellt. Sprechausdruck ist ebenso ein wichtiges Kommunikationsmittel. Durch ihn werden beim Hörer Bewertungen der Äußerungen in Bezug auf Sympathie, Indifferenz oder Abneigung ausgelöst [Kre+91, S. 65]. Sprechausdruck bezeichnet nach Krech u. a. [Kre+91] sprecherische Ausdrucksformen, die an sprachliche Formulierungen gebunden sind und individuell ausgeführt werden, aber situations- und stimmungsabhängig nach bestimmten Konventionen realisiert werden [zit. nach Bos03, S. 28]. Zu den Merkmalen des Sprechausdrucks gehören u. a. Intonation, Artikulation, Gliederung, Sprechtempo, Rhythmus, Lautheit sowie Akzentstrukturen [Kre+91, S. 66]. Gutenberg [Gut98, 398f] bezeichnet Sprechausdruck als Oberbegriff für verschiedene „Stile im Sprechschall“. Weiterhin definiert Gutenberg [Gut98, S. 379] Sprechausdruck als „Muster für den zu erzeugenden Sprechschall (abgesehen von seiner wort- und satzrepräsentierenden Funktion) und gleichzeitig als reale Vollzüge solcher Muster“. Bose [Bos03, S. 32] fasst die Definition als „Oberbegriff für sprecherische Ausdrucksformen, also verschiedene Realisationsweisen im Sprachschall“ zusammen. Bei der Kommunikation wird Sprechausdruck konkret in Form von Sprechausdrucksweisen realisiert, d. h. produziert und rezipiert [Gut98, S. 25; zit. nach Bos03, S. 32].

Sprechausdruck kann in pathognomischen und physiognomischen Sprechausdruck gegliedert werden. Physiognomischer Sprechausdruck umfasst alle angeborenen und gewohnheitsmäßigen Gestaltungsweisen [Bos03, S. 37]. Die physiognomische Funktion wird dann beurteilt, wenn aus dem Sprechausdruck auf quasikonstante und situationsunabhängige persönliche Eigenschaften des Sprechers geschlossen wird. Dies können beispielsweise Charakter, Temperament, Intelligenz oder Neurotizismus sein. Pathognomischer Sprechausdruck ist situativ bedingt und unterstützt ein Kommunikationsziel [Kre+91, S. 73]. Beim Sprechen werden immer beide Formen wahrgenommen und bewertet [Bos03, S. 37]. Weiterhin kann zwischen angeborenem elementaren Stimmausdruck und intendiertem Sprechausdruck unterschieden werden [Bos03, 34f]. Elementarer Stimmausdruck beinhaltet die angeborenen stimmlichen Ausdrucksformen für Basisemotionen (Wut, Trauer, Ekel, Angst, etc.) und unterliegt nur in begrenztem Maß der bewussten Steuerung [Kre+91, S. 64]. Stimmausdruck basiert vor allem auf physiologisch und habituell bedingtem Stimmklang, vor allem individuelle Lautheit und Tonhöhe [Kre+91, S. 66]. Die Übergänge zum intendierten Sprechausdruck sind in der Regel fließend. Der Sprechausdruck signalisiert die Intention des Sprechers und wird meist unterbewusst erzeugt. Der Stimmausdruck bildet die biologische Grundlage des Sprechausdrucks und ist in dessen Merkmalen enthalten [Kre+91, S. 73].

Für die Beschreibung des Sprechausdrucks wird die folgende, auf Bose [Bos03, S. 39 ff.] basierende Kategorisierung verwendet. In der vorliegenden Arbeit werden für alle Gesprächsqualitätsfaktoren, Bewertungskriterien und auch für den Sprechausdruck die im Annotationskatalog in Anhang A.1.1 vergebenen Kürzel genutzt. Diese sind in Klammern hinter dem Merkmal angegeben.

Stimmklang (7a): Der Stimmklang, der auch als Stimmqualität bezeichnet wird, ist eine wahrnehmungsbezogene Größe und wird in einem gewissen Maß durch die spektrale Verteilung der Energie beschrieben. In phonetischen Untersuchungen wird der Stimmklang häufig mit dem Energieanteil in großen Frequenzen oder den Anteilen harmonischer und nicht-harmonischer Energiekomponenten sowie Lage und Bandbreite von Formanten sowie Jitter und Shimmer gemessen. Die genauen psychoakustischen Zusammenhänge zwischen kurzzeitigen Klangveränderungen und der Wahrnehmung von Klängen sind jedoch noch nicht vollständig erforscht. Daher werden zur Beschreibung meist Kategorien wie angenehm, dunkel, piepsig, kraftvoll, etc. verwendet [Pae03, S. 43].

Sprechstimmlage (7b): Die Sprechstimmlage definiert die wahrgenommene durchschnittliche Sprechtonhöhe. Sie bildet die Basis für Tonhöhenmodifikationen und kann von trainierten Hörern gut erkannt werden [Bos03, 39f]. Die Sprechstimmlage entspricht dem Frequenzbereich, der beim Sprechen am häufigsten auftritt. Die Frequenzen können gemessen und als Median, arithmetisches Mittel oder Modus dargestellt werden [Bar13, S. 609].

Lautheit (7c): Lautheit ist die vom Hörer empfundene Lautstärke [NP86, S. 62].

Diese kann durch die physikalischen Größen Schallintensität, Schalldruck und Schallschnelle gemessen werden [NP86, S. 59].

Tonhöhenverlauf (7d): Der Tonhöhenverlauf wird durch die Anzahl der Tonhöhenänderungen in einer Äußerung beschrieben und hauptsächlich als zeitliche Änderung der perzeptiv relevanten Grundfrequenz wahrgenommen [Bos03, S. 40].

Endmelodieverlauf (7e): Der Endmelodieverlauf ist definiert als Melodieverlauf am Ende einer rhythmischen Einheit. Der Sprecher signalisiert mit dem Endmelodieverlauf, ob eine Äußerung als abgeschlossen markiert oder fortgesetzt wird. Die Art des Melodieverlaufs steigend-fallend (terminal) oder fallend-steigend (interrogativ) kennzeichnet Aussagen bzw. Fragen [Bos+13, S. 46].

Melodiesprung (7f): Der Melodiesprung beschreibt, wie sich die Tonhöhe innerhalb einer Silbe verändert.

Sprechspannung (7g): Als Sprechspannung wird ein Merkmalskomplex bezeichnet, der zum Großteil durch die Muskelspannung des Sprechapparates bewirkt wird. Sprechspannung umfasst Stimmlippenspannung, relative Spannung der Artikulationsmuskulatur sowie Exspirationsdruck [Bos03, S. 40].

Sprechgeschwindigkeit (7h): Die Sprechgeschwindigkeit wird angegeben als Verhältnis der Anzahl bestimmter sprachlicher Einheiten (Laute/Silben/Wörter) und der benötigten Zeit. Ein gängiges Maß ist Silben pro Sekunde. Die Wahrnehmung der Sprechgeschwindigkeit hängt zusätzlich von anderen Faktoren ab, wie Pausen oder Akzenten [Bos03, S. 43].

Pausenart (7iA): Bei der Pausenart können Binnen- und Grenzpausen unterschieden werden. Besonders Binnenpausen haben durch ihre Gliederungsfunktion großen Einfluss auf den Prozess des Hörverstehens [MP11a, S. 237].

Pausendauer (7iD): Die Pausendauer bezeichnet die Länge der Pausen innerhalb einer Äußerung [Zar15, S. 189].

Pausenfrequenz (7iFr): Die Pausenfrequenz bezeichnet die Anzahl der Pausen, die innerhalb oder zwischen Äußerungen ausgeführt werden [Zar15, S. 189].

Akzentuierungsform (7jFo): Die Akzentuierungsform beschreibt, wie sinntragende Einheiten gekennzeichnet werden. Die Bewertung erfolgt in einer Nominalskala mit den Ausprägungen: melodisch, temporal, dynamisch, gemischt und wechselnd [Zar15, S. 190].

Akzentuierungsfrequenz (7jFr): Die Akzentuierungsfrequenz bezeichnet die Häufigkeit der Markierung sinntragender Einheiten in einer Äußerung [Zar15, S. 190].

2.2 Automatische Erkennung paralinguistischer Merkmale

2.2.1 Begriffliche Eingrenzung

In der Literatur finden sich verschiedene Bezeichnungen für ähnliche Forschungszweige, die sich mit der automatischen Erkennung paralinguistischer Merkmale in Sprachaufzeichnungen befassen. Es haben sich drei Begrifflichkeiten herausgebildet, die für diese Arbeit relevant sind: automatische Emotionserkennung, Computational Paralinguistics (CP) und Social Signal Processing (SSP). Computergestützte Analyse und Synthese von sozialen Signalen wird als SSP bezeichnet. Das SSP hat das Ziel, die Interpretation der sozialen Signale durch den Computer zu ermöglichen und so diesen Kommunikationskanal für die Mensch-Maschine-Interaktion zu erschließen [VSP09, S. 42]. Die Verarbeitung und Erkennung paralinguistischer Merkmale als Form der sozialen Signale (Abschnitt 1.3.5) ist somit als Anwendung des SSP anzusehen. CP ist eine Untermenge des SSP [SB14a, S. 5]. Der Begriff CP wird von Schuller und Batliner [SB14a] allgemein für die Erkennung und Synthese von paralinguistischen Merkmalen durch computerbasierte Systeme verwendet. Wiederum ein Teilbereich des CP ist die Emotionserkennung. Automatische Emotionserkennung ist das älteste Anwendungsfeld und vom Begriff relativ eng gefasst. Gegenstand der automatischen Emotionserkennung ist die computerbasierte Erkennung und Verarbeitung von emotionalen Zuständen. Aufgrund ihrer großen Bedeutung bezüglich Verfahren, Vorgehen und Daten wird die Emotionserkennung in Kapitel 2.3 ausführlich behandelt.

Obwohl die Aufgabe der Mustererkennung und Klassifikation von paralinguistischen Merkmalen in allen Forschungsrichtungen sehr ähnlich ist, ist es schwierig, einheitliche Definitionen zu finden. Allen gemeinsam ist die Vorgehensmethodik, die auf der Mustererkennung beruht. Die Einteilung in verschiedene Forschungsdisziplinen erfolgt daher in erster Linie pragmatisch nach der Art und Definition der zu klassifizierenden Eigenschaft, d. h. sie ist vom Ersteller des verwendeten Korpus abhängig [Sch+11b, S. 1063]. Wenn ein Datensatz beispielsweise nach emotionalen Zuständen annotiert wurde, dann würde die Arbeit der Emotionserkennung zugeordnet. Ein Datensatz mit den Klassen *interessiert*[1] und *nicht interessiert* wäre dem Social Signal Processing zuzuordnen. Viele Arbeiten im Bereich SSP sind multimodal, d. h. es werden verschiedenartige Merkmale verwendet [Fer14; Sch+13a]. Auch die Verarbeitung von anderen Signalen, beispielsweise die Messung des Hautwiderstands und des Herzschlags, kann für die Erkennung von Erregungszuständen verwendet werden [HMP11; SFE13]. Wegen der unscharfen Trennung werden CP und SSP häufig synonym verwendet [Sch+11b, S. 1063]. Aufgrund der geringen Verbreitung der Begriffe und deren unklarer Definition wird in dieser Arbeit der Terminus „automatische Erkennung paralinguistischer Merkmale“ verwendet.

[1]Klassennamen werden im Fließtext *kursiv* hervorgehoben.

Tabelle 2.1: Themengebiete der Interspeech-Challenges in den Jahren 2009 bis 2016.

Studie	paralinguistische Eigenschaften
Schuller u. a. [SSB09]	induzierte Emotionen
Schuller u. a. [Sch+10a]	Alter, Geschlecht, Interesse
Schuller u. a. [Sch+11c]	Alkoholisierung, Müdigkeit
Schuller u. a. [Sch+12]	Persönlichkeit, Sympathie
Schuller u. a. [Sch+13c]	Nichtsprachliche Äußerungen, Konflikte in Diskussionen, gespielte Emotionen, Autismus
Schuller u. a. [Sch+14b]	physische und psychische Belastung
Schuller u. a. [Sch+15a]	Sprachstil in einer Fremdsprache, Symptome von Parkinson
Schuller u. a. [Sch+16]	Täuschung, Aufrichtigkeit, Muttersprache

2.2.2 Übersicht der Forschungsgebiete

In den letzten Jahren hat die Forschung im Bereich der automatischen Erkennung und Klassifikation paralinguistischer Merkmale ein sehr breites Feld abgedeckt. Als Beispiel für die unterschiedlichen Themengebiete ist in Tabelle 2.1 eine Übersicht zu den „Interspeech Paralinguistic Challenges“ der Jahre 2009 bis 2016 zusammengestellt. Die Interspeech ist mit über 1000 Teilnehmern[2] eine der größten Konferenzen im Bereich der Sprachtechnologien und genießt hohes Ansehen in der Forschungsgemeinschaft. Bei den Wettbewerben der Interspeech werden aktuelle Themen der Paralinguistik aufgegriffen und in Form von Korpora und Referenzwerten zur Verfügung gestellt [Sch+15b, S. 100 f.]. Die Übersicht zeigt, dass die Erforschung von paralinguistischen Merkmalen ihren Fokus verändert. Während zu Beginn die Erkennung von Emotionen im Vordergrund stand, wurde der Forschungsgegenstand zunehmend auf Persönlichkeitseigenschaften ausgeweitet. Weiterhin ist in neueren Arbeiten ein deutlicher Trend zu mehr Realismus zu erkennen [Sch+11b, S. 1063].

Für die Einordnung und Beschreibung von paralinguistischen Merkmalen gibt es in der Literatur verschiedene Kategorisierungen. Für das notwendige Grundverständnis werden im Folgenden einige relevante Kategorisierungen vorgestellt. Neppert und Pétursson [NP92, S. 168] unterscheiden zwischen bewusst kontrollierbaren und nicht bewusst kontrollierbaren paralinguistischen Merkmalen. Kontrollierbare paralinguistische Merkmale sind Emphase, Stimmung und Situation [NP92, S. 168 f.]. Sie werden vom Sprecher bewusst eingesetzt, um in der Kommunikation Zusatzinformationen zu vermitteln [Pae03, S. 30].

1. **Emphase:** Emphase wird in der Regel durch erhöhte Intensität ausgedrückt.

[2]Siehe http://www.isca-speech.org/iscaweb/index.php/conferences, abgerufen am 12.04.2016.

Gleichzeitig kann die Grundfrequenz erhöht werden. Ebenso kann die Klangfarbe verändert werden [NP86, S. 168].

2. **Stimmung:** Die Stimmung des Sprechers lässt sich an emotionalen Merkmalen wie Angst, Freude, Wut ermitteln. Paralinguistische Merkmale, die Stimmung vermitteln, sind überwiegend komplexe Kombinationen aus Grundfrequenz- und Daueränderungen [NP86, S. 169].

3. **Situation:** Diese Merkmale lassen sich schlecht in Gruppen zusammenfassen, da sie individuell und situationsspezifisch sind. Beispielsweise kann beim Sprechen in lauten Umgebungen die Grundfrequenz angehoben werden [NP86, S. 169].

Eine weitere Gruppe der paralinguistischen Merkmale bilden die nicht bewusst kontrollierbaren Merkmale. Diese können vom Sprecher nicht bewusst gesteuert bzw. kontrolliert werden und sind fester Bestandteil seiner Stimme und Artikulationsgewohnheiten. Nicht kontrollierbare paralinguistische Merkmale können dem Hörer viele Informationen über die Person des Sprechers übermitteln [NP86, S. 169]:

4. **Geschlecht:** Im Normalfall lassen sich Männer- und Frauenstimmen gut unterscheiden [NP86, S. 169].

5. **Alter:** Der Hörer kann an der Stimme das Alter des Sprechers in groben Kategorien abschätzen [NP86, S. 169; Bru+06, S. 87].

6. **Gesundheitszustand:** Änderungen des Stimmklangs durch zeitlich begrenzte Erkrankungen, wie z. B. Erkältungen, lassen sich gut erkennen und für diagnostische Zwecke nutzen [NP86, S. 169].

7. **Pathologische Merkmale:** Bestimmte Mängel an der Stimmproduktion oder Lautartikulation, die beispielsweise durch Missbildungen, Hör- oder Nervenschäden hervorgerufen werden können, lassen sich durch Veränderungen von Sprach- und Stimmmerkmalen erkennen [NP86, S. 170].

8. **Geographische Merkmale:** Die geographische Herkunft einer Person kann oft aus ihrer Artikulationsweise erschlossen werden. Diese dialektalen Merkmale finden sich sowohl in der Intonation als auch bei der Vokalqualität [NP86, S. 170].

9. **Gruppen- und Berufsmerkmale:** In Gruppen, in denen Personen über längere Zeit einen festen Zusammenhalt entwickeln, können sich bestimmte Ausdruckmuster und Stimmmerkmale entwickeln, die sich von der Hochsprache unterscheiden. Ein Beispiel sind übersteigerte Akzentuierungen von Bau- oder Fabrikarbeitern, die sich aus der Anpassung an Umgebungsgeräusche ergeben [NP86, S. 170].

In aktuellen Arbeiten wird eine weitere Einteilung der paralinguistischen Eigenschaften verwendet. Hierbei wird grundlegend zwischen Eigenschaften unterschieden, die durch andauernde Merkmalsausprägungen gekennzeichnet sind, sowie Zustände, die von kurzer Dauer sind [Sch+13b, S. 7 f.]:

10. **Langzeiteigenschaften:** Zu den Langzeiteigenschaften gehören alle von Neppert und Pétursson [NP86] als nicht beeinflussbar bezeichneten physiologischen Eigenschaften. Weiterhin werden Persönlichkeitseigenschaften und Persönlichkeit im Allgemeinen sowie Zugehörigkeit zu ethnischen oder sozialen Gruppen den Langzeiteigenschaften zugeordnet [Sch+13b, S. 7].

11. **Mischformen:** Zu diesen Eigenschaften und Zuständen gehören Alkoholisierung und Müdigkeit sowie Verhalten in Interaktionen [Sch+13b, S. 7].

12. **Kurzzeitzustände:** Zu den Kurzzeitzuständen gehören Sprechweise und Stimmqualität sowie vor allem Emotionen und Affektzustände, d. h. die nicht steuerbaren paralinguistischen Merkmale [Sch+13b, S. 7]. Kurzzeitig kann eine Dauer von wenigen Sekunden bis zu einigen Stunden sein [Pae03, S. 54].

Tabelle 2.2 listet verschiedene paralinguistische Merkmale und Studien zu deren automatischen Erkennung auf. Die in der Tabelle verzeichnete Einteilung der untersuchten Merkmale wurde aus den Arbeiten übernommen. In Klammern sind die Zuordnungen zu den in diesem Abschnitt vorgestellten zwölf Kategorien der paralinguistischen Merkmale verzeichnet. Zusätzlich sind Studien zur Erkennung von gefüllten Pausen und Lachen aufgeführt. Dies sind paraverbale Lautäußerungen und somit nicht den Kategorien zuzuordnen. Sie werden berücksichtigt, da sie mit den hier vorgestellten Methoden erkannt werden können. Zugleich hat das Lachen eine wichtige Funktion bei der Signalisierung von Emotionen. Die Erkennung von Pausen kann bei der automatischen Segmentierung von Sprachaufzeichnungen genutzt werden.

Tabelle 2.2: Studien zur Erkennung von paralinguistischen Merkmalen.

Merkmal (Zuordnung)	Studien
Akzentuierung/Satzstruktur (1)	Rosenberg und Hirschberg [RH07], Read und Cox [RC07] und Ferré [Fer14]
Unsicherheit (2)	Litman u. a. [LRN09], Charfuelan u. a. [CSS10], Forbes-Riley und Litman [FL11] und Charfuelan und Schröder [CS11]
Verständlichkeit (3)	Godoy u. a. [GKS14], Jokinen u. a. [Jok+14], Middag u. a. [Mid+14], Valentini-Botinhao u. a. [Val+14], Kim u. a. [Kim+15], Alexanderson und Beskow [AB14] und Pohjalainen u. a. [PRK15]
Geschlecht (4)	Minematsu und Sakuraba [MS07], Li u. a. [LHN13] und Levitan u. a. [LMB16]
Alter (5)	Lingenfelser u. a. [Lin+10]
Pathologische Merkmale (7)	Haderlein [Had07], Maier [Mai09], Haderlein u. a. [Had+09], Maier u. a. [Mai+09], Hirschberg u. a. [HHE10], Chang u. a. [CLC11], Swietlicka u. a. [SKS13], Bocklet u. a. [Boc+13], Pakhomov u. a. [PMB13], Middag u. a. [Mid+14] und Benavides u. a. [Ben+14]

Tabelle 2.2 – Fortsetzung

Merkmal (Zuordnung)	Studien
Sprache/Akzent (8)	Goronzy u. a. [Gor+06], Dellwo u. a. [DFA07], Piat u. a. [PFI08], Siniscalchi u. a. [Sin+13], Hanani u. a. [HRC13] und Segbroeck u. a. [STN15]
Persönlichkeitsmerkmale (10)	Pianesi u. a. [Pia+08], Mohammadi u. a. [MMV10], Schuller [Sch11], Schuller u. a. [Sch+12], Chastagnol und Devillers [CD12] und Pohjalainen u. a. [PKR12]
Alkoholisierung (11)	Bocklet u. a. [BRN11], Bone u. a. [Bon+11], Wang u. a. [Wan+13], Gajšek u. a. [GMD13] und Schuller u. a. [SSB13]
Müdigkeit (11)	Rahman u. a. [Rah+11] und Schuller u. a. [Sch+14a]
Rollenverhalten/Konflikte/ Interaktion (11)	Vinciarelli [Vin09], Salamin u. a. [Sal+10], Jochems u. a. [Joc+10], Xie und Liu [XL10], Lee u. a. [Lee+14] und Kim u. a. [Kim+14]
Sprecherwechsel (11)	Chen und Gopalakrishnan [CG98], Lu und Zhang [LZ02], Ajmera u. a. [AMB04], Boettcher u. a. [Boe+09], Kopparapu [Kop15] und Sarma u. a. [Sar+15]
Täuschung/Betrug (12)	Graciarena u. a. [Gra+06], Enos u. a. [Eno+06], Hirschberg [Hir08], Enos [Eno09], Hauch u. a. [Hau+12], Daelemans u. a. [DLM12] und Sporer [Spo12]
Interesse, Zuneigung, Resignation (12)	Schuller u. a. [Sch+07b], Schuller u. a. [Sch+09a], Schuller und Rigoll [SR09], Weiss und Burkhardt [WB10], Vinciarelli und Valente [VV10], Wöllmer u. a. [Wöl+11b], Wöllmer u. a. [Wöl+11a], Laukka u. a. [Lau+11], Wang u. a. [Wan+13], Ranganath u. a. [RJM13], Pinto-Coelho u. a. [Pin+13] und Jeon u. a. [JXL14]
Stress (12)	Hansen und Bou-Ghazale [HB97], Handsen und Patil [HP07], Hernandez u. a. [HMP11] und Lefter u. a. [Lef+11]
gefüllte Pausen	Shriberg u. a. [SBS97], Stouten u. a. [Sto+06], Germesin u. a. [GBP08] und Li u. a. [LHL08]
Lachen	Truong und van Leeuwen [Tv05], Truong und van Leeuwen [Tv07] und Knox u. a. [KMM08]

2.2.3 Erkennung von Persönlichkeitseigenschaften

Wie in Abschnitt 1.2.4 festgestellt wurde, ist die Persönlichkeit des Gesprächspartners ein wichtiger Faktor zur Beurteilung der Gesprächssituation. Im Alltag können Persönlichkeitseigenschaften eines Menschen anhand von Art und Weise des Sprechens relativ leicht erschlossen werden. Beim ersten Zusammentreffen mit einer unbekannten Person erfolgt auf beiden Seiten das spontane Schließen auf sozial relevante Eigenschaften, Absichten, etc. [UAG08, S. 329 f.]. Besonders in Telefongesprächen, die keine anderen Informationen

Tabelle 2.3: Persönlichkeitsfaktoren mit untergeordneten Eigenschaften [aus AN07, S. 155].

Faktor/Übersetzung	Untergeordnete Eigenschaften
Neurotizismus/Neuroticism	Nervosität, Ängstlichkeit, Erregbarkeit
Extraversion/Extraversion	Geselligkeit, Nicht-Schüchternheit, Aktivität
Offenheit für Erfahrungen/Openness	Gebildetheit, Kreativität, Gefühl für Kunst
Verträglichkeit/Agreeableness	Wärme, Hilfsbereitschaft, Toleranz
Gewissenhaftigkeit/Conscientiousness	Ordentlichkeit, Beharrlichkeit, Zuverlässigkeit

über die Beteiligten außer der Stimme vermitteln, ist die durch sprecherisch-stimmliche Merkmale wahrgenommene Persönlichkeitswirkung entscheidend für die Qualität des Gesprächs. Untersuchungen zeigen, dass Hörer ihren Gesprächspartnern bereits in sehr kurzen Zeitabschnitten eindeutige Persönlichkeitsmerkmale zuordnen können [AR92]. Die Bedeutung von Persönlichkeitseigenschaften in der professionellen Telefonie wurde von Pietschmann [Pie08] untersucht.

Im Folgenden wird der aktuelle Stand der Forschung bei der automatischen Erkennung von Persönlichkeitseigenschaften aus dem Sprachsignal evaluiert. Aus der Recherche können Vergleichswerte für die Ergebnisse der vorliegenden Arbeit gewonnen werden.

Der Grundgedanke der Persönlichkeitspsychologie ist, dass jeder Mensch charakteristische Eigenschaften besitzt, die sich zwischen Individuen unterscheiden und das Verhalten maßgebend beeinflussen. Daher wird in der Persönlichkeitspsychologie einerseits an der Identifikation von Indikatoren für diese Eigenschaften geforscht und andererseits der Zusammenhang der Persönlichkeitseigenschaften mit dem Verhalten untersucht [MDW09; zit. nach Sch+15b, S. 103]. Die Persönlichkeitswirkung beruht auf der Wahrnehmung und Interpretation von Eindrücken, die zum Schließen auf nicht direkt erkennbare Persönlichkeitswesenszüge befähigen. Diese sind länger andauernde Eigenschaften, die eine Person dazu veranlassen, sich in einer bestimmten Art und Weise zu verhalten [Pie08, S. 4]. Da sie nicht direkt wahrnehmbar sind, können Persönlichkeitswesenszüge somit nur indirekt durch Tests oder Befragungen ermittelt werden [MMV10, S. 17]. Die Stimme bzw. der Sprechausdruck ist ebenfalls ein wichtiges Merkmal zur Beurteilung der nicht offensichtlichen Persönlichkeitsdisposition [Pie11, S. 60].

Zur Beschreibung von Persönlichkeitseigenschaften wird häufig das auch als „Big Five“ bekannte Fünf-Faktoren-Modell der Persönlichkeitswesenszüge verwendet [AN07, S. 155]. Asendorpf und Neyer [AN07, S. 156] definieren: „Die Big Five [...] beschreiben fünf unabhängige Dimensionen, aus denen sich ein wesentlicher Teil der alltagspsychologisch repräsentierten Eigenschaften im Englischen, Deutschen und Holländischen reproduzieren lässt.“ Tabelle 2.3 zeigt die fünf Faktoren mit ausgewählten untergeordneten Eigenschaften, die in der englischsprachigen Literatur auch als Openness, Conscien-

Tabelle 2.4: Arbeiten zur Erkennung von Persönlichkeitseigenschaften [nach Sch+15b, S. 118].

Nr.	Studie	UA
1	Schuller u. a. [Sch+15b]	0,74
2	Ivanov und Che [IC12]	0,69
3	Montacié und Caraty [MC12]	0,684
4	Schuller u. a. [Sch+12]	0,683
5	Anumanchipalli u. a. [Anu+12]	0,681
6	Wagner u. a. [WLA12]	0,672
7	Pohjalainen u. a. [PKR12]	0,671
8	Chastagnol und Devillers [CD12]	0,67
9	Buisman und Postma [BP12]	0,668
10	Wu [Wu12]	0,666
11	Hewlett Sanchez u. a. [Hew+12]	0,661
12	Audhkhasi u. a. [Aud+12]	0,66
13	Attabi und Dumouchel [AD12]	0,648

tiousness, Extraversion, Agreeableness, Neuroticism (OCEAN) zusammengefasst werden [Sch13b, S. 54].

Die automatisierte Erkennung der Persönlichkeit ist seit Anfang der 2010er Jahre vermehrt Gegenstand der Forschung [MMV10, S. 17]. In den Jahren 2000 bis 2006 wurden ca. 20 Arbeiten veröffentlicht. Bis 2010 stieg die Anzahl der Publikationen auf über 100 pro Jahr [VM14, S. 275]. 2012 wurde im Rahmen der „Interspeech 2012 Speaker Trait Challenge“ erstmalig ein Benchmarking für Erkennungsverfahren mit wahrgenommenen Persönlichkeitseigenschaften durchgeführt [Sch+12, S. 254]. Die Experimente wurden mit dem Speaker Personality Corpus (SPC) durchgeführt. Hierbei handelt es sich um 640 Aufzeichnungen von einem französischsprachigen Radio in der Schweiz. Die Segmente wurden in den fünf Persönlichkeitsdimensionen annotiert, so dass fünf einzelne Subkorpora entstanden. Die Bewertung erfolgte in dichotomen Klassen für jede Dimension, d. h. ein Segment erhält z. B. entweder die Klasse *offen* oder *nicht offen (verschlossen)* [Sch+12, S. 254 f.]. Somit handelt es sich um eine Klassifikationsaufgabe, die mit Standardverfahren gelöst werden kann und eine gute Basis für Vergleiche bietet. Tabelle 2.4 zeigt die Ergebnisse der für die Challenge eingereichten Arbeiten.

In Spalte 2 ist die ungewichtete mittlere Erkennungsrate (UA) über alle fünf Persönlichkeitsdimensionen für den Vergleich der Klassifikationsgüte angegeben. Die UA erstreckt sich von 0,648 bis 0,74, wobei 12 der 13 Arbeiten unter 0,7 liegen. Die beste Klassifikationsleistung ($UA = 0{,}74$) wird von einer Kombination der besten fünf eingereichten Modelle (Nr. 2–6) realisiert [Sch+15b, S. 117]. Diese Ergebnisse liegen somit im Bereich der menschlichen Erkennungsleistung. Bei der Erstellung des Korpus von Experten wurden 75 % Übereinstimmung erreicht [MMV10, S. 17].

Tabelle 2.5: Erkennungsleistung für Persönlichkeitsfaktoren [nach Sch+15b, S. 119].

Faktor	Ref.	Ø	Min.	Max.
Offenheit	0,590	0,583	0,545	0,625
Gewissenhaftigkeit	0,791	0,772	0,746	0,801
Extraversion	0,753	0,739	0,689	0,79
Verträglichkeit	0,642	0,600	0,560	0,668
Neurotizismus	0,640	0,657	0,605	0,692

Neben den Mittelwerten über alle Persönlichkeitsfaktoren zum Vergleich der allgemeinen Klassifikationsleistung werden auch die einzelnen Erkennungsraten (UA) betrachtet. Diese sind in Tabelle 2.5 gezeigt. Die Referenzwerte aus Schuller u. a. [Sch+12] wurden mit Random Forest erzeugt (Spalte 2). In den Spalten 3–5 sind die Einreichungen zur Challenge zusammengefasst. Es sind sowohl das arithmetische Mittel als auch die Spannweite der Ergebnisse dargestellt. Es ist zu erkennen, dass Gewissenhaftigkeit von allen Persönlichkeitsfaktoren am besten erkannt wird, gefolgt von Extraversion. Diese erreichen eine UA von deutlich über 0,7. Verträglichkeit und Neurotizismus werden im Mittel schlechter erkannt, mit 4,2 % ist bei Verträglichkeit der Unterschied des Referenzwertes zu den Einreichungen am größten. Die Maximalwerte von rund 0,8 sind mit den in der Emotionserkennug erreichten Klassifikationsraten vergleichbar, während die minimalen UA von 0,55 bzw. 0,56 nur wenig über dem Erwartungswert des Zufalls liegen.

2.2.4 Automatische Segmentierung

Da die vorliegende Arbeit maßgeblich von den Praxisanforderungen aus dem Callcenter getrieben ist, müssen diese im Hinblick auf die spätere Überführung der prototypischen Realisierung in den Praxisbetrieb besondere Beachtung finden. In den meisten der in Abschnitt 2.2.2 betrachteten Arbeiten werden manuell segmentierte Korpora verwendet. Bei einem System, das reale Gespräche in Echtzeit bewerten kann, ist die manuelle Segmentierung nicht möglich. Daher müssen automatische Segmentierungsstrategien genutzt werden, die im Folgenden beschrieben werden.

Gesprochene Sprache ist ein dynamischer Prozess und unterliegt ständigen spektralen Variationen [Pfi01, S. 125]. Die Erfassung der zeitlichen Struktur der Sprache ist daher die Bedingung für eine fehlerlose Kommunikation [Mei94]. Dementsprechend ist die richtige Segmentierung der Äußerungen und des Sprachsignals eine Grundvoraussetzung für alle praktischen Anwendungen der automatischen Erkennung paralinguistischer Merkmale [Bat+10, S. 2]. Der prosodische Anteil der Sprache ist hierbei besonders wichtig für das Sprachverständnis, da die Äußerungen durch die Prosodie in Gruppen geteilt werden. Ziel der Segmentierung ist es, den kontinuierlichen Sprachstrom für den Erkennungsprozess in verarbeitbare informationsreiche Ausschnitte zu teilen. Die automatische Segmentierung ist eine große ungelöste Herausforderung für robuste Erkennung von Emotionen in Echtzeit [LWR10, S. 291].

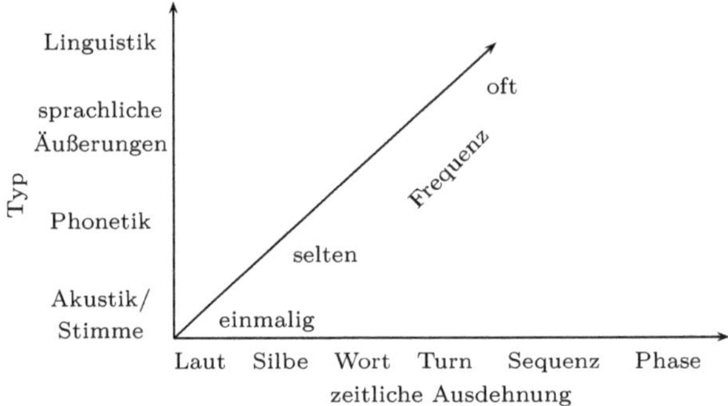

Abbildung 2.3: Dimensionen der Segmentierung [nach SB14a, S. 58].

Häufig wird die zeitliche Struktur des kontinuierlichen Sprachstroms bei der Erstellung von Korpora ignoriert, da manuell segmentierte Äußerungen verwendet werden [BJ13, S. 1]. Dies liegt vor allem daran, dass die Zeiteinflüsse durch die überwiegend verwendeten statischen Modelle nicht abgebildet werden können [VAW08, S. 77]. Abbildung 2.3 zeigt drei Dimensionen der Segmentierung. Die vertikale Achse „Typ" definiert die Wissenschaftsdisziplin, in der die Erkennungsaufgabe angesiedelt ist. Diese ist in der Regel durch Art und Struktur des Korpus charakterisiert. In der Frequenzdimension wird die Häufigkeit der relevanten Segmente und damit die Größe des verwendbaren Korpus abgebildet [SB14a, S. 58 f.]. Die horizontale Achse unterteilt die zeitliche Ausdehnung der untersuchten Segmente. Die Zeitdimension steht in direktem Zusammenhang mit dem Typ der Segmentierung und der Frequenzdimension. Während stimmliche und akustische Segmentierung sehr kurze Segmente bildet, werden bei der linguistischen Segmentierung längere Zeitabschnitte auf Satz- und Äußerungsebene betrachtet. In der Praxis muss zwischen diesen Extrema ein Kompromiss gefunden werden, d. h. es muss eine optimale Segmentlänge ermittelt werden, bei der Merkmale und Kategorisierung konsistent sind [WWS14, S. 243]. Die Segmente müssen groß genug sein, damit sie alle relevanten prosodischen Informationen beinhalten, da bei zu kleinen Segmenten suprasegmentale Merkmale verloren gehen können [Sch11, S. 9]. Zudem entstehen bei zu kleinen Segmenten viele strukturell verschiedene Eingabedaten, die sich beim Lernen schlecht verallgemeinern lassen. Andererseits dürfen sie nicht zu groß sein, da sich in zu großen Abschnitten die zu erkennenden Merkmale, z. B. Emotionen, überlagern oder verändern können und so schlechter erkennbar sind [MC07, S. 1].

Segmentierung kann zum einen statisch auf der akustischen Ebene durch Einteilung in feste Zeitabschnitte oder zum anderen, wie in Abbildung 2.3 gezeigt, dynamisch durch die Einteilung in linguistisch sinnvolle Segmente erfolgen [SB14a, S. 58]. Die einfachste Segmentierungsart ist die Unterteilung in feste vordefinierte Zeitabschnitte ohne Berücksichtigung weiterer Eigenschaften. Aus technischer Sicht ist die kleinste sinnvolle Einheit der Frame, über den Merkmale berechnet werden. Üblicherweise sind Frames ca. 20 ms lang [Fur00, S. 193]. Allerdings ist diese Zeit zu kurz, als dass sie relevante prosodische Informationen beinhalten könnte. Daher sind zwei statische, technisch getriebene Segmentierungsstrategien möglich: Dies ist erstens die Variation der Länge der Frames und zweitens die Zusammenfassung von mehreren Frames und Berechnung von statistischen Funktionalen der prosodischen Größen [MC07, S. 1]. Variante zwei ist am gebräuchlichsten, da sie Vorteile in der Erkennung bietet. Eine gute Erkennung kann bei einer Segmentlänge von mehr als einer Sekunde erreicht werden [MC07, S. 1]. Andere Arbeiten ermittelten eine nutzbare Segmentlänge von 1 s–5 s [Kim+07, S. 50; Pet99b, S. 12]. Eine weitere Möglichkeit der zeitlich statischen Segmentierung ist die Einteilung in überlappende Segmente. Für Emotionserkennung im Livebetrieb kann eine Einteilung in Abschnitte von 2 s Länge und einer Überschneidung von 1 s genutzt werden [LWR10, S. 290].

Die Segmentierung auf sprachlicher Ebene erfolgt durch die Erkennung von Lauten, Silben, Wörtern, etc. sowie Pausen [Sch13b, S. 9]. Die linguistische Segmentierung ist mit hohem Aufwand verbunden und fehleranfällig, da hierzu ein Spracherkennungssystem eingesetzt werden muss, das Silben und Wörter korrekt identifiziert und zeitlich markiert [SR06, S. 1818]. Welche linguistische Größe am besten für die Segmentierung geeignet ist, hängt vom Korpus ab. Für die automatische Emotionserkennung wurde bisher noch keine einheitliche Segmentierung gefunden [Ste09, S. 89]. Eine Studie zeigt, dass die Segmentierung auf Wortebene zu kleine Abschnitte erzeugt, aber ganze Turns wiederum zu lang sind [Ste09, S. 89].

Für die Segmentierung sind Pausen und Sprechgeschwindigkeit von großer Bedeutung, da sie in enger Beziehung zueinander stehen und die zeitliche Struktur der Sprache bestimmen [Pfi01, S. 125]. Die Erkennung von Pausen gehört zur akustischen Segmentierung und basiert auf der Trennung des Sprachsignals von signalfreien Abschnitten und Hintergrundrauschen. Sie kann im einfachsten Fall über einen Schwellwert für die Intensität erfolgen. Derartige Methoden werden als „Voice Activity Detection“ bezeichnet [SB14a, S. 190]. In der Literatur gibt es verschiedene Meinungen zur Bedeutung von Pausen und Bestimmung der relevanten Länge. Pausen werden vor allem als rhetorisches Mittel zur Gliederung von Sätzen genutzt [HKO83, S. 203]. Sie können aber auch durch Zögern, Korrekturen und Unterbrechungen Spontaneität anzeigen [Tak+07, S. 150]. Goldman-Eisler [Gol58] hat ca. 250 ms als charakteristische Länge für funktionale Pausen ermittelt. In einer neueren Untersuchung wurde u. a. bei Reden deutscher Politiker eine Dauer von 130 ms bis 250 ms für strukturrelevante Pausen gemessen [HKO83, S. 207]. In vorgelesenen Texten, wie Nachrichten und Rezitationen literarischer Texte treten dagegen mittlere Pausenlängen von 660 ms bzw. 860 ms auf [Mei94, S. 54]. Braun und Oba [BO07, S. 78] identifizieren in einem multilingualen Experiment zu Sprechgeschwindigkeiten von Männern und Frauen bei gespielten Emotionen Pausen mit einer minimalen Länge von 100 ms. Für weibliche Sprecher wird sowohl für amerikanisches Englisch als auch für Deutsch eine mittlere Pausenlänge von 400 ms bei neutralen Passagen erkannt. Bei dem männlichen deutschen Sprecher wurde in den neutralen, nicht emotional gefärbten Passagen eine mittlere Pausendauer von 600 ms gemessen [BO07, S. 79]. Auf der Turnebene wurden für emotionale Sprechweise Pausen von 500 ms bis 1 s gemessen [WWS14, S. 244].

Im Vergleich mit der zeitbasierten, automatischen Segmentierung sind strukturbasierte Segmentierungsstrategien überlegen [SR06, S. 1819 f.]. Besonders die Kombination von akustischen und linguistischen Informationen, z. B. Funktionen von Wörtern, liefert bei der Segmentierung einen entscheidenden Beitrag zur Erhöhung der Klassifikationsgüte [Bat+11, S. 25]. Weiterhin konnte gezeigt werden, dass linguistisch motivierte und durch betonte Silben markierte Segmentierung die Klassifikationsgüte bei der Emotionserkennung signifikant erhöht [Sep+10, S. 3]. Zur Segmentierung kann auch die Erkennung des Sprecherwechsels gezählt werden. Für alle automatischen Gesprächsanalysen ist die Zuordnung der Redeanteile zu den Sprechern wichtig. Ausgewählte Arbeiten sind dazu ebenfalls in Tabelle 2.2 angegeben.

In dieser Arbeit wird die Erkennung des Pausenverhaltens als Sprechausdrucksmerkmal anhand der Kriterien Pausenart (7iA), Pausendauer (7iD) und Pausenfrequenz (7iFr) untersucht. Da die eingehende Betrachtung der Segmentierungsstrategien außerhalb des Fokus dieser Arbeit liegt, wird in den Experimenten die manuelle Annotation und Segmentierung des Korpus verwendet. Für die in Abschnitt 5.4 beschriebenen Untersuchungen wird eine konstante, nicht überlappende Unterteilung in Abschnitte von 1 s genutzt.

2.3 Vorgehen bei der Erkennung paralinguistischer Merkmale

2.3.1 Arbeitsablauf am Beispiel der Emotionserkennung

Die Erkennung von Emotionen ist eine der ältesten Anwendungen der automatischen Verarbeitung paralinguistischer Merkmale. Ein Grund für die intensive Untersuchung der automatischen Klassifikation von Emotionen im Sprachsignal ist die Tatsache, dass sie zum täglichen Leben gehören und in einer Vielzahl unterschiedlicher Formen auftreten [Plu94, S. 1 f.]. Erste Arbeiten wurden dazu Ende der 1990er Jahre veröffentlicht [Pet99b]. Schuller u. a. [Sch+11b] haben die Publikationshäufigkeiten im Bereich der Emotionserkennung analysiert. Sie zeigen, dass sich die Anzahl veröffentlichter Arbeiten von 10 pro Jahr in den späten 1990er Jahren über ca. 30 Veröffentlichungen im Jahr 2004 bis zu mehr als 100 Publikationen im Jahr 2011 erhöht hat [Sch+11b, S. 1063]. Die Emotionserkennung ist aus den Forschungseinrichtungen zum Anfang des Jahrtausends in das öffentliche Interesse gerückt. So wurden von der EU einige größere Forschungsprojekte finanziert [VA09, S. 1]. In zahlreichen Veröffentlichungen wurde ein weites thematisches Spektrum bearbeitet, so dass anhand der Emotionserkennung alle Aspekte der Verarbeitung paralinguistischer Sprachmerkmale erläutert werden können.

Wie die Ausführungen in den vorangegangenen Abschnitten gezeigt haben, ist in den letzten Jahren viel Arbeit auf dem Gebiet der automatischen Erkennung paralinguistischer Merkmale geleistet worden. Die Übersicht in Tabelle 2.2 verdeutlicht, dass die betrachteten Arbeiten sehr unterschiedlich und daher schlecht vergleichbar sind. Um die Forschungsansätze in ihren Grundlagen zu erläutern, konzentrieren sich die folgenden Abschnitte auf die Betrachtung der Emotionserkennung als eine der ältesten Disziplinen der automatischen Erkennung paralinguistischer Merkmale. Die folgenden Aspekte der Erkennung paralinguistischer Merkmale haben sich bei der Analyse der Forschungsarbeiten als bedeutend erwiesen. Die Auswahl orientiert sich an der Vorgehensweise der Mustererkennung und am CRISP-Prozess, die in den Abschnitten 3.1.2 und 3.1.4 erläutert werden.

Umfang, Inhalte und Struktur des Sprachkorpus: Ein wichtiger Aspekt ist die Definition, welche Merkmale erkannt werden sollen und wie ein entsprechendes Korpus erstellt werden kann. Nach dieser Definition richtet sich z. B. die Aufstellung eines Annotationskatalogs und die Auswahl der Bewertungsverfahren. Für Experimente mit Mustererkennungsverfahren zur Erkennung paralinguistischer Merkmale sind umfangreiche Korpora notwendig, die Audiodateien beinhalten und mit Markierungen sowie Bewertungen annotiert sind.

Signalmerkmale und Merkmalsextraktion: Der wichtigste Schritt bei der Mustererkennung ist die Merkmalsextraktion. Über die Frage, welche Signalmerkmale als entscheidend für eine gute Erkennung von Emotionen angesehen werden, herrscht in der Literatur keine einheitliche Meinung [EBS12]. In Abschnitt 2.3.4 werden zur Beantwortung von Forschungsfrage 1 die Signalmerkmale vorgestellt, die für eine automatische Erkennung von paralinguistischen Merkmalen geeignet sind.

Klassifikation und verwendete Data-Mining-Verfahren: Weiterhin wird in der Literaturstudie für Forschungsfrage 3 untersucht, welche Verfahren am besten für die Erkennung von Emotionen geeignet sind. Hierzu wird Forschungsfrage 2 betrachtet, indem bei der Emotionserkennung gebräuchliche Definitionen und Skalen vorgestellt werden.

2.3.2 Definition von Annotationskatalog und Datenstruktur

Für die Beschreibung der menschlichen Wahrnehmung existieren keine allgemeingültigen, vordefinierten und objektiven Skalen. Für jede zu beschreibende Eigenschaft müssen einheitliche Termini definiert werden. Im Folgenden wird anhand der automatischen Emotionserkennung beschrieben, auf welcher Basis die Definition des zu erlernenden paralinguistischen Merkmals vorgenommen werden kann.

Aufgrund der langen Forschungstradition existieren viele verschiedene Definitionen von Emotionen aus unterschiedlichen Fachdisziplinen [Pae03, S. 53]. Die ältesten stammen aus der Mitte des 19. Jahrhunderts und gehen auf Darwin [Dar72] zurück. Inzwischen existieren weit über 100 verschiedene Definitionen von Emotionen in verschiedenen Fachgebieten [KK81, S. 354]. Diese können u. a. der Physiologie, der Lernforschung oder der Anthropologie zugeordnet werden [KK81, S. 348]. Grundsätzlich sind Emotionen komplexe, meist objektgerichtete Phänomene, die in der Interaktion mit äußeren Faktoren entstehen und durch interne oder externe Reize ausgelöst werden können. Emotionen haben Einfluss auf das motorische Verhalten, d. h. sie äußern sich in Mimik, Gestik und stimmlichen Eigenschaften [Pae03, S. 53 f.].

Häufig wird der englische Begriff „Affect“ als Synonym für Emotion oder Gefühlszustand verwendet [Sza07, S. 14]. Daher wird in der Literatur der Forschungszweig der automatischen Erkennung von Emotionen und Stimmungen als „Affective Computing“

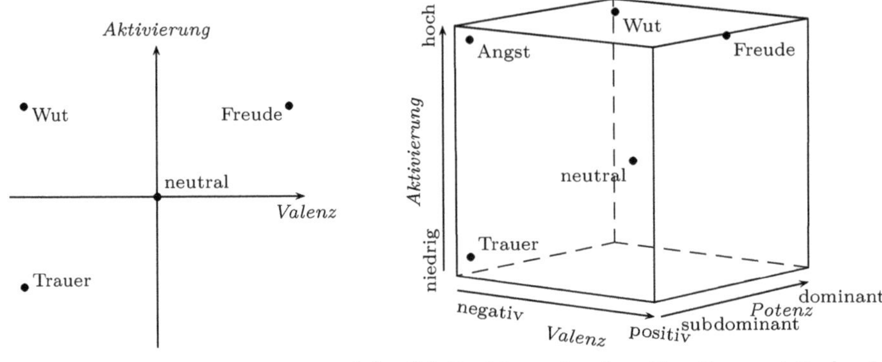

(a) Zweidimensionales Emotionsmodell [nach Sch06, S. 14].

(b) Dreidimensionales Emotionsmodell [nach Pae03, S. 65].

Abbildung 2.4: Basisemotionen in zwei- und dreidimensionalen Emotionsmodellen.

bezeichnet [CD10, S. 45]. Diese Verwendung muss allerdings vom deutschen Begriff „Affekt“ abgegrenzt werden, der sehr viel enger definiert wird [Sch13b, S. 57]. „Affekt“ beschreibt eine heftige Erregung oder einen Zustand außergewöhnlicher psychischer Angespanntheit [AN07, S. 461]. In den betrachteten Arbeiten wird meist die weiter gefasste Definition im Sinne des englischen Begriffs verwendet, die emotionale oder emotionsbezogene Phänomene beschreibt [CSB11, S. 12]. Diese affektiven Eigenschaften können entsprechend ihrer Dauer und der Intensität kategorisiert werden [Sch00, S. 140].

Im kategorialen Beschreibungsansatz finden vor allem die sog. Basisemotionen Verwendung. Dieses Konzept findet sich in vielen Emotionstheorien und ist auf folgender Annahme begründet: Einige Emotionen, die als Primär- oder Basisemotion bezeichnet werden, haben sich im Verlauf der Evolution als Lösung an spezifische Anpassungsprobleme entwickelt [Pae03, S. 58]. In der Literatur findet sich keine einheitliche Definition der Basisemotionen. Es werden zwischen 2 und 18 angeben. Darin sind meist enthalten: Freude, Ärger, Wut, Zorn, Angst, Furcht und Trauer [Pae03, S. 58]. Trauer kann zusätzlich in stille und weinerliche Trauer unterteilt werden [Pae03, S. 64].

Im dimensionalen Ansatz werden die Emotionen in zwei oder mehr Dimensionen dargestellt, die einen n-dimensionalen Raum aufspannen, in dem eine Emotion als Punkt beschrieben werden kann [Bur01, S. 8]. Ein häufig verwendetes Beschreibungsmodell ist der zweidimensionale Ansatz mit den Dimensionen Valenz und Aktivierung, die Abbildung 2.4a zeigt. Die Valenz beschreibt, wie angenehm eine Emotion empfunden wird. So haben unangenehme Emotionen wie Trauer, Angst und Wut eine negative Valenz, während beispielsweise Stolz und Freude eine positive Valenz besitzen [EBS12, S. 1]. Die Aktivierung misst den Grad der Erregung. Beispiele für Emotionen mit starker Aktivierung sind Freude und Wut. Langeweile und Trauer sind Beispiele für Emotionen mit geringer Aktivierung [RHD03, S. 487]. Trotz ihres gegensätzlichen Charakters sind Wut und Freude vor allem durch den Grad der Aktivierung gekennzeichnet, die sich in ähnlichen prosodischen Merkmalen äußert. Daher stellt ihre korrekte Erkennung eine Herausforderung für automatische Systeme dar [Yac+03, S. 4]. Im dreidimensionalen Modell (Abbildung 2.4b) tritt zu Valenz und Aktivierung als dritte Dimension die Stärke oder auch Potenz. Sie unterscheidet, ob die Emotion vom Subjekt selbst oder von seiner Umgebung ausgeht [Pae03, S. 57].

2.3.3 Sprachkorpora

Nach der Festlegung des zu erkennenden paralinguistischen Merkmals und der Definition einer geeigneten Skalierung müssen Sprachaufzeichnungen durchgeführt werden. In einem aufwendigen manuellen Prozess müssen diese anhand der definierten Skala annotiert werden. Je nach Art der Untersuchung kann sich die Bewertung eines einzelnen Gesprächs mit wenigen Minuten Dauer bis über eine Stunde erstrecken [Roc11, S. 34]. Ergebnis der Annotation ist eine Datenbank mit Audiodateien und Markierungen. In den Geisteswissenschaften und in der Sprachverarbeitung wird diese Datenbank in der Regel als Korpus bezeichnet [KRS11, S. 205]. Trotz des einheitlichen Inhalts mit emotional gefärbten Sprachaufzeichnungen unterscheiden sich die in der Emotionserkennung genutzten Korpora z. T. erheblich. Zur Verdeutlichung der Unterschiede wird im Weiteren auf mehrere Korpora und deren Besonderheiten eingegangen.

Eine ältere Studie listet 32 Datenbanken mit emotionaler Sprechweise auf [VK03a, S. 560 ff.]. Die meisten (11) sind in englischer Sprache aufgenommen, danach folgt Deutsch (7). Die Datenbanken beinhalten überwiegend Basisemotionen, insbesondere Wut und Trauer [VK03a, S. 568 f.]. Tabelle 2.6 zeigt eine Übersicht der meistgenutzten Emotionsdatenbanken. Die Datenbanken unterscheiden sich in der Anzahl der Sprecher, der Anzahl der Emotionen bzw. deren Dimensionen, im Umfang und der Art wie die Emotionen produziert wurden. Auch die Aufnahmeart kann unterschiedlich sein. Bei der Erstellung von einigen Korpora, die unter kontrollierten Experimentalbedingungen im Studio aufgezeichnet wurden, wie z. B. der Berlin Database of Emotional Speech (Emo-DB) und dem Aibo-Korpus wurde hochwertige Aufnahmetechnik (Mikrofone und DAT-Rekorder) verwendet.

Tabelle 2.6: Korpora zur Emotionserkennung.

Korpus	Sprache*	Emot.	Sprech.	Größe‡	Art, Aufnahme	*ER* (%)
Aibo [Bat+04]	deu, eng	5		>57000	induziert, real	–
ABC [Sch+07a]	deu	6	8	396	induziert	61,4
eNTERFACE'05 [Mar+06]	eng	6	42	>1200	gespielt, Studio	72,4
Emo-DB [Bur+05]	deu	7	10	535	gespielt, Studio	85,5
DES [Eng+97]	dan	5	4	> 500	gespielt	60,1
SAL [Dou+07]	eng	2 Dim.	4	>1600	spontan, Studio	30,6

Tabelle 2.6 – Fortsetzung

Korpus	Sprache*	Emot.	Sprech.	Größe‡	Art, Aufnahme	ER (%)
SA [Lef+11]	eng, afr	2	>120	3000	real, Callcenter	–
SmartKom [Ste+02]	deu	7	79	>3800	spontan	39,0
SUSAS [HB97]	eng	4	7	>3500	gemischt	56,5
TUM AVIC [Sch+07b]	eng	5	21	>10000	natürlich, Studio	68,8
VAM [GKN08]	deu	3 Dim.	47	1018	natürlich	65,0

* Sprachkennungen nach ISO 639.
‡ Größe entspricht der Anzahl der bewerteten Äußerungen wie Wörter, Sätze, etc.

Die Aufnahmen wurden mit Abtastraten von 16 kHz und einer Quantisierung von 16 Bit durchgeführt [Bat+04, S. 173; Bur+05, S. 1518]. Bei realen Aufzeichnungen, die z. B. aus Callcentern stammen, kann die hohe Güte der Aufnahme oft nicht erreicht werden.

Die Art der Emotion kann natürlich, gespielt oder induziert sein. Induzierte Emotionen werden durch verschiedene Techniken extern hervorgerufen [Ste09, S. 32 ff.]. Eine oft verwendete Technik zur Induzierung von Emotionen ist das Wizard-of-Oz-Szenario. Hier wird eine Interaktion mit dem Probanden von einem Dritten ohne dessen Wissen gesteuert [Bat+04, S. 172]. Dabei werden beispielsweise Fehlfunktionen simuliert, um beim Probanden emotionale Reaktionen zu induzieren [Bat+03, S. 123]. Bei der Erstellung von Korpora müssen ethische Aspekte beachtet werden, d. h. wie weit stark negative Emotionen in verschiedenen Szenarien induziert werden können [DR11, S. 468; Mah+11, S. 208]. Zudem sind nicht alle paralinguistischen Merkmale erfassbar, so kann z. B. Persönlichkeit nicht induziert werden [SB14a, S. 119]. Zusätzlich kann das Beobachter-Paradoxon auftreten, nach dem die Anwesenheit eines Beobachters die Sprechweise der beobachteten Person beeinflusst [Ste09, S. 33 ff.]. In der letzten Spalte von Tabelle 2.6 ist die von Schuller u. a. [Sch+09b] ermittelte Erkennungsrate (ER) eingetragen. Die Ergebnisse bestätigen die gute Trennbarkeit von gespielten und prototypischen Emotionen. Gleichzeitig kann festgestellt werden, dass sich natürliche Emotionen, wie sie in SAL, SmartKomm und VAM realisiert sind, durch automatische Verfahren schlechter erkennen lassen, was in der Literatur bestätigt wird [Sch+09b, S. 556 f.].

2.3.4 Merkmalsextraktion

Die elektronische Verarbeitung von Sprachsignalen erfordert die Transformation der vom Sprecher ausgesendeten analogen Schallwellen in digitale Signale. Der Prozess der Digitalisierung gehört zur Signalverarbeitung. Da eine vollständige Beschreibung des Signalverarbeitungsprozesses nicht Fokus dieser Arbeit ist, wird im Folgenden nur kurz auf die Grundlagen eingegangen. Die mathematische und algorithmische Beschreibung wird nicht vertieft.

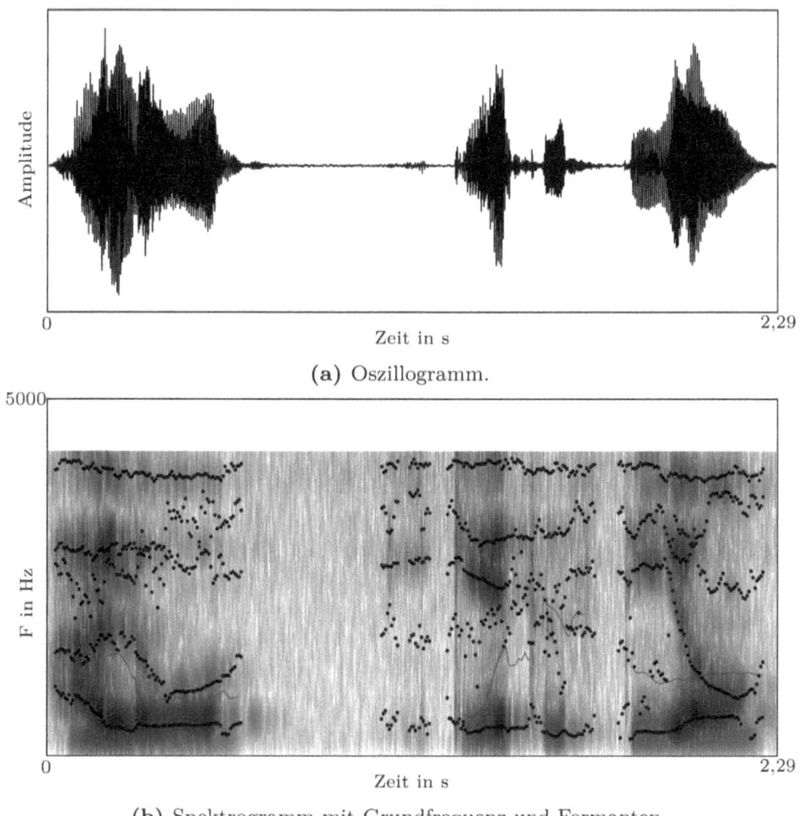

(a) Oszillogramm.

(b) Spektrogramm mit Grundfrequenz und Formanten.

Abbildung 2.5: Signalrepräsentation einer Äußerung mit Oszillogramm und Spektrogramm.

Bei der Digitalisierung wird das ursprüngliche analoge Audiosignal in äquidistanten Punkten abgetastet. Die Anzahl der Abtastpunkte je Zeit wird als Abtast- oder Samplerate bezeichnet. Die Umwandlung in das Digitalsignal erfolgt durch eine Quantisierung, d. h. das analoge Signal wird durch einen digital darstellbaren Zahlenwert angenähert. Für Sprachdaten werden in der Regel 16 kHz Samplerate mit einer Quantisierung im Wertebereich von 16 Bit verwendet [Car+10, S. 525]. Das Ergebnis der Digitalisierung ist eine Zeitreihe mit diskreten Werten [Sch06, S. 37]. Die Darstellung der Messwerte in der Zeitdomäne wird auch Oszillogramm genannt und ist in Abbildung 2.5a am Beispiel des Satzes „Hallo, wie geht es dir?“ dargestellt [PK08, S. 43 f.]. Das Sprachsignal ist nicht stationär, d. h. die Frequenzanteile verändern sich durch die kontinuierlichen Bewegungen des Sprechapparats, wie in 2.1.1 bereits thematisiert wurde. Aus diesem Grund wird die Kurzzeitanalyse zur Beschreibung des Signals verwendet. Dies beruht auf der Annahme, dass Sprache für eine kurze Zeitspanne als stationär betrachtet werden kann [Ave+04,

S. 78]. Bei der Kurzzeitanalyse werden für die als konstant angenommenen Zeiträume bestimmte Eigenschaften des Signals als Funktion der Zeit berechnet [PK08, S. 59].

Das Signal wird dabei mit mathematischen Operationen in die Frequenzdomäne transformiert. Das daraus resultierende Spektrum zeigt die Energien der Frequenzanteile. Der Grundgedanke der Transformation ist, dass alle periodischen Signale durch Überlagerungen von mehreren harmonischen Wellen mathematisch dargestellt werden können. Diese Zerlegung kann mit verschiedenen mathematischen Verfahren erfolgen, die z. B. in Brigola [Bri97, S. 60] beschrieben sind und daher an dieser Stelle nicht betrachtet werden.

Eine mehrdimensionale Darstellung der Frequenzanteile ist das Spektrogramm, das zeitlich benachbarte Spektren darstellt. Die Zeit wird an der x-Achse abgetragen, die Frequenz an der y-Achse. Die Energie wird über die Intensität des Grauwertes dargestellt [PK08, S. 48]. Aus Spektrum und Spektrogramm können die Klang- und Geräuschanteile des Signals abgelesen werden. In Abbildung 2.5b sind in das Spektrogramm Grundfrequenzverlauf und Formanten eingetragen [Car+10, S. 177]. Der Grundfrequenzverlauf ist mit einer durchgehenden Linie markiert. Die Punkte stellen die Formanten dar.

Die Merkmalsextraktion erfolgt aus dem Kurzzeitspektrum. Das Kurzzeitspektrum wird in der Regel für als stationär angesehene Abschnitte einer Länge von 25 ms berechnet. Dieser Zeitabschnitt wird als Fenster oder Frame bezeichnet [Sch+14c, S. 44]. Während der Analyse wird das Fenster um 10 ms verschoben, um die Werte zu glätten [EWS10, S. 38]. Aus dem Kurzzeitspektrum können viele Signalmerkmale berechnet werden, die bestimmte Eigenschaften des Sprachstroms repräsentieren. Diese Merkmale werden Low-Level-Deskriptor (LLD) genannt. Sie lassen sich in prosodische (suprasegmentale) und spektrale Merkmale unterteilen [EBS12, S. 1]. Prosodische LLD sind u. a. Grundfrequenz, Intensität und Rhythmus. Spektrale LLD umfassen die Mel Frequency Cepstrum Coefficients und Formanten. Die für die Experimente in dieser Arbeit verwendeten LLD werden im Folgenden kurz skizziert. Die Beschreibung basiert auf Eyben u. a. [EWS10, S. 30 ff.]. Für die signaltheoretische Fundierung sei auf Avendaño u. a. [Ave+04] sowie Pfister und Kaufmann [PK08] verwiesen.

Lautheit/Intensität: Die Lautheit repräsentiert den subjektiv wahrgenommenen Schalldruck. Sie wird auch als Intensität des Signals bezeichnet [GWD13, S. 68]. In Untersuchungen wird die objektive Ermittlung der Lautheit oft durch variierende Abstände zum Mikrofon erschwert [Bur01, S. 24].

Mel Frequency Cepstrum Coefficients (MFCC): Die MFCC beschreiben die Koeffizienten des Mel-Cepstrum und werden in der Spracherkennung erfolgreich eingesetzt [PK08, S. 296]. Das Mel-Cepstrum basiert auf der Mel-Skala, die der psychoakustischen Wahrnehmung angepasst ist. In Untersuchungen wurde festgestellt, dass sich die empfundene Tonhöhe nicht linear, sondern logarithmisch zu den Frequenzen verhält [PK08, S. 94]. Der Begriff Cepstrum ist ein Anagramm von Spektrum, das auf die inverse Berechnung hindeutet [PK08, S. 90]. Das Cepstrum wird in mehreren Schritten berechnet. Nach einer Fourier-Transformation des Signals werden die Werte logarithmiert und eine inverse Fourier-Transformation wird durchgeführt [Ave+04, S. 90]. In der Konfiguration werden die Mel-Frequenz-Cepstrum-Koeffizienten 0–14 verwendet.

Hüllkurve der F_0-Kontur: Die Hüllkurve bestimmt die Größe der Ober- und Unterwellen [GME11, S. 27]. Für die genutzte Konfiguration wird die Hüllkurve der geglätteten F_0-Kontur als LLD extrahiert.

Stimmhafte Anteile: Die periodischen, stimmhaften Anteile am Gesamtsignal können im Oszillogramm veranschaulicht bzw. berechnet werden. Als LLD wird die Wahrscheinlichkeit stimmhafter Anteile des Abschnitts bestimmt [PK08, S. 44].

LPC-Koeffizienten: Die LPC-Analyse (Linear Predictive Coding) nutzt die Tatsache, dass die Folge der Abtastwerte des Sprachsignals nicht statistisch unabhängig ist. Der n-te Abtastwert $s(n)$ kann somit aus der gewichteten Summe von K vorausgehenden Abtastwerten vorausgesagt werden. Der vorhergesagte Abtastwert ist:

$$\tilde{s}(n) = -\sum_{k=1}^{K} a_k s(n-k). \tag{2.1}$$

Die Gewichte a_k werden auch als LPC-Koeffizienten bezeichnet [PK08, S. 77].

Line Spectral Pairs (LSP) : Line Spectral Pairs beschreiben die Positionen und Formen der Ausschläge der LPC-Kurve [Ave+04, S. 90].

Jitter: Jitter ist ein Maß für die Aperiodizität der F_0 von einer Periode zur nächsten und wird auch als F_0-Pertubation bezeichnet [Bur01, S. 24]:

$$J = \frac{\sum_{k=1}^{n} |\Delta t_{k+1} - \Delta t_k|}{\sum_{k=1}^{n} \Delta t_k} \cdot 100. \tag{2.2}$$

Der Term Δt_k beschreibt die Zeit zwischen zwei aufeinander folgenden Oszillationen. Der Index k durchläuft alle n Schwingungen im betrachteten Signalabschnitt. Je größer die Zeitabstände der benachbarten Schwingungen im Zähler von Gleichung (2.2) sind, desto größer ist der durch J ausgedrückte Jitter.

Shimmer: Analog zu Jitter beschreibt Shimmer die Pertubation der Intensität. Hierbei sind I_k die einzelnen Intensitäten der n Segmente des Signals [Had07, S. 23]:

$$S = \frac{\sum_{k=1}^{n} |\Delta I_{k+1} - \Delta I_k|}{\sum_{k=1}^{n} \Delta I_k} \cdot 100. \tag{2.3}$$

In den ersten Arbeiten der automatischen Emotionserkennung wurden per Hand zusammengestellte Merkmalssätze mit ca. 20 bis 50 einzelnen Merkmalen verwendet [Sch13b, S. 66]. Die Erstellung eines kleinen und aussagekräftigen Merkmalssatzes erfordert viel Wissen in der Phonetik und Signaltheorie [EBS12]. Während der letzten

Tabelle 2.7: Entwicklung der Merkmalsvektoren [nach Sch13b, S. 66].

Studie	Anzahl der Merkmale
Dellaert u. a. [DPW96]	17
McGilloway u. a. [McG+00]	32
Batliner u. a. [Bat+00]	27
Seppänen u. a. [SVT03]	43
Ververidis u. a. [VKP04]	87
Oudeyer [Oud03]	200
Vogt und André [VA05]	1280
Schuller u. a. [SSB09]	384
Schuller u. a. [Sch+10a]	1582
Schuller u. a. [Sch+11c]	4368
Schuller u. a. [Sch+12]	6125

Jahre ist die Forschungsgemeinschaft dazu übergegangen, sehr große Merkmalssätze mit mehreren Tausend Merkmalen zu nutzen, da ein größerer Merkmalssatz meist zu einer besseren Erkennungsleistung führt [EBS12, S. 8]. Diese Brute-Force-Ansätze zielen darauf, eine große Anzahl von Merkmalen zu berechnen, um keine eventuell relevanten Informationen zu verlieren [Sch+08b].

In Tabelle 2.7 ist nach Erscheinungsjahr sortiert die Größe der Merkmalsvektoren für ausgewählte Arbeiten verzeichnet. Der Anstieg der Merkmalsdimensionen ist darin gut zu erkennen. Durch die steigende Rechenleistung können immer größere Merkmalssätze berechnet werden. Mit dem openSMILE-Framework steht ein leistungsfähiges Werkzeug zur Verfügung, das vielfältig konfigurierbar ist und sehr effizient in Echtzeit viele Tausend Merkmale berechnen kann [EWS10; EWS09]. Allerdings erhöht sich bei der Merkmalsextraktion mit Brute-Force-Methoden die Anzahl potentiell irrelevanter Attribute ohne Aussage [EBS12, S. 8]. Die maschinelle Berechnung von vielen Merkmalen und Ableitungen höheren Grades kann weiterhin zu numerischen Problemen in verschiedenen Verfahren führen [NEL06, S. 810]. Die Berücksichtigung des Merkmalssatzes ist wichtig bei der Auswahl eines Klassifikationsalgorithmus, da redundante Merkmale die Klassifikationsleistung verschlechtern können [YL04, S. 1205]. Einige Verfahren, wie z. B. Entscheidungsbäume, besitzen die Fähigkeit, relevante Merkmale beim Lernen zu priorisieren und sind deshalb nicht anfällig gegenüber redundanten Merkmalen [RM08, S. 156]. Bei Support-Vektor-Maschinen (SVM) wurde beispielsweise in einigen Experimenten bei steigender Anzahl an Merkmalen eine Verschlechterung der Klassifikationsleistung beobachtet [Col09, S. 104].

2.3.5 Auswahl von Klassifikationsverfahren

Für die Klassifikationsaufgabe der Emotionserkennung in gesprochener Sprache können unterschiedliche Data-Mining-Verfahren eingesetzt werden [WYC09, S. 98]. In der aktuellen Forschung werden meist statische oder dynamische Klassifikationsverfahren zur Erkennung diskreter Emotionszustände genutzt. Weniger häufig werden Regressionsverfahren verwendet, um kontinuierliche Emotionen in verschiedenen Dimensionen prognostizieren zu können. Die statischen Verfahren können frame-basiert für jeden einzelnen Frame die Emotion erkennen oder mit größeren Segmenten arbeiten. Emotionen sind meist durch prosodische und spektrale Merkmale gekennzeichnet, die über einen längeren Zeitraum realisiert werden. Da ein Frame einen sehr kurzen Zeitabschnitt umfasst, müssen sehr viele Merkmale berechnet werden, um sie korrekt abzubilden. Welche Merkmale und wie viele Frames die gesuchten Emotionszustände gut repräsentieren, muss im konkreten Fall bestimmt werden [WWS14, S. 248 f.]. Meist werden suprasegmentale Merkmale zur Klassifikation verwendet, da dieser Ansatz in der Regel bessere Ergebnisse als die frame-basierte Klassifikation erzielt [Sch+11b, S. 1067]. Tabelle 2.8 zeigt zeitlich geordnet ausgewählte Forschungsarbeiten mit unterschiedlichen Klassifikationsverfahren.

Tabelle 2.8: Studien zur Emotionserkennung mit der Emo-DB.

Studie	Verfahren	Merkmale	Erkennungsrate	Bemerkungen
Schuller u. a. [Sch+05a]	SVM, u. a.	75	87,5 %	2 Klassen
Pittermann und Pittermann [PP06]	HMM	25	34 % bis 48 %	
Schuller und Rigoll [SR06]	versch.	versch.	Ø 96,5 %	
Schuller [Sch06]	SVM	75	88,8 %	
Vlasenko u. a. [Vla+07]	versch.	76	89,9 %	2 Klassen
Wagner u. a. [WVA07]	HMM	39	Ø 74 %	
Danisman und Alpkocak [DA08]	SVM		Langeweile: 40 %; Ärger: 90 %; Ø 63,5 %	
Casale u. a. [Cas+08]	SVM, SMO	3809	Ø 92 %	
Vlasenko u. a. [Vla+08]	HMM	39	76 %	
Schuller u. a. [Sch+09b]	SVM	6553	85,6 %	
Xiao u. a. [Xia+10]	KNN	68	71,52 %	hierarchisch

Tabelle 2.8 – Fortsetzung

Quelle	Verfahren	Merkmale	Erkennungsrate	Bemerkungen
Yang und Lugger [YL10]	Bayes	50	Trauer: 87,6 %; neutral: 52,5 %	
Polzehl u. a. [PSM11]	SVM	1450	77 %	2 Klassen
Vogt und André [VA11]		1451	73,4 %	äußerungsbasiert
Giannoulis und Potamianos [GP12]	SVM	versch.	Ø 85,18 %	hierarchisch

Um die Vergleichbarkeit zu erhöhen, beschränkt sich die Darstellung auf Studien zur Emo-DB. Ungeachtet der Fokussierung auf ein Sprachkorpus unterscheiden sich die betrachteten Arbeiten dennoch sowohl in den Merkmalen als auch in den Verfahren. In der überwiegenden Mehrheit der Arbeiten werden statische Klassifikationsalgorithmen verwendet, über die im Folgenden ein Überblick gegeben wird. Wie Tabelle 2.8 zu entnehmen ist, erreichen Support-Vektor-Maschinen (SVM) auf dem Korpus der Emo-DB sehr hohe Erkennungsraten von über 85 %. Diese guten Leistungen konnten in mehreren Studien bestätigt werden. So vergleichen Schuller u. a. [Sch+09b] auf verschiedenen Emotionsdatenbanken Hidden-Markov-Modelle (HMM) und SVM. Für die statische Klassifikation mit SVM werden 6552 und für die HMM 39 Merkmale verwendet. Zur Umsetzung nutzen die Autoren die Softwaretools HTK [You+09] für das Training der HMM und openEAR [EWS09] zur Merkmalsextraktion. Die Autoren können zeigen, dass die SVM mit suprasegmentalen Merkmalen eine bessere Klassifikationsgüte als die Markov-Modelle erzielen [Sch+09b, S. 556 f.]. Insgesamt haben sich SVM als eine Art Standardverfahren für die automatische Emotionserkennung etabliert, da sie gut mit diesen hochdimensionalen Merkmalsvektoren umgehen können [WWS14, S. 249]. Viele Autoren verwenden die freie Bibliothek Libsvm [CL11] für ihre Umsetzung der SVM [LWR10; Eyb+10; PR11; KBČ11; Wu12].

Aus der Gruppe der künstlichen neuronalen Netze werden vor allem Multilayer-Perzeptronennetze zur Erkennung von Emotionen verwendet. Diese erzielen gute Ergebnisse, neigen aber zu Überanpassung und benötigen viele Trainingsdaten zum Lernen [Sch+11b, S. 1071]. Als Werkzeug für die Arbeit mit künstlichen neuronalen Netzen wird von einigen Autoren der Stuttgart Neural Network Simulator (SNNS) [Pet99a] genutzt [Ste09; AMR11].

Die Kombination von Klassifikatoren zur Emotionserkennung wurde ebenfalls untersucht [Sch+05b]. Es wurde festgestellt, dass Kombinationsverfahren keine signifikanten Verbesserungen gegenüber herkömmlichen einstufigen Verfahren erzielen, aber den Berechnungsaufwand und die Komplexität der Klassifikation erhöhen [Sch+11b, S. 1072].

Aus den betrachteten Einzelstudien können aufgrund unterschiedlicher Versuchsaufbauten, außer dem häufigen Einsatz von SVM, keine generellen Schlüsse darüber gezogen werden, ob es für die Emotionserkennung besonders gut geeignete Klassifikationsverfahren gibt. Einige Studien untersuchen die Klassifikationsleistung von verschiedenen Verfahren bei gleichen Systemumgebungen, d. h. Korpora und Merkmalen. Morrison u. a. [MWD07] geben einen Überblick zur Erkennungsleistung von verschiedenen Verfahren auf einem Korpus. Das nicht frei verfügbare Korpus besteht aus 388 Äußerungen aus Callcentergesprächen, die in zwei Klassen *Wut* und *neutral* annotiert sind. Anhand dieser dichotomen Klassifikationsaufgabe werden neun Klassifikationsverfahren verglichen, darunter SVM, das Multilayer-Perzeptronen-Netz (MLP), Random Forest (RF) und Naïve Bayes (NB). Die SVM erzielt die höchste Erkennungsrate mit ca. 77 %. Fünf Algorithmen können über 70 % erreichen, unter ihnen auch MLP und RF. Entscheidungsbaumverfahren erbringen nur mittlere Erkennungsraten [MWD07, S. 109].

Eine weitere vergleichende Studie beschreibt Oudeyer [Oud03]. Als Korpus nutzt der Autor 4800 japanische Sprachaufzeichnungen aus Interaktionen mit einem Spielzeugroboter, die in vier Emotionsklassen (Freude, Wut, Trauer, neutral) annotiert sind. Insgesamt werden 19 unterschiedliche Klassifikationsalgorithmen in verschiedenen Konfigurationen getestet [Oud03, S. 170 ff.]. Die höchsten Erkennungsraten im Vergleich erreichen Varianten von AdaBoost in Kombination mit Entscheidungsbäumen (ca. 95 %). Entscheidungsbäume allein erzielen das zweitbeste Ergebnis (ca. 94 %). Danach folgen die Support-Vektor-Maschinen mit ca. 91 % [Oud03, S. 173].

2.4 Anwendungen der automatischen Erkennung paralinguistischer Merkmale

2.4.1 Kategorisierung der Anwendungsbereiche

Das Ziel der automatischen Erkennung paralinguistischer Merkmale ist die Realisierung konkreter technischer Anwendungen. Zur Zeit existieren nur wenige Produkte, die aktuelle Forschungsergebnisse in diesem Bereich beinhalten. In den einschlägigen Arbeiten werden zumeist Prototypen oder Konzepte beschrieben. Daher kann die Kategorisierung von Anwendungsgebieten nur über die Literaturanalyse vorgenommen werden. Die Anwendung kann in zwei Bereiche eingeteilt werden. Diese sind zum ersten Mensch-Maschine-Interaktion und zum zweiten unterstützende Systeme für die Mensch-zu-Mensch-Interaktion [Sch07, S. 49]. Als unterstützende Systeme werden computerbasierte Dienste bezeichnet, die indirekt und ohne Eingriffe des Menschen diesen in seiner Kommunikation mit anderen Menschen unterstützen [Sch07, S. 51]. Im Folgenden werden die für automatische Verarbeitung von paralinguistischen Merkmalen allgemein und für die automatische Emotionserkennung im Speziellen relevanten Anwendungsgebiete skizziert:

Überwachung: Intelligente Systeme, die Persönlichkeitseigenschaften erkennen, können zur Überwachung von Menschen in verschiedenen Situationen eingesetzt werden, in denen Stressreaktionen relevant für die Sicherheit sind [WWS14, S. 240]. Dies können z. B. chirurgische Eingriffe sein [Sch+10c]. Weiterhin sollen durch Emotionserkennung Agressionspotentiale identifiziert und Straftaten verhindert werden [Sch+08a; Cla+08].

Spracherkennung und automatische Übersetzung: Bei der automatischen Übersetzung wird mit einem Spracherkenner die in das System gesprochene Sprache erkannt, dann in die Zielsprache übersetzt und im letzten Schritt in der Zielsprache synthetisiert und ausgegeben [Sch07, S. 51].

Authentifizierung/Zugangskontrolle: Authentifizierung ist der Prozess der Prüfung der Übereinstimmung der von einer Person vorgegebenen Identität mit ihrer tatsächlichen. Meist werden hierbei Passwörter, Sicherheitscodes o. ä. genutzt. Da Passwörter vergessen oder entwendet und missbraucht werden können, stellt die Authentifikation über biometrische Merkmale und besonders über die Stimme eine Alternative dar. Bei der Zugangskontrolle ist es Ziel, eine Person korrekt als zugehörig zu einer bestimmten Gruppe zu erkennen. Mitgliedern dieser Gruppe sollte der Zugang gewährt werden [Sch07, S. 49].

Dialogsysteme, Robotik und virtuelle Agenten: Sprachbasierte und/oder multimodale Dialogsysteme ermöglichen die Kommunikation und Interaktion mit Computersystemen. Multimodale Dialogsysteme können über mehrere Kommunikationskanäle (z. B. Touch-Screen und Tastatureingabe) mit dem Nutzer interagieren [Car+10, S. 637]. Sprachdialogsysteme nutzen in erster Linie Sprache als Kommunikationskanal [Car+10, S. 639]. Eine Zukunftsvision des Callcenterbetriebs ist der Einsatz von virtuellen Agenten, die ein vollständiges Gespräch mit dem Kunden führen können. Um Menschen eine möglichst natürliche Kommunikation mit virtuellen Agenten oder Robotern zu ermöglichen, müssen diese auf Emotionalität des menschlichen Dialogpartners reagieren können [WWS14, S. 239 f.]. Dabei wird die Mensch-Maschine-Kommunikation durch Emotionserkennung um nichtverbale Aspekte erweitert [DD10]. Seit einigen Jahren wird intensiv an derartigen Agentensystemen geforscht. Im EU-geförderten Projekt Semaine[3] wurde ein virtueller Agent entwickelt, der emotional kommunizieren kann. Im System werden dazu in Echtzeit emotionale Zustände des Nutzers audiovisuell klassifiziert und in eine emotionale Reaktion des Agenten transformiert [Sch+11a].

Computer-Aided Learning (CAL)-und Tutoring-Systeme: CAL-und Tutoring-Systeme bieten dem Nutzer interaktiv Hilfestellungen zur Verbesserung der Aussprache an, indem z. B. Akzent oder flüssiges Sprechen bewertet werden [Sch07, S. 50]. Eine Untergruppe von CAL ist Computer-Aided Pronunciation Training (CAPT), das vor allem das Erlernen von Fremdsprachen unterstützen sollen. In CAPT-Systemen werden Mustererkennungsverfahren für zwei Aufgaben eingesetzt: Die Erfassung des Inhalts durch eine Spracherkennung und die Entscheidung, ob eine korrekte Aussprache vorliegt [Hac09, S. 2]. Beispiele für CAPT-Systeme sind

[3] http://www.semaine-project.eu/.

AzAR [Jok+05] oder das freie Programm „Artikulate“[4]. Eine weitere Anwendung für CAL ist die Unterstützung von autistischen Kindern beim Erwerb von sozio-emotionalen Fähigkeiten [Sch13b, S. 9]. Verfahren der Emotionserkennung können in Tutoring-Systemen verwendet werden, um durch die Erkennung des Emotionszustands des Nutzers die Systemreaktion entsprechend anzupassen [WWS14, S. 239]. So kann z. B. die Lerngeschwindigkeit des Systems verändert werden [LF03b].

2.4.2 Anwendungen in Callcentern

Für den Einsatz von Technologien der automatischen Analyse von paralinguistischen Merkmalen und der Erkennung von Sprechereigenschaften wurden in den letzten 20 Jahren einige Anwendungsszenarien entworfen. Ziel der aktuellen Entwicklung in der Callcentertechnologie ist es, die Geschäftsprozesse durch Sprachtechnologien zu automatisieren und zu beschleunigen [LRS06, S. 538]. Grundsätzlich lassen sich alle Anwendungen von Sprachtechnologien im Callcenter in zwei funktionale Bereiche – Assistenz und Monitoring – einteilen. Die Interaktivität des Gesprächs verlangt vom Agenten, schnell das Anliegen des Kunden zu erfassen und es zu dessen Zufriedenheit zu lösen. Assistenzsysteme unterstützen den Agenten bei der schnellen Identifikation und Lösung des Problems. Monitoring dient vor allem dem Management des Callcenters bzw. Teamleiters. Es können Informationen über die Art der Kundenanfragen und deren Lösungen gesammelt werden [Mis+05, S. 453].

Bei der automatisierten Gesprächsanalyse im Callcenter kann zwischen der linguistischen und der nicht-linguistischen Analyse unterschieden werden [Kop15, S. 4]. Bei der linguistischen Analyse ist die Hauptaufgabe eines unterstützenden Systems, durch Verstehen von natürlicher Sprache Texte zu verarbeiten [LRS06, S. 537]. Verschiedene Autoren stellen dazu prototypische Systeme vor, die Spracherkennung und Sprachverarbeitung des verschrifteten Textes zur semantischen Analyse kombinieren [Mis+05, S. 453]. Diese Anwendungen werden auch als Speech Analytics bezeichnet. Es handelt sich dabei um die Spracherkennung und Verarbeitungen von geschriebenem Text, um große Mengen an Tonaufzeichnungen für die Gewinnung von Informationen zu nutzen [GS10, S. 222]. Bei der phonetischen Suche in Audiodatenbanken wird im Gegensatz zur Spracherkennung die Suche nicht im verschrifteten Text, sondern direkt über phonetische Muster in der Sprachaufzeichnung durchgeführt [GS10, S. 223]. Vorteile der phonetischen Suche sind die höhere Geschwindigkeit gegenüber der Spracherkennung und die Unabhängigkeit von vordefiniertem Vokabular [GS10, S. 228 f.]. Eine Anwendung für Speech Analytics und Spracherkennungssysteme ist die Telefonauskunft, bei der Dialogsysteme mit Spracherkennungskomponenten eingesetzt werden. In einer Studie wurde verglichen, wie gut automatische Systeme und Menschen verschiedene Teilaufgaben ausführen können. Für einzelne Aufgaben, wie Erkennung von Stadt und Bundesstaat der USA wurde eine Erfolgsquote von 55,2 % für automatische Systeme ermittelt. Im Gegensatz dazu konnten Agenten diese Aufgabe zu 100 % bearbeiten [Cha07, S. 85].

[4]https://techbase.kde.org/Projects/Edu/Artikulate.

Die Emotionserkennung an IVR-Systemen ist eine häufig betrachtete Anwendung der automatischen Erkennung paralinguistischer Merkmale im Callcenter. Erste Arbeiten dazu sind Mitte der 90er Jahre entstanden. Diese beschreiben Systeme, die den Anrufer und das Gespräch analysieren und weiterleiten [Ric+97]. Ziel ist hierbei die Erkennung von Veränderungen des Anrufverhaltens, z. B. vermehrt auftretende Anrufe verärgerter Kunden. Weiterhin können aufgezeichnete Gespräche emotional klassifiziert und als Beispiele für Trainingszwecke verwendet werden [WWS14, S. 239]. Durch die Einordnung des Anrufers in emotionale Kategorien können verärgerte Kunden direkt an einen Agenten weitergeleitet werden [Yac+03, S. 1]. Weiterhin ist der Einsatz eines emotionserkennenden Systems zur Qualitätsmessung denkbar, das die Kundenzufriedenheit mit dem automatisch ermittelten Anteil der verärgerten Anrufer errechnet [Pau05, S. 17]. Die in diesem Abschnitt vorgestellten Anwendungsszenarien der Emotionserkennung betrachteten isoliert den Anrufer. Mielau [Mie08, S. 63 ff.] skizziert als technische Unterstützung eine Emotionserkennung, die emotionale Zustände des Agenten registriert. Dies kann langfristig belastenden Stress reduzieren und die Gesundheit des Agenten schützen.

Im Gegensatz zu den in Abschnitt 2.3 beschriebenen Arbeiten ohne Praxisbezug ist die Entwicklung von Emotionserkennungssystemen, die echte Sprachdaten im Live-Betrieb verarbeiten sollen, mit den herkömmlichen Emotionsdatenbanken nur schlecht möglich [LWR10, S. 287]. Diese beinhalten meist gespielte Emotionen oder sind aus anderen Gründen nicht repräsentativ für Callcentergespräche. Eine Herausforderung bei der Nutzung von realen Daten, d. h. aufgezeichneten Gesprächen, ist häufig die ungleiche Verteilung der Klassen. Studien zeigen, dass ein großer Teil der Anrufe neutral ist, während der kleine Teil der wütenden Anrufer (3–5 %) zuverlässig erkannt werden muss [SPP10, S. 198 f.; MWD07, S. 107]. Aufgrund der schlechten Verfügbarkeit von geeigneten Datenbanken werden häufig Kombinationen bestehender oder nicht veröffentlichte Korpora eingesetzt. Dies führt dazu, dass die Ergebnisse der Studien nur schlecht vergleichbar sind. Im Folgenden werden ausgewählte Arbeiten kurz vorgestellt und deren Strategien und Ergebnisse beschrieben.

Petrushin [Pet99b]: Der Autor beschreibt Experimente zur Klassifikation von Basisemotionen in realitätsnahen Telefonmitschnitten mit dem Ziel, eine Anwendung zu entwickeln, die Emotionalität mit Monitoring-Funktionen zu überwachen. Es sollen Inbound-Gespräche in ihrer Emotionalität kategorisiert und für den Bearbeitungsprozess priorisiert werden. Für die Untersuchung wurde ein neues Korpus aufgenommen, das aus 56 gespielten Telefonanrufen besteht. Bei diesen Experimenten wurden für die Klassen *emotional* und *ruhig* Erkennungsraten von ca. 75 % erzielt [Pet99b, S. 412].

Devillers u. a. [DVL05]: In dieser Studie werden zwei verschiedene Korpora mit Gesprächen aus einer Kundenhotline, einer Wertpapierbörse und aus einer medizinischen Notrufzentrale verwendet. Die automatische Erkennung wird mit den Klassen negativ und neutral durchgeführt. Die höchste Erkennungsrate von 73 % wird mit einem C4.5-Entscheidungsbaum erzielt. Die Experimente mit einer Support-Vektor-Maschine konnten mit allen Merkmalssätzen nur Erkennungsraten von knapp 70 %

erreichen. Im zweiten Korpus mit den Notrufmitschnitten hat die SVM die besten Ergebnisse, sowohl bei der Erkennung der Emotion des Kunden (neutral–Angst) mit 83 % als auch bei der Klassifikation von *neutral* und *negativ* beim Agenten (73 %) [DVL05, S. 419].

Lefter u. a. [LWR10]: Die Autoren beschreiben die Entwicklung eines echtzeitfähigen Emotionserkennungssystems mit einem gemischten Korpus, das aus den Emotionsdatenbanken Emo-DB, Danish Database of Emotional Speech (DES), eNTERFACE'05 sowie der South-Africa Database (SA) besteht. Im Gegensatz zu den drei anderen Emotionsdatenbanken enthält die SA echte Daten aus Callcentern. Es wird nur eine kleine Attributmenge verwendet, die mit Praat extrahiert wird. Die Klassifikation wird mit einer SVM und der Bibliothek Libsvm durchgeführt. Die Klassen der unterschiedlichen Korpora werden auf die drei Klassen Wut, Freude und Trauer abgebildet. Das vorgestellte System basiert auf einer getrennten Klassifikation der Emotionalität über die SVM und der Berechnung von Werten für Valenz und Erregung [LWR10, S. 290]. Die Erkennungsraten für die drei Einzelemotionen liegen je nach Experimentkonfiguration, d. h. welche Korpora zum Lernen und zum Testen verwendet wurden, zwischen 70 % und 80 % mit positiven Ausreißern von über 96 % [LWR10, S. 289].

Neben der Akquisition realer Daten ist auch die Anzahl der zu unterscheidenden Zustände bzw. Klassen entscheidend für potentielle Anwendungen im Callcenter. Die Komplexität der Aufgabe nimmt mit der Anzahl der zu erkennenden Eigenschaften zu. Bei der Unterscheidung von fünf Emotionen wurden in einer Studie 56 % Erkennungsrate (*ER*) erreicht [VD07, S. 11]. Im Allgemeinen ist es deshalb für die Emotionserkennung an der IVR ausreichend, zwei Klassen zu unterscheiden: neutral und emotional bzw. verärgert [PP06, S. 199]. Dies reduziert die Komplexität des Modells und erhöht die Erkennungsleistung.

Bisher wenig untersucht sind die Einsatzmöglichkeiten von Sprachtechnologie bei der Outbound-Telefonie. Hierbei kann das sogenannte Predictive Dialing unterstützend eingesetzt werden, bei dem durch ein Computersystem vorausschauend automatisiert Nummern angewählt werden und dann das Gespräch bei Zustandekommen der Verbindung einem freien Agenten übergeben wird [LRS06, S. 533]. Ein automatisches System kann die Effizienz des Agenten steigern, in dem es erkennt, ob es sich bei dem Angerufenen tatsächlich um eine Person handelt. Die Unterscheidung zwischen einem tatsächlichen Gesprächspartner und einer aufgezeichneten Nachricht konnte in einer Studie mit ca. 90 % korrekt getroffen werden [JWA06, S. 1092].

2.5 Diskussion

2.5.1 Perzeption und Beurteilung von paralinguistischen Merkmalen

Zur Einordnung der Arbeiten zur automatischen Erkennung von paralinguistischen Merkmalen ist es notwendig, deren Erkennungsleistung mit der menschlichen gegenüberzustellen. Die Ergebnisse der Perzeptionstests können als Bezugsgröße für Arbeiten der automatischen Emotionserkennung dienen [VK03b, S. 115]. Vor allem im Bereich der Analyse emotionaler Prosodie wurden einige Experimente durchgeführt, die im Folgenden dargestellt werden. Tabelle 2.9 zeigt eine Auswahl von Studien, die Leistungen der Erkennung von Emotionen durch Menschen betrachten. Die höchsten Erkennungsraten erzielen Ärger und Wut mit über 96 %. Andere Basisemotionen werden schlechter erkannt. Ihre Erkennungsraten liegen im Bereich von 78 % bis 85 %. Die besonders gute Erkennung von Ärger wird evolutionär begründet, da es sich im Verlauf der menschlichen Entwicklung als vorteilhaft erwiesen haben könnte, Wut und Ärger oder Aggressionen anderer gut zu erkennen [Pae03, S. 111]. Die hohe Übereinstimmung der Ergebnisse in den Untersuchungen von Paeschke [Pae03, S. 111] und Burkhardt u. a. [Bur+05, S. 1519] ist dadurch zu begründen, dass beide Perzeptionsexperimente mit der Emo-DB durchgeführt wurden. Die Ergebnisse bestätigen, dass diese prototypischen Basisemotionen für einen Menschen gut erkennbar sind. Allerdings muss beachtet werden, dass gespielte Emotionen stärker wahrgenommen werden als natürliche Emotionen, daher sind bei der Emo-DB tendenziell höhere Erkennungsraten zu verzeichnen [WKS06, S. 4]. Allerdings betrifft dies nur die untersuchten Basisemotionen und Klassifikationsaufgaben, die zwischen zwei Klassen trennen. Je mehr Emotionen zu unterscheiden sind, desto mehr nähert sich die mittlere Erkennungsrate dem Wert von 50 % an [BS96, S. 621]. Beim Vergleich der Werte ist zudem zu berücksichtigen, dass der Hörer immer den Inhalt mit bewertet [Sch06, S. 109]. Bei einem Einsatz mit realen Daten aus echten Gesprächen werden in der Regel niedrigere Erkennungsraten erreicht als in einem System, das künstlich erzeugte und/oder bearbeitete Daten nutzt [Sch13b, S. 4]. Bei der Unterscheidung, ob es sich bei einer bestimmten Äußerung um spontanen Ärger oder gespielten Ärger handelt, konnten

Tabelle 2.9: Menschliche Klassifikationsleistung bei der Emotionserkennung.

Studie	Ergebnisse/Klassifikationsgüte in %
Edgington [Edg97, S. 592]	Angst: 93; Wut: 100; Ø 79,3
Polzin und Waibel [PW98, S. 4]	Ø 70
Petrushin [Pet99b, S. 12]	Angst: 49,5; Wut: 72,3; Ø 63,5
Nakatsu u. a. [NST99]*	Ø 84
Schiel u. a. [SST02]*	Ø 80
Paeschke [Pae03, S. 111]	Ärger: 95,9; Neutral: 87,5; Angst: 85,4; Langew.: 84,8; Freude: 83,1; Ekel: 79,8; Trauer: 78,1
Burkhardt u. a. [Bur+05, S. 1519]	Ärger: 96,9; Neutral: 88,5; Angst: 87,3; Langew.: 86,2; Freude: 83,7; Ekel: 79,6

* Zitiert nach [VK03a, S. 568].

im besten Fall 87 % der Äußerungen vom Menschen als spontaner Ärger wahrgenommen werden [MA07, S. 74].

Neben der Nachbildung der menschlichen Wahrnehmung und der Zuschreibung von Persönlichkeitseigenschaften durch maschinelle Klassifikation wird in dieser Arbeit auch die Verarbeitung von Wirkungszusammenhängen thematisiert. Die Suche nach Zusammenhängen zwischen emotionalen Zuständen und ihren sprachlichen Ausdrucksformen sowie akustischen Signalparametern und ihren perzeptiven Korrelaten ist Gegenstand der Forschung [Pae03, S. 77]. Zur Wirkung von prosodischen Merkmalen auf wahrgenommene Eigenschaften wurden vielfältige Studien durchgeführt, die u. a. den Einfluss der Prosodie auf die Wahrnehmung von Emotionen untersuchen [Wen07; Neu02; Pae03; Kra02]. Die Wahrnehmung von Emotionszuständen und deren Erklärung durch prosodische Phänomene ist relativ gut untersucht. Da eine vollständige Analyse von Perzeptionsexperimenten zur Wahrnehmung von paralinguistischen Merkmalen den Umfang der Arbeit weit übersteigen würde, wird im Folgenden stellvertretend eine Auswahl an Ergebnissen präsentiert.

Täuschung: Die Erkennung von Täuschung und Betrug ist sowohl für Menschen als auch für Maschinen eine große Herausforderung, insbesondere wenn die Beurteilung mangels anderer Kommunikationskanäle auf Basis der Stimme erfolgen muss [Eno+06, S. 3 f.]. In einer Studie wurde die Erkennungsleistung von menschlichen Experten bei der Identifikation von Lügen mit automatischen Verfahren verglichen. Es wurde festgestellt, dass die Experten schlechter klassifizieren konnten, als durch Raten zu erwarten gewesen wäre. Dagegen konnten die automatischen Verfahren die Lügen besser als die menschlichen Bewerter identifizieren. Bei den Experten zeigte sich weiterhin ein Zusammenhang zwischen den in einem Pre-Test ermittelten Persönlichkeitsfaktoren und der von ihnen gezeigten Erkennungsleistung [Eno+06, S. 1].

Segmentierung: Expertenhörer können prosodische Segmentierung nur mit ca. 68 % Übereinstimmung erkennen, nach Training mit 86 % [BJ13, S. 2].

Attraktivität: Bruckert u. a. [Bru+06] konstatieren, dass Frauen die Attraktivität sowie die physiologische Größen Gewicht und Alter von Männern anhand deren Stimme einschätzen können. Basis der Entscheidungen bildete vor allem die Akzentuierung. Es wurde festgestellt, dass Frauen Männer mit ansteigender Sprechstimmlage bevorzugten [Bru+06, S. 87]. Wie die Autoren betonen, steht diese Erkenntnis allerdings im Widerspruch zu anderen Studien. So konstatieren Feinberg u. a. [Fei+05, S. 561], dass Männer mit tieferer Stimme als attraktiver wahrgenommen werden. Männer hingegen finden Frauen mit hoher Stimme attraktiver als Frauen mit niedrigerer Sprechstimmlage [CM03, S. 997].

Persönlichkeitsfaktoren: Scherer [Sch78] erkennt direkte Zusammenhänge zwischen prosodischen Merkmalen und zugeschriebenen Persönlichkeitseigenschaften aus dem OCEAN-Modell. Ausgehend vom Linsenmodell (siehe Abschnitt 4.1.1) werden im Experiment distale Indikatoren durch Phonetiker untersucht und die proximale Stimmwahrnehmung sowie die Zuschreibung der Persönlichkeitsmerkmale durch Laienhörer beurteilt [Sch78, S. 485]. Zustimmung korreliert dabei mit resonanter, warmer Stimme und emotionale Stabilität zusätzlich mit tiefer Stimme. Auf Extraversion wird durch eine laute, scharfe Stimme und wenig behauchte Stimme geschlossen [Sch78, S. 474]. In einer weiteren Untersuchung wurde gezeigt, dass die Erhöhung der Sprechgeschwindigkeit im Englischen zu einer Steigerung der wahrgenommenen Kompetenz führt [Smi+75, S. 148; TW97].

2.5.2 Herausforderungen der Erkennung paralinguistischer Merkmale

Die Ausführungen in den vorangegangenen Abschnitten haben gezeigt, dass die Erkennung von paralinguistischen Eigenschaften ein vielschichtiges Thema ist. In den letzten Jahren wurden viele Ansätze vorgestellt zur Lösung fundamentaler Probleme. In diesem Kapitel wurden Herausforderungen identifiziert, welche die Erkennung von paralinguistischen Eigenschaften von anderen Anwendungen der Mustererkennung unterscheiden. Als besonders wichtig stellen sich folgende Fragen heraus, die in dieser Arbeit berücksichtigt und im Folgenden erläutert werden [WM17]:

1. Welches Maß definiert eine gute Erkennung?
2. Wie können die zu erkennenden paralinguistischen Merkmale definiert werden und wie kann diese Definition konsistent auf ein markiertes Korpus abgebildet werden?
3. Welchen Einfluss haben Sprache und Inhalt?

Für die Verarbeitung von paralinguistischen Merkmalen mit Verfahren des maschinellen Lernens steht vor allem die Messbarkeit und Bewertbarkeit im Vordergrund, die mit Modellen abgebildet und reproduziert werden müssen. Die meisten Arbeiten der Mustererkennung sind technisch getrieben und haben das Ziel, das (Klassifikations-)Problem möglichst gut abzubilden und die Erkennungsraten immer weiter zu verbessern. Schuller und Batliner [SB14a] betonen, dass die Beurteilung der Performanzmaße auch entscheidend von der Aufgabenstellung abhängig ist. Während beispielsweise eine Erkennungsrate (ER) von 75 % für eine Spracherkennung mit einem begrenzten Wortschatz nicht als „gut“ zu bezeichnen ist, so kann im Vergleich dazu eine mit 75 % ER gelöste Klassifikationsaufgabe zur Erkennung paralinguistischer Merkmale als mindestens genau so „gut“ eingeschätzt werden [SB14a, S. 304]. Für natürliche Emotionen wird der doppelte Erwartungswert als Vergleichsgröße für eine gute Erkennung angegeben [VAW08, S. 86].

In vielen der einschlägigen Arbeiten werden von Dritten erstellte Korpora für die Experimente verwendet. Daher wird in den meisten Forschungsarbeiten nicht tiefer auf die genauen Definitionen und Grundlagen eingegangen, sondern sie werden als gegeben angesehen. Ausführliche prosodische Analysen und Untersuchungen der Sprechwirkung finden in diesen Arbeiten nicht statt. Für die Emotionserkennung wurden in Abschnitt 2.3.2 verschiedene Ansätze zur Definition vorgestellt. Es wurde herausgestellt, dass in dem intensiv untersuchten Gebiet der menschlichen Emotionen bisher kein Konsens für eine allgemeingültige Definition erreicht werden konnte. Im Gegensatz zu den klassischen Anwendungen der Mustererkennung gibt es für paralinguistische Daten keine absoluten Fakten, d. h. a priori bestimmte Klassen, die erkannt werden sollen. Von den paralinguistischen Merkmalen, die Gegenstand der Forschung sind, können nur Geschlecht, Alter und mit Einschränkungen Alkoholisierung valide bestimmt werden. Die automatischen Systeme können auf diese Weise nur die Meinungen und Eindrücke von wenigen Personen widerspiegeln, die den Datensatz bewerten. Um die Messung so weit wie möglich zu objektivieren, werden die Bewertungen von mehreren Personen gemittelt [Sch12, S. 100 f.].

In der automatischen Emotionserkennung werden meist kategoriale Emotionsdefinitionen in Form von Basisemotionen verwendet. Der Grund dafür ist, dass eine Reduzierung der Komplexität des Korpus eine Verbesserung der Erkennungsleistung bewirkt, deren Maximierung oft Ziel der Arbeiten ist [WWS14, S. 243]. Das dimensionale Modell wird als zu komplex für eine automatisierte Verarbeitung angesehen, vor allem aufgrund der Probleme bei der manuellen Annotation. Hier besteht die Schwierigkeit, eine Übereinstimmung der Hörer zu erreichen. Je mehr Dimensionen erkannt und bewertet werden sollen, desto mehr Unterschiede treten zwischen den einzelnen Hörern und deren Wahrnehmung auf [Sch06, S. 14; Bur01, S. 8; Per00]. Komplexe Dimensionsmodelle werden daher nur in einem kleinen Teil der Arbeiten verwendet [EBS12; PP06; VAW08]. Die einzelnen Emotionsmodelle lassen sich umwandeln, wodurch neue Korpora erzeugt werden können. Dies wird in einigen Arbeiten verwendet, in dem Korpora zusammengefasst oder umgelabelt und in neuen Klassen zusammengefasst werden. Beispielsweise können Wut, Angst und Freude einerseits sowie Langeweile, Trauer und neutrale Sprechweise andererseits zusammengefasst und auf die Aktivierungsdimension im zweidimensionalen Emotionsmodell abgebildet werden [Cas+08, S. 160]. Allerdings ist die Transformation der Emotionsmodelle nicht zwingend verlustfrei, so dass die Diskrepanz zwischen der annotierten ursprünglichen Emotion und der Abbildung in die neue Dimension zunimmt [WWS14, S. 243].

Viele der beschriebenen Arbeiten sind nicht auf eine Praxisanwendung ausgelegt. Wie einleitend in diesem Kapitel konstatiert wurde, muss bei einer Anwendung sichergestellt werden, dass die Modelle auch neue Daten klassifizieren können. Diese Problematik ist erst in jüngster Zeit in den Fokus der wissenschaftlichen Forschung getreten. Es ist daher notwendig, die Generalisierungsfähigkeit der Modelle umfassend zu testen. Die Betrachtung von einzelnen Arbeiten und der Vergleich der Erkennungsleistung ist für ein praxisnahes Anwendungsszenario nicht hilfreich. Häufig werden Forschungsarbeiten immer mit einem Korpus und der gleichen Sprechergruppe durchgeführt. Weiterhin sind auch Mikrofonanordnung und Raumakustik als konstant anzusehen [Eyb+10, S. 77]. Um die Auswirkungen dieser Nachteile abzumildern und gleichzeitig den Realismus zu erhöhen, wurden Experimente mit mehreren Korpora durchgeführt [Mar+12; Sch+10b; Sch+11d; Zha+11; Eyb+10]. Zudem soll die Nutzung verschiedener Korpora die Datenbasis vergrößern, da nur wenige annotierte Korpora verfügbar sind [Zha+11, S. 523]. Die Ergebnisse zeigen, dass die Erkennungsleistung stark absinkt, wenn auf unterschiedlichen Korpora trainiert und gelernt wird [Sch+10b, S. 127].

Die hier veröffentlichten Erkenntnisse beziehen sich auf Callcentergespräche in deutscher Standardsprache. Die Übertragbarkeit der Ergebnisse auf andere Sprachen ist nicht gesichert, da die Zuschreibung von Sprechereigenschaften stark von der Sprache abhängt, in der das Gespräch geführt wird [Sch13a, S. 54]. Burkhardt u. a. [Bur+06, S. 4] stellen fest, dass die Zuordnung von prosodischen Merkmalen von kulturellen und sprachlichen Unterschieden beeinflusst wird. Es wurde gezeigt, dass beispielsweise die Variation der Sprechstimmlage unterschiedliche Wirkungen auf wahrgenommene Freundlichkeit oder neutrale Sprechweise bei deutschen, französischen, griechischen und türkischen Hörern hat. Thompson und Balkwill [TB06, S. 421] konnten Unterschiede bei Hörern beobachten, die Emotionen in einer für sie unbekannten und einer bekannten Sprache erkennen sollten. Es zeigt sich, dass trotz der Unterschiede zwischen den Sprachen in der Realisierung der Emotionen prosodische Gemeinsamkeiten bestehen. So gibt es beispielsweise Ähnlichkeiten bei prosodischen Merkmalen innerhalb der indogermanischen Sprachfamilie, die bei Sprachsynthesesystemen ausgenutzt werden können [Jok11, S. 50]. Auf Grund dieser Eigenschaften zeigen sprach- und korpusübergreifende Arbeiten in dänisch, englisch und deutsch gute Resultate bei der Emotionserkennung [Sch+10b, S. 127].

2.5.3 Zusammenfassung und Implikationen für die vorliegende Arbeit

Das erste Ergebnis dieses Kapitels ist das in Abschnitt 2.3.4 als Antwort auf Forschungsfrage 1 vorgestellte Vorgehen der Merkmalsextraktion, das in Abschnitt 4.3.2 wieder aufgegriffen wird. Ein weiteres grundlegendes Resultat der Literaturanalyse ist die Antwort auf Forschungsfrage 2, die Identifikation einer geeigneten Struktur und Klasseneinteilung der Datenbasis, die den Experimenten dieser Arbeit zugrunde liegt. Im überwiegenden Teil der betrachteten Arbeiten wird eine diskrete und dichotome Einteilung der Klassen verwendet. Die Vorteile dieser Skalierung wurden in Abschnitt 2.3.2 skizziert. Durch die dichotome Skalierung können weit verbreitete Klassifikationsverfahren angewendet werden und die Vergleichbarkeit der in dieser Arbeit erzielten Ergebnisse wird erhöht. Zur Beantwortung der Forschungsfrage 3 wurden Klassifikationsverfahren bei der Literaturanalyse in Abschnitt 2.3.5 herausgearbeitet. Diese werden im folgenden Kapitel intensiv erörtert.

Ein weiteres Ergebnis dieses Kapitels ist die Darlegung von Vergleichswerten für die zu erwartenden Ergebnisse. Es wurde festgestellt, dass die Klassifikationsleistung je nach Aufgabe unterschiedlich zu bewerten ist. Erwartungsgemäß werden, wie in Abschnitt 2.3 geschildert, Emotionen mit hoher Trefferrate von bis zu 90 % erkannt. Wobei ebenso festgestellt werden muss, dass sich trotz hochentwickelter und angepasster Klassifikationsverfahren einige Persönlichkeitsdimensionen nur knapp besser erkennen lassen als das bei zufälligem Raten zu erwarten wäre. Als Referenzmaß für eine „gute" Klassifikation wird für diese Arbeit die aus Tabelle 2.4 ermittelte mittlere Erkennungsrate für Persönlichkeitsdimensionen mit ca. 70 % herangezogen. Zur Einschätzung der Experimente mit den ein- und zweistufigen Klassifikationsmodellen kann weiterhin der Überblick über die menschliche Erkennungsleistung für bestimmte paralinguistische Merkmale dienen.

Wie in Abschnitt 2.5.1 festgestellt wurde, sind auch bei Testhörern große Unterschiede in den Erkennungsraten zu verzeichnen. Der Mensch kann Basisemotionen mit ca. 80 % erkennen. Dies ist vergleichbar mit der Erkennung durch eine maschinelle Klassifikation. Wichtig für die Einschätzung der experimentellen Resultate ist die Erkenntnis, dass auch dem Menschen in der Regel keine perfekte Erkennung gelingt. Somit liegt die obere Schranke der Erkennung für zwei Klassen nicht bei theoretisch erreichbaren 100 %, sondern bei unter 90 %, wie in Abschnitt 2.5.1 herausgestellt wurde. Daher sind die oben genannten 70 % Erkennung entsprechend höher zu bewerten.

Die in der Einführung aufgedeckten Defizite der theoretischen Fundierung der Gesprächsqualität sowie Mängel der Umsetzung geeigneter Trainingsmethoden offenbaren großes Automatisierungspotential. Wie die Literaturanalyse verdeutlicht, können bisher Eigenschaften des Gesprächspartners, wie Persönlichkeitsmerkmale oder Emotionen, nur mit Blackbox-Modellen erkannt werden. Diese sind nicht oder nur eingeschränkt fähig, ihre Klassifikationsentscheidungen zu begründen. Für diese Verfahren wurden in Abschnitt 2.4.2 Anwendungsmöglichkeiten im Callcenter aufgezeigt. Es konnte dabei nicht bewiesen werden, dass für unterschiedliche Kategorien der paralinguistischen Merkmale bestimmte Verfahren der Mustererkennung besser oder schlechter geeignet sind. Als unterstützendes System in einem Callcenter ist die Klassifikation mit Blackbox-Modellen ohne Begründung nicht geeignet. Ein derartiges System könnte nur bestimmte Gesprächspassagen als positiv oder negativ markieren, aber keine Hinweise auf Verbesserungen geben. Wie am Beispiel der IVR dargelegt, ist das Einsatzszenario der nicht erklärungsfähigen Klassifikationssysteme auf eine Filterfunktion beschränkt. Für die Identifikation sprecherisch-stimmlicher Ursachen der Gesprächswirkung müssen daher alternative Klassifikationsverfahren verwendet und angepasst werden, was zur Grundidee des zweistufigen Klassifikationsframeworks führt. Die dargelegten Herausforderungen beziehen sich auf die in diesem Kapitel analysierten akademischen Arbeiten zur automatischen Klassifikation von paralinguistischen Merkmalen. Sie sind meist technisch getrieben und kombinieren Signalverarbeitung mit Verfahren der Mustererkennung. Der aktuelle Stand der Forschung im Callcenter bei der Analyse der professionellen Telefonie offenbart bisher nicht betrachtete kommunikative, sprecherische und situative Aspekte der Gespräche. Die in diesem Kapitel untersuchten Arbeiten berücksichtigen diese jedoch nicht. Nach dem Zusammenführen des Status quo aus Kapitel 1.2 und dem Stand der Forschung lassen sich zusammenfassend folgende zusätzlichen Randbedingungen und Grenzen für eine automatische Bewertung der Gesprächsqualität ableiten [Wal+15, S. 30 f.]:

Stimmliche und rhetorische Fähigkeiten des Agenten: Die Wahrnehmung der Gesprächsqualitätsmerkmale durch den Kunden wird durch eine Vielzahl von Charakteristika beeinflusst, von denen einige, beispielsweise die Sprechstimmlage, durch physiologische Eigenschaften hervorgerufen werden und nicht oder nur schwer veränderbar sind.

Wahrnehmungsgewohnheiten des Trainers: Da die Wahrnehmung der Qualitätsfaktoren ein individueller Prozess ist, spielen auch die Hörgewohnheiten und die rhetorische und sprechwissenschaftliche Vorbildung des Trainers eine entscheidende Rolle.

Unimodale Betrachtung der Sprache: Die Ausführungen haben gezeigt, dass ein großer Teil der vom Sprecher ausgesandten Informationen durch soziale Signale übertragen werden, wie Mimik und Gestik, die nicht in dieser Arbeit betrachtet werden. Dies bedeutet, dass viele wichtige Informationen, die zum Erkennen einer Sprechereigenschaft und seiner Intention nötig sind, verloren gehen. Durch die Beschränkung auf das Sprachsignal kann nicht erkannt werden, ob Mimik, Gestik und Stimmausdruck zusammenpassen oder Auffälligkeiten aufweisen, um z. B. Ironie anzuzeigen.

Technische Gegebenheiten: Die technischen Randbedingungen umfassen vor allem die Aufnahme des Tonsignals. Die begrenzte Bandbreite der telefonischen Übermittlung und eine Kompression bzw. Verringerung der Samplerate können die Merkmalsberechnung beeinflussen.

Gesprächsinhalte: In der sprechwissenschaftlichen Untersuchung wurden inhaltliche Abschnitte differenziert hinsichtlich der sprecherisch-stimmlichen Merkmale betrachtet [Sac11; Roc11]. In der automatischen Verarbeitung werden Inhalte nicht berücksichtigt.

Wirkung von Dialekten und Akzenten: Die meisten Untersuchungen gehen davon aus, dass die Agenten Deutsch als Muttersprache haben und die Gespräche im gesprochenen Standarddeutsch ohne dialektale Färbung geführt werden.

Kommunikative Besonderheiten des Callcentergesprächs: Wie bereits dargelegt, haben die Forschungsarbeiten mit dem Korpus einen klaren Fokus auf Outbound-Gespräche. Die gesamte Kommunikation im Callcentergespräch ist sehr situationsspezifisch. Daher lässt sich die Perzeption der prosodischen Merkmale nicht verallgemeinern [Kra16, S. 367].

Aus den dargestellten Randbedingungen wird deutlich, dass die Klassifikation von Kriterien der Gesprächsqualität in realen Callcentergesprächen eine komplexere Aufgabe ist als z. B. die Emotionserkennung oder die Erkennung von Persönlichkeitseigenschaften unter Laborbedingungen. Somit sind die für diese Arbeit angestrebten Erkennungsraten von 70 % ein optimistisches Ziel. Die Gültigkeit der in diesem Kapitel vorgestellten Modelle ist teilweise eng an die in den Experimenten vorherrschenden Bedingungen geknüpft. Daraus lässt sich eine sehr hohe Flexibilität des zu konzipierenden Systems als oberstes Ziel ableiten. Aus diesem Grund zeigt der klassische Ansatz der Mustererkennung Defizite in der Bewertung realer Gespräche. Somit ist es für einen Einsatz im Callcenter notwendig, das Klassifikationssystem so flexibel und anpassungsfähig zu gestalten, dass die relevanten Einflussfaktoren berücksichtigt werden. Die Flexibilität ist vor allem durch die zwei grundlegenden Eigenschaften Verständlichkeit und Anpassbarkeit gegeben. Die Verständlichkeit äußert sich darin, dass es dem Domänenexperten ermöglicht wird, die Systemeigenschaften und die Basis der Klassifikation zu verstehen. Die Anpassungsfähigkeit ist eine weitere essentielle Eigenschaft des zu konzipierenden Systems. Mit dem Wissen über die Arbeitsweise der Klassifikation kann der Experte ohne Eingriffe in die Lernverfahren Klassifikationsregeln an die spezifische Situation anpassen. Diese Verfahren werden im Gegensatz zur Blackbox als Glassbox bezeichnet [And88, 29f]. Durch die Anpassung des Systems kann der Nutzer in seiner Rolle als Trainer oder Teamleiter flexibel auf die als Randbedingung beschriebenen Charakteristika der Gespräche eingehen und vortrainierte Modelle z. B. auf spezifische Eigenschaften der Agenten anpassen. Dies führt zu einer verbesserten Erkennung und erhöht die Nutzerakzeptanz. Bei der Entwicklung von automatischen Systemen ist die Benutzerakzeptanz ein wichtiger Aspekt zusätzlich zur eigentlichen Funktionalität. Diese muss für alle Nutzergruppen des Systems betrachtet werden.

3 Klassifikationsverfahren – Stand der Forschung

Im vorigen Kapitel wurden mit der Analyse der Forschungsarbeiten die aktuell verwendeten Klassifikationsverfahren skizziert. Es wurde verdeutlicht, dass zur Erkennung paralinguistischer Merkmale eine Vielzahl an unterschiedlichen Techniken eingesetzt wird. In der Literaturanalyse wurde herausgestellt, dass vor allem Klassifikationsverfahren zum Einsatz kommen, da sich eine Partitionierung der Daten in Klassen als vorteilhaft gegenüber anderen Skalierungen erwiesen hat. Ziel dieses Kapitels ist die Auswahl von Klassifikationsalgorithmen für das vorgeschlagene zweistufige Klassifikationssystem gemäß Forschungsfrage 3. Ausgehend von der methodischen Einordnung der vorliegenden Arbeit in Abschnitt 1.3.5 wird eine begriffliche Einordnung in den Bereichen Mustererkennung und Data-Mining vorgenommen. Danach wird das Vorgehensmodell des Data-Mining erläutert, an dem sich die Modellentwicklung in dieser Arbeit orientiert. In Abschnitt 1.3.3 wurde die bestmögliche Erkennung der Sprechausdrucksmerkmale als Nebenbedingung der ersten Stufe definiert. Da in der Literaturanalyse kein dominanter Klassifikationsalgorithmus identifiziert werden konnte, werden neun ausgewählte und weit verbreitete Klassifikationsverfahren in den experimentellen Teilen der vorliegenden Arbeit eingesetzt. Diese werden im Hauptteil des Kapitels ausführlich beschrieben. Es wird deren Funktionsweise skizziert und auf die Vor- und Nachteile im vorliegenden Anwendungskontext eingegangen. Dies betrifft insbesondere die Klassifikationsgüte und die Erklärungsfähigkeit der trainierten Modelle. Im Hinblick auf die in der zweiten Stufe geforderte Erklärungsfähigkeit werden mit Regellernverfahren und Entscheidungsbäumen Algorithmen beschrieben, die erklärungsfähige Modelle trainieren. Das in Abschnitt 1.3.2 dargestellte Konzept der Zweistufigkeit basiert auf der parallelen und unabhängigen Klassifikation von Sprechausdrucksmerkmalen, welche in der zweiten Stufe zu einer Gesamtbewertung zusammengeführt werden. Diese Kombination von multiplen Verfahren wird in Kapitel 3.3 beschrieben. Es wird anhand der Literaturanalyse eine Übersicht über Kombinationsverfahren gegeben. Dabei wird auf die besonderen Anforderungen für die zweite Klassifikationsstufe eingegangen. Den Abschluss des Kapitels bildet daher die Vorstellung und Diskussion von Verfahren zur quantitativen und qualitativen Bewertung und Auswahl multipler Klassifikationsalgorithmen. Daraus wird ein statistisch begründetes Verfahren zur Auswahl des jeweils besten Modells für den Sprechausdruck abgeleitet, das als Basismodell die Grundlage für die zweite Stufe bildet.

3.1 Grundlagen

3.1.1 Künstliche Intelligenz und Lernen

Zu den grundlegenden in dieser Arbeit genutzten Methoden der künstlichen Intelligenz (KI) gehören die Verarbeitung von natürlicher Sprache, Mustererkennung und Klassifikation [LRS06, S. 436 f.]. Das Konzept der zweistufigen Klassifikation sind regelbasierte Systeme, die Wissen in Wenn-Dann-Regeln darstellen [Her97, S. 3]. Diese gehören zu den ältesten Formen der maschinellen Wissensrepräsentation und KI [HR92; zit. nach LC12, S. 13]. Der Begriff der künstlichen Intelligenz ist eng mit der modernen Informatik verbunden. Bereits in den 1940er und 1950er Jahren versuchten Forscher mit den ersten Computern und neuartigen Algorithmen menschliches Denken nachzubilden und Computer mit Intelligenz auszustatten [RN04, S. 38 ff.]. Die wohl bekannteste aus der Zielsetzung abgeleitete Definition von künstlicher Intelligenz geht auf Turing [Tur50] zurück. Danach ist eine Maschine als intelligent zu bezeichnen, wenn ihr Verhalten nicht vom menschlichen Verhalten unterschieden werden kann. Eine weitere allgemeine Definition für künstliche Intelligenz ist die Fähigkeit, automatisch aus vorhandenem Wissen neues Wissen zu generieren [LRS06, S. 436 f.; Her97, S. 16]. Diese Definition ist eng mit dem Begriff „Lernen" verbunden. Verfahren, die Computern das Lernen ermöglichen, werden auch als Machine-Learning-Algorithmen bezeichnet [Kul12, S. 7 f.]. In der vorliegenden Arbeit werden Methoden zum Lernen aus Daten eingesetzt. Mitchell [Mit97, S. 3] definiert dies wie folgt:

> „A computer program is said to learn from experience E with respect to some class of tasks T and performance measure P, if its performance at tasks in T, as measured by P, improves with experience E."

Die drei Bestandteile sind die Beispiele oder Trainingsdaten E, eine zu lernende Aufgabe T und ein Performanzmaß P, mit dem das Lernen geprüft werden kann. Die Definition sagt generell aus, dass Maschine-Learning-Verfahren durch Lernen aus Daten die Erfüllung einer Aufgabenstellung verbessern [Bel15, S. 2]. Auf die Daten wird vor allem in Kapitel 4.2 bei der Beschreibung des Korpus eingegangen. Die Performanzmessung thematisiert der Anschnitt 3.4.4. Russell und Norvig [RN04, S. 19] ergänzen diese Definition um die Fähigkeit, Muster zu erkennen und zu extrapolieren. Diese begriffliche Erweiterung greift mit Mustererkennung ein weiteres wichtiges KI-Verfahren auf, das in dieser Arbeit verwendet und in 3.1.2 beschrieben wird. Für Mustererkennung gibt Niemann [Nie04, S. 13] folgende Definition: „Die Mustererkennung beschäftigt sich mit den mathematisch-technischen Aspekten der automatischen Verarbeitung und Auswertung von Mustern." Dabei wird ermittelt, ob ein gegebenes Objekt äquivalent zu einem gegebenem prototypischen Exemplar (Muster) ist. Mustererkennung ist eng verbunden mit der Klassifikation, die den methodischen Schwerpunkt dieser Arbeit bildet und in Kapitel 3.2.1 erläutert wird. Klassifikation bezeichnet die Zuordnung eines Objektes zu einer bestimmten Äquivalenzklasse, wobei eine Klasse als Gruppierung von Objekten mit ähnlichen Eigenschaften definiert wird [Loo97, S. 4 ff.]. Anwendungen dieser Verfahren, oft in einem betriebswirtschaftlichen Kontext, können unter „Data-Mining (DM)“ subsumiert werden [BL11a, S. 19]. Die genaue Definition wird in Abschnitt 3.1.3 thematisiert.

3.1.2 Vorgehen der Mustererkennung

Die Mehrheit der in der Literaturstudie analysierten Arbeiten nutzen Mustererkennung zur Klassifikation von paralinguistischen Merkmalen. Die Suche von Mustern in Daten ist ein grundlegendes und seit langem untersuchtes wissenschaftliches Problem [Bis07, S. 1]. Die allgemeine Vorgehensweise der Mustererkennung ist in Abbildung 3.1 dargestellt und beinhaltet sieben Schritte. Die Schritte 5–7 sind für die vorliegende Arbeit elementar wichtig und werden in den folgenden Teilen dieses Kapitels näher betrachtet. In Abbildung 3.1 sind die beiden Arbeitsphasen in der Mustererkennung gekennzeichnet. Es muss zwischen der Arbeits- und der Lernphase unterschieden werden. In der Lernphase findet das Trainieren des Modells statt, wogegen die Arbeitsphase der Klassifikation unbekannter Objekte dient [LRS06, S. 443].

1. **Erfassung:** Bei der Erfassung des Signals werden in der Sprachverarbeitung kontinuierliche Schallsignale durch ein Mikrofon aufgezeichnet und digitalisiert [Nie04, S. 26 f.]. Dadurch entsteht eine Reihe von diskreten Messwerten, die einzeln weiterverarbeitet werden können. In dieser Arbeit kann auf die gesonderte Betrachtung der Erfassung verzichtet werden, da alle Daten als digitalisierte Aufzeichnungen vorliegen.

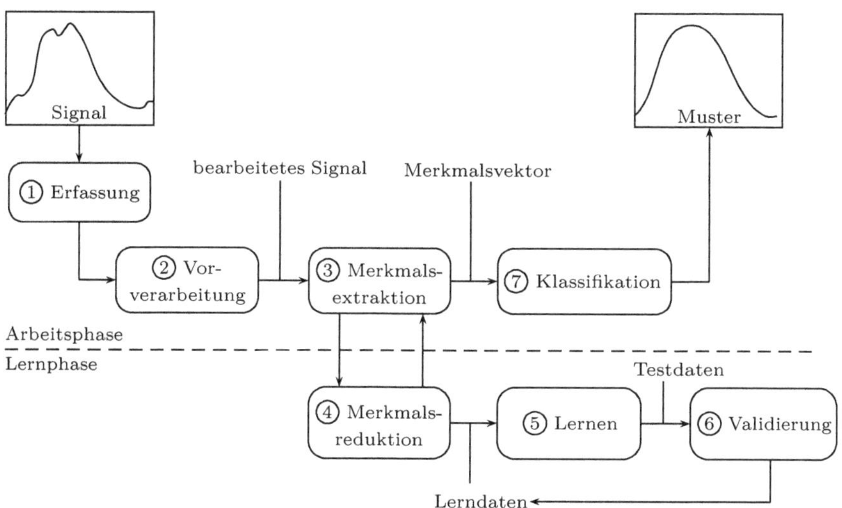

Abbildung 3.1: Schrittfolge der Mustererkennung [nach Loo97, S. 5; Sch11, S. 234]).

2. **Vorverarbeitung:** Bei der Vorverarbeitung werden zuerst unerwünschte Signalanteile entfernt, um die Qualität des Signals zu erhöhen [Sch11, S. 235]. Beim Teilschritt der Datenbereinigung können fehlende Daten und Ausreißer behandelt werden [RM08, S. 2].

3. **Merkmalsextraktion:** Ziel der Merkmalsextraktion ist es, aus dem bearbeiteten Signal Merkmale auszuwählen, die das zu klassifizierende Muster eindeutig beschreiben. Die Auswahl des Merkmalssatzes, d. h. welche Merkmale für jede Instanz berechnet werden, kann durch einen Experten getroffen werden. In der paralinguistischen Sprachverarbeitung werden häufig sehr große vordefinierte Merkmalssätze verwendet. Die eigentliche Berechnung der Merkmalsausprägungen erfolgt durch Software. Grundlagen wurden in Abschnitt 2.3.4 beschrieben.

4. **Merkmalsreduktion:** Der nächste Schritt ist die Merkmalsreduktion. Die Größe der benutzten Merkmalsvektoren bringt einige problematische Aspekte mit sich. Zum einen steigt die Rechenzeit der Algorithmen und zum anderen können verrauschte irrelevante Daten dazu führen, dass der Lernalgorithmus schlechtere Klassifikationsmodelle konstruiert. Dieses Phänomen wird auch als „Fluch der Dimensionalität“ bezeichnet [Bis07, S. 33]. Die detaillierte Betrachtung der Merkmalsreduktion ist nicht Fokus dieser Arbeit.

5. **Lernen:** In der Trainingsphase wird durch den Lernalgorithmus ein konkretes Modell erstellt [Sch11, S. 235]. Dies wird am Beispiel einer Klassifikationsaufgabe in Abschnitt 3.2.1 thematisiert.

6. **Validierung:** Validierung bezeichnet die Prüfung der Vorhersagegenauigkeit eines Modells. Dazu werden vom Modell ermittelte Werte (Klassen) mit den bekannten Werten eines Testdatensatzes verglichen [Gor11, S. 13]. Die Validierung der Güte eines Modells ist entscheidend für seine praktische Anwendung und wird in Kapitel 3.4 erläutert.

7. **Klassifikation:** Klassifikation bezeichnet die Zuordnung eines bestimmten Wertes zu einem unbekannten Objekt [Sch11, S. 235]. Die konkreten Werte werden Labels genannt und repräsentieren die zu erkennenden Klassen [SW11, S. 571].

3.1.3 Mustererkennung im Data-Mining

Für das Forschungsziel der Arbeit, einen Beitrag zum Erkenntnisgewinn in der Erforschung der professionellen Telefonie zu leisten, ist das vorgestellte Vorgehen der Mustererkennung nur bedingt geeignet, denn das losgelöste Anwenden der Algorithmen birgt das Risiko, bedeutungslose oder falsche Ergebnisse zu erhalten [FPS96a, S. 39]. Daher müssen die Mustererkennungs- und Klassifikationsverfahren in Prozesse eingebettet werden. Diese Prozesse werden als Wissensentdeckung in Datenbanken bzw. „Knowledge Discovery in Databases (KDD)“ bezeichnet. KDD als Prozess umfasst „eine komplexe inhaltlich abgeschlossene, zeitliche und sachlogische Abfolge von Tätigkeiten“ [Düs06,

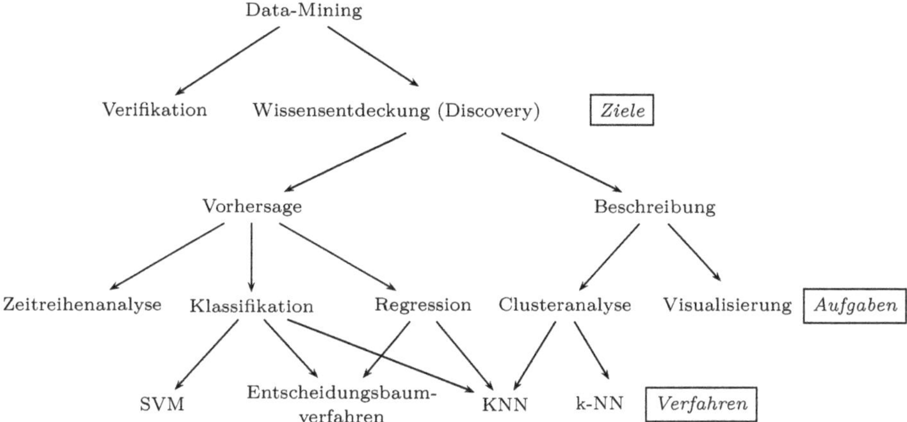

Abbildung 3.2: Ziele, Aufgaben und Verfahren des Data-Mining [nach RM08, S. 4; WI98, S. 8; BC06, S. 267].

S. 243]. Hauptziel des KDD ist die Entdeckung von Wissen mit einem betriebswirtschaftlichen Ziel [BC06, S. 264]. Für KDD wird häufig Data-Mining (DM) als Synonym verwendet [Düs06, S. 242; Pia07, S. 100]. In der Literatur finden sich unterschiedliche Definitionen zur Abgrenzung von KDD und DM. Han u. a. [HKP12, S. 7] bezeichnen den Gesamtprozess als Knowledge Discovery und den bei Shearer [She00] „Modellierung“ genannten Schritt als „Data-Mining“. Fayyad u. a. [FPS96a, S. 41] definieren Data-Mining als Teilschritt der Mustererkennung im KDD-Prozess. Data-Mining ist ein nichttrivialer Prozess mit dem Ziel, unbekannte, valide, potentiell nützliche und verständliche Muster in Daten zu finden [FPS96b, S. 6]. Daten werden dabei als Menge an Fakten angesehen, die als sog. Beispiele in einer Datenbank gespeichert sind. Muster sind Ausdrücke, die einen Teil der Daten beschreiben oder Modelle, die auf diese Daten angewendet werden können. Die Betonung des Prozesscharakters zeigt die Wichtigkeit der verschiedenen Bearbeitungsschritte. Nichttrivial heißt, dass Such- und Inferenzstrategien angewendet werden, die über eine einfache deskriptive statistische Untersuchung hinausgehen [FPS96a, S. 40 f.]. Der Begriff Data-Mining in dieser Definition wird häufig in Statistik und im Operations Research bzw. im analytischen Bereich der Wirtschaftsinformatik verwendet. Daher wird auch in der vorliegenden Arbeit dieser Definition gefolgt.

Abbildung 3.2 zeigt die Einteilung des Data-Mining in Ziele sowie Aufgaben und Verfahren. Im DM werden zwei Ziele definiert. Das Hauptziel des DM ist die Wissensentdeckung. Ein weiteres, in dieser Arbeit nicht betrachtetes Ziel ist die Verifikation von vorhandenem Wissen. In diesem Rahmen werden Daten auf vom Benutzer aufgestellte Hypothesen getestet [FPS96a, S. 43]. Das Ziel Wissensentdeckung untergliedert sich in Prognose und Beschreibung. Beschreibende Methoden fördern das Verständnis der Daten, während bei der Prognose aus historischen Daten zukünftige Aktionen oder Systemzustände vorhergesagt werden [AC14, S. 5]. Die Ziele unterteilen sich in verschiedene

Aufgaben. Eine Aufgabe der Beschreibung ist die Visualisierung von Zusammenhängen in Daten. Dazu können z. B. Streudiagramme oder Projektionstechniken verwendet werden [Deg06, S. 306 ff.]. Beim Prognoseziel des DM beschreibt die Aufgabe, welche Art von Wissen entdeckt werden soll, z. B. Assoziationsregeln in einer Warenkorbanalyse. Zur Lösung der Aufgaben stehen verschiedene Data-Mining-Verfahren zur Verfügung, die teilweise für mehrere Aufgaben verwendet werden können [BC06, S. 267]. Wie Kapitel 2 gezeigt hat, ist die automatische Erkennung von paralinguistischen Merkmalen den Data-Mining-Aufgaben Regression, Clusterverfahren und Klassifikation zuzuordnen. Die beiden erstgenannten haben, wie ebenfalls im vorigen Kapitel herausgestellt wurde, eine geringe Verbreitung in der Forschung. In der Mehrheit der in der Literaturrecherche analysierten Arbeiten werden Klassifikationsverfahren eingesetzt. Daher bildet deren Beschreibung den Hauptteil dieses Kapitels.

Regression

Regressionsverfahren werden eingesetzt, um kontinuierliche Variablen zu prognostizieren [RN10, S. 696]. Multiple Regression bezeichnet die Verwendung von mehrdimensionalen Eingabevektoren. Für die hier untersuchte Erkennung von Sprechereigenschaften sind Regressionsverfahren nicht weit verbreitet. Arbeiten im Dimensionsmodell der Emotionen nutzen zum Teil Regressionsanalysen, um Zwischenzustände in einzelnen Dimensionen abbilden zu können [Die97, S. 108]. Ein lineares Regressionsmodell hat die Form

$$Y = a + b_1x_1 + b_2x_2 + \ldots + b_kx_k = a + \sum_{i=1}^{k} b_ix_i. \tag{3.1}$$

Hierbei ist Y die Zielvariable und $x_1, x_2 \ldots, x_k$ die Komponenten des Eingabevektors. Die Größen $b_i = b_1, b_2 \ldots, b_k$ sind Regressionskoeffizienten [AC14, S. 109 f.]. Die Konstante a beschreibt eine Verschiebung der Regressionsgeraden und wird auch als Bias bezeichnet [Bis07, S. 137]. Die Koeffizienten werden beim Training des Modells durch Minimierung der quadratischen Abweichung zwischen der Regressionsgeraden und den Trainingsdaten erlernt [WFH11, S. 124]. Regressionsmodelle werden als stabil angesehen. Da die Anpassung auf Basis der Abweichung erfolgt, besitzen lineare Modelle in der Regel eine geringe Varianz, können aber ein hohes Bias aufweisen [LHF05, S. 161].

Clusteranalyse

Clusteranalyse bezeichnet das Gruppieren von Datensätzen in Klassen mit ähnlichen Eigenschaften. Ein Cluster oder Partition enthält untereinander ähnliche Objekte, die sich ihrerseits wiederum von Objekten anderer Cluster unterscheiden [Lar05, S. 147]. Clusteranalyse ist ein Verfahren des unüberwachten Lernens. Während beim überwachten Lernen die Zuordnung von Eingabewerten zu bestimmten gegebenen Ausgabewerten, z. B. Klassenzugehörigkeiten, gelernt wird, besitzen die Daten im unüberwachten Lernen keine zugeordneten Ausgabewerte [Jam+13, S. 373]. Diese Art des Lernens wird auch als „Lernen ohne Lehrer“ bezeichnet [Nie04, S. 412]. Generelles Ziel des unüberwachten Lernens ist es, Regelmäßigkeiten und Strukturen in den Eingabedaten zu erkennen [Alp10, S. 11].

Ziel von Clusterverfahren ist die Einteilung von n Instanzen eines Datensatzes $D = \{\vec{X}_1, \vec{X}_2, \ldots, \vec{X}_n\}$ in k Partitionen, die auch Cluster genannt werden [ZW14, S. 333]. Für jedes der k Cluster C_j, $j = 1, \ldots, k$ gibt es dabei einen Punkt $\vec{\mu}_j$, der das Mittel repräsentiert. Dieser Punkt wird als Zentroid oder Schwerpunkt bezeichnet und berechnet sich wie folgt [ZW14, S. 333]:

$$\vec{\mu}_j = \frac{1}{n_j} \sum_{\vec{X}_i \in C_j} \vec{X}_i. \tag{3.2}$$

Hierbei ist n_j die Anzahl der in Cluster C_j enthaltenen Elemente. Eine optimale Partitionierung ist durch eine minimale Varianz innerhalb der Cluster und die Maximierung der Varianz zwischen den Clustern gekennzeichnet [Gor11, S. 284].

3.1.4 Vorgehensmodell des Data-Mining

Als formalisierten Prozess für die Wissensentdeckung in Datenbanken gibt es verschiedene Vorgehensmodelle. Das bekannteste ist „Cross-Industry Standard Process for Data Mining (CRISP-DM)“ [She00]. Es wird aufgrund der großen Verbreitung und der universellen Nutzbarkeit in der vorliegenden Arbeit zur Konstruktion der Artefakte, d. h. der Klassifikationsmodelle zur Gesprächsbewertung verwendet. Abbildung 3.3 zeigt den Ablauf des Vorgehensmodells mit den einzelnen Schritten:

1. **Analyse der Anwendungsdomäne:** Zu Beginn des DM-Prozesses steht die Analyse der Anwendungsdomäne. Über diese muss ein tiefgreifendes Verständnis aufgebaut werden [Lar05, S. 6]. Weiterhin müssen die Ziele des Nutzers erfasst

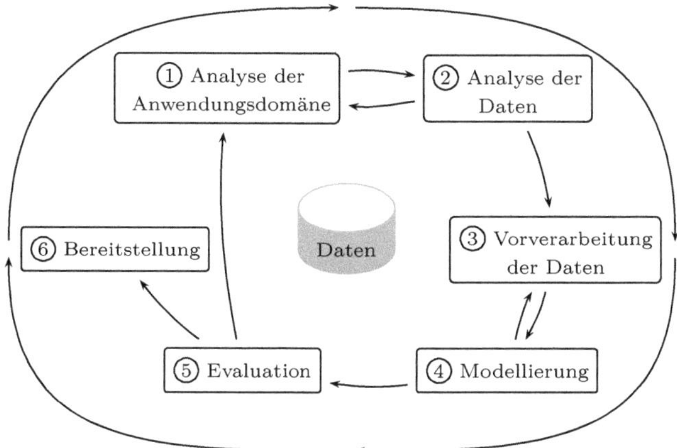

Abbildung 3.3: Vorgehensmodell CRISP-DM [nach She00, S. 14].

werden [OD08, S. 11]. Im Rahmen der Arbeit ist dieser Schritt besonders wichtig, da die zweistufige Klassifikation darauf ausgelegt ist, den Agenten bei der Gesprächsführung zu unterstützen.

2. **Analyse der Daten:** Dieser Schritt beinhaltet die Auswahl eines geeigneten Datensatzes für den Data-Mining-Prozess [Lar05, S. 6 f.]. Das für die grundlegenden Experimente genutzte Korpus wird in Kapitel 4.2 beschrieben.

3. **Vorverarbeitung:** Die Datenvorverarbeitung umfasst die aus der Mustererkennung bekannten, in Abschnitt 3.1.2 beschriebenen Teilschritte Datenvorverarbeitung, Merkmalsextraktion und -reduktion.

4. **Modellierung:** In der Modellierungsphase werden die Data-Mining-Verfahren auf die Daten angewendet [PF13, S. 31]. Dieser Schritt beinhaltet die Auswahl der geeigneten Data-Mining-Aufgaben, z. B. Klassifikation oder Regression, die Auswahl des einzusetzenden Algorithmus und dessen Anwendung [RM08, S. 2].

5. **Evaluation:** In der Evaluations- und Validierungsphase werden die trainierten Modelle auf ihre Klassifikationsleistung geprüft [AC14, S. 25]. In Kapitel 3.4 und 3.5 werden die dafür verwendeten Methoden beschrieben.

6. **Bereitstellung der Modelle:** Dieser Schritt unterscheidet das anwendungsorientierte praktische Vorgehen im CRISP-DM von akademischen Arbeiten. Ziel des Schritts ist die Generierung von neuem Wissen und der Abgleich der Ergebnisse mit den in Schritt 1 festgelegten Zielen. Ein weiterer Aspekt dieses Schritts ist die fortwährende Überprüfung der Modelle, d. h. die Modelle müssen mit aktuellen Daten abgeglichen und ggf. angepasst werden [OD08, S. 18]. Durch das zweistufige Klassifikationsframework, das in der vorliegenden Arbeit entwickelt wird, steht Schritt 6 im Mittelpunkt des Forschungsvorhabens. Auch die Aktualisierung und Anpassung der Modelle sind zentrale Konzepte dieser Arbeit, auf die in Kapitel 5 eingegangen wird.

3.2 Klassifikationsverfahren für die erste und zweite Stufe

3.2.1 Definition und Grundlagen

Klassifikation gehört zu den am besten erforschten Aufgaben des Data-Mining [RM08, S. 5]. Im Großteil der für die Literaturrecherche betrachteten Studien werden diskrete bzw. diskretisierte paralinguistische Merkmale klassifiziert. Ein Klassifikationsalgorithmus trainiert aus einer gegebenen Menge aus Ein- und zugehörigen Ausgabedaten eine Funktion, die für ein gegebenes Objekt eines Datensatzes $D = \{\vec{X}_1, \vec{X}_2, \dots, \vec{X}_n\}$ seine Klassenzugehörigkeit bestimmt [Die98, S. 1896]:

$$Y = f(\vec{X}) + \epsilon. \tag{3.3}$$

Die Funktion f wird als Klassifikationsmodell, Klassifikator, Klassifikationssystem oder Experte bezeichnet [TSK05, S. 146; Kun04, S. 104]. Das Erlernen von Klassifikationen wird auch analog dem menschlichen Lernen als Konzeptlernen bezeichnet [SW11, S. 205]. Der Mensch folgert aus einzelnen Beispielen Konzepte oder Kategorien für Objektklassen [Mit97, S. 20]. Die Eingabedaten $\vec{X}$ werden durch einen Vektor mit n Komponenten $\vec{X} = (X_1, X_2, \dots X_n)$ repräsentiert. Das einzelne Element $\vec{X}$ wird als Instanz, Fall, Datenpunkt, Beispiel oder Objekt bezeichnet [Kun04, S. 104]. In dieser Arbeit wird Instanz verwendet. Die Komponenten von $\vec{X}$ werden als Merkmale oder Attribute bezeichnet. Der Ausgabewert Y ist die abhängige Größe, d. h. die Klasse der Instanz [Jam+13, S. 15]. Gleichung (3.3) lässt sich wie folgt beschreiben: Die unbekannte Funktion f transformiert die Eingabe $\vec{X}$ in die Ausgabegröße Y. Die Variable ϵ ist ein Fehlerterm, der von $\vec{X}$ unabhängig ist, und einen Mittelwert von 0 hat [Jam+13, S. 15]. Ziel des Lernens ist es, die Zuordnungsfunktion in Form eines Schätzers $\hat{f}$ zu bestimmen und diesen so gut wie möglich an die unbekannte Funktion f anzupassen. Ein Modell mit optimaler Erkennungsleistung weist die maximale Diskriminativität zwischen den einzelnen Klassen auf [Sch06, S. 28]. Das trainierte Modell $\hat{f}$ kann allerdings kein perfekter Schätzer für f sein, da es eine nicht reduzierbare Fehlerkomponente beinhaltet, die auf dem Fehlerterm ϵ beruht [Jam+13, S. 18]. Mathematisch können die Fehlerkomponenten durch die Zerlegung der Varianz ausgedrückt werden [Jam+13, S. 19]:

$$E(Y - \hat{Y})^2 = E[f(\vec{X}) + \epsilon - f(\vec{X})]^2 \tag{3.4}$$

$$= \underbrace{[f(\vec{X}) - \hat{f}(\vec{X})]^2}_{\text{reduzierbar}} + \underbrace{\mathrm{Var}(\epsilon)}_{\text{nicht reduzierbar}}. \tag{3.5}$$

Der Erwartungswert der quadratischen Abweichung des Schätzwertes $\hat{Y}$ von Y kann dabei in die quadratische Abweichung der geschätzten Funktion $\hat{f}$ von f sowie die Varianz von ϵ zerlegt werden [Jam+13, S. 19]. Der nicht reduzierbare Anteil des Fehlers wird auch als Bias oder Verzerrung bezeichnet [Sac04, S. 128 f.]. Abbildung 3.4 verdeutlicht den Zusammenhang, bezogen auf ein Klassifikationsmodell. Das Bias zeigt an, wie gut ein Modell verschiedene Trainingsdatensätze klassifizieren kann. Die Varianz verdeutlicht

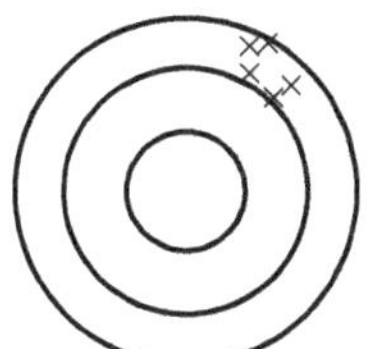

(a) Hohes Bias und geringe Varianz.

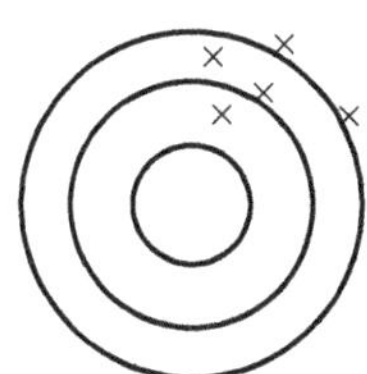

(b) Hohes Bias und hohe Varianz.

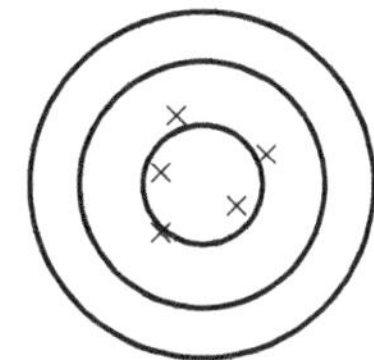

(c) Geringes Bias und hohe Varianz.

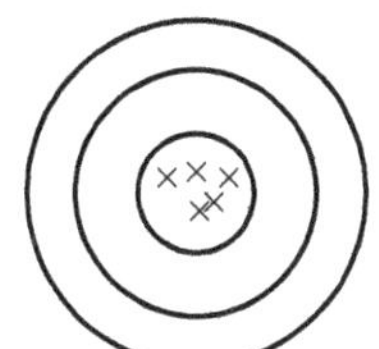

(d) Geringes Bias und geringe Varianz.

Abbildung 3.4: Zusammenhang zwischen Bias und Varianz bei Klassifikationsmodellen [nach MMC09, S. 218].

die Sensitivität des Modells für Änderung der Trainingsdaten [SW11, S. 100]. Ein hohes Bias, wie in den Abbildungen 3.4a und 3.4b dargestellt, ist charakteristisch für ein schlecht angepasstes Modell. Ziel der Trainingsphase ist ein Modell mit geringem Bias und geringer Varianz, wie Abbildung 3.4d verdeutlicht.

3.2.2 Auswahl der Klassifikationsverfahren

In den letzten Jahren wurden viele universelle Verfahren entwickelt, die sich für die Klassifikation von paralinguistischen Merkmalen eignen. Dies hat bereits der Überblick über die Forschungslandschaft im vorangegangenen Kapitel gezeigt. Die Vielfalt der eingesetzten Verfahren ist durch die Tatsache zu begründen, dass es keine universellen Klassifikationsalgorithmen gibt, die immer die besten Klassifikationsmodelle erzeugen. Es kann somit nicht a priori festgestellt werden, welche Algorithmen bzw. Klassen von Algorithmen für einen konkreten Anwendungsfall das beste Ergebnis erzielen. Daher ist die Auswahl eines geeigneten Klassifikationsalgorithmus eine wichtige Aufgabe bei der Anwendung eines Data-Mining-Verfahrens und Gegenstand des Modellierungsschritts im CRISP-DM. Für das Ziel dieser Arbeit ist es notwendig, sprecherisch-stimmliche Merkmale in der ersten Klassifikationsstufe mit dem besten Modell zu erkennen, um darauf die zweite Klassifikationsstufe aufzubauen. Die Auswahl orientiert sich an den Algorithmen, die in der Literaturrecherche zum Stand der Forschung identifiziert wurden. Weitere Auswahlkriterien sind ihre Universalität und ihre gute Softwareunterstützung. Universalität bedeutet, dass die Algorithmen in vielen unterschiedlichen Domänen eingesetzt werden können, sofern diese strukturell zum Algorithmus passen. Im Jahr 2006 wurde eine Studie zur Verbreitung von Data-Mining-Verfahren in der Wissenschaftsgemeinschaft durchgeführt [Wu+08]. Anhand der erhobenen Daten konnten die zehn meistgenutzten Algorithmen identifiziert werden. Unter den zehn meistgenannten, bzw. meistzitierten befinden sich u. a. Support-Vektor-Maschinen, zwei Entscheidungsbaumverfahren, ein Regellernverfahren sowie Naïve Bayes [Wu+08, S. 1 ff.]. Da im Rahmen dieser Arbeit viele Experimente mit den Data-Mining-Verfahren durchzuführen waren, war die Verfügbarkeit der Algorithmen in weit verbreiteter und validierter Standardsoftware ein weiterer Grund für die Auswahl. Die Anwendung der Klassifikationsalgorithmen in den einzelnen

Tabelle 3.1: Algorithmenklassen und verwendete Klassifikationsalgorithmen.

Algorithmenklasse	Algorithmen
Regellernverfahren	Ripper (JRip)
Entscheidungsbäume	C4.5 (J48) und Logistic Model Tree (LMT)
Künstliche neuronale Netze	Multilayer-Perzeptronen-Netz (MLP)
Bayes-Klassifikatoren	Bayes-Netz (BN) und Naïve Bayes (NB)
Support-Vektor-Maschinen	Sequential Minimal Optimization (SMO)
Boosting- und Bagging-Verfahren	AdaBoost.M1 (Ada) und Random Forest (RF)

Experimenten erfolgt mit dem weit verbreiteten Softwarepaket Weka [Hal+09]. Weka ist frei verfügbar und wird in mehreren Lehrbüchern thematisiert [WFH11; WFH05; Bel15; RM15; Dea14]. In der Wissenschaft wird Weka zur Entwicklung und Evaluation neuer Algorithmen eingesetzt. Auch in der Industrie werden Data-Mining-Anwendungen mit Weka realisiert [Bou+10, S. 2537]. In der Erkennung paralinguistischer Merkmale hat sich Weka aus diesen Gründen zu einem Quasi-Standard entwickelt [SB14a, S. 122]. Viele der für die Literaturrecherche betrachteten Arbeiten verwenden Weka [HYL06; MWD07; Cas+08; VA09; TH10; Sch+12]. Bei den Interspeech-Challenges wird die Klassifikation ebenfalls mit Weka durchgeführt [SSB09; Sch+10a; Sch+11c; Sch+12; Sch+13c].

Die Betrachtung der Anforderungen an die Klassifikationsexperimente in dieser Arbeit und der Abgleich mit den Ergebnissen der Literaturrecherche führt zur Auswahl von neun Klassifikationsverfahren, die für den experimentellen Teil der Arbeit genutzt werden. Tabelle 3.1 beinhaltet die Algorithmenklasse, nach der die Beschreibung der einzelnen Algorithmen erfolgt. Die Kurzbezeichnungen der Algorithmen entsprechen der Terminologie von Weka [WFH05, S. 404 f.].

3.2.3 Regellernverfahren

Das Lernen von Regeln aus Beispielen ist ein weiteres häufig verwendetes Klassifikationsverfahren. Regeln werden durch Wenn-Dann-Bedingungen repräsentiert [HKP12, S. 355]:

$$\textsc{Wenn}\ \textit{Bedingung}\ \textsc{Dann}\ \textit{Konklusion}. \tag{3.6}$$

Allgemein beinhalten die Bedingungen Tests von Attributen auf ihre Ausprägung und logische Operatoren. Die Bedingung wird auch als Prämisse bezeichnet [LL14, S. 122]. Die Konklusion ist die zuerkannte Klasse. Im Bereich der wissensbasierten Systeme sind auch die Begriffe Evidenz für die Prämisse der Regel und Hypothese für die Konklusion gebräuchlich [LC12, S. 86]. In der vorliegenden Arbeit wird eine formale mathematische Notation verwendet:

$$r_i :\ E_{i1} \wedge E_{i2} \wedge \ldots \wedge E_{in}\ \rightarrow\ \text{Klasse}\, k. \tag{3.7}$$

Die Regel r_i besteht aus den mit dem Und-Operator $\wedge$ verknüpften Bedingungen E_{i1} bis E_{in}. Aus den Bedingungen wird die Klasse k gefolgert. Zum Lernen von Entscheidungsregeln aus Daten wurden viele Algorithmen entwickelt. Zu den bekanntesten Verfahren zum Lernen von Regeln gehört Ripper [Coh95], der in verschiedenen Varianten implementiert werden kann [LL14, S. 123]. Alle Algorithmen arbeiten nach der Sequential-Covering-Strategie. Deren Grundidee ist es, nacheinander Regeln aus den Beispielen zu lernen. Abbildung 3.5 veranschaulicht die Arbeitsweise von Sequential-Covering. Das Erlernen einer Regel für eine Klasse k findet innerhalb der Funktion LERNEREGEL statt. Hierin unterscheiden sich die einzelnen Regellernverfahren. Im ersten Schritt wird dazu ein Baum aufgebaut, der ausgehend von den Attributkombinationen der Lerndaten alle konstruierbaren Regeln enthält. Auf dem Baum werden Suchverfahren angewendet, die mit Hilfe einer Bewertungsfunktion eine Regel extrahieren [HKP12, S. 360]. Weiterhin

```
Eingabe: T ... Trainingsdaten, M ... Merkmalsmenge
Ausgabe: Regelmenge

function SequentialCovering(T, M)
    Regelmenge := ∅                          ▷ Leere Regelmenge initialisieren
    for each Klasse k do
        repeat
            Regel := LerneRegel(T, M, k)
            Entferne alle Instanzen aus T, die von der Regel abgedeckt werden
            Regelmenge += Regel              ▷ Erlernte Regel der Regelmenge hinzufügen
        until Endbedingung
    end for
    return Regelmenge
end function
```

Abbildung 3.5: Grundstruktur des Sequential-Covering-Algorithmus [nach HKP12, S. 359].

können auch Metaheuristiken zur Extraktion der Regeln verwendet werden [PLF02; PF08]. Die Vorteile des Einsatzes von Regeln als Klassifikationsmodell stellen sich wie folgt dar [LL14, S. 122]:

- Regeln sind eine natürliche Wissensrepräsentation, da Menschen sie verstehen und interpretieren können.
- Die Klassifikation unbekannter Instanzen kann mit Regeln einfach erklärt werden. Für jedes Beispiel kann gezeigt werden, mit welchen Regeln das System zu einem Schluss auf eine Klasse gelangt ist.
- Die regelbasierten Lernverfahren können einfach mit von Experten erstellten Regeln verbessert und ergänzt werden. Dies wird in besonderem Maße von Expertensystemen unterstützt.
- Die Klassifikation mit Regeln ist sehr performant und kann durch Ordnen oder Indizierung der Regeln beschleunigt werden.
- Regelbasierte Klassifikationsverfahren erzielen gute Resultate im Vergleich mit anderen Verfahren.

In der vorliegenden Arbeit wird der in Weka implementierte Ripper-Algorithmus verwendet, der im Folgenden als JRip bezeichnet wird [WFH11, S. 459].

3.2.4 Entscheidungsbäume

Entscheidungsbäume sind Klassifikationsmodelle mit hierarchischen Strukturen [Cic15, S. 72]. Verfahren zum Trainieren von Entscheidungsbäumen gehören zu den einfachsten

Lernalgorithmen und sind weit verbreitet. Trotz ihrer Einfachheit erzielen sie gute Ergebnisse. Ihre wichtigste Eigenschaft ist die anschauliche Darstellung und gute Lesbarkeit [RN04, S. 798; RM08, S. 5]. Das Lernen eines Entscheidungsbaums erfordert kein Wissen über die Domäne und benötigt nur wenige Parameter. Entscheidungsbäume können mit mehrdimensionalen Daten umgehen und eignen sich zur explorativen Wissensentdeckung. Durch ihre Struktur ist die Repräsentation des inhärenten Wissens auch für den Menschen intuitiv nachvollziehbar [HKP12, S. 331]. Als Hauptvorteile von Entscheidungsbäumen werden neben der guten Erkennungsleistung folgende Aspekte in der Literatur genannt [Gor11, S. 183]:

- Das Trainieren von Entscheidungsbäumen ist effizient und kann mit kleinen Trainingsdatensätzen erfolgen.
- Entscheidungsbäume können sowohl mit nominalen bzw. ordinalen als auch mit numerischen Attributen umgehen.
- Entscheidungsbäume sind im Einsatz robust und können mit wenig Rechenzeit auf großen Datensätzen arbeiten.

Ein Nachteil ist die hohe Sensitivität und die Tendenz zu Überanpassungen bei ungleich verteilten Trainingsdaten. Weiterhin sind Entscheidungsbäume relativ instabil, so dass kleine Veränderungen der Trainingsdaten das Modell und somit die Klassifikationsleistung entscheidend beeinflussen [Wu+08, S. 5]. Entscheidungsbäume reagieren empfindlich auf irrelevante Attribute, welche die Klassifikationsleistung negativ beeinflussen können [Sch11, S. 245].

Zum Lernen von Entscheidungsbäumen können verschiedene Algorithmen verwendet werden. Für eine Übersicht sei auf Rokach und Maimon [RM08, S. 71–86] verwiesen. Entscheidungsbäume sind nichtparametrische Modelle, da keine Klassenverteilungen angenommen werden. Weiterhin ist die Struktur des Baums nicht festgelegt, sie wird beim Lernen an die Komplexität des Problems angepasst [Alp10, S. 186]. Abbildung 3.6b stellt die Grundstruktur eines Baums mit zwei Knoten und drei Blättern dar. Dieser Baum ist konstruiert worden, um die Daten in Abbildung 3.6a zu klassifizieren. Die Daten sind zweidimensional (x_1, x_2) mit kontinuierlichem Wertebereich und dichotom mit den Klassen $\circ$ und $\diamond$. Wie Teilabbildung 3.6a verdeutlicht, sind die Instanzen der Klassen nicht linear trennbar. Trotz ihrer geringen Komplexität können Entscheidungsbäume mit derartigen Daten umgehen [Sch11, S. 245]. Knoten repräsentieren Entscheidungen auf Attributen und werden in der Lernphase durch Splits erzeugt. Diese teilen die Daten so auf, dass die realisierte Klassenaufteilung möglichst homogen wird. In Abbildung 3.6b sind das die Tests auf die Attribute x_1 und x_2. Im Beispiel wird auf den kontinuierlichen Daten ein binärer Split erzeugt, der die Wertebereiche teilt. Die Bedingungen der Tests sind an den Kanten vermerkt. Der Baum besitzt drei nummerierte Blätter, die die Klassen beinhalten. Bei der Klassifikation unbekannter Daten werden von der Wurzel beginnend die Attribute der Instanz mit den Entscheidungsknoten verglichen, bis ein Blatt erreicht ist. Dies zeigt die der neuen Instanz zugeordnete Klasse an [BK03, S. 105]. Das grundlegende

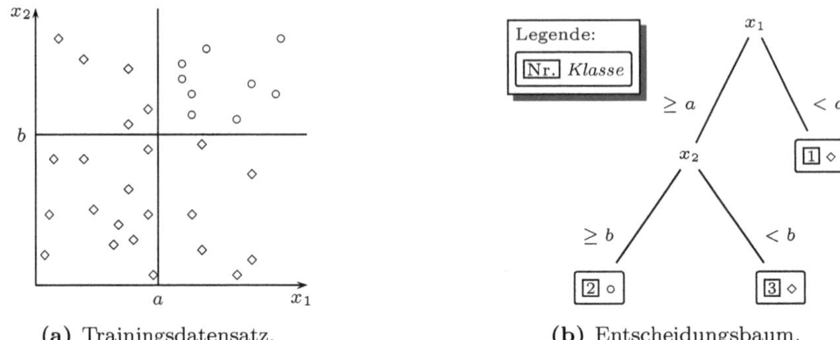

(a) Trainingsdatensatz.

(b) Entscheidungsbaum.

Abbildung 3.6: Beispiel eines Trainingsdatensatzes mit zugehörigem Entscheidungsbaum [nach Alp10, S. 186].

rekursive Verfahren zur Konstruktion von Entscheidungsbäumen ist in Abbildung 3.7 dargestellt. Es beginnt mit dem ersten Entscheidungsknoten in der Wurzel. Ein wichtiger wiederkehrender Schritt ist die Auswahl des Attributes und deren Ausprägungen, an dem die Trennung im Entscheidungsknoten erfolgt. In Abbildung 3.7 ist dies die Methode ChooseAttribute. Ziel der Attributauswahl ist es, das Merkmal auszuwählen, das die vorliegenden Trainingsdaten am besten trennt, d. h. in die einzelnen Klassen aufteilt. Zur Auswahl des Attributs können verschiedene Methoden eingesetzt werden, z. B. der Informationsgewinn oder der Gini-Index. Diese sind charakteristisch für die einzelnen Entscheidungsbaumverfahren. Eine Übersicht findet sich in Rokach und Maimon [RM08, S. 53–62]. Für die Blätter muss die Klasse bestimmt werden, welche nach dem Training in der Arbeitsphase unbekannten Instanzen zugewiesen wird. Die korrespondierenden Schritte sind in Zeilen 4 und 5 markiert (Abbildung 3.7). An dieser Stelle wird die Rekursion abgebrochen, sofern alle Elemente des Teildatensatzes die gleiche Klasse haben, welche dem Blatt zugewiesen wird. Die Funktion MajorityValue wird genutzt, um eine Klasse vorzugeben, falls es für bestimmte Kombinationen von Attributen keine Beispiele im Trainingsdatensatz gibt [BK03, S. 111]. Am Ende des Lernprozesses beinhalten die Bäume bedingt durch Überanpassung unnötig komplexe Strukturen [WFH11, S. 195]. Zu tiefe Baumstrukturen tendieren dazu, die Datenstrukturen perfekt abzubilden, was aber eine geringere Generalisierungsfähigkeit mit sich bringt [BK03, S. 108]. Dieses Problem wird durch Pruning vermieden. Beim Pruning werden diejenigen Unterbäume identifiziert, die nur einen geringen Teil der Instanzen betreffen und durch Blätter ersetzt [Qui96, S. 72]. Eine andere Art des Prunings ist das Subtree-Raising, bei dem Teilbäume im Baum nach oben in Richtung der Wurzel verschoben werden [WFH11, S. 195]. Als Nachteil des Prunings sinkt die Klassifikationsrate etwas ab [WFH11, S. 196]. Pruning kann nach dem Lernen des Baumes erfolgen, was als Post-Pruning bezeichnet wird oder während des Lernvorgangs in Form des Pre-Pruning [WFH11, S. 195]. Verschiedene Pruning-Verfahren werden in Rokach und Maimon [RM08, S. 63–71] besprochen.

Eingabe: T ... Trainingsdaten, M ... Merkmalsmenge, $default$ ... vorgegebene Klasse
Ausgabe: Entscheidungsbaum

```
function TrainTree(T, M)
    if T = ∅ then
        return default
    else if alle Elemente in T haben gleiche Klasse k then
        return k
    else if M = ∅ then
        widersprüchliche Klassifikation
    else
        m := ChooseAttribute(M, T)
        Tree := neuer Entscheidungsbaum mit Wurzelknoten m
        for all Attributwert w_i von m do
            T_i := {d ∈ T | m(d) = w_i}
            Tree_i := TrainTree(T_i, M\{m}, MajorityValue(T))    ▷ rekursiver Aufruf
            hänge an den Wurzelknoten von Tree eine neue Kante mit    ▷ Tree+ = Tree_i
            Markierung w_i und den Unterbaum Tree_i an
        end for
    end if
    return Tree
end function
```

Abbildung 3.7: Lernalgorithmus für Entscheidungsbäume [nach BK03, S. 112; Mit97, S. 56].

Die bekanntesten und am häufigsten verwendeten Entscheidungsbaumalgorithmen sind ID3 und C4.5, welche im Folgenden kurz charakterisiert werden [AS09, S. 235].

ID3

Der ID3-Algorithmus wurde in Quinlan [Qui86] vorgestellt und ist ein einfaches Verfahren zur Konstruktion von Entscheidungsbäumen. Die Abkürzung steht für „Iterative Dichotomiser 3" [BL04, S. 190]. Als Kriterium für den Split der Attribute dient der Informationsgewinn [RN04, S. 807]. Der mittlere Informationsgehalt einer beliebigen (diskreten) Wahrscheinlichkeitsverteilung $P = (p_1, \ldots, p_n)$ entspricht der Entropie $H(P)$ und berechnet sich wie folgt [BK03, S. 115]:

$$H(P) = -\sum_{i=1}^{n} p_i \log_2 p_i. \tag{3.8}$$

Für binäre Verteilungen mit p positiven und n negativen Beispielen gelten die Wahrscheinlichkeiten $p_p = \frac{p}{p+n}$ für die Auswahl eines positiven Beispiels und für negative

Beispiele $p_n = \frac{n}{p+n}$. Der Informationsgehalt $I(T)$ einer binär verteilten Trainingsmenge T mit p positiven und n negativen Beispielen berechnet sich wie folgt [BK03, S. 116]:

$$I(T) = H\left(\frac{p}{p+n}, \frac{n}{p+n}\right) = -\frac{p}{p+n}\log_2\left(\frac{p}{p+n}\right) - \frac{n}{p+n}\log_2\left(\frac{n}{p+n}\right) \quad (3.9)$$

Jedes Attribut m mit k Ausprägungen $w_1 \dots w_k$ teilt die Trainingsdaten T in die Teilmengen $T_i = T_1 \dots T_k$ auf. Für diese ergibt sich folgender Informationsgehalt [BK03, S. 116]:

$$I(T_i) = H\left(\frac{p_i}{p_i+n_i}, \frac{n_i}{p_i+n_i}\right). \quad (3.10)$$

Nach dem Test auf das Attribut m kann die bedingte mittlere Information berechnet werden [BK03, S. 116]:

$$I(T \mid m \text{ bekannt}) = \sum_{i=1}^{k} P(m = w_i) \cdot I(T_i) \quad (3.11)$$

$$= \sum_{i=1}^{k} \frac{p_i + n_i}{p+n} \cdot H\left(\frac{p_i}{p_i+n_i}, \frac{n_i}{p_i+n_i}\right). \quad (3.12)$$

Der Informationsgewinn (Gain) ist die Differenz zwischen dem ursprünglichen Informationsgehalt und der Restinformation [RN04, S. 806]:

$$\text{Gain}(m) = I(T) - I(T \mid m \text{ bekannt}). \quad (3.13)$$

Beim Attributtest für ID3 wird in der Lernphase das Merkmal mit dem maximalen Informationsgewinn für den Split gewählt [BK03, S. 116]. Aufgrund der Beschränkung auf diskrete Verteilungen können keine numerischen Attribute sowie fehlende Werte verarbeitet werden [RM08, S. 71].

C4.5

Der C4.5-Algorithmus wurde in Quinlan [Qui93] als Weiterentwicklung von ID3 vorgestellt. Eine Namenserklärung ist in der Literatur nicht verfügbar [BL04, S. 190]. C4.5 gehört zu den meist verwendeten Klassifikationsalgorithmen und erreicht mit Naive Bayes und SVM vergleichbare Klassifikationsgüten [HLL03, S. 556]. Die wichtigsten Änderungen gegenüber ID3 sind [RM15, S. 78]:

- Bei C4.5 wird Pruning zur Reduktion der Baumkomplexität eingesetzt.
- C4.5 kann mit fehlenden Attributen umgehen.
- C4.5 kann kontinuierliche Attribute verarbeiten. Diese müssen vor der Berechnung

des Splits in diskrete Werte überführt werden. Dabei sind nicht nur binäre Splits möglich [Lar05, S. 116].

Eine weitere Verbesserung von C4.5 gegenüber ID3 ist die Verwendung der Gain Ratio als Trennfunktion. Der beim ID3 verwendete Informationsgewinn ist bei Attributen mit vielen unterschiedlichen Ausprägungen, wie z. B. willkürlich gewählten Attributen, maximal. Daher werden diese Attribute für die Trennung verwendet, obwohl sie keinen Einfluss auf die Klassifikation haben [Qui93, S. 23]. Für den C4.5 wird ein normierter Informationsgewinn genutzt, der als Gain Ratio bezeichnet wird [Qui93, S. 23]:

$$\text{Gain Ratio}(m) = \frac{\text{Gain}(m)}{\text{Split Info}(m)}. \tag{3.14}$$

Split Info ist der Informationsgehalt des Attributs m [BK03, S. 117].

$$\text{Split Info}(m) = -\sum_{i=1}^{k} P(m = w_i) \log_2 P(m = w_i). \tag{3.15}$$

In der vorliegenden Arbeit wird die in Weka implementierte Version C4.5 genutzt, die im Folgenden als J48 bezeichnet wird [WFH11, S. 410].

Baumbasierte Klassifikationsverfahren

Wegen ihrer aussagefähigen Struktur und ihrer Fähigkeiten, nichtlineare Funktionen abzubilden, eigenen sich Baumstrukturen als Basis für weitere Klassifikationsalgorithmen. Training und Struktur mit Entscheidungsknoten und Splits sind bei anderen baumbasierten Klassifikationsverfahren identisch mit normalen Entscheidungsbäumen. Die Integration der Verfahren findet innerhalb der Blätter statt. Hierin können verschiedene Klassifikatoren verwendet werden, wie z. B. Bayes-Klassifikatoren. Kohavi [Koh96] hat mit NBTree einen hybriden Klassifikationsalgorithmus aus Entscheidungsbäumen und Bayes-Klassifikatoren vorgestellt. Die Grundstruktur von NBTree ist ein Baum, dessen Blätter Klassifikationsfunktionen wie in Gleichung (3.19) enthalten. Das NBTree ist in Weka integriert und wird zur Erkennung paralinguistischer Eigenschaften verwendet [Sid09, S. 20].

Für die Prognose kontinuierlicher Klassenvariablen können Entscheidungsbäume ebenfalls eingesetzt werden. Die Berechnung des kontinuierlichen Ausgabewerts geschieht im Blatt. Generell können Regressionsbäume (Regression Trees) und Modellbäume (Model Trees) unterschieden werden [WFH11, S. 151]. Regressionsbäume sind unter dem Akronym CART (Classification and Regression Tree) bekannt, das von Breiman u. a. [Bre+84] eingeführt wurde. Bei Regressionsbäumen wird die kontinuierliche Klassenvariable beim Lernen durch den Mittelwert der Instanzen gebildet, die im Blatt zusammengefasst sind. Bei den Modellbäumen befinden sich in den Blättern des Baums einzelne Regressionsmodelle [WFH11, S. 151].

Ein durch die weite Verbreitung von Weka ebenfalls häufig genutztes baumbasiertes Klassifikationsverfahren ist Logistic Model Tree (LMT) [HYL06]. Die Knoten repräsentieren wie in anderen Entscheidungsbäumen die Splits auf den Attributen. In den Blättern werden logistische Regressionsfunktionen für die Klassifikation genutzt [LHF05, S. 173 f.]. Die logistische Regression ist ein Spezialfall der Regression, da die Zielgröße eine binäre Variable, die Klasse Y ist. Somit kann die logistische Regression zur Klassifikation eingesetzt werden [Led13, S. 83].

Es konnte gezeigt werden, dass die LMT-Modelle mit realen Daten oft bessere Klassifikationsergebnisse erreichen als C4.5 oder gewöhnliche logistische Regression [LHF05, S. 203 f.]. Ein weiterer Vorteil von LMT ist die geringe Größe der Bäume. In Experimenten mit frei verfügbaren Datensätzen unterscheiden sich die Baumgrößen zwischen LMT und C4.5 um den Faktor 10 und mehr [LHF05, S. 191 ff.]. Für die in der vorliegenden Arbeit beschriebenen Experimente kommt ebenfalls die in Weka implementierte Variante von LMT zum Einsatz [WFH11, S. 368].

3.2.5 Künstliche neuronale Netze

Um die Fähigkeiten des menschlichen Gehirns nachzubilden, wurden mathematische Systeme und Algorithmen entwickelt, die auf Computern berechenbar sind und in ihrer Struktur und Arbeitsweise das Gehirn nachahmen. Dabei werden die relevanten Eigenschaften des Gehirns stark abstrahiert und in einem mathematischen Modell zusammengefasst. Kernelement des Modells ist das Neuron mit folgenden Eigenschaften [Hof93, S. 2 f.]:

1. Ein Neuron kann viele Eingänge mit unterschiedlichen Eingangswerten besitzen, aber nur einen Ausgangswert.

2. Der Ausgang kann sich verzweigen.

3. Das Neuron kann im Allgemeinen nur zwei Zustände annehmen. Diese sind der Ruhezustand und der Erregungszustand. Im Computermodell kann dies gut binär dargestellt werden, z. B. 0 für den Ruhezustand und 1 für die Erregung.

4. Ein Neuron geht in den Erregungszustand über, wenn der Input einen bestimmten Schwellenwert überschreitet. Der Schwellenwert wird durch eine sogenannte Transferfunktion bestimmt. Da die Lernalgorithmen Differenzierbarkeit und sigmoiden Charakter erfordern, werden logistische Funktionen oder Tangens Hyperbolicus eingesetzt [LC12, S. 193 f.].

5. Der Zustand eines Neurons hängt nur von seinen Eingabewerten ab.

Die Neuronen können durch gewichtete und ungewichtete Kanten in verschiedenen Topologien verbunden werden. Neuronen und Kanten werden als künstliches neuronales Netz bezeichnet [LC12, S. 196]. Zur Mustererkennung werden oft Perzeptronen-Netze

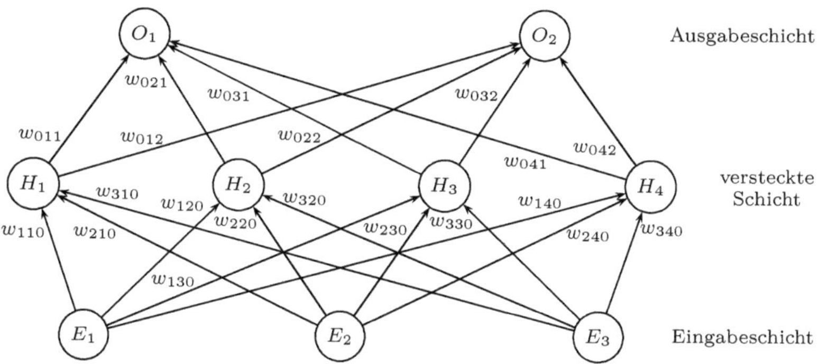

Abbildung 3.8: Vorwärtsgerichtetes künstliches neuronales Netz mit drei Eingabeneuronen, einer versteckten Schicht mit vier Neuronen und zwei Ausgabeneuronen [nach Kin94, S. 39].

eingesetzt. Diese wurden von Rosenblatt [Ros58] vorgestellt und sind durch ihre einfache Topologie ohne Rückkopplungen, binäre Ausgabeneuronen und eine sigmoide Transferfunktion charakterisiert.

Mehrschichtige Perzeptronen-Netze werden als Multilayer-Perzeptronen-Netz (MLP) bezeichnet [Kin94, 38f]. Diese bestehen aus einer Eingabeschicht, beliebig vielen versteckten Schichten und einer Ausgabeschicht. Abbildung 3.8 zeigt ein solches Netz mit einer versteckten Schicht und den gewichteten Verbindungen w_{ijk}. Weiterhin hat sich die Bezeichnung Backpropagation-Netze für MLP etabliert. Dieser Name geht auf den Lernalgorithmus zurück, mit dem das mehrschichtige Netz trainiert wird [Roj96, S. 183]. Der Grundgedanke des Lernverfahrens ist es, die Gewichte so zu bestimmen, dass die Fehlerfunktion des Netzes minimal wird. Dafür wird eine Gradienten-Abstiegsmethode eingesetzt [Kin94, S. 39].

Der Vorteil der Backpropagation-Methode liegt darin, dass sie universell für alle vorwärtsgerichteten Netze anwendbar ist. Es ist nicht nötig, auf spezifische Eigenschaften der zu lernenden Funktion einzugehen. Dies ist sehr wichtig, da sich bei Aufgaben der Musterklassifikation die zu lernende Funktion gar nicht oder nur sehr schwer formulieren lässt.

Ein Nachteil dieses Lernalgorithmus ist die sehr aufwendige Trainingsphase, die sehr viele Rechenschritte umfassen kann. Dieses Problem lässt sich allerdings durch eine geeignete Wahl der Anfangsgewichte vermeiden [Kin94, S. 41]. Ein weiterer Nachteil des Backpropagation-Algorithmus gründet in der Tatsache, dass das Gradientenverfahren in lokalen Minima verharren kann [LC12, S. 218 f.]. Die Wahl einer geeigneten Architektur für die darzustellende Funktion ist ein wichtiger Schritt der Anpassung des Modells. Während Eingabe- und Ausgabevektoren durch die zu lernende Funktion bestimmt werden, gibt es keine generelle Aussage über die Anzahl der versteckten Schichten und die darin enthaltenen Neuronen. Sie muss in der Regel experimentell bestimmt werden. Wenn zu wenig versteckte Neuronen im Netz vorhanden sind, kann die gewünschte

Funktion nicht abgebildet werden. Eine zu große Anzahl der versteckten Neuronen erhöht die Zahl der lokalen Minima der Fehlerfunktion, was zu falschen Ergebnissen führen kann. Ebenso wird die Rechenzeit unnötig groß [Kin94, S. 41 f.].

In dieser Arbeit wird der MLP-Algorithmus von Weka genutzt. Die Netztopologie wird aus der Vorgabe übernommen. Für die Experimente ist die Struktur der Ein- und Ausgabeschicht durch die Struktur der Daten bestimmt. Die Eingabeschicht entspricht der Größe des Merkmalsvektors. Die Ausgabeschicht beinhaltet zwei Neuronen, die den Klassenwerten zugeordnet sind und feuern, wenn die jeweilige Klasse erkannt wird. Weiterhin wird mit einer verdeckten Schicht gearbeitet, deren Neuronenanzahl sich aus dem Mittelwert der Anzahl der Ein- und Ausgabeneuronen berechnet [WFH11, S. 471].

3.2.6 Bayes-Verfahren

Bayes-Verfahren gehören zu den einfachsten Klassifikationsalgorithmen. Sie beruhen auf unsicherem Wissen, das mit Wahrscheinlichkeiten behaftet ist [LC12, S. 92]. Ein Objekt wird der Klasse zugeordnet, die die höchste Wahrscheinlichkeit besitzt. Dabei wird die bedingte Wahrscheinlichkeit des Auftretens der Merkmale betrachtet $p(Y = y|\vec{X} = \vec{x})$ [Jam+13, S. 27]. Dies wird auch als A-posteriori-Wahrscheinlichkeit bezeichnet. Zu deren Berechnung werden nach dem Satz von Bayes die A-priori-Wahrscheinlichkeit, die bedingte Wahrscheinlichkeit der Klasse und die Evidenz benötigt. Die A-priori-Wahrscheinlichkeit $p(Y = y)$ gibt die Wahrscheinlichkeit an, dass eine Instanz die Klasse y besitzt. Dabei gilt $p(Y = y) + p(Y = \neg y) = 1$ für dichotome Klassen. Die bedingte Wahrscheinlichkeit der Klasse $p(\vec{X} = \vec{x}|Y = y)$ bezeichnet die Wahrscheinlichkeit, dass die Klasse y zusammen mit den Attributen der Instanz $\vec{x}$ auftritt. Die Evidenz $p(\vec{X} = \vec{x})$ ist die Wahrscheinlichkeit, eine Instanz $\vec{x}$ im Datensatz ungeachtet der zugeordneten Klasse anzutreffen [Alp10, S. 50].

Für die Klassifikationsaufgabe ergibt sich mit den aufgeführten Größen der Satz von Bayes. Er drückt die bedingte A-posteriori-Wahrscheinlichkeit aus, dass eine Instanz $\vec{x}$ der konkreten Klasse y zugeordnet wird [JL95, S. 339]:

$$p(Y = y|\vec{X} = \vec{x}) = \frac{p(\vec{X} = \vec{x}|Y = y) \cdot p(Y = y)}{p(\vec{X} = \vec{x})}. \tag{3.16}$$

Der Nenner wird in der Regel nicht berechnet, sondern durch die Normalisierungskonstante α ersetzt. Somit ergibt sich [RN04]:

$$p(Y = y|\vec{X} = \vec{x}) = \alpha \cdot p(\vec{X} = \vec{x}|Y = y) \cdot p(Y = y). \tag{3.17}$$

Wenn die Unabhängigkeit der einzelnen Komponenten des Instanzvektors $\vec{x} = (x_1, x_2, \ldots, x_n)$ unterstellt wird, so ergibt sich für diskrete Merkmale:

$$p(\vec{X} = \vec{x}|Y = y) = \prod_{i}^{n} p(X_i = x_i|Y = y). \tag{3.18}$$

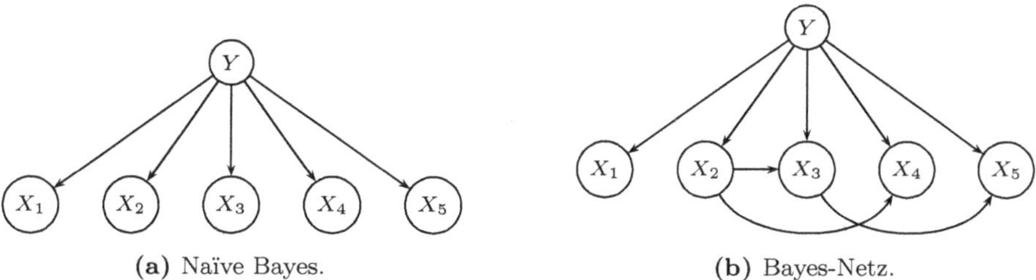

(a) Naïve Bayes. **(b)** Bayes-Netz.

Abbildung 3.9: Bayes-Klassifikatoren Naïve Bayes und Bayes-Netz.

Unter Verwendung von Gleichung (3.16) kann die Klassifikationsfunktion f_{nb} definiert werden.

$$f_{nb}(\vec{x}) = \frac{p(Y = y|\vec{X} = \vec{x})}{p(Y = \neg y|\vec{X} = \vec{x})} \cdot \prod_{i=1}^{n} \frac{p(X_i = x_i|Y = y)}{p(X_i = x_i|Y = \neg y)}. \tag{3.19}$$

Der unbekannten Instanz $\vec{x}$ wird die positive Klasse y zugeordnet, wenn deren Wahrscheinlichkeit größer als die der negativen Klasse $\neg y$ ist. Aufgrund der Annahme, dass die Merkmale unabhängig sind, was jedoch vielfach nicht zutrifft, wird f_{nb} auch Naïve-Bayes-Klassifikator oder NB genannt [Zha04, S. 562].

Während die bedingten und unbedingten Wahrscheinlichkeiten für diskrete Merkmale leicht aus der empirischen Verteilung durch Auszählen ermittelt werden können, müssen die Wahrscheinlichkeiten von kontinuierlichen Merkmalen über eine theoretische Verteilung berechnet werden. Häufig wird dazu vereinfachend eine Normalverteilung angenommen [JL95, S. 339]:

$$p(Y = y|\vec{X} = \vec{x}) = \mathcal{N}(\vec{x}, \mu_y, \sigma_y) = \frac{1}{\sqrt{2\pi}\sigma_y} \cdot e^{-\frac{(\vec{x}-\mu_y)^2}{2\sigma_y^2}}. \tag{3.20}$$

Naïve-Bayes-Klassifikatoren sind besonders effektiv in Verbindung mit Merkmalsreduktion [WFH11, S. 93]. Sie können mit kleinen Datensätzen trainiert werden und multiple Klassen handhaben [Har12, S. 62]. Naïve-Bayes-Verfahren sind unempfindlich gegenüber irrelevanten Merkmalen [Koh96, S. 202]. Ein Nachteil ist die hohe Sensitivität gegenüber der Verteilung der Merkmale [Har12, S. 62]. Das hier dargestellte Klassifikationsverfahren setzt voraus, dass $p(X_i = x_i|Y = y) > 0$ für alle $i \ldots n$ gilt, d. h. es muss mindestens ein Exemplar mit der entsprechenden Merkmalsausprägung und Klasse in den Trainingsdaten vorhanden sein. Ansonsten ergibt Gleichung (3.18) Null.

Abbildung 3.9a zeigt durch gerichtete Kanten, dass die Merkmale $(X_1, \ldots, X_5)$ nur von der Klasse Y abhängen. Das Weglassen der vereinfachten Annahme der Unabhängigkeit führt zu einem Abhängigkeitsgraphen, wie in Abbildung 3.9b dargestellt. Die graphische Repräsentation der Abhängigkeiten gleicht einem gerichteten azyklischen Graphen und wird daher als Bayes-Netz bezeichnet [Bou08, S. 3]. Die Kanten des Graphen repräsentieren die Wahrscheinlichkeiten. Grundannahme ist, dass die Eintrittswahrscheinlichkeit der Kindelemente von seinen Elternelementen $pa(X_i)$ abhängt. Für den Merkmalsvektor $\vec{X} = X_1, \ldots, X_n$ ergibt sich so eine Wahrscheinlichkeit $p(\vec{X}) = \prod_i^n p(X_i|pa(X_i))$ [Zha04, S. 563]. Um aus der Netzwerkstruktur mit den Trainingsdaten ein Modell zu erlernen, wird in zwei Schritten vorgegangen. Da die Netzwerkstruktur nicht aus den Daten hervorgeht, wird sie im ersten Schritt erlernt. Im zweiten Schritt werden die Verteilungen erlernt [Bou08, S. 4]. Für Details der Umsetzung sei auf Bouckaert [Bou08] verwiesen. Im experimentellen Teil dieser Arbeit werden sowohl Naïve Bayes (NB) als auch das Bayes-Netz (BN) aus Weka in ihrer Standardkonfiguration eingesetzt.

3.2.7 Support-Vektor-Maschinen

Support-Vektor-Maschinen (SVM) wurden in Cortes und Vapnik [CV95] vorgestellt. Sie sind für eine Vielzahl von Problemen anwendbar und erbringen dort ohne Anpassungen gute Resultate [Jam+13, S. 337]. Die Grundidee von SVMs ist die nichtlineare Transformation der Trainingsdaten in eine höhere Dimension, sofern die Daten nicht linear separierbar sind [Sch06, S. 68]. Im Lösungsraum wird durch einen Algorithmus eine optimale Hyperebene gesucht, die die Instanzen der Klassen separiert. Die Bestimmung der Hyperebene ist ein quadratisches Optimierungsproblem, dass in der Lernphase gelöst wird [Nie04, S. 360]. Die Hyperebene wird durch Stützvektoren und durch die mit den Stützvektoren definierten Abstände bestimmt [HKP12, S. 408]. Im Folgenden soll die Grundidee anhand der Klassifikation im zweidimensionalen Eingaberaum mit linear trennbaren Klassen erläutert werden. Die graphische Veranschaulichung findet sich in Abbildung 3.10. Ausgangspunkt ist die Trainingsmenge D mit binären Klassen [Sch06, S. 64]:

$$D = \{(\vec{X}_l, Y_l) \,|\, l = 1, \ldots, L\} \text{ mit } \vec{X} \in \mathbb{R}^n \text{ und } Y_l \in \{+1, -1\}. \tag{3.21}$$

Zur Trennung der Instanzen wird eine Hyperebene H konstruiert [Sch06, S. 64]:

$$H(\vec{w}, b) = \{\vec{X} \in \mathbb{R}^n \,|\, \vec{w}^T\vec{X} + b = 0\} \text{ mit } \vec{w} \in \mathbb{R}^n \text{ und } b \in \mathbb{R}. \tag{3.22}$$

Die positiven Instanzen haben die Klasse $Y_l = +1$ und die negativen entsprechend $Y_l = -1$. Der Wert b wird als Bias bezeichnet. Im zweidimensionalen Raum bei linearer Trennbarkeit ist die Hyperebene eine Gerade, wie Abbildung 3.10 zeigt [Pla98, S. 2]. Mit der Klassenzugehörigkeit muss die Hyperebene die Bedingung $\vec{w}^T\vec{X} + b = \pm 1$ erfüllen. Für einen beliebigen Punkt $\vec{X}$ (eine Instanz) aus D kann der Abstand $r(\vec{X})$ von H berechnet werden [Sch06, S. 65]:

$$r(\vec{X}) = \frac{\vec{w}^T\vec{X} + b}{||\vec{w}||}. \tag{3.23}$$

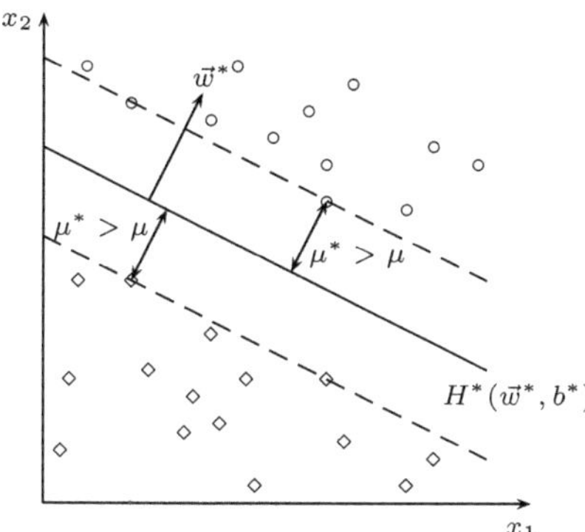

Abbildung 3.10: Optimale Hyperebene einer SVM im zweidimensionalen Raum [nach Sch06, S. 66].

Daraus ergibt sich die Trennbreite μ als Minimum der Abstände aller Punkte $\vec{X}_1, \ldots, \vec{X}_l$ aus D zur Hyperebene H [Sch06, S. 65]:

$$\mu(\vec{w}, b) = \min_{l=1,\ldots,L}(r(\vec{X}_l)). \tag{3.24}$$

Nach Umformungen kann die Zielfunktion als

$$\min \frac{1}{2}|\vec{w}| \tag{3.25}$$

mit den Nebenbedingungen

$$Y_l(\vec{w}^T\vec{X} + b) - 1 \geq 0 \text{ für } l = 1, \ldots, L \tag{3.26}$$

formuliert werden [Nie04, S. 365]. Diese Optimierungsaufgabe kann mit verschiedenen Verfahren gelöst werden. In Weka wird die von Platt [Pla98] vorgestellte „Sequential Minimal Optimization“ (SMO) für die Implementierung eingesetzt [WFH05, S. 410]. In der einschlägigen Literatur wird häufig die Abkürzung SMO als Bezeichnung für die SVM in Weka verwendet. Daher wird diese Konvention auch in der vorliegenden Arbeit beibehalten.

Für nicht linear trennbare Klassifikationen muss, wie bereits angemerkt, das Problem in einen höherdimensionalen Raum transformiert werden, in dem eine lineare Trennung meist möglich ist. Die dazu verwendete Abbildungsfunktion wird auch Kernel genannt. Häufig werden Polynom-Kernel, Gauß-Kernel oder Sigmoid-Kernel verwendet [KRS11, S. 192 f.]. Die Experimente für diese Arbeit wurden mit dem Polynom-Kernel aus der Standardkonfiguration durchgeführt.

Support-Vektor-Maschinen sind binäre Klassifikatoren, d. h. sie können nur zwischen zwei Klassen unterscheiden. Bei Mehrklassenproblemen müssen künstliche Klassen eingeführt werden, die mehrere Klassen zusammenfassen [Dea14, S. 113]. Dazu kann das „One-vs-all"-Verfahren angewendet [Col09, S. 76] werden. Hierbei werden zur Erkennung der einzelnen Klassen jeweils zwei Partitionen der Trainingsdaten gebildet, die einerseits die zu erkennende Klasse (one) und andererseits eine künstlich gebildete Klasse mit den Instanzen aller anderen Klassen (all) beinhaltet [DA08, S. 211 ff.]. Der Vorteil ist die gute Generalisierungsfähigkeit auch bei kleinen Trainingsdatensätzen [Mai09, S. 52]. Weiterhin sind SVMs weniger anfällig gegen Überanpassung [HKP12, S. 408]. Ein Nachteil ist der hohe Rechenaufwand, der durch die Optimierung entsteht [Sch06, S. 69].

3.3 Kombination von Lernverfahren

3.3.1 Überblick über Kombinationsverfahren

Die Grundidee von Kombinationsverfahren ist es, mehrere Modelle für die gleiche Datendomäne zu kombinieren, um bessere Ergebnisse zu erreichen als die einzelnen Teilmodelle. Dabei sollen die individuellen Stärken der Modelle ausgebaut und die Schwächen verringert werden [Rok08, S. 456]. Somit kann ein System aus einer großen Zahl mittelmäßiger Modelle eine sehr gute Gesamtleistung erzielen [Cic15, S. 403]. In der meist englischen Literatur sind verschiedene Termini gebräuchlich. Häufig wird „Multiclassifier", „Ensemble" oder „Fusion" verwendet [Her10, S. 51]. Es findet sich auch die Bezeichnung „Committee" in einigen Arbeiten [Sha96, S. 300]. Kernidee aller Verfahren ist die Kombination von mehreren unterschiedlichen Teil- oder Subklassifikationsmodellen. Dies sind eigenständig arbeitende Teilsysteme, die getrennt voneinander die in Abbildung 3.1 gezeigten Teilschritte der Mustererkennung ausführen. Die Teilsysteme können entweder verschiedene Instanzen des gleichen Klassifikationsalgorithmus sein oder aus unterschiedlichen Algorithmen bestehen [Her10, S. 50]. Im System können beliebig viele Teilklassifikationsmodelle vorhanden sein. Diese werden mit 1 bis N gekennzeichnet. Die Gesamtbewertung des Systems ergibt sich aus der Zusammenfassung und Verarbeitung der Einzelentscheidungen der Teilklassifikationsmodelle.

Bei den Kombinationsverfahren kann grundsätzlich zwischen zwei Prinzipien unterschieden werden: Ensemble-Verfahren und Dekompositionsverfahren. Ensemble-Verfahren kombinieren verschiedene Klassifikationsmodelle, die alle die ursprüngliche Klassifikationsaufgabe lösen. Die Entscheidungen der Modelle werden zu einer Klassifikation kombiniert [Sha96, S. 299 f.]. Abbildung 3.11a zeigt ein kombiniertes Klassifikationssystem mit einer parallelen Architektur. Bei dieser Architektur arbeiten die einzelnen Teilsysteme gleichzeitig und unabhängig [VCA00, S. 28]. Die Bildung der Teilmodelle kann auf verschiedenen Ebenen erfolgen, da deterministische Algorithmen mit den Parametern auf den gleichen Trainingsdaten immer die gleichen Modelle erzeugen können [Kun04, S. 105]:

Datenebene: Wenn ein Klassifikationssystem aus Teilklassifikatoren aufgebaut ist, die unterschiedliche Eingangsdaten verwenden, dann wird dies als Fusion auf der Datenebene oder Sensorfusion bezeichnet [Alp10, S. 421]. Für die Emotionserken-

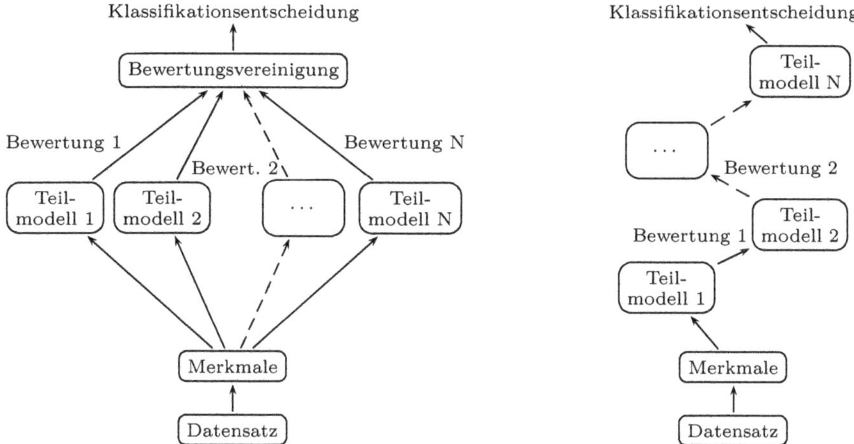

(a) Parallele Architektur [nach Kun04, S. 105; Her10, S. 62]. (b) Sequentielle Architektur [nach WGC14, S. 6].

Abbildung 3.11: Architekturen für kombinierte Klassifikationssysteme.

nung wurden derartige multimodale Ansätze vorgestellt. Als Datenquellen können beispielsweise Audiosignale, Videoaufnahmen und bioelektrische Signale genutzt werden [Sch+13a, S. 85 ff.]. Häufig werden Sampling-Varianten zur Erzeugung von unterschiedlichen Datensätzen aus einem Ausgangsdatenbestand genutzt. Bekannte Verfahren sind Bagging und Boosting, auf die in Abschnitt 3.3.3 eingegangen wird. Eine detaillierte Übersicht zu den Verfahren findet sich z. B. in Maimon und Rokach [MR05, S. 100–105]

Merkmalsebene: Bei dieser Art der Kombination werden verschiedene Merkmalssätze, die auf einem gemeinsamen Datensatz beruhen, durch die Teilklassifikationssysteme verarbeitet [Kun04, S. 105].

Klassifikationsebene: Wenn unterschiedliche Klassifikationsalgorithmen verwendet werden, wird von einer Kombination auf der Klassifikationsebene gesprochen [Kun04, S. 105]. Weiterhin können Algorithmen verschieden parametrisiert werden, z. B. durch Startwert oder unterschiedliche Architekturen [Cic15, S. 403].

Entscheidungsebene: Zur Vereinigung der Entscheidungen können verschiedene Methoden und Ansätze gewählt werden. Für die Kombination der Teilklassifikatoren zu einer Entscheidungsregel können trainierbare Meta-Klassifikatoren oder einfache nicht-trainierbare Methoden angewendet werden. Einen Überblick der Methoden gibt Tabelle 3.2. Für weitere Informationen sei auf Maimon und Rokach [MR05, S. 108–116] und die genannten Quellen verwiesen.

Tabelle 3.2: Kombination auf der Entscheidungsebene [nach MR05, S. 108–116].

Verfahren	Quelle	Art
Arbiter Trees	Chan und Stolfo [CS93]	meta
Combiner Trees	Chan und Stolfo [CS97]	meta
Grading	Seewald und Fuernkranz [SF01]	meta
Stacking	Wolpert [Wol92]	meta
Bayes	Buntine [Bun92]	einfach
Dempster-Shafer	Shlien [Shl90]	einfach
Mehrheitsentscheid	z. B. Kuncheva [Kun04]	einfach

Dekompositionsverfahren

Dekompositionsverfahren sind ein weiterer Ansatz zur Kombination von Klassifikationssystemen. Reale Klassifikationsaufgaben, wie die Erkennung paralinguistischer Merkmale, erfordern komplexe Modellstrukturen zu ihrer Lösung. Da die hohe Komplexität schlecht zu handhaben ist, liegt es nahe, die Problemstellung in Unterprobleme aufzuspalten. Hierbei wird das in der Informatik bekannte und in Abschnitt 1.3.2 angesprochene „Divide-and-Conquer"-Prinzip auf Klassifikationsaufgaben angewendet [Bau+11, S. 22]. Die dekomponierten Subsysteme werden aufgrund ihrer Spezialisierung auf einen Aspekt der Klassifikation auch Experten genannt [Her10, S. 50]. Dies geht auf den Terminus „Mixture-of-Experts" zurück, der für die Kombination von künstlichen neuronalen Netzen von Jacobs u. a. [Jac+91] eingeführt wurde. Im Data-Mining geht die Dekompositionsmethode von den zu erlernenden Daten aus. Ziel ist es, den initialen Datensatz so aufzuspalten, dass besser erlernbare Teilprobleme entstehen. Dies kann tupel- oder attributorientiert geschehen. Für eine detaillierte Gegenüberstellung der Strategien sei auf Maimon und Rokach [MR05, S. 128–132] verwiesen. Bei tupel- und attributorientierten Verfahren wird das originale Konzept, d. h. die Klassen, beibehalten. Daneben gibt es das Vorgehen, die ursprüngliche Aufgabe in einfachere Konzepte, also Klassen, zu unterteilen. Dies wird als „Intermediate Concept Decomposition" bezeichnet. Unterformen sind Konzeptaggregation und funktionale Dekomposition. Verfahren der funktionalen Dekomposition sind für die vorliegende Arbeit nicht relevant und werden daher nicht betrachtet. Bei der Konzeptaggregation sind die Zwischenkonzepte gemäß der Bezeichnung eine Aggregation der ursprünglichen Klassen [MR05, S. 129 ff.]. Diese explizite Dekomposition ist auch als Modularisierung bekannt. Der Entwurf der modularen Klassifikation erfordert ein tiefgreifendes Verständnis des zu lösenden Problems und bietet gleichzeitig die Möglichkeit, Expertenwissen zu integrieren [Sha97, S. 5].

3.3.2 Sequentielle Kombinationsverfahren

Sequentielle Modelle sind eine Kombinationsstrategie von Klassifikationssystemen, bei der die einzelnen Systeme im Gegensatz zu den anderen Verfahren nacheinander ihre

Entscheidungen treffen. Im Prinzip entsteht dabei ein Klassifikationssystem, das dem Architekturmuster „Pipes and Filter“ ähnelt [Bus98, S. 54]. Den schematischen Aufbau zeigt Abbildung 3.11b. Die spezialisierten Klassifikationssysteme arbeiten nach dem Prinzip der Reihenschaltung. Sie erhalten als Eingabe jeweils die Ausgabewerte des vorhergehenden Subsystems. Diese Reihenschaltung der Klassifikationsmodelle und -entscheidungen wird in der automatischen Erkennung paralinguistischer Merkmale zur Verbesserung der Erkennungsleistung eingesetzt [Ben+12, S. 4]. Eine Anwendung sind sequentielle Verfahren zur Trennung zwischen den Geschlechtern der Sprecher. Nach Geschlecht getrennte Modelle für andere paralinguistische Merkmale erzielen oft bessere Resultate als die gemeinsame Betrachtung [GP12, S. 1205]. Da das Geschlecht oft a priori, d. h. bei bekannten Sprechern, vorliegt, kann der Datensatz bereits bei der Vorverarbeitung getrennt werden. Falls die Sprecher nicht bekannt sind, so kann ein automatisches System in der Vorklassifikation die Geschlechter trennen [Xia+07; VA06]. In Siegert u. a. [Sie+12] wird ein sequentielles hierarchisches Klassifikationssystem beschrieben, das die beiden Merkmale Alter und Geschlecht gleichzeitig erkennt. Beide Merkmale sind dichotom (männlich – weiblich, alt – jung) und müssen in einem einstufigen Klassifikator zu vier Kombinationen, d. h. Klassen, transformiert werden. Es werden zwei hierarchische Architekturen präsentiert, die nacheinander die Merkmale erkennen. Mit ca. 70 % erbringt ein System, das zunächst das Alter und in der zweiten Stufe das Geschlecht klassifiziert, die besten Ergebnisse [Sie+12, S. 62]. Alter und Geschlecht ähneln sich in der Ausprägung der stimmlichen Merkmale sehr, so dass eine gleichzeitige Erkennung durch ein einstufiges Verfahren die Unsicherheit vergrößert [Sie+12, S. 64].

Hierarchische Klassifikation kann auch in der automatischen Emotionserkennung angewendet werden. Giannoulis und Potamianos [GP12] stellen ein kombiniertes System aus 15 SVMs vor, die jeweils zwischen Emotionspaaren unterscheiden, z. B. Angst – Freude, Wut – Freude, etc. Für die Emo-DB wird mit diesem Verfahren eine Erkennungsrate von 79 % erreicht [GP12, S. 1205]. Eine Variante der hierarchischen Modelle sind kaskadierende Klassifikationssysteme. Das Funktionsprinzip ist wie folgt: Eine Instanz wird in einer bestimmten Reihenfolge von Modellen klassifizert. Sobald die Klasse mit einer vorher bestimmten Sicherheit erkannt wird, bricht das Verfahren ab, ansonsten wird die Instanz zu einem nächsten Modell weitergeleitet und dort erneut klassifiziert [Kun04, S. 106].

3.3.3 Boosting- und Bagging-Verfahren

Die oben stehend beschriebenen Verfahren, besonders die Dekomposition, erfordern Domänenwissen, komplexe Datentransformationen oder die Ausführung verschiedener Algorithmen. Daher gibt es mit AdaBoost und Random-Forest nur zwei Standardkombinationsverfahren, die in Data-Mining-Software implementiert sind und für Anwendungen genutzt werden.

Der von Freund und Schapire [FS96] entwickelte AdaBoost-Algorithmus arbeitet auf der Datenebene. Er ist theoretisch fundiert, zeigt gute Erkennungsleistung, ist leicht zu implementieren und wird daher häufig angewendet [Wu+08, S. 20]. Der Name leitet sich von „Adaptive Boosting“ ab [Alp10, S. 431 f.]. Boosting als generelle Technik wurde in Schapire [Sch90] vorgestellt. Ziel ist es, möglichst komplementäre Modelle der gleichen Art, d. h. mit dem gleichen Algorithmus, zu trainieren. AdaBoost stellt eine komplexe Zuordnung auf Basis der Linearkombination von einfachen Modellen, sogenannten schwachen Klassifikatoren, dar [SB14b, S. 101]. Schwache Klassifikatoren sind solche, die nur leicht besser als der Zufall sind [Wu+08, S. 20]. In diesen Fällen kann durch Boosting die Klassifikationsgüte stark verbessert werden. AdaBoost basiert auf der Optimierung einer Gewichtung von Lernbeispielen [Sch06, S. 83]. Der ursprüngliche Lerndatensatz wird im ersten Schritt zufällig in k Partitionen aufgeteilt. Daraufhin wird für alle Partitionen je ein Modell trainiert. Mit den trainierten Modellen wird mit Hilfe von Gewichten der Gesamtfehler des Klassifikationsmodells auf den Teildaten berechnet. Im Anschluss daran werden die Gewichte auf Basis des berechneten Fehlers aktualisiert [Kun04, S. 216]. Zu den Schwächen der Boosting-Verfahren gehört die hohe Empfindlichkeit gegenüber verrauschten Daten sowie die Tatsache, dass eine vergleichsweise große Anzahl an Trainingsinstanzen notwendig ist [Sch06, S. 83]. Bezüglich der Überanpassung an die Trainingsdaten gibt es gegensätzliche Meinungen in der Literatur. Nach Wu u. a. [Wu+08, S. 21] zeigt AdaBoost keine Tendenz zur Überanpassung, während Schuller [Sch06, S. 83] die Gefahr der Überanpassung betont.

In den in Kapitel 4.3.1 bis 4.3.4 beschriebenen Experimenten wird die von Weka bereitgestellte Variante von AdaBoost.M1 (Ada) genutzt [WFH11, S. 455]. Als schwacher Klassifikator wird in der Voreinstellung Decision Stump eingesetzt. Dies ist ein einstufiger Entscheidungsbaum, der nur aus dem Wurzelknoten und einem Split besteht [Rok10, S. 21]. Decision Stump findet meist in Ensembleklassifikatoren Verwendung, jedoch sehr selten als monolithischer Klassifikator, da er eine relativ schlechte Erkennungsleistung erbringt [Sch06, S. 76].

Bagging ist eine weitere Methode der Erzeugung von Ensembleklassifikatoren, die auf der Datenebene arbeitet. Der bekannteste Klassifikationsalgorithmus, der mit Bagging arbeitet, ist Random Forest [Bre01]. Bagging steht für „Bootstrap Aggregation“ und wurde von Breiman [Bre96] eingeführt [Kub15, S. 173]. Aus dem Trainingsdatensatz D werden L Teilmengen mit je N Elementen gebildet. Dies erfolgt durch zufälliges Ziehen mit Zurücklegen. Daher kann eine einzelne Instanz in einer, mehreren oder keiner der L Teilmengen vorkommen. Somit wird eine hohe Homogenität der Teilmengen erreicht, aber eine gewisse Variabilität durch das zufällige Ziehen eingebracht. Auf den Teilmengen wird jeweils ein Klassifikationsmodell trainiert. Zur Klassifikation von unbekannten Daten wird jede Instanz von allen Modellen bewertet und per Mehrheitsentscheid die endgültige Klasse festgelegt. Bagging nutzt die Instabilität von Klassifikationsalgorithmen aus [Alp10, S. 430]. Ein Klassifikationsalgorithmus ist instabil, wenn er eine hohe Sensitivität bezüglich Änderungen des Trainingsdatensatzes aufweist. Dies bedeutet, dass kleine Änderungen des Datensatzes, beispielsweise hinzufügen oder entfernen einer Instanz, zu anderen Modellen und somit zu unterschiedlichen Klassifikationsentscheidungen führen [Die98, S. 1900]. Durch die beschriebene Zusammenstellung der einzelnen Teildatensätze wird dies beim Bagging erreicht.

Random-Forest bezeichnet einen Ensembleklassifikator aus einzelnen Entscheidungsbäumen, welche auf den mit Bagging erzeugten Teilpartitionen trainiert wurden. Dabei weist der Name auf eine weitere Zufallskomponente hin, die der Algorithmus zur Diversifikation der Modelle ausnutzt. Für jeden Trainingslauf wird für die Splits nur eine zufällig gewählte Untermenge der Attribute betrachtet. Dazu wird ein Parameter β vorgegeben, der die maximale Anzahl der zu untersuchenden Attribute bestimmt. Wenn β gleich der ursprünglichen Anzahl der Merkmale ist, so wird ein herkömmlicher deterministischer Baum konstruiert. Die Klassifikation unbekannter Instanzen erfolgt durch den Mehrheitsentscheid aller Bäume im Ensemble [Agg14, S. 493 ff.]. In Kapitel 5 wird für Fallstudie III Random-Forest neben J48 als zweiter Entscheidungsbaumalgorithmus für die zweite Stufe eingesetzt.

3.4 Bewertung und Vergleich von Klassifikationsalgorithmen

3.4.1 Ziele der Bewertung

Wie in Abschnitt 2.3.5 festgestellt wurde, gibt es keine universellen Klassifikationsalgorithmen für die Erkennung paralinguistischer Merkmale. Dies ist auf das No-Free-Lunch-Theorem zurückzuführen [Wol96]. Es besagt, dass für einen Algorithmus, der in einer Domäne einen anderen dominiert, es auch Anwendungs- bzw. Datendomänen gibt, in denen sich die Verhältnisse umkehren [RM08, S. 50]. In der Praxis und in anwendungsbezogenen Forschungsarbeiten ist der Vergleich von verschiedenen Klassifikationsalgorithmen und die Auswahl des am besten für eine Aufgabe geeigneten Algorithmus ein wenig beachteter Aspekt [WFH11, S. 376]. Die Literaturstudie zeigt außerdem, dass in den meisten Arbeiten zur automatischen Erkennung von paralinguistischen Merkmalen keine Untersuchungen zum Verhalten von unterschiedlichen Klassifikationsalgorithmen durchgeführt werden. In einer älteren Studie wurden 190 Veröffentlichungen zu künstlichen neuronalen Netzen bezüglich ihres Experimentaufbaus für die Validierung betrachtet. Dabei wurde festgestellt, dass zu einem Großteil keine belegbare Validierung durchgeführt wird. So werden in nur 19 % der Artikel mehr als zwei Algorithmen verglichen [Pre96, S. 462].

Bei der Messung der Performanz und Klassifikationsleistung wird grundsätzlich zwischen Performanz auf einem Datensatz und der generellen Performanz in der Anwendungsdomäne unterschieden. Diese generelle Performanz ist unbekannt und kann nur durch die Performanz auf einem Datensatz abgeschätzt werden [Cic15, S. 198 f.]. Ziel der Bewertung eines Klassifikationsmodells ist es, valide Vorhersagen über die Genauigkeit der Klassifikation zu treffen. Die Bewertung von Klassifikationsalgorithmen kann sowohl theoretisch als auch empirisch durchgeführt werden. Die theoretische Bewertung erfolgt mit mathematischen Methoden, beispielsweise aus der Komplexitätstheorie. Die zweite Bewertungsmethodik ist die empirische Bewertung [SW11, S. 37]. Aufgrund der Anwendungsfokussierung der vorliegenden Arbeit werden im Folgenden nur Methoden der empirischen Bewertung betrachtet. Bei der empirischen Analyse und Bewertung von Klassifikationsalgorithmen stehen die folgenden Fragestellungen im Vordergrund [Alp10, S. 475]:

1. Wie kann die Fehlerrate eines Algorithmus ermittelt werden? Diese Aussage ist nötig, um abschätzen zu können, wie ein trainiertes Modell in der realen Anwendung auf unbekannte Daten reagiert.

2. Wie kann ermittelt werden, welcher Klassifikationsalgorithmus für ein gegebenes Problem am besten geeignet ist? Bei der Auswahl können nicht nur verschiedene Lernalgorithmen Berücksichtigung finden, sondern es kann auch die beste Parameterkonfiguration eines Algorithmus ermittelt werden. Diese Parameter können beispielsweise die Anzahl der versteckten Schichten in einem KNN oder die maximale Tiefe eines Entscheidungsbaums sein.

3. Welches Performanzmaß ist für das Problem am besten geeignet? Die Wahl des Performanzmaßes ist entscheidend und richtet sich sowohl nach der zugrunde liegenden Verteilung der Klassen als auch nach den Kosten von Fehlentscheidungen [PFK98].

4. Wie kann die Entscheidung für oder gegen einen Algorithmus statistisch begründet werden? Hierzu ist die Wahl einer Testmethodik und Berechnung einer Teststatistik notwendig, die statistisch valide Ergebnisse liefert.

Empirische Vergleiche von Klassifikationsalgorithmen und Modellen können durch die im Folgenden beschriebene Taxonomie in vier Ebenen eingeordnet werden. Je nach Kombination von Ebene und Ausprägung erfordert die Auswertung unterschiedliche Methoden [Die98, S. 1897]:

Anwendungsdomäne: Untersuchungen von Lernverfahren können in einer Anwendungsdomäne oder über verschiedene Anwendungsdomänen durchgeführt werden. Der Vergleich und die Analyse von Klassifikationsalgorithmen über verschiedene Anwendungsdomänen hinweg ist eine fundamentale Herausforderung der Forschung im maschinellen Lernen [Die98, S. 1898]. In der vorliegenden Arbeit wird jedoch eine einzige Anwendungsdomäne untersucht, die Erkennung von sprecherisch-stimmlichen Merkmalen in Telefongesprächen.

Analysegegenstand: Der Analysegegenstand kann der Vergleich von trainierten Modellen oder der Vergleich von Klassifikationsalgorithmen sein. In beiden Fällen werden unterschiedliche Methoden verwendet [Alp10, S. 476]. Unter der Voraussetzung, dass genug Trainingsdaten vorhanden sind, können mehrere Modelle trainiert, verglichen und schließlich das beste Modell für die weitere Verwendung ausgewählt werden [Sal97, S. 317]. Der Algorithmus als Analysegegenstand wird ausgewählt, wenn dieser in die Anwendung integriert wird und durch den Nutzer weiter trainiert wird [Die98, S. 1896]. Zur Algorithmenevaluation gehört bei empirischen Untersuchungen auch die Betrachtung von Zeit- und Speicherkomplexität beim Training und beim Test [SW11, S. 37].

Analyseziel: Das Analyseziel gliedert sich in zwei Fragestellungen, die sich teilweise ergänzen. Beim ersten Analyseziel, der Vorhersage der Klassifikationsleistung, wird die Frage beantwortet, wie gut ein Modell oder Algorithmus unbekannte Daten klassifizieren kann. Das zweite Ziel ist der Vergleich von Algorithmen und/oder Modellen. Beide Analyseziele werden bei der empirischen Bewertung mit statistischen Verfahren untersucht. Basis hierfür ist die Auswahl eines Performanzmaßes, das die Klassifikationsleistung ausdrückt, die Modellierungsziele und die zur Verfügung stehenden Daten berücksichtigt [CJK04, S. 2]. Einen Überblick über gängige in der einschlägigen Literatur verwendete Performanzmaße und deren kritische Betrachtung im Hinblick auf die Ziele der vorliegenden Arbeit bietet Abschnitt 3.4.4. Nach der Ermittlung des Performanzmaßes müssen Schätzer für die zu erwartende Klassifikationsleistung ermittelt werden [Koh95, S. 1138]. Dies sind in der Regel der Mittelwert und die Varianz [WFH11, S. 157]. Konfidenzintervalle für Schätzer werden ebenfalls in einigen Arbeiten zur Beurteilung der Klassifikationsleistung genutzt [VKP04]. Im Rahmen der zweiten Aufgabenstellung kann auf Basis dieser Kennzahlen ein empirisches Bewertungsverfahren zum Vergleich von Algorithmen und/oder Modellen durchgeführt werden.

Datengrundlage: Die niedrigste Ebene der Taxonomie ist die Größe der verfügbaren Datenmenge. Für große Datenbestände können getrennte Datensätze für Lernen und Testen gebildet werden. Die mit den Testdaten generierten Kennzahlen können durch statistische Verfahren analysiert werden [Die98, S. 1896]. In den meisten praxisrelevanten Fällen liegt nur eine verhältnismäßig kleine Menge an Daten zum Trainieren und Testen von Modellen vor. In diesem Fall müssen alle zur Verfügung stehenden Daten für das Training genutzt werden. Welche Verfahren dazu verwendet werden können, wird in Abschnitt 3.4.3 beschrieben.

3.4.2 Praktische Aspekte der Bewertung

Bei der praktischen Anwendung von Data-Mining-Verfahren müssen einige Aspekte betrachtet werden, die durch die formalen mathematischen Algorithmen nicht oder nur unzureichend berücksichtigt werden können. Eine große Fehlerquelle, die zu schlechten Modellen oder zu Fehlinterpretationen führen kann, sind die in Gleichung (3.5) gezeigten Zufallseinflüsse. Diese können mit statistischen Methoden nicht explizit analysiert werden und müssen daher beim empirischen Vergleich von Klassifikationsalgorithmen durch das Experimentdesign berücksichtigt werden. Es wurden vier Ursachen für Zufallseinflüsse identifiziert [Die98, S. 1900 f.]:

Auswahl des Testdatensatzes: Bei zufällig zusammengestellten Testdatensätzen, die Teilmengen eines Gesamtdatensatzes sind, ist es möglich, dass ein Algorithmus einen anderen dominiert, obwohl auf der Grundgesamtheit der Daten keine Unterschiede bestehen [Die98, S. 1900]. Bei besonders kleinen Datensätzen sollten gezogene Schlüsse auf ihre Aussagekraft untersucht werden [Kun04, S. 12].

Auswahl des Trainingsdatensatzes: Die Auswahl der Trainingsdaten ist in Bezug auf die in Abschnitt 3.3.3 bei der Erläuterung des Bagging-Verfahrens beschriebene

Instabilität einiger Klassifikationsalgorithmen von Bedeutung. Diese Eigenschaft führt dazu, dass trotz weitgehend identischer Trainingsdaten verschiedene Modelle trainiert werden, die andere Ausgaben erzeugen. Instabilität tritt vor allem bei Entscheidungsbaumalgorithmen und auch bei künstlichen neuronalen Netzen auf [Bre+96, S. 2374].

Interne Zufallseinflüsse im Lernalgorithmus: Bei einigen Lernalgorithmen sind die trainierten Modelle von einem zufällig gewählten Startwert des Algorithmus abhängig, so dass bei unverändertem Algorithmus nur durch Änderung der Startwerte andere Modelle trainiert werden können [Die98, S. 1900]. Ein Beispiel hierfür sind künstliche neuronale Netze, die mit dem Backpropagation-Verfahren trainiert werden. Bei diesem Verfahren werden in der ersten Iteration des Algorithmus die Gewichte mit zufälligen Werten initialisiert [Kin94, S. 41].

Fehlerhafte Daten: Wenn ein Testdatensatz ein Anteil von η falsch zugeordneten Klassen hat, so kann kein Lernalgorithmus eine geringere Fehlerrate als η erreichen [Die98, S. 1900].

Die Komplexität des Modells ist ein weiterer Bewertungsaspekt. Beim Lernen muss zwischen Unter- und Überanpassung des Modells abgewägt werden. Dieses Verhalten wird stark von der Komplexität des Modells beeinflusst. Ein perfekter Schätzer für die Klassifikationsaufgabe im Sinne von Gleichung (3.3) tendiert zur Überanpassung. Überanpassung bedeutet, dass die Modelle die Trainingsdaten so gut abbilden, d. h. „auswendig lernen", dass die Generalisierungsfähigkeit gegenüber unbekannten Daten sinkt [PF13, S. 113]. Unteranpassung liegt vor, wenn das Klassifikationsmodell die Struktur der Daten nicht gut genug abbilden kann [TSK05, S. 174]. Der Zusammenhang zwischen Über- und Unteranpassung wird in Abbildung 3.12 gezeigt. Es ist zu erkennen, dass mit zunehmender Modellkomplexität die Fehlerraten immer weiter divergieren.

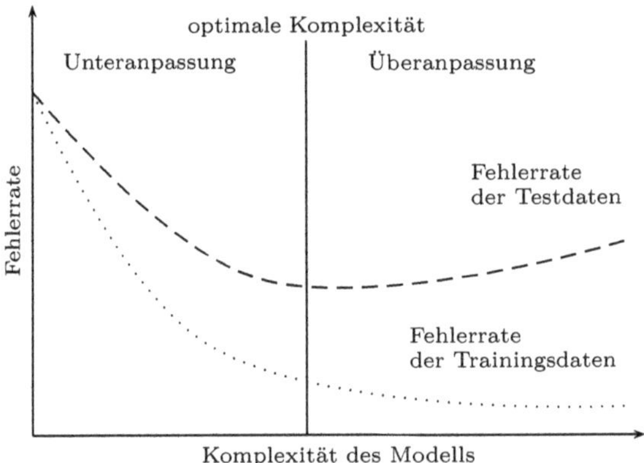

Abbildung 3.12: Optimale Komplexität des Klassifikationsmodells [nach Lar05, S. 93].

Zwischen Unter- und Überanpassung gibt es einen Komplexitätsbereich, in dem die entscheidende Fehlerrate auf dem Testdatensatz minimal wird. Daher ist es das Ziel der Modellierung, diesen zu erkennen und ein angemessenes Modell auszuwählen. Hierin kann eine Anwendung des Occam'schen Rasiermessers gesehen werden. Dieses vom englischen Philosophen William von Occam (ca. 1285–1349) entwickelte Prinzip besagt, dass von allen möglichen Hypothesen die einfachste als Lösung bevorzugt werden soll [BK03, S. 108 f.]. Weitere Aspekte im Hinblick auf einen praktischen Einsatz der Klassifikationsmodelle sind die Instabilität der Daten und mögliche zukünftige Änderungen der Daten. Instabilität äußert sich in geänderten Skalen oder Bewertungsmaßstäben. Dies ist ein vorrangig menschlicher Fehler und kann berücksichtigt werden. Im Laufe der Nutzung eines Modells können sich Datenformate ändern oder Daten in neuen Werten und anderen Größenordnungen auftreten. In dieser Situation ist nicht mehr sichergestellt, dass das ursprüngliche Modell die Daten korrekt klassifizieren kann. Dies kann durch regelmäßige Überprüfung und Anpassung der Modelle abgefangen werden [Kir14, S. 6 ff.]. Im CRISP-DM ist die Überprüfung der Modelle Bestandteil der Modellbereitstellung.

3.4.3 Partitionierung von Trainings- und Testdaten

Die größte Herausforderung bei der Bewertung von Algorithmen und Modellen ist die richtige Zusammenstellung von Daten. Nur auf korrekt erstellten Datensätzen kann ein verlässlicher Schätzer für die Performanz der Klassifikation berechnet werden. Eine grundlegende Forderung der korrekten Validierung eines Lernalgorithmus ist die Trennung von Trainings- und Testdaten. Diese müssen zwingend disjunkt sein, damit die Klassifikationsleistung korrekt geschätzt werden kann [Wol11, S. 83]. Bei vielen realen Anwendungen zeigen sich zwei Herausforderungen. Zum einen sind die verfügbaren Datensätze zu klein, um aussagekräftige und statistisch valide Schätzer für die Güte der Klassifikation zu berechnen. Zum anderen können die Klassen im Datensatz ungleich verteilt sein. Zur validen Schätzung der Erkennungsleistung mit kleinen Datenmengen gibt es verschiedene weit verbreitete und erprobte Verfahren, die im Anschluss besprochen werden. Für den Umgang mit ungleich verteilten Klassen gibt es keine universellen Vorgehensweisen. Meist müssen die Auswirkungen experimentell untersucht werden. Verschiedene Strategien werden im zweiten Teil dieses Abschnitts vorgestellt.

Kreuzvaliderung

Die Kreuzvalidierung (CV) adressiert das Problem der zu kleinen Datensätze und ist eines der meistgenutzten Verfahren zur Messung der Performanz eines Klassifikationsmodells [WFH11, S. 152]. Sie beginnt mit der Aufteilung des Datensatzes mit N Instanzen in n möglichst gleichgroße und bezogen auf die Zielklassen gleichverteilte Teilmengen. Die Instanzen werden zufällig gezogen. Das Ergebnis der Kreuzvalidierung ist eine Messreihe mit n Performanzmaßen für die einzelnen Modelle der jeweiligen Replikation. Diese Werte können statistisch untersucht und verglichen werden, wie in Abschnitt 3.5 beschrieben wird. Abbildung 3.13 zeigt eine mögliche Partitionierung für die 5-fache

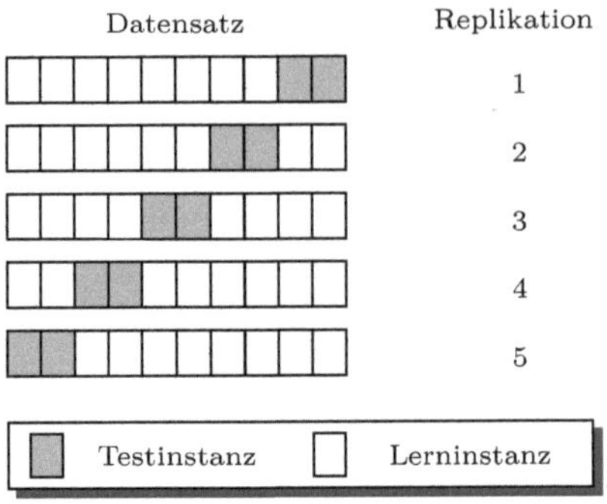

Abbildung 3.13: Schematische Darstellung einer 5-fachen Kreuzvalidierung auf Basis eines Datensatzes mit 10 Instanzen [nach Bis07, S. 33].

Kreuzvalidierung. Bei insgesamt 10 Instanzen im Datensatz werden fünf Teilmengen zu je zwei Instanzen gebildet. In jeder Replikation wird ein Klassifikationsmodell mit $\frac{n-1}{n}$ des Datensatzes trainiert, während der verbliebene Anteil $1/n$ zum Test genutzt wird. Die Größe von n kann beliebig gewählt werden, maximal sind N Validierungen möglich. Dieses Verfahren wird auch als Leave-one-out bezeichnet, da bei jeder Replikation nur eine einzige Instanz zum Testen verwendet wird und die restlichen $N-1$ Instanzen zum Trainieren des Modells. Leave-one-out wird häufig bei kleinen Datensätzen, beispielsweise in medizinischen Anwendungen, verwendet [Alp10, S. 487]. Am häufigsten wird die 10-fache Kreuzvalidierung mit $n=10$ eingesetzt [WFH11, S. 152].

Durch die kontinuierlich steigende verfügbare Rechenleistung können auch wiederholte Kreuzvalidierungen durchgeführt werden [Alp10, S. 487]. Eine erweiterte Form ist die von Bouckaert [Bou03] vorgeschlagene 10×10-fache Kreuzvalidierung. Diese Methode erzeugt aussagekräftige Schätzer und unterstützt die Forderung nach Reproduzierbarkeit der Ergebnisse [BF04, S. 12]. Allerdings hat die 10×10-fache Kreuzvalidierung im Vergleich zur 10-fachen Kreuzvalidierung eine 10-fache Laufzeit. In den Experimenten mit den Basismodellen wurden aufgrund der hohen Anzahl von Merkmalen Laufzeiten bis zu 36 h ermittelt. Neben den langen Laufzeiten ist die große Überschneidung der Datensätze, vor allem bei kleinem Datenbestand, ein Argument, das gegen die 10×10-fache Kreuzvalidierung spricht. In den Experimenten zeigt sich, dass bei 100 Replikationen vielfach die Performanzwerte nicht mehr normalverteilt sind, da durch die hohe Überschneidung bei kleinen Datensätzen immer wieder gleiche Modelle trainiert werden. In Abbildung 3.13 ist ersichtlich, dass zwei beliebige Datensätze jeweils zu 60 % übereinstimmen. Bei Replikation 1 und 2 werden beispielsweise jeweils die ersten 6 Instanzen zum Lernen des Modells genutzt. Bei der 10-fachen Kreuzvalidierung besteht entsprechend eine Überschneidung von 80 %.

Verteilung der Klassen in den Datensätzen

Das Problem der ungleichen Verteilungen ist erst in den letzten Jahren mit zunehmendem Praxiseinsatz von Data-Mining in den Fokus des wissenschaftlichen Interesses gerückt [CJK04, S. 1]. Bei vielen Arbeiten, sowohl theoretischen als auch praktischen, steht nur die Verbesserung der Erkennungsleistung für einen Datensatz im Vordergrund. Dies wird jedoch oft dadurch erkauft, dass unterrepräsentierte Klassen im Verhältnis viel schlechter erkannt werden. Besonders Praxisanwendungen, wie Betrugserkennung in der Bankwirtschaft oder Krankheitsdiagnose, müssen aber mit unterrepräsentierten Klassen umgehen können [Yen+06, S. 4167]. Auch für verschiedene Aufgaben der Verarbeitung paralinguistischer Merkmale stehen oft nur unbalancierte Datenbanken zur Verfügung, beispielsweise bei der Erkennung von alkoholisierten Probanden [SB14a, S. 266; Sch11, S. 245]. Die Auswirkungen von Klassenverteilungen und der Umgang mit der Inhomogenität der Klassen ist in der Literatur umstritten.

Einerseits wird vorgeschlagen, den ursprünglichen Datensatz zu verwenden, auch wenn die Klassen darin sehr unterschiedlich verteilt sind. Damit soll sichergestellt werden, dass die Modelle für die gegebene Verteilung trainiert werden. Dabei ist zu untersuchen, ob die Verteilung problemspezifisch ist, wie z. B. bei der Erkennung von Ausreißern und anormalen Daten. In diesem Fall kann angenommen werden, dass die unbekannte Grundgesamtheit, also alle Daten, die jemals zu klassifizieren sind, die gleiche Verteilung besitzen. Somit kann die gegebene Verteilung beibehalten werden [CJK04, S. 1].

Andererseits vertreten einige Praktiker die Meinung, dass die unterrepräsentierten Klassen beim Lernen stärker berücksichtigt werden müssen, um sie zuverlässig erkennen zu können [WP03, S. 316]. Ungleiche Verteilungen der Klassen können zu einem Bias, d. h. zu einer Bevorzugung der Mehrheitsklasse führen. Bei sehr unterschiedlichen Klassenhäufigkeiten kann unter Umständen die Bevorzugung dazu führen, dass die Minderheitsklasse vollständig ignoriert wird [SB14a, S. 266]. Auch die Lern- und Testdaten können unterschiedlich verteilt sein, was die Ergebnisse verfälscht und dazu führt, dass die Klassifikationsrate als Maß für die Leistungsfähigkeit an Aussagekraft verliert [Cha10, S. 853].

Besonders sensitiv auf Verteilungen der Klassen reagieren Support-Vektor-Maschinen, Entscheidungsbäume und künstliche neuronale Netze [SB14a, S. 266]. Der Einfluss der Verteilung der Klassen hängt außerdem von den Kosten für Fehlentscheidungen ab. Wenn Fehlentscheidungen in beide Richtungen, sowohl irrtümlich richtig als auch irrtümlich falsch klassifizierte Instanzen, gleiche Kosten verursachen, wird durch eine Angleichung der Klassenverteilung nicht notwendigerweise eine Verbesserung der Erkennung erreicht [Liu+06, S. 479].

Zur Angleichung der Klassenverteilungen wurden verschiedene Techniken vorgeschlagen [Jap00]. Diese sogenannten Sampling-Methoden sollen die Erkennung der Minderheitsklasse verbessern und die überrepräsentierte Klasse bestrafen [Liu+06, S. 479]. Die Sampling-Verfahren werden in zwei Prinzipien eingeteilt: Undersampling und Oversampling [CJK04, S. 3 f.]. Beim Undersampling oder Downsampling werden Instanzen der Klasse, die in der Mehrheit sind, aus dem Datensatz entfernt, um eine Gleichverteilung herzustellen. Die zu entfernenden Instanzen werden dabei zufällig ausgewählt, weswegen das Verfahren auch als „Random Undersampling“ bezeichnet wird [WP01, S. 3]. Beim Oversampling werden zusätzliche Instanzen der Minderheitenklasse erzeugt. Dies kann z. B. durch Duplizieren von Instanzen erfolgen [Ros12, S. 2243]. Ein weiteres Verfahren ist SMOTE (Synthetic Minority Over-sampling Technique), welches künstliche Daten als Nachbarn von bestehenden Daten erzeugt [Cha+02, S. 328]. Ein Nachteil des Oversampling ist, dass die Modelle auf willkürlichen Daten trainiert werden. Beim Downsampling können durch Zufall Instanzen mit wichtigen Informationen für die Klassifikation entfernt werden. Daher verbleiben unter bestimmten Umständen zu wenig Beispiele zum Lernen [SW11, S. 168]. Ein Verfahren, das ohne die Nachteile von Under- und Oversampling auskommt, ist die Berechnung der Klassifikationsgüte durch Gewichtung der Performanzmaße [Ros12, S. 2245]. In einer Studie zur automatischen Erkennung von Grenzpausen in der gesprochenen Sprache wurde untersucht, wie unausgeglichene Klassenverteilungen und Performanzmaße zusammenhängen. Es zeigte sich, dass Oversampling zu einer Vergrößerung des Trainingsaufwands führt, ohne notwendiger Weise einen signifikanten Gewinn an Klassifikationsgüte zu bringen. Mit Undersampling wurde eine hohe Klassifikationsgüte bei kürzeren Laufzeiten erreicht [Liu+06, S. 490 f.]. Dieses Verhalten kann auch für andere Daten und speziell für den in dieser Arbeit verwendeten C4.5-Entscheidungsbaum bestätigt werden [DH03, S. 8].

Für Klassifikationsaufgaben aus Domänen mit kleinen Merkmalsvektoren können informierte Verfahren zum Ausgleich der Klassenverteilungen genutzt werden. Durch die Analyse der Verteilungen der Merkmale und Nachbarschaften können Instanzen der Mehrheitsklasse identifiziert werden, die nahe bei Objekten der Minderheitsklasse liegen. Es kann unterstellt werden, dass diese Beispiele eine falsche Klassenzuordnung besitzen. Durch das Entfernen dieser Instanzen kann sowohl der inhärente Fehler verringert als auch die Verteilung angeglichen werden [Kub15, S. 196 f.].

3.4.4 Performanzmaße

Bei dichotomen Klassifikationen können vier Basismaßzahlen für die Messung der Performanz herangezogen werden. Die Grundgesamtheit teilt sich, wie in Tabelle 3.3 gezeigt, in die zwei Klassen *positiv* und *negativ*, die in den Zeilen gegeben sind. Bei der Klassifikation wird durch das Klassifikationsmodell eine Klasse ermittelt, die mit der tatsächlichen Klasse verglichen wird. Diese Unterscheidung ergibt vier Fälle, die in einer Konfusionsmatrix dargestellt werden können. Bei Übereinstimmung von tatsächlicher Klasse und ermittelter Klasse ist das Resultat je nach Klasse ein richtig-positiv oder ein richtig-negativ. Diejenigen Instanzen der Klasse *positiv*, die in der Klassifikation *negativ* zugeordnet werden, sind falsch-negativ, wogegen fälschlicherweise positiv erkannte negative Instanzen falsch-positiv zugerechnet werden [Alp10, S. 489]. Mit diesen Werten lassen sich folgende Kennzahlen bilden, auf deren Basis alle Bewertungen und Vergleiche von Klassifikationsmodellen und -algorithmen durchgeführt werden [Alp10, S. 490]. Ein wichtiges Performanzmaß zur Ermittlung der Klassifikationsleistung ist die Erkennungsrate (ER)

Tabelle 3.3: Konfusionsmatrix für dichotome Klassifikationen [aus Alp10, S. 489].

	ermittelte Klasse		
tatsächliche Klasse	positiv	negativ	$\sum$
positiv	richtig-positiv (r_p)	falsch-negativ (f_n)	p
negativ	falsch-positiv (f_p)	richtig-negativ (r_n)	n
$\sum$	p'	n'	N

mit dem Komplement, der Fehlerrate. Bei Klassifikationsaufgaben wird sie als Grad der Übereinstimmung der Modellentscheidungen mit der Realität definiert [SW11, S. 9].

$$ER = \frac{r_p + r_n}{N} = \frac{r_{pn}}{N}, \tag{3.27}$$

$$\text{Fehlerrate} = \frac{f_p + f_n}{N} = 1 - ER. \tag{3.28}$$

Die Klassifikationsrate als alleiniges Gütemaß für ein Klassifikationsmodell ist umstritten und sollte nur verwendet werden wenn:

1. Die Verteilung der Klassen in den unbekannten Anwendungsdaten bekannt ist und wenn

2. Fehlentscheidungen, sowohl f_p als auch f_n, gleiche Kosten verursachen [PFK98, S. 446; WP03, S. 322].

Bei ungleicher Verteilung der Klassen können die r_p-Rate (r_p-Rate) und r_n-Rate (r_n-Rate) zur Beurteilung der Klassifikationsleistung herangezogen werden. Die r_p-Rate wird auch als Sensitivität oder Recall bezeichnet, während die r_n-Rate auch als Spezifität bekannt ist. Die beiden Raten geben den Anteil der *positiven* bzw. *negativen* Instanzen an, die korrekt identifiziert wurden [Gor11, S. 367]:

$$r_p\text{-Rate} = \text{Sensitivität} = \text{Recall} = \frac{r_p}{r_p + f_n} = \frac{r_p}{p}, \tag{3.29}$$

$$r_n\text{-Rate} = \text{Spezifität} = \frac{r_n}{n}. \tag{3.30}$$

Die Precision drückt die Exaktheit eines Klassifikationsmodells aus, d. h. sie gibt an, wie viele der *positiv* erkannten Klassen tatsächlich *positiv* sind [Gor11, S. 368]:

$$\text{Precision} = \frac{r_p}{r_p + f_p} = \frac{r_p}{p'}. \tag{3.31}$$

Zur Beurteilung der Klassifikationsgüte können die Performanzmaße kombiniert werden. Dabei soll vor allem zwischen korrekter Erkennung und Fehlalarmen unterschieden werden, was bei vielen Klassifikationsproblemen wichtig ist [Pap+02]. Beispielsweise könnte ein triviales Klassifikationsmodell den Recall maximieren, indem es nur auf die Klasse *positiv* entscheidet. Dies würde aber auch gleichzeitig zu mehr Fehlalarmen führen. Für einige Anwendungen ist dies erwünscht, z. B. bei medizinischen Diagnosen, wo alle positiven Fälle gefunden werden müssen. Andere Anwendungen sollen zuverlässig beide Klassen erkennen. Hierbei muss auch die Precision entsprechend hoch sein. Es wird dabei in Kauf genommen, dass nicht alle positiven Instanzen gefunden werden, d. h. der Recall verringert sich [Gor11, S. 367 f.]. Ein Maß, das durch Gewichtung Recall und Precision abwägen kann, ist das F-Maß. Der darin enthaltene Parameter β gibt die Gewichtung von Precision und Recall an [Cha10, S. 857].

$$F = \frac{(1+\beta^2)\cdot \text{Recall} \cdot \text{Precision}}{\beta^2 \cdot \text{Recall} + \text{Precision}}. \tag{3.32}$$

Mit $\beta = 1$ berechnet sich das gebräuchliche F_1-Maß, das in dieser Arbeit verwendet wird, wie folgt:

$$F_1 = \frac{2 \cdot \text{Recall} \cdot \text{Precision}}{\text{Recall} + \text{Precision}}. \tag{3.33}$$

Für die Vergleichbarkeit der in Kapitel 5.3 dokumentierten Experimente wird zusätzlich die bei den Interspeech-Challenges verwendete ungewichtete mittlere Erkennungsrate (UA) angegeben [SSB09; Sch+10a, S. 2398; Sch+11c, S. 3203; Sch+12]. Die UA berechnet sich aus dem Recall-Wert der einzelnen Klassen *positiv* und *negativ* [Sch+12, S. 256]:

$$UA = \frac{\text{Recall}(\textit{positiv}) + \text{Recall}(\textit{negativ})}{2}. \tag{3.34}$$

Receiver Operator Characteristics (ROC)

Für die formale graphische Analyse des Anteils an Fehlalarmen dient die ROC-Analyse. Sie wurde ursprünglich im zweiten Weltkrieg entwickelt, um die Leistung von Radaranlagen festzustellen. Dabei war es wichtig, zwischen der r_p-Rate und Fehlalarmen abwägen zu können [LJR07, S. 145]. Hierzu dient die f_p-Rate:

$$f_p\text{-Rate} = \frac{f_p}{n}. \tag{3.35}$$

ROC-Diagramme stellen graphisch das Verhältnis zwischen der r_p-Rate und Fehlalarmen (falsch-positiv) dar und erlauben dessen visuelle Beurteilung [WFH11, S. 172; Liu+06, S. 472]. Abbildung 3.14 zeigt in den Teilabbildungen idealisierte und reale ROC-Diagramme. Diskrete Klassifikatoren erzeugen nur ein Wertepaar und somit nur einen Punkt im Diagramm. Ein ROC-Diagramm mit fünf diskreten Klassifikatoren A–E ist in Abbildung 3.14a dargestellt. Die linke untere Ecke von Abbildung 3.14a (0,0) repräsentiert einen Klassifikator, der nie positiv entscheidet und somit keine r_p und auch keine f_p erzeugt. Der gegenüberliegende Punkt (1,1) entsteht, wenn der bewertete Klassifikator

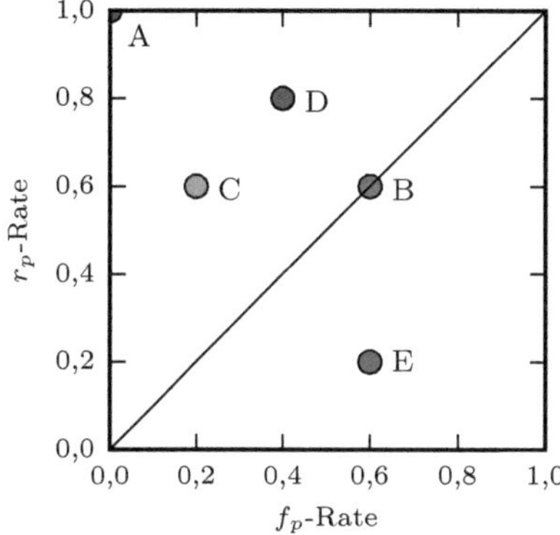

(a) Idealisiertes Beispiel für ein ROC-Diagramm [nach Faw04, S. 4].

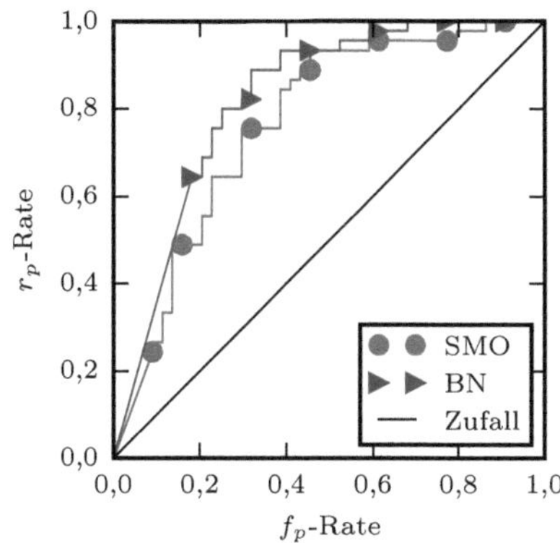

(b) Reale ROC-Kurve zum Vergleich von zwei Klassifikationsalgorithmen.

Abbildung 3.14: Vergleich von Klassifikationsalgorithmen mit ROC-Diagrammen.

nur auf positiv entscheidet und niemals auf negativ. Der Klassifikator A an Punkt (0,1) ist ein perfektes Modell und entscheidet nie falsch. Die in Abbildung 3.14a eingezeichnete Diagonale mit Punkt B entspricht einem Klassifikator, der immer zufällig entscheidet. Somit sind alle Punkte, die unter der Diagonalen liegen (Punkt E), schlechter als der Zufall [Faw04, S. 4 ff.]. Gute Klassifikatoren besitzen eine größere Richtig-positiv-Rate als Falsch-positiv-Rate und liegen daher über der Diagonalen [Gor11, S. 324]. Generell gilt, dass Klassifikatoren, die näher an (0,1) liegen, zu bevorzugen sind. So ist A „besser“ als C und D. Zwischen C und D kann keine Aussage über die Klassifikationsgüte getroffen werden. Anhand der Lage im Diagramm kann festgestellt werden, dass C konservativer als D ist, da C näher an der x-Achse liegt. Klassifikator C erzeugt im Vergleich zu D weniger falsch-positiv, d. h. er entscheidet bei höherer Sicherheit, was auch dazu führt, dass er auch weniger korrekte (r_p) Entscheidungen trifft. Klassifikationsmodell D ist liberaler als C, d. h. es erkennt einen Großteil der Klasse *positiv*, was eine hohe r_p-Rate bedeutet [Faw04, S. 4 ff.]. Gleichzeitig werden aber auch viele negative Instanzen als positiv erkannt und so die f_p-Rate erhöht.

Eine einfache Möglichkeit, ROC-Kurven zu konstruieren, bieten Klassifikatoren, die Wahrscheinlichkeiten als Ausgabegrößen haben. Für jede Instanz wird die Wahrscheinlichkeit bestimmt, zur positiven Klasse zu gehören. Liegt diese über dem Schwellwert β, so wird auf positiv entschieden. Durch die schrittweise Erhöhung von β entstehen mehrere Wertepaare (r_p, f_p), die im Diagramm als Kurve abgetragen werden können [LF03a, S. 418]. Abbildung 3.14b zeigt den Verlauf der ROC-Kurven für einen realen Datensatz zum Vergleich von zwei Algorithmen. Hier ist deutlich zu erkennen, dass der Klassifikationsalgorithmus Sequential Minimal Optimization (SMO) für diesen Datensatz durch das Bayes-Netz (BN) dominiert wird, da dessen Kurve im gesamten Verlauf über der von SMO liegt. Jedoch wird die Interpretation von realen Daten häufig durch sich schneidende Kurven erschwert. In diesem Fall kann keine Aussage getroffen werden, was ein genereller Nachteil von ROC-Kurven ist [Han09, S. 104 f.]. Außerdem besitzt die Analyse der ROC-Kurve Schwächen bezüglich der Berücksichtigung der Kosten von Fehlklassifikationen. Ein Vorteil von ROC-Diagrammen ist die Unempfindlichkeit gegenüber ungleichen Verteilungen der Klassen [For02].

Eine Erweiterung der ROC ist die Area under Curve (AUC). Sie bezeichnet die Fläche unter der ROC-Kurve [KH09, S. 65]. Die AUC wird häufig verwendet, da sie eine einzelne Maßzahl für die graphische ROC-Kurve ist [Han09, S. 104]. Seit 2013 wird bei Interspeech-Challenges die AUC mit als Gütemaß für die Einreichungen herangezogen [Sch+13c].

Mehrklassenprobleme

Die in den vorhergehenden Abschnitten beschriebenen Metriken lassen sich nur bei dichotomen Klassen anwenden. Bei k Klassen ($k > 2$) erweitert sich die 2×2-Kreuztabelle zu einer $k \times k$-Tabelle, welche für $k = 3$ in Tabelle 3.4 gezeigt wird. Es ist ersichtlich, dass ideale korrekte Zuordnungen drei mit r_{11}, r_{22} und r_{33} bezeichnete Einträge auf der Hauptdiagonalen ergeben. Während bei Zweiklassenproblemen nur die zwei Fehlerarten f_p und f_n existieren, gibt es bei einem Dreiklassenproblem neben der Diagonalen $k^2 - k$ Möglichkeiten, falsche Klassifikationsentscheidungen zu treffen. Somit wird die ROC-Kurve bei drei Klassen zu einem 6-dimensionalen Polytop [Faw06, S. 871]. Die daraus resultierende Messgröße wird analog zur Area under Curve „Volume under ROC Hypersurface" genannt [LD06, S. 241]. Zu deren Analyse sind spezielle Methoden notwendig.

Auf Grund der Ausgangslage und der Zielstellung der Arbeit ist es wichtig, für alle Klassen eine gute Erkennungsleistung zu erreichen. Die Klassifikationsgüte wird daher in den experimentellen Untersuchungen mit F_1, Erkennungsrate (ER), UA sowie r_p-Rate und r_n-Rate gemessen. Der F_1-Wert dient als Maß für die statistischen Untersuchungen, während ER und UA für den Vergleich der experimentellen Ergebnisse mit anderen Arbeiten herangezogen werden.

Tabelle 3.4: Konfusionsmatrix für Klassifikationen mit drei Klassen.

	ermittelte Klasse			
tatsächliche Klasse	A	B	C	Summe
A	r_{11}	f_{12}	f_{13}	$n_{1\cdot}$
B	f_{12}	r_{23}	f_{23}	$n_{2\cdot}$
C	f_{13}	f_{23}	r_{33}	$n_{3\cdot}$
Summe	$n_{\cdot 1}$	$n_{\cdot 2}$	$n_{\cdot 3}$	N

3.5 Evaluation der Verfahren im Hinblick auf die Ziele der Arbeit

3.5.1 Deskriptive Statistik

Die Grundlage der Bewertung sind die Replikationen der Kreuzvalidierung. Statistisch betrachtet bilden die so erhobenen Daten eine Stichprobe, aus der Schätzer für die Performanzwerte ermittelt werden können. Es wird dabei unterstellt, dass die Zufallsstichproben aus einer normalverteilten Grundgesamtheit stammen [Sac04, S. 619]. Nach dem zentralen Grenzwerttheorem wird weiterhin angenommen, dass die arithmetischen Mittel ebenfalls normalverteilt sind [BLB08, S. 33]. Durch diese Eigenschaft können Lage und Streuung der Verteilung beurteilt werden [TH09, S. 49]. Für die acht verwendeten Klassifikationsalgorithmen (Tabelle 3.6) wird mit Hilfe des Weka-Experimenters eine 10-fache Kreuzvalidierung durchgeführt, d. h. es werden durch jeden Algorithmus pro Kriterium 10 Modelle trainiert, die mit den verbleibenden Daten getestet werden [WFH11, S. 506]. Mit den Testdaten werden die in Abschnitt 3.4.4 beschriebenen Performanzmaße berechnet. Verallgemeinert dargestellt handelt es sich um k Stichproben mit je n_i Stichprobenelementen und insgesamt n Stichprobenwerten. In dieser Arbeit ergeben sich bei Analyse der Klassifikationsergebnisse $k = 8$ Stichproben und $n_i = 10$ Stichprobenwerte durch die 10-fache Kreuzvalidierung. Die Indexmenge I beinhaltet die acht Klassifikationsalgorithmen, die in der ersten Klassifikationsstufe eingesetzt werden.

$$\sum_{i \in I} n_i = n \quad \text{mit} \quad I = \{Ada, LMT, J48, NB, MLP, SMO, JRip, BN\} \tag{3.36}$$

Der Stichprobenwert x_{ij} erhält zusätzlich den Index j als j-ter Wert der Stichprobe [Sac04, S. 620]. Als weiteres Lagemaß kann der Median $\tilde{x}$ dienen. Er wird aus der geordneten Beobachtungsreihe $x_1 \leq \ldots \leq x_n$ ermittelt. Er ist für ungerade n der mittlere Wert der geordneten Beobachtungsreihe. Es gilt [TH09, S. 55]:

$$\tilde{x} = \begin{cases} x_{\frac{n+1}{2}} & \text{falls } n \text{ ungerade,} \\ \frac{1}{2}(x_{\frac{n}{2}} + x_{\frac{n}{2}+1}) & \text{falls } n \text{ gerade.} \end{cases} \tag{3.37}$$

Die Gruppenmittelwerte $\overline{x}_i$ berechnen sich durch:

$$\overline{x}_i = \frac{1}{n_i} \sum_{j=1}^{n_i} x_{ij} \quad \text{für} \quad i \in I. \tag{3.38}$$

Daraus ergibt sich das Gesamtmittel $\overline{x}$ [SH09, S. 423]:

$$\overline{x} = \frac{1}{n} \sum_{i \in I} \sum_{j=1}^{n_i} x_{ij} = \frac{1}{n} \sum_{i} n_i \overline{x}_i. \tag{3.39}$$

Die korrigierte Stichprobenvarianz für den Klassifikationsalgorithmus i wird wie folgt errechnet [SH09, S. 70 f.]:

$$s_i^2 = \frac{1}{n-1} \sum_{j=1}^{n_i} (x_{ij} - \overline{x}_i)^2 \quad \text{für} \quad i \in I. \tag{3.40}$$

Die Standardabweichung berechnet sich folglich:

$$s_i = \sqrt{s_i^2} = \sqrt{\frac{1}{n-1} \sum_{j=1}^{n_i} (x_{ij} - \overline{x}_i)^2} \quad \text{für} \quad i \in I. \tag{3.41}$$

Boxplot

Als Hilfsmittel der visuellen Analyse der Performanzwerte wird in dieser Arbeit der Boxplot verwendet. Im Boxplot sind die charakteristischen Quartile der jeweiligen Stichprobe dargestellt [Kab11, S. 133]. Das Rechteck in Abbildung 3.15 zeigt mit seiner unteren Grenze das 25 %-Quartil (Q_1) sowie mit der oberen Grenze das 75 %-Quartil (Q_3) der Stichprobe.

Die Linien ober- und unterhalb der Box markieren die Grenzen gegenüber Ausreißern. Sie liegen beim 1,5-fachen Quartilsabstand d_Q und sind nach oben von Q_3 bzw. nach unten von Q_1 abgetragen. Außerhalb dieser Grenzen liegende Ausreißer werden als Kreuz angezeigt. Die waagerechte Linie im Rechteck ist der Median (Q_2) der Stichprobe. Der Quartilsabstand d_Q ergibt sich aus $d_Q = Q_3 - Q_1$ [ZW14, S. 38; TH09, S. 73]. Der Boxplot kann als visuelle Entscheidungshilfe beim Vergleich von Klassifikationsalgorithmen eingesetzt werden. Das Ziel ist die Auswahl eines Algorithmus, der im Mittel die besten Modelle erzeugt. Dies impliziert, dass der beste Algorithmus einen möglichst hohen Median bzw. Mittelwert der Messgröße aufweisen sollte. Weiterhin sollte die Streuung möglichst klein sein, da für die weiteren Experimente mit einem konkreten Modell

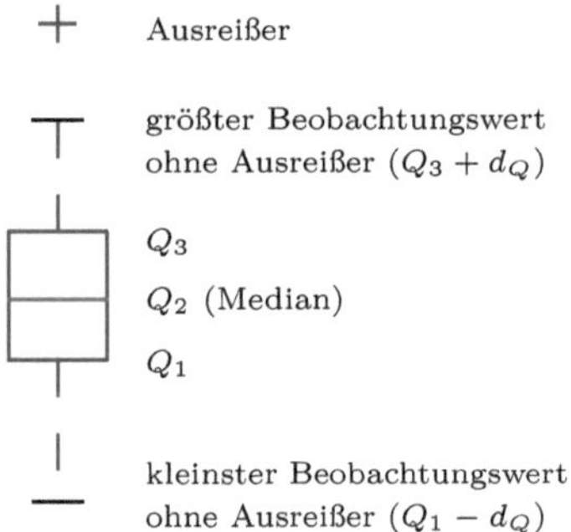

Abbildung 3.15: Elemente eines Boxplot [nach TH09, S. 84].

gearbeitet wird, das mit dem vollständigen Datensatz trainiert und nicht validiert wird. Aus diesem Grund sollte der Algorithmus Modelle erzeugen, die möglichst wenig Ausreißer nach unten erzeugen.

3.5.2 Vorgehen zur Auswahl der Basisklassifikationsmodelle

Für die Auswahl des am besten für ein gegebenes Problem geeigneten Lernalgorithmus existiert keine allgemeine statistische Standardvorgehensweise. Es können unterschiedliche statistische Verfahren oder Heuristiken angewendet werden [Dem06, S. 4]. Die meisten Verfahren beruhen auf dem Vergleich eines Schätzers für die Klassifikationsleistung von trainierten Modellen auf bekannten Daten. Der Vergleich von zwei Klassifikationsverfahren kann mit einem Zweistichproben-t-Test für gepaarte Stichproben statistisch validiert werden [Die98, S. 1907]. Bei mehr als zwei zu vergleichenden Algorithmen bzw. Stichproben können Paarvergleiche durchgeführt werden, jedoch muss dabei die Bonferroni-Korrektur zur Anpassung des Signifikanzniveaus angewendet werden. Diese wird oft als zu konservativ angesehen und würde bei der Anwendung tendentiell viele gleichwertige Algorithmen identifizieren und keinen, der andere dominiert [BCB04, S. 133].

Für die vorliegende Arbeit wird in Anlehnung an Bradley [Bra97, S. 1150] das in Abbildung 3.16 gezeigte Verfahren verwendet, das folgende Schritte beinhaltet: Im ersten Schritt werden für die einzelnen Replikationen der Kreuzvalidierung die Performanzmaße für jeden Algorithmus berechnet, F_1 dient als Hauptmaß für die Klassifikationsgüte. Das Ergebnis sind acht Stichproben – eine je Algorithmus – mit je zehn F_1-Werten. Für jeden Algorithmus wird der Mittelwert der zehn F_1-Werte ermittelt. Anschließend werden die Stichproben nach dem mittleren F_1-Wert sortiert. Die Stichproben werden danach auf Normalverteilung getestet. Falls keine Normalverteilung vorliegt, können die statistischen Tests nicht angewendet werden. Es wird daher der Algorithmus gewählt, der den ersten Rang bei den mittleren F_1 inne hat. Wenn die Stichproben normalverteilt sind, wird mit der Varianzanalyse getestet, ob sich die in den Experimenten erzeugten Modelle der Klassifikationsverfahren signifikant in der Güte unterscheiden [Dem06, S. 10]. Wenn keine Unterschiede bestehen, wird auf den bereits ermittelten Algorithmus mit dem höchsten F_1 zurückgegriffen. Bei signifikanten Unterschieden wird ein Duncan-Test durchgeführt, um zu erkennen, welcher Algorithmus die anderen dominiert [Bra97, S. 1153]. Dieser wird in Abschnitt 3.5.3 erläutert. Anhand der Rangfolge des Duncan-Tests wird der Algorithmus gewählt. Mit dem gewählten Algorithmus wird mit allen in einem Kriterium verfügbaren Daten ein Modell trainiert, das als Basismodell der ersten Stufe dient. Dieses Vorgehen ermöglicht den Einsatz von Standardmethoden und -werkzeugen. Daher kann R für alle statistischen Auswertungen eingesetzt werden, sowohl für die Varianzanalyse [Kab11, S. 222 f.] als auch für den Duncan-Test [de 14]. Ziel des Auswahlverfahrens ist es, zu ermitteln, bei welchem Klassifikationsalgorithmus der Schätzer den höchsten Wert hat. Dabei wird unterstellt, dass der gewählte Algorithmus mit unbekannten Daten die gleiche Performanz zeigt. Der Vergleich der Stichproben und deren Schätzer wird durch statistische Tests abgesichert, um gesicherte Aussagen zu deren Performanz zu erhalten.

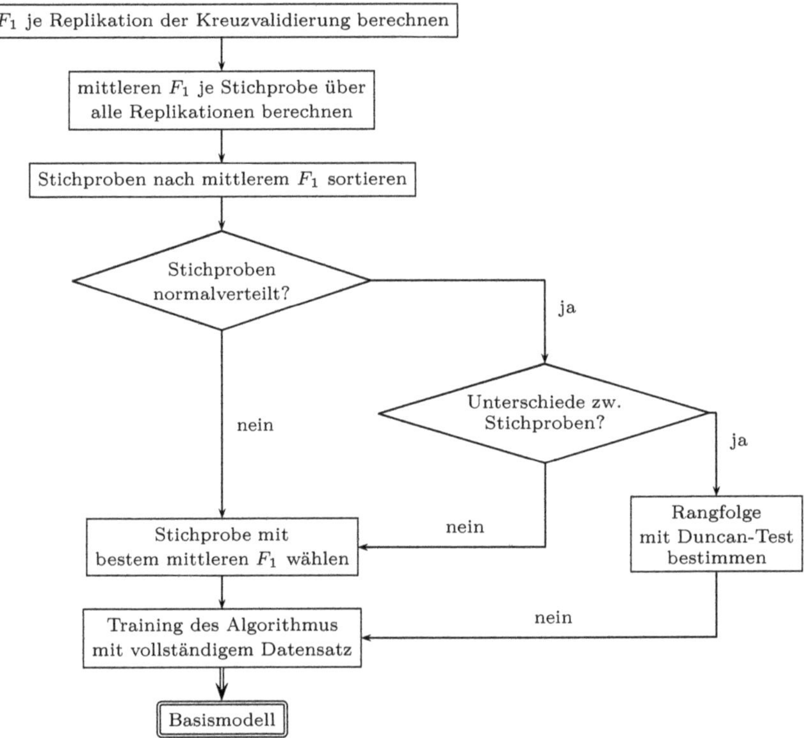

Abbildung 3.16: Vorgehen zur Erstellung der Basismodelle.

Tabelle 3.5: Fehler 1. und 2. Art beim statistischen Test [nach GB04, S. 182].

	Nullhypothese H_0	
Entscheidung	H_0 wahr	H_0 falsch
H_0 nicht ablehnen	richtig	Fehler 2. Art
H_0 ablehnen	Fehler 1. Art	richtig

Hauptkriterien für die Auswahl der statistischen Methodik sind ein angemessener Fehler 1. Art, ein niedriger Fehler 2. Art und eine hohe Reproduzierbarkeit [BF04, S. 12].

Tabelle 3.5 stellt die beiden Fehlerarten gegenüber. Das Verhältnis vom Fehler 1. Art zum Fehler 2. Art äußert sich in der Konservativität des Tests. Ein Fehler 1. Art bedeutet, dass die Nullhypothese abgelehnt wird, obwohl sie wahr ist [GB04, S. 182]. Bei einem hohen Fehler 1. Art würde der Test zwischen den Gruppen Unterschiede feststellen, die nicht vorhanden sind und somit irrtümlich Algorithmen als besser oder schlechter einschätzen. Dies wird als progressiv bezeichnet [BLB08, S. 50]. Ein Fehler 2. Art bedeutet, dass die Nullhypothese nicht verworfen wird, obwohl sie falsch ist [GB04, S. 183]. Im Anwendungskontext bedeutet dies, dass kein signifikanter Performanzunterschied zwischen den Algorithmen ermittelt wird, obwohl dieser existiert. Dies wäre ein konservativer Test. Konservative Tests tendieren dazu, eher einen bestehenden Unterschied nicht zu bestätigen als einen nicht bestehenden anzuzeigen [BLB08, S. 91]. Ein konservativer Test ist vor allem bei der Einführung eines neuen Algorithmus notwendig, damit statistisch belegt werden kann, dass der neue Klassifikationsalgorithmus besser ist [NB03, S. 240]. In der vorliegenden Arbeit kann ein tendenziell progressiver Test verwendet werden, da die fälschliche Auswahl eines Algorithmus keine negativen Auswirkungen hat. Ein zu konservativer Test identifiziert im ungünstigen Fall eine Gruppe von statistisch nicht signifikant unterschiedlichen und somit gleich guten Algorithmen, obwohl ein Algorithmus signifikant besser ist. Dieser Fall hat keine negativen Konsequenzen, da aus der Gruppe gleich guter Algorithmen manuell ein Algorithmus gewählt werden kann. Ein zu progressiver Test kann in diesem Fall aus den gleich guten fälschlicherweise einen Algorithmus als besser identifizieren. Wenn dieser gewählt wird, so ist dennoch sichergestellt, dass er zur Gruppe der besten gehört und von keinem anderen Algorithmus in der Erkennungsleistung dominiert wird.

3.5.3 Statistische Testmethodik

Da die in Abschnitt 3.5.1 beschriebenen Annahmen bezüglich der Normalverteilung der Stichproben der Performanzwerte entscheidend für die Anwendbarkeit der statistischen Methoden und insbesondere der Varianzanalyse sind, muss in einem Zwischenschritt durch einen weiteren statistischen Test geprüft werden, ob für die Stichproben eine Normalverteilung unterstellt werden kann [Dem06, S. 10].

Shapiro-Wilk-Test

In dieser Arbeit wird dafür der Shapiro-Wilk-Test [SW65, S. 591] verwendet. Wie bei anderen Anpassungstests besagt die Nullhypothese

$$H_0 : F = F_0, \tag{3.42}$$

dass die Stichprobe aus einer Normalverteilung stammt, während die Alternativhypothese

$$H_1 : F \neq F_0 \tag{3.43}$$

lautet: Die Stichprobe entstammt nicht einer normalverteilten Grundgesamtheit. Der Shapiro-Wilk-Test berechnet auf einer Basis der Ordnungsstatistik der Stichprobe, d. h. der geordneten Stichprobe, $x_1 \leq x_2 \leq \ldots \leq x_n$, die Teststatistik W [RW11, S. 25]:

$$W = \frac{(\sum_{i=1}^{n} a_i x_i)^2}{\sum_{i=1}^{n} (x_i - \overline{x})^2}. \tag{3.44}$$

Die Koeffizienten a_i errechnen sich aus den Erwartungswerten einer Normalverteilung [GFJ09, S. 1747]. Auf ihre Berechnung wird im Folgenden nicht weiter eingegangen. Die Größe $\overline{x}$ ist das Stichprobenmittel. Die Teststatistik W kann als Verhältnis von zwei Schätzern der Varianz der Stichprobe angesehen werden. Der Zähler von Gleichung 3.44 drückt die Relation zu einer Normalverteilung aus, während der Nenner die Varianz der Stichprobe anzeigt [GFJ09, S. 1747]. Der Wert für W liegt zwischen null und eins, wobei kleine Werte zur Ablehnung der Nullhypothese führen und große eine Normalverteilung der Stichprobe anzeigen [RW11, S. 25]. Für große Stichproben mit $n > 4$ wie im vorliegenden Fall muss die angepasste Version von Royston [Roy82] verwendet werden, die in der gängigen Statistiksoftware implementiert ist.

Varianzanalyse

Mit der Varianzanalyse wird getestet, ob sich die Mittelwerte der Stichproben voneinander unterscheiden oder gleich sind [MMC09, S. 641]. Wenn sie verschieden sind, so kann gefolgert werden, dass die Algorithmen unterschiedlich gute Modelle trainieren. Im Folgenden wird die einfache Varianzanalyse oder ANOVA[5] verwendet, die für den Vergleich von mehreren Klassifikationsalgorithmen geeignet ist [Alp10, S. 506]. Bei der Varianzanalyse werden die Varianzen der einzelnen Testgruppen, die für die Klassifikationsalgorithmen stehen, mit der Varianz der Residuen verglichen. Grundannahme der Varianzanalyse ist die Streuungszerlegung, bei der die Summe der Abweichungsquadrate (SAQ) der Stichprobenwerte um das Gesamtmittel SAQ_{gesamt} sich in zwei Komponenten unterteilen lässt [SH09, S. 424]:

- Die $SAQ_{innerhalb}$ innerhalb der Gruppen als Abweichungsquadrate der Einzelwerte um die Gruppenmittelwerte,
- die $SAQ_{zwischen}$ zwischen den Gruppen als Abweichungsquadrate der Gruppenmittelwerte um das Gesamtmittel.

Die Streuungszerlegung lässt sich mit den in den Gleichungen (3.36) bis (3.41) definierten Größen wie folgt mathematisch beschreiben:

$$SAQ_{gesamt} = SAQ_{innerhalb} + SAQ_{zwischen} \tag{3.45}$$

$$\sum_{i \in I} \sum_{j=1}^{n_i} (x_{ij} - \overline{x})^2 = \sum_{i \in I} \sum_{j=1}^{n_i} (x_{ij} - \overline{x}_i)^2 + \sum_{i \in I} n_i (x_i - \overline{x})^2. \tag{3.46}$$

Dabei gelten die Indizes der Stichproben $i \in I$ gemäß Gleichung 3.36 und $j = 1 \dots n_i$ als Messwertindex. Die Freiheitsgrade für k Stichproben (Gruppen) ergeben sich aus:

$$df_{gesamt} = (n-1) = (n-k) + (k-1). \tag{3.47}$$

[5] Engl. Akronym von „analysis of variance“.

Aus den Quotienten der SAQ und ihren jeweiligen Freiheitsgraden können die mittleren Quadrate (MQ), d. h. die Varianzen errechnet werden. Die Varianz innerhalb der Gruppen

$$s^2_{innerhalb} = MQ_{innerhalb} = \frac{1}{n-k} \sum_{i \in I} \sum_{j=1}^{n_i} (x_{ij} - \overline{x}_i)^2 \tag{3.48}$$

wird auch als Versuchsfehler bezeichnet, während die Varianz zwischen den Gruppen

$$s^2_{zwischen} = MQ_{zwischen} = \frac{1}{k-1} \sum_{i \in I} n_i (\overline{x}_i - \overline{x})^2 \tag{3.49}$$

Stichprobenfehler genannt wird. Wenn alle Gruppen, d. h. Ergebnisse der einzelnen Klassifikationsalgorithmen, aus der gleichen Grundgesamtheit stammen, ist zu erwarten, dass $MQ_{innerhalb}$ und $MQ_{zwischen}$ ungefähr gleich sind. Die Nullhypothese für k Stichproben wird daher formuliert als

$$\mu_1 = \mu_2 = \ldots = \mu_k = \mu. \tag{3.50}$$

Die Teststatistik $\hat{F}$ ist der Quotient aus dem Stichprobenfehler und dem Versuchsfehler [SH09, S. 425]

$$\hat{F} = \frac{MQ_{zwischen}}{MQ_{innerhalb}}. \tag{3.51}$$

Die Nullhypothese wird abgelehnt, wenn $\hat{F}$ größer als der theoretische F-Wert ist:

$$\hat{F} > F_{(k-1;n-k;1-\alpha)}. \tag{3.52}$$

Rangtest nach Duncan

Wenn in der Varianzanalyse ermittelt wurde, dass sich die Gruppenmittelwerte signifikant unterscheiden, d. h. die Klassifikationsgüte der von den Algorithmen trainierten Modelle unterschiedlich ist, kann im zweiten Schritt mit einem Post-hoc-Test eine Rangfolge der Algorithmen nach ihrer Klassifikationsgüte ermittelt werden, um den besten Algorithmus auszuwählen [Dem06, S. 10]. Für diese Arbeit wird zur Post-hoc-Analyse der Rangtest nach Duncan [Dun55] verwendet. Ziel des Tests ist es, diejenigen Stichproben i und j unter insgesamt k Stichproben zu finden, deren Mittelwerte sich signifikant unterscheiden [CFP95, S. 276]. Die Nullhypothese lautet somit: Die Mittelwerte der Stichproben i und j sind gleich:

$$H_{0(i,j)} : \overline{x}_i = \overline{x}_j. \tag{3.53}$$

Dementsprechend wird die Alternativhypothese als

$$H_{1(i,j)} : \overline{x}_i \neq \overline{x}_j \tag{3.54}$$

formuliert [CFP95, S. 276]. Beim Duncan-Test werden vollständige Paarvergleiche zwischen allen Stichprobenmitteln durchgeführt [CFP95, S. 276]. Die zu prüfende Größe ist die Differenz d_{ij} der Mittelwerte der Stichproben i und j:

$$d_{ij} = \overline{x}_i - \overline{x}_j. \tag{3.55}$$

Zum Test wird die berechnete Prüfgröße mit dem kritischen Wert d_{krit} verglichen. Falls gilt $|d_{ij}| \geq d_{krit}$, dann wird die Nullhypothese abgelehnt und die Stichproben i und j können auf dem gegebenen Signifikanzniveau als unterschiedlich angesehen werden [CFP95, S. 276]. Die kritische Differenz wird wie folgt berechnet [CFP95, S. 277]:

$$d_{krit} = q_\alpha(p, df) \cdot \sqrt{\frac{MQ_{innerhalb}}{2} \left(\frac{1}{n_i} + \frac{1}{n_j}\right)}. \tag{3.56}$$

Hierbei ist $MQ_{innerhalb}$ die mittlere quadratische Abweichung innerhalb der Gruppen und kann gemäß Gleichung 3.48 der berechneten Daten aus der Varianzanalyse entnommen werden. Die Variablen n_i und n_j bezeichnen die Umfänge der Stichproben i und j. Der Faktor q_α ist abhängig vom Signifikanzniveau α, das in dieser Arbeit auf 0,05 festgesetzt ist, vom Abstand p der Stichprobenmittel x_i und x_j in der Ordnungsstatistik und von den Freiheitsgraden des Standardfehlers *df* [TM87, S. 126]. Der Wert für q_α wird in Abhängigkeit von den Parametern durch Statistiksoftware berechnet [Har60, S. 673].

3.5.4 Zusammenfassung

Ziel dieses Kapitels war die Auswahl von Klassifikationsalgorithmen für das vorgeschlagene zweistufige Klassifikationssystem. Dies basiert auf den in Kapitel 1 definierten Klassifikationsaufgaben und Randbedingungen: Die in der ersten Stufe eingesetzten Algorithmen müssen die Sprechausdrucksmerkmale so gut wie möglich erkennen, während in der zweiten Stufe die Erklärungsfähigkeit im Vordergrund steht. Dies bedeutet, dass die trainierten Modelle introspektierbar sein sollen und Einblicke in ihre Entscheidungsstruktur erlauben.

Nach der Erörterung der Grundlagen und Vorgehensmodelle zur Anwendung von Klassifikationsmodellen nahm die Darlegung des Stands der Forschung zu den relevanten Klassifikationsverfahren für die Erkennung paralinguistischer Merkmale den ersten Teil des Kapitels ein. Diese basiert auf den Erkenntnissen aus Kapitel 2. Davon ausgehend wurden in Kapitel 3.2 die Algorithmenklassen vorgestellt, aus denen neun Algorithmen bzw. deren Implementierungen gewählt wurden, die in der vorliegenden Arbeit genutzt werden. Diese sind in Tabelle 3.6 alphabetisch sortiert. Die Algorithmen unterscheiden sich in Klassifikationsgüte und Erklärungsfähigkeit, wie der Tabelle entnommen werden kann. Die Einschätzungen stützen sich auf die Ergebnisse der Literaturrecherche und auf Erkenntnisse von Experimenten, die im Vorfeld dieser Arbeit ausgeführt wurden. Tabelle 3.6 zeigt, dass bezüglich der zwei Kriterien bei allen Verfahren abgewägt werden muss.

Tabelle 3.6: Vergleich der eingesetzten Klassifikationsalgorithmen (schlecht: •, mittel: ••, gut: •••).

Algorithmus	Name in Weka/Kürzel	Erklärungs-fähigkeit	Klassifikations-güte	Stufe
AdaBoost.M1	Ada	••	••	1
Bayes-Netz	BN	••	••	1
C4.5	J48	•••	••/•••	1, 2
Künstliche neuronale Netze	MLP	•	•••	1
Logistic Model Tree	LMT	••	•••	1
Naïve Bayes	NB	••	••	1
Ripper	JRip	•••	•	1
Random Forest	RF	••	•••	2
SVM	SMO	•	•••	1

Die meisten Algorithmen haben ihre Stärken in der Klassifikationsgüte und sind nicht so gut geeignet, Entscheidungen zu erklären. Das wichtigste Kriterium für die Auswahl von Klassifikationsalgorithmen ist die Abbildung des Anwendungsziels auf die Kriterien für die Auswahl [Sch06, S. 28]. Wenn die bestmögliche Erkennung von unbekannten Daten das übergeordnete Ziel der Anwendung ist, so sollte der Algorithmus mit der höchsten Klassifikationsleistung für den Praxiseinsatz ausgewählt werden. Sollen die Auswahlkriterien jedoch über die bestmögliche Klassifikation hinaus erweitert werden, sind Bewertungsmethoden nur eingeschränkt nutzbar. Somit offenbart sich ein Konflikt zwischen den o. g. Zieldefinitionen der beiden Stufen. Wie in vorangegangenen Abschnitten dargestellt wurde, bieten regellernende Klassifikationsalgorithmen und Entscheidungsbaumverfahren den höchsten Grad der Transparenz. Im Gegensatz dazu haben beispielsweise künstliche neuronale Netze eine hohe Erkennungsrate, können aber die Entscheidungen nicht begründen [RM08, S. 52]. Bei der Gegenüberstellung von Erklärungsfähigkeit und Klassifikationsperformanz in Tabelle 3.6 offenbart C4.5 bzw. J48 positive Eigenschaften. Zu den sehr guten Erklärungsfähigkeiten kommen in der Literaturanalyse bestätigte gute Erkennungsleistungen. Daher wird, wie in der letzten Spalte vermerkt, J48 in beiden Stufen verwendet. In der zweiten Stufe wird zusätzlich noch Random Forest (RF) genutzt. Dieser Algorithmus wurde bereits erfolgreich bei der Erkennung paralinguistischer Merkmale angewendet. Grundsätzlich ist RF auch für die introspektierbare Erkennung der aus Persönlichkeitsfaktoren und Kriterien der Gesprächspartnerorientierung bestehenden Qualitätsfaktoren in der zweiten Stufe geeignet, da mit Baumstrukturen explizite Regeln repräsentiert werden. Allerdings ist die konkrete Interpretation der Entscheidungswege schwer, da je nach Konfiguration die Gesamtklassifikation aus bis zu 100 Teilentscheidungen zusammengesetzt ist. Für die Anwendung in der zweistufigen Klassifikation muss der Zielkonflikt nicht aufgelöst werden. Das innovative Konzept gründet sich auf der Auswahl des besten Klassifikationsalgorithmus für die jeweilige Aufgabe. Daher werden ihrer Eignung entsprechend unterschiedliche Klassifikationsalgorithmen für die beiden Stufen verwendet. Die Forderung nach optimaler Erkennungsleistung führt somit zum Schluss, dass auch in der ersten Stufe multiple Verfahren eingesetzt werden müssen, da kein Verfahren in allen Konfigurationen optimale Leistung erbringt. Durch die Kombination und Selektion der Modelle können die Nachteile der einzelnen Klassifikationsalgorithmen, die bei verschiedenen Datensätzen unterschiedlich ausgeprägt sind, ausgeglichen werden. Das dafür notwendige Basiswissen über die Beurteilung der Klassifikationsleistung wurde in Abschnitt 3.4 erläutert. Die daraus abgeleitete Methodik war Gegenstand von Abschnitt 3.5.2. Für die zweite Stufe wurde in Abschnitt 1.3.2 das Grundkonzept der parallelen Erkennung der Sprechausdrucksmerkmale eingeführt. In Kapitel 3.3 wurden in einer Literaturanalyse die Ziele und Verfahren zur Kombination von Klassifikationssystemen dargestellt. Hierbei wurde die Dekomposition als Gestaltungsprinzip identifiziert und erläutert. Das vorgeschlagene zweistufige Framework kann nach seiner Architektur als hybrides Klassifikationsverfahren eingeordnet werden. Es besitzt durch die unabhängige parallele Klassifikation der ersten Stufe Merkmale der parallelen Architektur und durch die Abfolge der Entscheidungen in den Stufen auch Eigenschaften der sequentiellen Architektur. Weiterhin wird beim Entwurf die explizite Dekomposition verwendet. Die Kombination der Entscheidungen in der zweiten Stufe geschieht durch lernfähige Meta-Verfahren. In Kapitel 4.1 wird das Gestaltungsprinzip in der Beschreibung der Arbeitsweise des zweistufigen Frameworks wieder aufgegriffen.

Die in diesem Kapitel untersuchte Forschungsfrage 3, welche Verfahren am besten zur Erkennung paralinguistischer Merkmale geeignet sind, kann abschließend nicht eindeutig beantwortet werden. Durch die unterschiedlichen Ziele müssen in beiden Stufen mehrere verschiedene Verfahren eingesetzt werden, damit sich deren Nachteile aufheben und Vorteile verstärken.

4 Entwicklung des zweistufigen Klassifikationsframeworks

Ausgehend von der thematischen Motivation und der Darstellung fachlicher sowie methodischer Grundlagen wird in diesem Kapitel das zentrale Konzept des zweistufigen Klassifikationsframeworks erarbeitet und implementiert. Zu Beginn wird das in Abschnitt 1.3.2 beschriebene Konzept auf Basis eines theoretischen Wahrnehmungsmodells begründet. Danach werden Aufbau und Datenstruktur des Frameworks detailliert erläutert und die Realisierung beschrieben. Diese basiert auf einer umfangreichen Datenbasis, die für das Forschungsprojekt „Erforschung und Optimierung der professionellen Telefonie“ geschaffen wurde. Aus diesem Material wurde ein Teil als Korpus für das Training der ein- und zweistufigen Modelle verwendet. Kapitel 4.2 widmet sich ausführlich der Beschreibung des Korpus, mit dem die beschriebenen Experimente durchgeführt werden. Dabei findet in Abschnitt 4.2.4 eine kritische Betrachtung hinsichtlich der Aufbereitung des ursprünglich für die sprechwissenschaftliche Forschung erstellten Korpus statt. Die zur maschinellen Verarbeitung und Klassifikation notwendigen Transformationen des Korpus sind Gegenstand von Abschnitt 4.2.5. Der experimentelle Teil der Arbeit schließt sich ab Kapitel 4.3 an. In einer Vorstudie wurden mit einstufigen Modellen Referenzwerte ermittelt, die eine Grundlage für die Evaluation des Frameworks bilden. Es werden in Kapitel 4.3 detailliert die Versuchsreihen beschrieben, deren Ergebnis die Basisklassifikationsmodelle für den Sprechausdruck sind. Da die Erstellung der Basismodelle ein kritischer Teil der Realisierung des Frameworks ist, werden diese in Abschnitt 4.3.7 verifiziert. Hierbei werden die erstellten Modelle auf Plausibilität geprüft, d. h. dass sie nur die Kriterien erkennen, auf die sie trainiert sind. Der zentrale Erkenntnisgewinn der vorliegenden Arbeit in Form der trainierten Entscheidungsbäume für die Qualitätskriterien wird in Kapitel 4.4 ausführlich geschildert. Für alle sechs in der Arbeit verwendeten Kriterien der Gesprächsqualität werden die vollständigen Entscheidungsbäume detailliert analysiert und beschrieben. Daraufhin werden Experimente zur Validierung dieser Modelle beschrieben. In Abschnitt 4.5.1 wird die zentrale Forschungsfrage 5 untersucht. Hierbei wird mit statistischen Tests belegt, ob das Framework die geforderte Leistung erbringt und die Erkennung nicht schlechter ist als die einstufige Klassifikation.

4.1 Grundlegendes Konzept

4.1.1 Begründung des Konzepts am Wahrnehmungsmodell

Die Wahrnehmung und Zuschreibung von Sprechereigenschaften ist ein hochkomplexer kognitiver Prozess und Gegenstand intensiver Forschung. Die Sprechwirkung wird durch viele phonetische und psychologische Faktoren beeinflusst und beruht auf teilweise

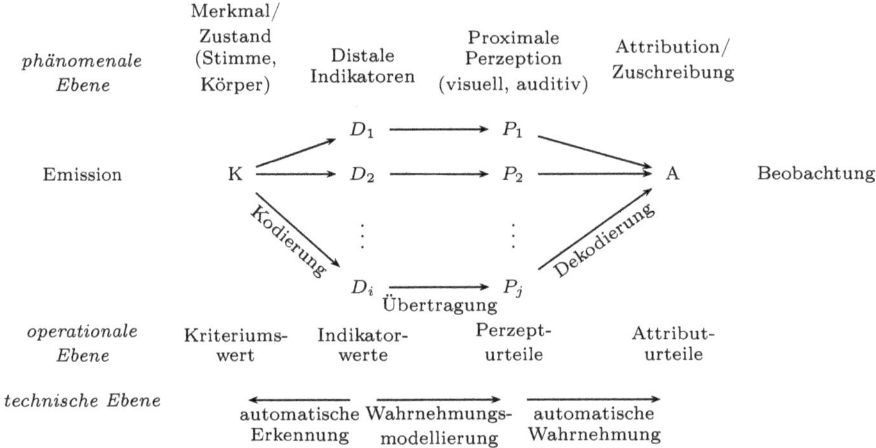

Abbildung 4.1: Brunswik'sches Linsenmodell der Wahrnehmung [nach SJK03, S. 434; ergänzt durch VM14, S. 276].

unbekannten Zusammenhängen. In zwischenmenschlichen Interaktionen sind immer die Reaktionen und Interpretationen des Interaktionspartners entscheidend. Diese beruhen auf Wahrnehmung und Interpretation von messbaren Größen, die in einem „Bündel" den Höreindruck bilden [Mei+11, S. 198]. In vielen Wissenschaftsdisziplinen wurden Theorien und Modelle entwickelt, die verschiedene Aspekte der Wahrnehmung von Eigenschaften anderer Personen erklären.

In einschlägigen Arbeiten wird häufig das von Brunswik [Bru56] entwickelte Linsenmodell genutzt, das in einer modifizierten Version von Scherer und Scherer [SS79] in Abbildung 4.1 dargestellt ist. Am Linsenmodell kann der zweistufige Ansatz und die zugrunde liegende Hypothese, dass die Komplexwahrnehmung von Merkmalen des Sprechausdrucks für die Zuschreibung von Sprechermerkmalen verantwortlich ist, erklärt werden. Das Brunswik'sche Linsenmodell beschreibt mit vier Variablenklassen den Einfluss von Merkmalen oder Zuständen von Personen auf ihr Verhalten in Interaktionen und deren Zuschreibung durch den Interaktionspartner [SS79, S. 310]. Merkmale und Zustände der phänomenalen Ebene sind beispielsweise Persönlichkeitseigenschaften und Emotionen. Im Kontext dieser Arbeit werden die Bewertungskriterien der Qualitätsfaktoren als Zustände der phänomenalen Ebene angesehen, müssen allerdings differenziert betrachtet werden. Die als Gesprächspartnerorientierung (6) zusammengefassten Qualitätskriterien lassen sich, wie in Abschnitt 1.2.4 dargelegt, durch den hohen Interaktionsanteil nicht gut mit dem Linsenmodell erklären. Die Zuschreibung von Persönlichkeitseigenschaften als Qualitätsfaktor kann hingegen gut abgebildet werden. Wie bereits in Abschnitt 2.2.3 dargelegt, sind Persönlichkeitseigenschaften nicht direkt messbar. Sie werden daher in Persönlichkeitstests oder Eigenschaftslisten erfasst, was in der operationalen Ebene des Linsenmodells durch Kriteriumswerte ausgedrückt wird. Merkmale werden kodiert und als distale Indikatoren ausgesendet. Diese können auf der operationalen Ebene erfasst werden [SS79, S. 310]. Beim Hörprozess ist beispielsweise die Grundfrequenz ein distaler Indikator [Ste09, S. 25]. Bei der Übertragung werden distale Indikatoren möglicherweise nicht oder verfälscht wahrgenommen. Die vom Empfänger wahrgenommenen Signale werden daher als proximale Perzepte bezeichnet. Diese werden interpretiert und in Perzepturteile transformiert [SS79, S. 310 f.]. So kann die wahrgenommene Sprechstimmlage als Perzepturteil des distalen Indikators Grundfrequenz angesehen werden. Am Ende des Wahrnehmungsprozesses dekodiert der Beobachter Attributurteile von Persönlichkeitseigenschaften oder Affektzuständen aus den Perzepturteilen [SS79, S. 312]. Die Erklärung der Perzeptionsprozesse kann durch die Einführung einer weiteren Ebene auf die für diese Arbeit relevante automatische Erkennung von Persönlichkeitsmerkmalen erweitert werden. In Abbildung 4.1 ist diese zusätzliche technische Ebene nach Vinciarelli und Mohammadi [VM14, S. 276] markiert. In der technischen Ebene sind die drei Aufgaben automatische Erkennung, Wahrnehmungsmodellierung und automatische Wahrnehmung verzeichnet. Bei der automatischen Erkennung von Persönlichkeitseigenschaften werden Selbsteinschätzungen automatisch aus distalen Indikatoren erkannt. Im Gegensatz dazu ist der wahrgenommene, d. h. zugeschriebene Persönlichkeitseindruck das Ziel der Klassifikation bei der automatischen Wahrnehmung [VM14, S. 277]. Die Recherche des aktuellen Stands der Forschung zeigt, dass allein mit den bekannten Verfahren der Mustererkennung keine erklärbaren Modelle erzeugt werden können, die direkt aus dem Sprachsignal Empfehlungen für Aktionen generieren können. Dies kann durch die in Abbildung 4.1 dargestellten Wahrnehmungsprozesse veranschaulicht werden, die zwischen dem automatischen Erkennungsprozess und der Bildung der Perzepturteile stattfinden und nicht berücksichtigt werden. Vinciarelli und Mohammadi [VM14, S. 277] konstatieren hierzu, dass aktuelle Verfahren und Arbeiten keine proximalen Indikatoren, d. h. Perzepturteile verwenden und statt dessen Indikatorwerte als Näherung verwenden.

Das neuartige zweistufige Klassifikationsframework schließt diese Lücke. In der ersten Stufe werden Perzepturteile, die mit distalen Indikatoren korrelieren, durch Klassifikationsmodelle erkannt. Dies sind die Sprechausdrucksmerkmale, z. B. die Lautheit, die durch den distalen Indikator Intensität angezeigt wird. In der zweiten Stufe erfolgt gemäß Abbildung 4.1 die Dekodierung und Zuschreibung von Attributurteilen. Durch die Klassifikationsmodelle der zweiten Stufe lassen sich somit die beobachteten Merkmale mit proximalen Perzepten in Form der Sprechausdrucksmerkmale begründen. Die introspektierbare Struktur der Entscheidungsbäume kann somit erstmalig Erklärungen für den Dekodierungsprozess der automatischen Wahrnehmung bieten.

4.1.2 Struktur des Frameworks

Der Aufbau der Frameworks orientiert sich an den in Abschnitt 3.3 vorgestellten Dekompositionsverfahren. Diese teilen nach dem „Divide-and-Conquer“-Prinzip die Klassifikationsaufgaben und lösen sie durch modularisierte Spezialisten. Dabei wird für die 13 Sprechausdrucksmerkmale ein separates Modell trainiert, das als „Experte“ fungiert. Hinzu kommt Geschlecht als a-priori bestimmbares Attribut. Abbildung 4.2 zeigt dies.

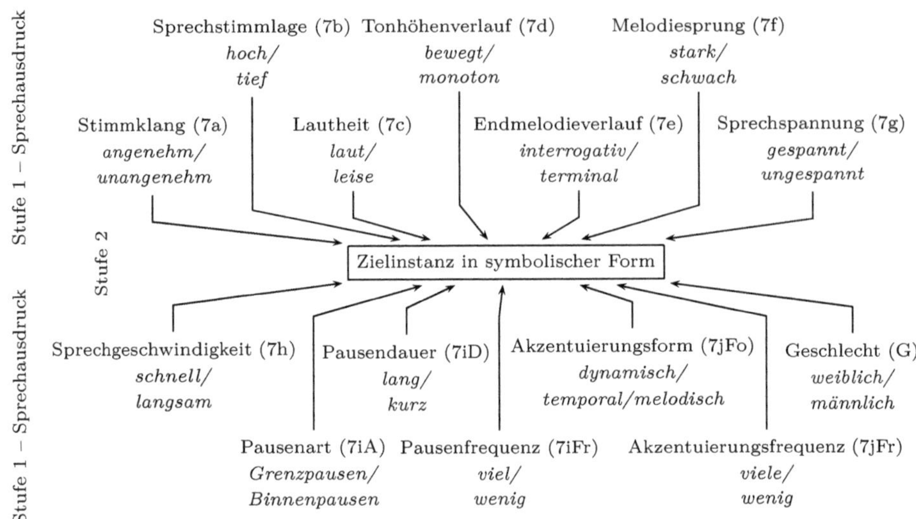

Abbildung 4.2: Struktur des Klassifikationsframeworks.

Auf den Entscheidungen dieser Basismodelle baut die zweite Klassifikationsstufe des Frameworks auf. Durch die Basisklassifikation wird in der zweiten Stufe eine symbolische Repräsentation des Sprechausdrucks entsprechend des vorgestellten Merkmalskatalogs erzeugt. Basierend auf der maschinellen Erkennung von Sprechausdrucksmerkmalen werden die funktionalen Beziehungen als Regeln oder Entscheidungsbaum generiert. Die zweite Stufe ist sowohl durch die Darstellung in symbolischer Form als auch durch die eingesetzten Klassifikationsalgorithmen erklärungsfähig. Weiterhin birgt das vorgestellte zweistufige Framework weitere Vorteile der modularen Klassifikation in sich [MR05, S. 127 f.]:

- Verständlichkeit,
- Modularität,
- methodische Flexibilität und
- Skalierbarkeit/Parallelisierbarkeit für große Datenmengen.

Da die Verständlichkeit der Entscheidungen die Hauptmotivation für die Entwicklung des Frameworks war, wird das Klassifikationsproblem wie in Abschnitt 1.3.2 beschrieben, in verschiedene Teilklassifikationsprobleme unterteilt. Dekompositionsmethoden ermöglichen eine konzeptuelle Vereinfachung des komplexen Problems. Anstelle eines Gesamtmodells mit hoher Komplexität wird das Problem in mehrere kleine, weniger komplexe und leichter verständliche Teilprobleme zerlegt. Im Framework wird die Klassifikation von einem Persönlichkeits- bzw. Gesprächseindruck in die besser realisierbare

Stufe 1: Trainieren der Basismodelle für den Sprechausdruck:
(1) Merkmalsextraktion aus dem Audiosignal,
(2) Trainieren der Modelle für die 13 Kriterien des Sprechausdrucks,
(3) Auswahl des besten Klassifikationsalgorithmus und Training der Basismodelle.

Stufe 2: Anwendung der Basismodelle auf andere Sprachdaten:
(4) Merkmalsextraktion aus dem Audiosignal,
(5) jede Instanz mit allen Basismodellen klassifizieren,
(6) Klassenattribut aus den ursprünglichen Daten übernehmen,
(7) mit den neuen Instanzen der zweiten Stufe einen Entscheidungsbaum trainieren.

Abbildung 4.3: Schrittfolge zur Erstellung der zweistufigen Klassifikationsmodelle.

Erkennung des Sprechausdrucks dekomponiert. Die einzelnen Klassifikationsaufgaben können hierbei mit unterschiedlichen Verfahren der Mustererkennung gelöst werden. Bei dekomponierten Klassifikationssystemen zeigt sich der Vorteil der Modularität darin, dass einzelne Subsysteme neu trainiert werden können, ohne das Gesamtsystem verändern zu müssen, z. B. zur Wartung und Verbesserung des Systems. Im Rahmen zukünftiger Forschungsprojekte können die Basismodelle verbessert werden. Weiterhin ermöglicht die Unabhängigkeit der Aufgaben deren parallele Bearbeitung. Diese Eigenschaft repräsentiert das zentrale Konzept, in dem die Basismodelle parallel den Sprechausdruck klassifizieren. In den für diese Arbeit realisierten prototypischen Modellen kommt der Vorteil der Parallelisierbarkeit nicht vollständig zum Tragen. Es ist anzunehmen, dass sich die parallele Klassifikation bei der Auswertung von großen Datenmengen positiv auf die Bearbeitungsgeschwindigkeit auswirkt. Die Verständlichkeit der Entscheidungen des Frameworks ist durch die Beschreibung des Sprechausdrucks in symbolischen Kriterien gekennzeichnet. Dies ist als Kernelement in Abbildung 4.2 gezeigt. Auf die symbolische Repräsentation und ihre Vorteile wird im nächsten Abschnitt detailliert eingegangen. Um die Zielinstanz sind die Basismodelle der ersten Stufe gruppiert. Durch die Pfeile wird die Aggregation der erkannten Attribute (kursiv gekennzeichnet) zur neuen Instanz verdeutlicht.

4.1.3 Umsetzung und Anwendung des Frameworks

Das entwickelte Vorgehen gliedert sich in den iterativen Ablauf des in Abschnitt 3.1.4 erläuterten CRISP-DM ein. Das Vorgehensmodell wird zunächst für die erste Stufe der Basismodelle durchlaufen. Abbildung 4.3 zeigt die sieben Schritte umfassende Vorgehensweise bei der Umsetzung und Anwendung des zweistufigen Klassifikationsframeworks. Für die erste Stufe werden in Schritt (1) gemäß der allgemeinen Vorgehensweise der Mustererkennung und ihrer Spezialisierung für Sprachdaten die Signalmerkmale extrahiert [Sch11, S. 234]. Darauf folgend werden im Schritt (2) multiple Modelle für die einzelnen Sprechausdrucksmerkmale trainiert. Zur Erfüllung der Randbedingung der sekundären

Klassifikationsaufgabe wird in Schritt (3) durch die in Abschnitt 3.5 erläuterte statistische Vorgehensweise das am besten für die Erkennung eines Sprechausdrucksmerkmals geeignete Modell ausgewählt. Ergebnis der ersten Stufe sind 13 spezialisierte Klassifikationsmodelle, die eine hinreichend gute Erkennungsleistung bieten. Die erste Stufe wird nur einmal durchgeführt, da die erstellten Modelle für den Sprechausdruck als allgemeingültig betrachtet werden. Das Anwenden von vortrainierten Modellen macht das zweistufige Verfahren zu einem universell einsetzbaren Framework. Alle Experimente, die im Rahmen der vorliegenden Arbeit durchgeführt wurden, beruhen auf den vorgestellten trainierten Modellen. In der zweiten Stufe können beliebige Korpora mit Audiodaten klassifiziert werden. Zur Messung und Prüfung der Klassifikationsleistung des Frameworks muss das Zielkorpus für die zweite Stufe mit Klassenlabels versehen sein.

Der zweite Zyklus von CRISP-DM findet auf der oberen Stufe statt. Somit transformiert sich das iterative Vorgehen in einer Ebene zu einem dreidimensionalen Vorgehensmodell in zwei Ebenen. Die Zweistufigkeit wird über die Kombination von Arbeitsphase der ersten Stufe und der Lernphase der zweiten Stufe erreicht. In der zweiten Stufe wird zwischen Lernen und Anwendungsphase unterschieden. In den Schritten (4) bis (7) wird die Lernphase der zweiten Stufe beschrieben. Die zweite Stufe beginnt in Schritt (4) mit der Merkmalsextraktion. Hier ist es wichtig, mit dem gleichen Merkmalssatz zu arbeiten, auf dem die Basismodelle trainiert wurden, da diese in der zweiten Stufe angewendet werden. Der darauf folgende Schritt (5) ist das zentrale Element der Zweistufigkeit. In einer Schleife wird jede Instanz des zu erlernenden Korpus der zweiten Stufe mit allen 13 Basismodellen des Sprechausdrucks klassifiziert. Dadurch werden die numerischen Signalmerkmale in symbolische Repräsentationen transformiert. Die einzelnen Attribute sind nach der Überführung für Experten verständlich. Abbildung 4.4 zeigt einen Ausschnitt einer Arff-Datei, die für das Erlernen des Qualitätskriteriums Kompetenz (1d) verwendet wird. Im Kopfbereich der Zeilen 2–14 sind die auf der ersten Stufe basierenden Attribute des Sprechausdrucks definiert. Die Namen entsprechen der Kurzschreibweise und können dem Annotationskatalog in A.1.1 sowie Tabelle 4.5 entnommen werden. Zeilen 15 und 16 definieren das Attribut Geschlecht und die Klasse. Zur Erhöhung der Lesbarkeit wurde die Klasse kursiv dargestellt. In den Zeilen 18 bis 22 sind vier Instanzen dargestellt. Die Klassenattribute werden in Schritt (6) aus dem ursprünglichen Korpus der zweiten Stufe übernommen. Der in Abbildung 4.4 gezeigte Datensatz der zweiten Stufe ist von seiner Struktur für alle Algorithmen geeignet, die nominale Attribute verarbeiten können. Um der Forderung nach Erklärbarkeit laut Randbedingung der primären Klassifikationsaufgabe zu genügen, werden in dieser Arbeit für Schritt (7) Entscheidungsbaumverfahren verwendet.

4.1.4 Symbolische Repräsentation und Klassifikation des Sprechausdrucks

Der größte Forschungsbeitrag des zweistufigen Klassifikationsverfahrens ist die symbolische Darstellung der Sprechausdrucksmerkmale in der zweiten Stufe. Die symbolische Repräsentation besteht aus den bereits vorgestellten Fachtermini. Um mit der textuellen Darstellung arbeiten zu können, muss Schritt (5) ausgeführt sein. Bereits mit diesen

```
@relation kompetenz
@attribute 7a {angenehm, unangenehm}
@attribute 7b {hoch, tief}
@attribute 7c {laut, leise}
@attribute 7d {bewegt, monoton}
@attribute 7e {interrogativ, terminal}
@attribute 7f {stark, schwach}
@attribute 7g {gespannt, ungespannt}
@attribute 7h {schnell, langsam}
@attribute 7iA {Grenzpausen, Binnenpausen}
@attribute 7iD {lang, kurz}
@attribute 7iFr {viel, wenig}
@attribute 7jFo {temporal, dynamisch, melodisch}
@attribute 7jFr {viele, wenig}
@attribute G {m, w}
@attribute klasse {kompetent, inkompetent}
@data
angenehm, hoch, leise, monoton, terminal, schwach, gespannt, langsam,
  Grenzpausen, lang, viel, temporal, wenig, w, kompetent
angenehm, hoch, laut, monoton, terminal, schwach, gespannt, langsam,
  Grenzpausen, kurz, wenig, dynamisch, wenig, w, kompetent
angenehm, hoch, laut, bewegt, terminal, schwach, gespannt, langsam,
  Grenzpausen, lang, viel, dynamisch, wenig, m, inkompetent
unangenehm, hoch, laut, bewegt, terminal, stark, gespannt, langsam,
  Binnenpausen, kurz, viel, temporal, viele, m, inkompetent
[...]
```

Abbildung 4.4: Ausschnitt aus einer Arff-Datei für die Klassifikation der zweiten Stufe. Die Klassennamen sind *kursiv* hervorgehoben.

Daten, die in der Form den in Abbildung 4.4 gezeigten Instanzen entsprechen, können erste Auswertungen durchgeführt werden. Über die Ausprägungen der Attribute können Verteilungen ausgewertet und Auffälligkeiten erkannt werden. Dieses Auswertungsverfahren kann auch bei ungelabelten Daten angewendet werden und eignet sich somit auch für große Korpora mit vielen Stunden Gesprächsmaterial. Für die zweite Stufe müssen die Daten mit einem Klassifikationsverfahren trainiert werden. Aufgrund der geforderten Erklärungsfähigkeit wird in den weiteren Experimenten der vorliegenden Arbeit die J48-Implementierung von Weka verwendet. Neben der guten Interpretierbarkeit, die durch die anschauliche grafische Repräsentation gegeben ist, bietet der White-Box-Charakter der Entscheidungsbäume einen weiteren Vorteil. Nutzer können aus dem Entscheidungsbaum Klassifikationsregeln ableiten, die äquivalent zum Baum sind [Lar05, S. 121]. Im einfachsten Fall können die einzelnen Blätter eines trainierten Baums in Regeln überführt werden. Andere Verfahren transformieren Entscheidungsbäume vor dem Pruning in

Regeln und fassen diese zusammen [Qui87]. Jedes Blatt eines Entscheidungsbaums kann in eine Regel r_i der Form

$$r_i : E_{i1} \land E_{i2} \land \ldots \land E_{in} \rightarrow \text{Klasse}\, k \tag{4.1}$$

formuliert werden. Dabei sind E_{ij} die Entscheidungen der einzelnen Knoten und k die Klasse des Blatts [Qui87, S. 305]. Für das regelbasierte Diagnosesystem Mycin beschreiben Shortliffe und Buchanan [SB75] die allgemeinen Vorteile der Wissensrepräsentation durch Regeln wie folgt [SB75, S. 357]:

- Die Nutzung von allgemeinem Wissen und vielfältigen Wissensquellen wie Lehrbüchern ist möglich.
- Sofern nicht genug Daten vorliegen, kann Wissen über Spezialfälle ergänzt werden.
- Regeln können leicht modifiziert werden. Im Gegensatz zu Entscheidungsbäumen müssen bei ihrer Änderung keine strukturellen Anpassungen des formulierten Wissens vorgenommen werden.
- Die deklarative Formulierung der Regeln erleichtert das Finden von Fehlern und Inkonsistenzen.
- Entscheidungen werden dem Nutzer transparent anhand der angewendeten Regeln vermittelt.
- Das regelbasierte System besitzt inhärente Fähigkeiten zum Training der Nutzer. Dieser kann sich beispielsweise nur die Entscheidungen vom System erklären lassen, die er anders bewerten würde.
- Regeln sind portabel und können in textueller Form einfach kopiert, transferiert und wiederverwendet werden [PMK91, S. 584].

Die geschilderten Vorteile stützen die eingangs der Arbeit aufgestellte Forderung nach Flexibilität. Detaillierte Untersuchungen in Kapitel 5 haben die Arbeit mit den Regeln als Gegenstand. Ziel ist es, mit verschiedenen Verfahren Regeln zu generieren und diese durch die Abstimmung mit Experten und teilmanuelle Eingriffe zu verbessern.

Ein weiterer, für die vorliegende Arbeit bedeutsamer Vorteil der regelbasierten Klassifikation ist die Möglichkeit, die einzelnen Regeln zu bewerten. Hierfür können z. B. die aus der Assoziationsanalyse bekannten Größen Support und Konfidenz genutzt werden [Lar05, S. 184 f.]. Mit einem Testdatensatz $D = \{\vec{X}_1, \vec{X}_2, \ldots, \vec{X}_n\}$ der Größe $|D|$ kann für jede Regel r der Support wie folgt berechnet werden [Gor11, S. 356]:

$$s(r) = \frac{n_{gültig}}{|D|}. \tag{4.2}$$

Dabei ist $n_{gültig}$ die Anzahl der Instanzen, für die die Prämisse von r gilt. Die Konfidenz c ist ein Maß für die Klassifikationsgüte und wird durch das Verhältnis der korrekt klassifizierten Instanzen zu allen Instanzen, für die die Regel r gilt, ausgedrückt [OD08, S. 59]. Die Konfidenz für Regel r wird berechnet durch [Gor11, S. 356]:

$$c(r) = \frac{n_{korrekt}}{n_{gültig}}. \tag{4.3}$$

Sie entspricht somit der ER gemäß Gleichung (3.27).

4.2 Gesprächskorpus

4.2.1 Auswahl der Gespräche

Für das Projekt „Optimierung der Sprechausdrucksmerkmale in der professionellen Telefonie" wurden mehrere Hundert Aufnahmen von realen Callcentergesprächen aus verschiedenen Callcentern zur Verfügung gestellt. Es handelt sich dabei um Verkaufsgespräche aus drei Kampagnen [Mei+11, S. 199]:

- Verkauf eines digitalen Fernsehreceivers,
- Werbung für eine zweite Handykarte,
- Angebot einer Wochenendflatrate.

Aus einem Gesamtbestand von insgesamt ca. 840 telefonischen Verkaufsgesprächen wurden im ersten Schritt für die detaillierte Analyse 218 Gespräche ausgewählt, die in ihrer Gesamtbewertung besonders auffällig waren, d. h. repräsentative positive und negative Beispiele darstellten [MP11a, S. 218]. Die Gespräche werden von 58 eindeutig identifizierbaren Agenten geführt. Drei Gespräche können nicht zugeordnet werden, da sich in diesen der Agent nicht vorstellt oder seinen Namen unverständlich ausspricht. Von den Sprechern sind 19 männlich und 39 weiblich. 36 Agenten führen maximal zwei Gespräche und 7 sind mit mehr als 10 Gesprächen im Korpus vertreten.

Die Gespräche wurden an den Telefonanlagen der Callcenter in zwei Kanälen für Agent und Kunden getrennt aufgezeichnet. Für die Experimente wurde nur der Kanal des Agenten berücksichtigt. Die Bitrate beträgt meist 8 kHz, bei einigen Aufnahmen jedoch nur 6 kHz. Die Aufnahme über die Mikrofone der Headsets ist teilweise mit externen Störgeräuschen behaftet. Diese können z. B. durch den Agenten produzierte Tastaturgeräusche bei der Datenerfassung sein oder die Stimme des Kunden, die gedämpft aus dem Kopfhörer des Agenten zu hören war und mit aufgezeichnet wurde.

4.2.2 Annotation der Gespräche

Das Korpus wurde mit einem Fokus auf die sprechwissenschaftliche Analyse konzipiert und erstellt. Daher stand die Beschreibung von Merkmalen und Merkmalskomplexen des Sprechausdrucks sowie die Identifikation musterhafter Sprechausdrucksweisen im Vordergrund der Annotation. Die so aufbereiteten Gespräche ermöglichen eine Auswertung und Interpretation von Zusammenhängen zwischen sprecherischer Gestaltung und der Wirkung in Bezug auf alle ermittelten Qualitätsfaktoren Persönlichkeit, Verständlichkeit, Situationsangemessenheit, Emotionalität, Gesprächsführung und Gesprächspartnerorientierung [MP11a, S. 218 f.].

In einer mehrmonatigen Annotationsphase wurden die 218 Gespräche von drei Expertenhörern[6] in mehreren Durchläufen angehört und annotiert. Die Annotation erfolgte auf Basis des in Abschnitt 1.2.4 vorgestellten Katalogs der Qualitätsmerkmale sowie des Sprechausdrucks, auf den in 2.1.3 eingegangen wurde. Der vollständige Annotationskatalog ist in Anhang A.1.1 wiedergegeben. Für die Annotation wurde eine sechswertige Likert-Skala entworfen, die in Abbildung 4.5 dargestellt ist. Die von Likert [Lik32]

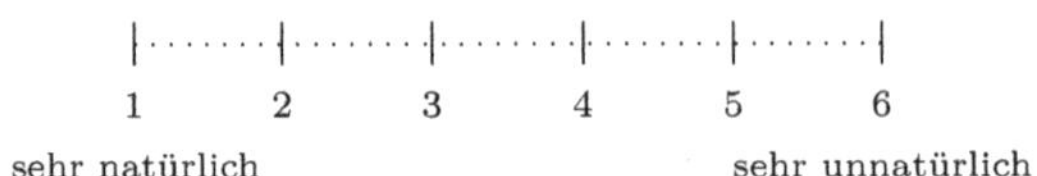

Abbildung 4.5: Bewertungsskala mit sechs Klassen am Beispiel von Natürlichkeit (1a).

vorgeschlagene Skalierung wird in vielen sozialwissenschaftlichen Untersuchungen verwendet. Die zur Annotation verwendete Skala besitzt zwei gegensätzliche Pole, z. B. *sehr natürlich* (1) und *sehr unnatürlich* (6) in Abbildung 4.5. Mit Zwischenwerten (2–5) kann der Bewerter seinen Grad der Zustimmung oder Ablehnung markieren [Ger10, S. 257].

Da aufgrund des begrenzten zeitlichen und finanziellen Budgets keine vollständige Annotation der einzelnen Gespräche in vollem Umfang, d. h. für alle 218 Gespräche, möglich war, wurden die Experten angewiesen, nur Auffälligkeiten zu annotieren. Die Aufbereitung und Annotation des Datenmaterials erfolgte auf verschiedenen Ebenen, da sich die beobachteten Phänomene und Parameter z. T. auf ganze Gesprächspassagen, z. T. aber auch nur auf einzelne Äußerungssequenzen, Wörter oder Laute beziehen können [Mei+11, S. 203 f.]. Die Annotationsebenen erlauben eine inhaltliche und funktionale Hierarchisierung und dienen vor allem der sprechwissenschaftlichen Forschung, deren Teilergebnisse in Meißner und Pietschmann [MP11b] dargelegt sind. In dieser Arbeit werden die Ebenen nicht berücksichtigt. Für die manuelle Annotation wurden die in Meißner u. a. [Mei+11, S. 204 f.] beschriebenen Ebenen um zwei weitere ergänzt. Diese Ergänzungen dienen in erster Linie der Unterstützung der Auswertung und zum Abgleich der Experten. Auf folgenden Ebenen wurden Annotationen markiert:

1. **Sprechsilbe:** Eine Sprechsilbe ist die kleinste Einheit der Sprechgestaltung, die akzentuiert oder nicht akzentuiert sein kann [Mei+11, S. 205].

2. **Akzentgruppe:** Eine Akzentgruppe bildet zusammen mit nicht akzentuierten Silben als Silben- oder Wortgruppe eine phonetische Einheit [Mei+11, S. 205]. Diese kann auch als Äußerung zwischen Pausen definiert werden [WYC09, S. 101]. Akzentgruppen fungieren als Bausteine der rhythmischen Gruppen [Sto96, S. 71].

[6] Studenten der Sprechwissenschaft im Master oder am Ende des Diplomstudiums.

3. **Rhythmische Gruppe:** Als rhythmische Gruppen werden Gruppen von Silben oder Wörtern bezeichnet. Für sie ist kennzeichnend, dass sie beim Sprechen als Einheit produziert, durch Pausen getrennt werden und mindestens eine Akzentstelle haben [Sto96, S. 33].

4. **Turn:** Ein Turn ist ein flexibler Redeanteil eines Sprechers, der Äußerungen anderer Sprecher beinhalten kann, die jedoch nicht das Rederecht beanspruchen [Mei+11, S. 205].

5. **Gesprächssequenz:** Eine Gesprächssequenz beinhaltet mindestens zwei aufeinanderfolgende Turns verschiedener Sprecher. Diese sind in der Regel Aktion und Reaktion des Gesprächspartners, z. B. Frage und Antwort [Mei+11, 204f].

6. **Gesprächsphase:** Diese Ebene dient zur Bewertung von sprachlichen Auffälligkeiten, die sich über eine gesamte Gesprächsphase erstrecken. Folgende sechs Hauptgesprächsphasen wurden identifiziert [Mei+11, S. 204]: (1.) Gesprächseröffnung, (2.) Gesprächsanliegen, (3.) Produktvorstellung, (4.) Einwandbehandlung, (5.) Vertragsabschluss und (6.) Gesprächsabschluss. Das Gespräch beginnt mit der Gesprächseröffnung, in der sich der Agent vorstellt und den Kunden begrüßt. Daran schließt sich das Gesprächsanliegen an. In dieser Phase stellt der Agent dem Kunden sein Anliegen vor. In der Phase Produktvorstellung beschreibt der Callcenteragent dem Kunden detailliert das angebotene Produkt und stellt Preis- und Vertragskonditionen vor. Die beiden darauf folgenden Phasen Einwandbehandlung und Vertragsabschluss sind optional und nicht in allen Gesprächen im Korpus enthalten. In der Einwandbehandlung geht der Agent auf die vom Kunden vorgebrachten Gegenargumente, die ihn vom Kauf abhalten, ein. In der Phase Vertragsabschluss werden die rechtlich notwendigen Vertragsbedingungen durch den Agenten vorgelesen und das Gespräch zusammengefasst. Der Gesprächsabschluss als letzte Phase beinhaltet die beidseitigen Verabschiedungssequenzen von Agent und Kunde.

7. **Bewertung Gesprächsphase:** In dieser Ebene wurden die inhaltlichen Abschnitte des Gesprächs zeitlich markiert und bewertet.

8. **Gesamtgespräch:** Ebene 8 beinhaltet die Bewertung des Gesamtgesprächs nach sprecherisch-stimmlichen Kriterien sowie die Merkmale, die das gesamte Gespräch betreffen.

9. **Sprachliche Auffälligkeiten:** In dieser Ebene wurden unangemessene sprachliche Besonderheiten annotiert. Dies können sowohl übertriebene positive Formulierungen als auch Umgangssprache und Reizwörter sein [Mei+11, S. 205].

10. **Anmerkungen:** Diese Ebene dient der Erfassung von weiteren Anmerkungen, die über die in Ebene 8 erfassten hinaus gehen [Mei+11, S. 205].

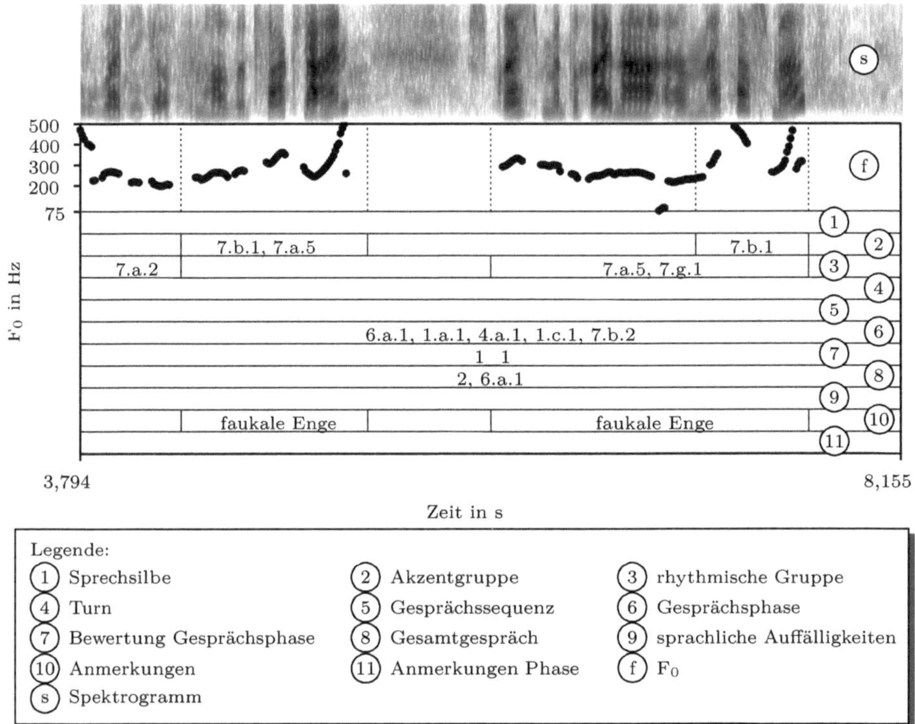

Abbildung 4.6: Annotation einer Audio-Datei mit Praat.

11. **Anmerkungen Phase:** In dieser Ebene wurden Kommentare erfasst, die sich ausschließlich auf die gesamte aktuelle Phase beziehen.

Für die detaillierte Annotation wurde Praat genutzt, eine weit verbreitete Software zur phonetischen Analyse [BW01]. Die Markierungen der Segmente werden in Textdateien, sogenannten Textgrids, gespeichert. Zusammen mit der zugehörigen Audiodatei können so beliebige zeitliche Abschnitte in mehreren Ebenen markiert, mit Kommentaren versehen und gespeichert werden. Abbildung 4.6 zeigt schematisch ein bearbeitetes Gespräch mit der Annotationsansicht. Im unteren Teil der Abbildung ist das Textgrid mit den einzelnen Annotationsebenen zu sehen. Innerhalb der Ebenen wurden von den Hörern relevante Abschnitte markiert und mit den Kategorien aus dem Bewertungskatalog sowie den Bewertungen versehen. Im oberen Teil der Abbildung sind die extrahierte F_0 (f) und das Spektrogramm (s) abgebildet. Die vertikalen Linien markieren die zeitlichen Grenzen der Annotationen. Mit Hilfe der in der Abbildung nicht sichtbaren Steuerelemente können beliebige markierte Teile der Audiodatei angehört werden. Die Eintragung der Annotationen selbst erfolgte in zwei Schritten:

1. Setzen der Markierungen für Start- und Endzeitpunkt der Auffälligkeit.

2. Eintragung des erkannten Kriteriums bzw. Sprechausdrucksmerkmals mit seiner Bewertung nach dem festgelegten Schema. Die Annotationen für Kriterien wurden als Text in den markierten Abschnitt eingetragen:

$$< \text{Nummer des Qualitätsfaktors} > . < \text{Kürzel des Kriteriums} > . < \text{Bewertung} >$$

In Abbildung 4.6 beginnt die erste Annotation „7.a.2“ in Ebene 3 zum Zeitpunkt 3,794 s. Sie gehört zum Merkmal 7, d. h. zum Sprechausdruck und zum Kriterium 7a, Stimmklang. Bei Stimmklang erstreckt sich die Bewertungsskala von sehr angenehm (1) bis sehr unangenehm (6). Die Bewertung 2 bedeutet, dass der Stimmklang im entsprechenden Abschnitt vom Experten als angenehm empfunden wurde. Wie die erste Markierung in der zweiten Ebene zeigt, können gleiche Zeitabschnitte auch mit mehreren Annotationen versehen werden, d. h. die Segmente sind nicht überschneidungsfrei. Die Annotation „1_1“ in Ebene 7 kodiert sowohl die Gesprächsphase als auch deren Bewertung. Das Beispiel zeigt eine mit „sehr gut“ bewertete Gesprächseröffnung. Das in Abbildung 4.6 dargestellte Gespräch wurde vom Experten insgesamt als sehr freundlich (6.a.1) empfunden und erhielt eine Gesamtbewertung von 2. In Ebene 10 sind zwei Kommentare zu sehen. Diese werden nicht bei der maschinellen Auswertung berücksichtigt, sondern dienten in erster Linie zur detaillierten sprechwissenschaftlichen Analyse und Abstimmung unter den Expertenhörern.

4.2.3 Faktoren und Bewertungskriterien

In den Tabellen 4.1 bis 4.3 sind die von den Experten markierten Segmente je Kriterium aufgeführt. Kriterien, die im Katalog vorhanden sind, aber nicht erfasst wurden, werden nicht dargestellt. Die Tabellen beinhalten in den Spalten 2 bis 7 die Anzahl der einzelnen Annotationen je Bewertung. Die darauf folgende Spalte zeigt die Gesamtzahl aller Annotationen im jeweiligen Kriterium. In der letzten Spalte ist die mittlere Länge der markierten Annotationen eingetragen.

Persönlichkeit und Gesprächspartnerorientierung

Am häufigsten wurde Natürlichkeit (1a) mit 485 Bewertungen annotiert. Bei allen Kriterien fällt auf, dass die mittleren Bewertungen 3 und 4 stark unterrepräsentiert sind. Mit 13 s bis 19 s liegt die mittlere Länge bei Natürlichkeit (1a), Aufgeschlossenheit (1c) und Kompetenz (1d) in dem Bereich, der zu erwarten ist, wenn Persönlichkeit zu bewerten ist. Glaubwürdigkeit (1b) und Sicherheit (1e) haben eine deutlich kürzere mittlere Dauer. Der Grund hierfür kann weder aus dem Annotationskatalog noch aus den Daten erschlossen werden. Bei der Betrachtung der Kriterien der Gesprächspartnerorientierung (6) fällt die ungleiche Verteilung bei Freundlichkeit und Kooperativität auf. Im Gegensatz zu den Kriterien der Persönlichkeit (1) sind bei Freundlichkeit und Kooperativität (6c) die positiven Bewertungen in der Mehrheit.

Tabelle 4.1: Bewertungen für Persönlichkeit und Gesprächspartnerorientierung.

Kriterium	1(+)	2	3	4	5	6(−)	$\sum$	Ø Länge [s]
Persönlichkeit (1)								
Natürlichkeit (1a)	93	39	8	60	238	47	485	13,22
Glaubwürdigkeit (1b)	52	27	6	24	75	27	211	6,70
Aufgeschlossenheit (1c)	18	14	1	9	7	1	50	17,28
Kompetenz (1d)	42	25	4	24	54	22	171	19,29
Sicherheit (1e)	25	25	5	91	197	29	372	9,05
Gesprächspartnerorientierung (6)								
Freundlichkeit (6a)	121	84	11	13	40	20	289	19,16
Kooperativität (6c)	48	37	8	10	33	22	158	19,59
$\sum$	399	251	43	231	644	168	1736	–

Sprechausdruck

Die Annotation des Sprechausdrucks erfolgte nach den in Abschnitt 2.1.3 vorgestellten Definitionen. Auch hier wird die Skala von 1 bis 6 verwendet, jedoch sind die Pole nicht grundsätzlich positiv oder negativ besetzt, sondern Ausprägungen der Faktoren, die keinerlei Wertung beinhalten. Davon ausgenommen ist Stimmklang (7a) mit den Polen *angenehm* und *unangenehm*. Die häufigste Einzelbewertung ist interrogativer Endmelodieverlauf 7e(1). Bei fast allen Kriterien sind die Bewertungen sehr unausgewogen verteilt, besonders bei Melodiesprung (7f). Melodiesprung hat auch die kleinste mittlere Dauer.

Tabelle 4.2: Bewertungen der Einzelkriterien für Sprechausdruck (7).

Kriterium	1(+)	2	3	4	5	6(−)	$\sum$	Ø Länge [s]
Stimmklang (7a)	32	31	11	67	250	81	472	18,73
Sprechstimmlage (7b)	74	160	26	16	71	59	406	8,03
Lautheit (7c)	8	34	5	12	38	12	109	8,75
Tonhöhenverlauf (7d)	54	112	39	15	67	38	325	9,96
Endmelodieverlauf (7e)	408	168	32	5	9	43	665	2,97
Melodiesprung (7f)	156	131	14	2	3	1	307	1,12
Sprechspannung (7g)	29	66	3	9	119	22	248	14,80
Sprechgeschwindigkeit (7h)	84	255	48	20	20	4	431	6,66
Pausenart (7iA)	4	5	0	0	4	59	72	4,97

Tabelle 4.2 – Fortsetzung

Kriterium	1(+)	2	3	4	5	6(−)	$\sum$	Ø Länge [s]
Pausendauer (7iD)	64	55	8	1	30	14	172	8,55
Pausenfrequenz (7iFr)	8	22	7	35	58	156	286	7,40
Akzentuierungsfrequ. (7jFr)	20	41	14	0	7	1	83	4,10
$\sum$	941	1080	207	182	676	490	3576	–

Tabelle 4.3: Bewertungen für Akzentuierungsform (7jFo).

Klasse	Anzahl
melodisch	210
temporal	71
dynamisch	121
$\sum$	402
Ø Länge [s]	2,98

4.2.4 Methodenkritik

Da das Korpus für sprechwissenschaftliche Untersuchungen konzipiert war, ist nicht sichergestellt, dass die Aufnahmen, Segmentierung und manuelle Annotation für die maschinelle Verarbeitung benutzt werden können. In der Literatur wurden Anforderungen an ein realitätsnahes Korpus für die automatische Klassifikation von paralinguistischen Merkmalen festgehalten [Sch13b, S. 4 ff.]. Im Folgenden werden diese Kriterien beschrieben und hinsichtlich ihrer Erfüllung mit dem erstellten Korpus überprüft.

Unabhängige Testdaten: Für alle Tests sollten Sprachdaten von neuen Sprechern aus anderen Gruppen verwendet werden, die vom System noch nicht bearbeitet wurden [Sch13b, S. 4]. Da die Annotationen nach ihrer Art zusammengefasst werden und nicht nach dem Gespräch, ist davon auszugehen, dass keine Häufungen von Sprechern in den Testdaten auftreten. Weiterhin wird durch die Kreuzvalidierung sichergestellt, dass die Annotationen zufällig in Lern- und Testpartition aufgeteilt werden.

Keine Optimierung der Testdaten: Neben der Forderung nach Unabhängigkeit sollten alle Sprachaufzeichnungen nicht im Hinblick auf eine Erkennung optimiert sein, sondern nur soweit bearbeitet werden, wie für die maschinelle Verarbeitung nötig ist. Dabei ist unter anderem zu beachten, dass die Aufzeichnungen verrauscht sein können, was dazu führt, dass Modelle angepasst werden müssen [KR08, S. 173 ff.; Sch13b, S. 171 f.]. In Studien wurde festgestellt, dass durch Anpassung der Merkmalsvektoren eine Verbesserung der Spracherkennung über ein stark bandbreitenbegrenztes Übertragungsmedium erreicht werden kann [FJ12]. In der vorliegenden Arbeit wird dies nicht betrachtet.

Reduzierung auf einen Kanal: Da die Merkmalsextraktion bei Aufnahmen mit mehreren Kanälen schwierig ist, sollte nur mit Aufnahmen in mono gearbeitet werden, obwohl die Verwendung eines Signals mit zwei Kanälen zusätzliche nützliche Informationen beinhalten kann. Für Telefongespräche ist die Aufzeichnung und Verarbeitung von Einkanalton typisch [Sch13b, S. 4]. Bei der Vorverarbeitung der Aufnahmen wurde daher aus dem ursprünglich in zwei Kanälen aufgezeichneten Gesprächen der Kanal mit der Stimme des Agenten separiert.

Vollautomatische Segmentierung: Im Produktionssystem wird das Sprachsignal kontinuierlich aufgezeichnet. In Forschungsarbeiten ist es jedoch üblich, vorsegmentierte und markierte Gespräche und Gesprächsausschnitte zu verwenden [Sch13b, S. 4]. Wie in 2.2.4 vorgestellt, ist die Segmentierung ein eigener Bereich der Forschung, der hier nicht betrachtet wird. Daher wird für die Experimente die manuelle Segmentierung des Korpus durch die Experten ohne Anpassungen übernommen.

Die Methodik der Korpuserstellung unterscheidet sich in einigen Punkten vom üblichen Vorgehen der Vollannotation des Korpus. Wie bereits geschildert, stellten die knappen personellen Ressourcen den größten Engpass dar, der eine komplette Annotation des Korpus anhand des Katalogs verhinderte. Folgende Aspekte ergeben sich daraus:

1. Die Label der Annotation sind nicht exklusiv, d. h. ein Segment kann in mehreren Korpora vorhanden sein, wie Abbildung 4.6 verdeutlicht. Dies unterstützt die These, dass Merkmalskomplexe in ihrer Gesamtheit wahrgenommen werden. Für die Klassifikation sind dadurch keine Nachteile zu erwarten, weil keine Widersprüche entstehen.

2. Die Bewertungen wurden nicht durch einen Mehrheitsentscheid festgelegt, sondern nur durch einen einzelnen Hörer. Da drei Personen annotiert haben und das Korpus groß ist, ist zu erwarten, dass sich die Bewertungen verteilen und keine negativen Einflüsse erkennbar sind.

3. Obwohl davon ausgegangen werden kann, dass die Expertenhörer objektiv bewerten, kann nicht ausgeschlossen werden, dass besonders bei den Persönlichkeits- und Gesprächsmerkmalen subjektive Eindrücke bewertet werden. Dieses Risiko wurde durch Briefing und Eichung der Experten an Musterbeispielen vermindert. Trotz der Objektivität und Konzentration auf sprecherische Eigenschaften bei der Bewertung kann nicht ausgeschlossen werden, dass die Hörer unbewusst Gesprächsinhalte

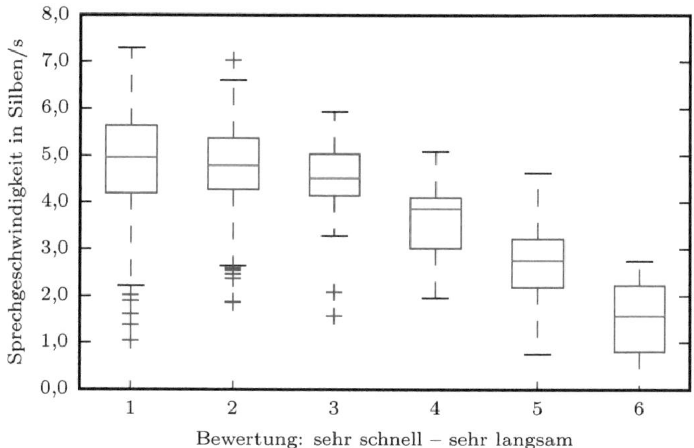

Abbildung 4.7: Gegenüberstellung der wahrgenommenen und berechneten Sprechgeschwindigkeit.

in ihre Entscheidung mit einbezogen haben. Um dies auszuschließen, müssten Experten die Bewertung vornehmen, die kein Deutsch sprechen [MMV10, S. 17].

4. Im Gegensatz zur vollständigen Annotation des Korpus bedingt die Annotation von Auffälligkeiten eine Bevorzugung von positiven und negativen Beispielen. Die Betrachtungen in Abschnitt 2.4.2 verdeutlichen, dass in realen Gesprächsdaten die neutrale Sprechweise überwiegt. Zu viele neutrale, „normale“ Klassen können allerdings die Erkennung negativ beeinflussen.

Aufgrund der großen Menge an Daten kann eine Überprüfung der Annotationen auf die o. g. Kritikpunkte nur stichprobenartig erfolgen. Der Sprechausdruck ist Gegenstand intensiver phonetischer und auditiver Forschung und wurde im Kontext der Callcentergespräche intensiv untersucht. Daher können zur Prüfung der Plausibilität der aus der Verteilung der Bewertungen gezogenen Schlüsse Vergleichswerte herangezogen werden. Sachse [Sac10] betrachtet die Suprasegmentalia in den Gesprächseinleitungen von 15 Gesprächen des vorliegenden Korpus. Er konstatiert, dass die untersuchten Segmente durch hohe mittlere Sprechstimmlage, bewegten Tonhöhenverlauf und sprunghafte Tonhöhenveränderung gekennzeichnet sind [Sac11, S. 163]. Dies kann mit den erfassten Daten im Korpus (Tabelle 4.2) bestätigt werden.

Die Sprechgeschwindigkeit kann relativ sicher anhand akustischer Größen manuell und automatisch ermittelt werden. Zur Prüfung der Plausibilität der Annotationen zeigt Abbildung 4.7 die mit dem Praat-Skript von de Jong und Wempe [dW09] errechneten Sprechgeschwindigkeiten für das Kriterium Sprechgeschwindigkeit (7h) des Annotationskatalogs. Aus der Abbildung kann deutlich eine Gruppierung erkannt werden. Bei ca. 4 Silben/s kann eine Grenze gezogen werden, die nach oben die 25 %-Quartile bei den Klassen 1–3 von den 75 %-Quartilen der Klassen 4–6 trennt. Das bedeutet, dass 75 % aller mit 1, 2, oder 3 bewerteten Segmente eine Sprechgeschwindigkeit von über 4 Silben/s aufweisen, während im überwiegenden Teil der mit 4–6 bewerteten Segmente Sprechgeschwindigkeiten kleiner als 4 Silben pro Sekunde gemessen wurden. Es zeigt sich, dass die mit Praat gemessenen durchschnittlichen Sprechgeschwindigkeiten mit den Bewertungen der Expertenhörer weitgehend übereinstimmen. Es ist zu erkennen, dass, auf das Korpus bezogen, Äußerungen mit einer Sprechgeschwindigkeit von ca. 5 Silben pro Sekunde als hoch bzw. sehr hoch wahrgenommen wurden. Dies konnte in detaillierten Untersuchungen von Sachse [Sac11] bestätigt werden. Eine weitere Prüfung der in diesem Abschnitt beschriebenen Kritikpunkte ist Bestandteil der Verifikation der Basismodelle und Gegenstand des Abschnitts 4.3.7.

4.2.5 Aufbereitung des Korpus für die Experimente

Neben den im vorangegangenen Abschnitt reflektierten Risiken, auf die bei der Klassifikation nicht eingegangen werden kann, wurden bei der Arbeit mit dem Korpus Faktoren erkannt, die verändert werden können. Ziel der Änderungen ist es, das zur sprechwissenschaftlichen Analyse der Gespräche entwickelte Korpus an die Anforderungen der Klassifikationsexperimente anzupassen. Die Änderungen umfassen:

- Zusammenführen von Kooperativität (6c) und Aufgeschlossenheit (1c),
- Erfassung des Geschlechts des Agenten als zusätzliches Attribut,
- Abbildung der Nominalskala (1–6) auf eine binäre Skala.

In auditiven Untersuchungen wurde durch verschiedene Experten festgestellt, dass die Kriterien Kooperativität (6c) und Aufgeschlossenheit (1c) bei Perzeptionstests sehr ähnlich und nicht klar trennbar sind. Daher wurde entschieden, die Datensätze 1c und 6c zusammenzulegen. Die Bewertungen wurden entsprechend auf die Klassen von 6c abgebildet. *Aufgeschlossen* wurde durch *kooperativ* ersetzt und *verschlossen* wurde auf *unkooperativ* abgebildet. Tabelle 4.4 beinhaltet die neuen Anzahlen der Annotationen für das neue zusammengefasste Kriterium Kooperativität (6c). In verschiedenen Studien wurde beobachtet, dass das Geschlecht des Sprechers berücksichtigt werden sollte und zu einer besseren Klassifikationsleistung führen kann [Xia+07; Ben+12; Sie+12; VA06; VK04]. Im betrachteten Szenario sind die Agenten dem System bekannt, so dass das Geschlecht auch in einer realen Anwendung erfasst werden kann. In den Gesprächen des

Tabelle 4.4: Bewertungen für Kooperativität (6c).

1	2	3	4	5	6	$\sum$	Ø Länge [s]
64	51	9	19	40	23	208	19,03

Korpus konnte sowohl aus den Metadaten als auch durch Abhören der Begrüßungssequenz auf das Geschlecht geschlossen werden.

Für die Mustererkennung des Ausgangsmaterials im Korpus können mit der sechswertigen Skala Klassifikationsverfahren mit sechs Klassen oder Regressionsverfahren angewendet werden. Die Analyse des Stands der Forschung in Kapitel 2 stellt heraus, dass die überwiegende Anzahl der Arbeiten mit dichotomen Klassen und Klassifikationsverfahren arbeiten. Daher werden für diese Arbeit Regressionsverfahren nicht untersucht. Bei der Klassifikation von sechs Klassen muss die unterschiedliche Verteilung berücksichtigt werden. Besonders die Klassen 3 und 4 sind im Korpus stark unterrepräsentiert, was die Erkennung erschwert. Weiterhin ist mit sechs Klassen die Bestimmung der Klassifikationsgüte, wie in Abschnitt 3.4.4 dargestellt, nicht standardisiert. Dadurch werden die Auswertung und der Vergleich der Ergebnisse mit anderen Arbeiten erschwert. Außerdem wurde in Abschnitt 2.5.2 konstatiert, dass die Erkennungsraten der einzelnen Klassen sinken, je mehr Klassen unterschieden werden müssen. Daher wurde die Skalierung des

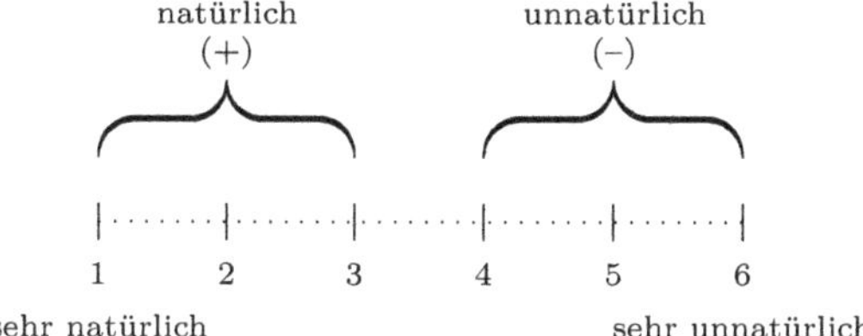

Abbildung 4.8: Bewertungsskala mit sechs und zwei Klassen am Beispiel von Natürlichkeit (1a).

Datenmaterials von der mehrwertigen Ordinalskala auf eine zweiwertige Skala abgebildet: Als Klassen werden die Pole der Skalen des Annotationskatalogs (ohne die Steigerung „sehr ...") verwendet. Segmente mit den Bewertungen 1, 2 und 3 werden der Klasse des linken Pols zugeordnet und die Bewertungen 4, 5, und 6 dem anderen Pol. Für das Beispiel Natürlichkeit (1a) reicht die Skala von 1 – sehr natürlich bis 6 – sehr unnatürlich (Anhang A.1.1). Daraus werden die Klassen *natürlich (+)* und *unnatürlich (-)* erzeugt. In Abbildung 4.8 ist die Transformation der Bewertungen grafisch veranschaulicht. In der Tabelle 4.5 sind die Klassen zusammengefasst. Zur Begründung der willkürlichen Teilung kann Abbildung 4.7 herangezogen werden. Die dort gezeigte Verteilung der Sprechgeschwindigkeiten verdeutlicht, dass die Trennung zwischen den Bewertungen 3 und 4 durch die Daten gestützt wird. Für Akzentuierungsform (7jFo) werden die in Tabelle 4.3 dargestellten Klassen übernommen. Die Zuordnung der beschreibenden Adjektive erfolgt zur Anpassung an die Begrifflichkeiten des Data-Mining. Somit lassen sich die Performanzwerte, besonders richtig-positiv und richtig-negativ, konsistent in dieser Arbeit interpretieren.

Tabelle 4.5: Dichotome Aufteilung des Korpus.

	positiv		negativ	
Kriterium	Klasse	Anzahl	Klasse	Anzahl
Persönlichkeit (1)				
Natürlichkeit (1a)	natürlich	140	unnatürlich	345
Glaubwürdigkeit (1b)	glaubwürdig	85	unglaubwürdig	126
Kompetenz (1d)	kompetent	71	inkompetent	100
Sicherheit (1e)	sicher	55	unsicher	317
Gesprächspartnerorientierung (6)				
Freundlichkeit (6a)	freundlich	216	unfreundlich	73
Kooperativität (6c)	kooperativ	126	unkooperativ	82
Sprechausdruck (7)				
Stimmklang (7a)	angenehm	74	unangenehm	398
Sprechstimmlage (7b)	hoch	260	tief	146
Lautheit (7c)	laut	47	leise	62
Tonhöhenverlauf (7d)	bewegt	205	monoton	120
Endmelodieverlauf (7e)	interrogativ	608	terminal	57
Melodiesprung (7f)	stark	301	schwach	6
Sprechspannung (7g)	gespannt	98	ungespannt	150
Sprechgeschwindigkeit (7h)	schnell	387	langsam	44
Pausenart (7iA)	Grenzpausen	9	Binnenpausen	63
Pausendauer (7iD)	lang	127	kurz	45
Pausenfrequenz (7iFr)	viel	37	wenig	249
Akzentuierungsfrequenz (7jFr)	viele	75	wenig	8

4.3 Lernen der ersten Stufe aus den Signalmerkmalen

4.3.1 Vorgehen und Ziele der Experimente

Im Verlauf des Projekts mussten viele unterschiedlich strukturierte Daten verarbeitet werden. Um sicherzustellen, dass die Arbeiten wiederholt werden können, wurden alle Teilschritte weitgehend automatisiert. Dadurch wird auch die Anfälligkeit für Fehler reduziert, da beispielsweise die Auswertungen der Experimente einheitlich ausgeführt werden. Der gesamte Prozess kann skriptbasiert automatisch gesteuert werden. Die Skripte ermöglichen die Automatisierung der Experimente, da sie die Erstellung von mehreren Modellen ohne Benutzereingriffe möglich machen. Die verschiedenen Skripte flexibilisieren die Modellentwicklung, da durch sie leicht auf Änderungen der Ausgangsda-

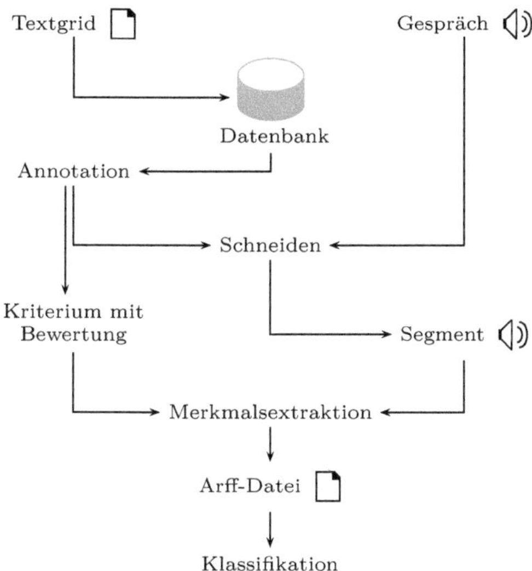

Abbildung 4.9: Technischer Workflow von der Annotation bis zur Klassifikation.

ten, z. B. das Hinzufügen von neuen Annotationen, reagiert werden kann. Die in Skripten realisierten Funktionen umfassen u. a.:

1. Einlesen, Verarbeiten und Abspeichern der Textgrids mit Metadaten zu den Gesprächsphasen und Annotationen,
2. Berechnung von statistischen Kennzahlen auf Basis der Annotationen,
3. Steuerung der externen Programme zum Schneiden der Audiodateien und zur Merkmalsextraktion,
4. Extraktion von Frequenzmerkmalen, die die Basis für aggregierte Merkmale bilden,
5. interaktives Plotten von Merkmalen, Visualisierung von Modellen,
6. Ein- und Ausgabe der Daten im Arff-Format.

Das Vorgehen zur Erstellung der Basismodelle ist in Abbildung 4.9 gezeigt. Den Ausgangspunkt der maschinellen Verarbeitung bilden das Textgrid mit den Annotationen und die Wav-Datei des Gesprächs. Aus den Textgrids werden die Annotationen extrahiert und in einer Datenbank gespeichert. Die Datenbank ermöglicht eine detaillierte Analyse und gezielte Abfrage der einzelnen Annotationen, z. B. können alle Annotationen eines Kriteriums gelesen und bezüglich ihrer Bewertung verglichen werden. Die statistische Auswertung der Kriterien nach unterschiedlichen Kriterien unterstützt die sprechwissenschaftliche Analyse des Korpus [MP11b].

Für die ausgeführten Experimente werden die Annotationen zum Ausschneiden der Segmente aus den Gesprächsaufzeichnungen benötigt. Hierzu sind insbesondere Start- und Endzeit der Annotation sowie die Bewertung wichtig. Mit diesen Informationen kann das durch die Annotation repräsentierte Audiosegment aus dem ursprünglichen Gespräch herausgeschnitten werden. Dies erfolgt mit dem Kommandozeilenwerkzeug „shnsplit“. Nach dem Schneiden liegt das Korpus in Form von einzelnen Wav-Dateien vor, die den Annotationen entsprechen. Auf Basis der Segmente erfolgt die Merkmalsextraktion mit openSMILE. Dazu werden die Annotationen mit den Bewertungen aus der Datenbank ausgelesen und diese Metainformationen mit den Audiodateien der Segmente verknüpft. Dabei wird die Bewertung (1–6) als Klasse in die erzeugte Instanz eingetragen. Die errechneten Merkmale werden zusammen mit der Klasse der Annotation im Arff-Format von Weka gespeichert. Die Arff-Datei wird danach im Klassifikationsschritt zum Training der Modelle in Weka genutzt.

4.3.2 Merkmalsextraktion mit openSMILE

In Kapitel 2 wurden Signalmerkmale und deren Berechnungsverfahren vorgestellt. Es konnte anhand der Literaturanalyse gezeigt werden, dass der Stand der Forschung zur Merkmalsextraktion für die Verarbeitung von paralinguistischen Merkmalen der Einsatz von Brute-Force-Verfahren ist, mit deren Hilfe mehrere Tausend Merkmale effizient berechnet werden können. Für die vorliegende Arbeit wird ein 2106 Merkmale umfassender Merkmalssatz verwendet, der mit openSMILE berechnet wird. Die Konfiguration beruht auf der von Schuller u. a. [Sch+10a] für die Paralinguistic Challenge auf der Interspeech 2010 verwendeten Attributmenge. Für eine detaillierte Beschreibung der Attribute sei auf Eyben u. a. [EWS10, S. 29 ff.] verwiesen. Diese Konfiguration wurde um die ersten 5 Formanten als LLD und ihre statistischen Funktionale ergänzt, da diese in ersten Experimenten gute Ergebnisse erbrachten. Tabelle 4.6 beinhaltet die von openSMILE berechneten LLD in der dort verwendeten Syntax sowie eine Erläuterung des Merkmals.

Tabelle 4.6: Low-Level-Deskriptoren der Merkmalsextraktion [EWS10, S. 31 f., 99].

LLD	Erklärung	Mult.	Koeff.	Funkt.	$\sum$
pcm_loudness	normalisierte Loudness	2	-	25	50
mfcc	Mel-Frequenz-Cepstrum-Koeffizienten 0–14	2	15	25	750
logMelFreqBand	logarithmiertes Mel-Cepstrum im Bereich 0–8 kHz	2	8	25	400
lspFreq	8 LSP-Koeffizienten	2	8	25	400
F0finEnv	Hüllkurve der geglätteten F_0-Kontur	2	-	25	50

Tabelle 4.6 – Fortsetzung

LLD	Erklärung	Mult.	Koeff.	Funkt.	$\sum$
voicingFinalUnclipped	Wahrscheinlichkeit stimmhafter Anteile des Abschnitts	2	-	25	50
formantFreqLpc	LPC-Koeffizienten der ersten 5 Formanten	2	5	25	250
shimmerLocal	lokaler Shimmer zwischen den Frames	2	-	19	38
F0final	geglättete F_0-Kontur	2	-	19	38
jitterLocal	lokaler Jitter zwischen den Frames	2	-	19	38
jitterDDP	differentialer Jitter zwischen den Frames	2	-	19	38
F0final_Turn_numOnsets	Anzahl der Pitch Onsets im Segment	1	-	-	1
F0final_Turn_duration	Gesamtlänge des Segments	1	-	-	1
Geschlecht		1	-	-	1
Klasse		1	-	-	1
$\sum$		-	-	-	2106

Die Berechnung der LLD erfolgt im ersten Schritt für jeden Frame. Danach wird der gleitende Durchschnitt über drei Frames errechnet sowie der Delta-Koeffizient erster Ordnung ermittelt [EWS10, S. 29]. Somit entstehen je LLD zwei Zeitreihen. Für die Kennzahlen des Segments/Turns werden Durchschnitt und Delta-Koeffizient nicht berechnet. Dies kann Spalte Multiplizität (Mult.) entnommen werden.

In der Spalte Koeffizienten (Koeff.) ist vermerkt, wie viele Koeffizienten der LLD berechnet werden, bzw. wie viele Frequenzbänder berücksichtigt werden. Die Spalte Funktionen (Funkt.) zeigt, wie viele statistische Funktionen über die Zeitreihen berechnet werden. Eine Übersicht dazu findet sich in Tabelle A.1 im Anhang. Die Summe der Merkmale je LLD berechnet sich aus dem Produkt der Multiplizität, der Koeffizienten und der Anzahl der Funktionen. Mit Geschlecht des Sprechers und Klasse ergeben sich insgesamt 2106 Merkmale.

4.3.3 Vorstudie – natürliche Verteilung der Datensätze

Der erste Schritt der experimentellen Arbeit ist die Klassifikation aller Einzelkriterien des Korpus. Mit den Experimenten sollen folgende Fragen geklärt werden:

1. Können alle Kriterien durch einen Klassifikationsalgorithmus hinreichend gut erkannt werden?

2. Welche Kriterien können besonders gut erkannt werden? Es ist zu vermuten, dass die Kriterien des Sprechausdrucks (7) besser erkannt werden als die Kriterien, die die Persönlichkeit betreffen.

Wie die Beschreibung des Korpus in Kapitel 4.2 gezeigt hat, sind bei fast allen Kriterien starke Unterschiede in den Klassenbesetzungen festzustellen. Diese reichen bis zu 50:1 beim Kriterium Melodiesprung (7f). In Abschnitt 3.4.3 wurde erörtert, unter welchen Umständen ungleiche Verteilungen bei der Klassifikation berücksichtigt werden sollten und wie die Ergebnisse interpretiert werden können. Beim bereits genannten Kriterium Melodiesprung (7f) soll dies verdeutlicht werden. Von insgesamt 307 markierten Segmenten gehören 301 zur Klasse *stark* und nur 6 zu *schwach*. Dieses Verhältnis lässt sich mit der Art der Annotation begründen. Es kann angenommen werden, dass *starke* Melodiesprünge auffälliger als *schwache* sind und daher häufiger bemerkt werden. Allerdings lässt dies keine Schlussfolgerungen auf die wirkliche Anzahl der *schwachen* Melodiesprünge zu. Aus der Data-Mining-Sicht entspricht die Klassifikation einer Ausreißeranalyse, da in einer übergroßen Mehrheit eine Klasse identifiziert werden soll. Bei der Anwendung der Standardverfahren und der Berechnung der Performanzwerte ist daher mit einer Überanpassung an die Mehrheitsklasse zu rechnen. Wie stark diese ausgeprägt ist und ob die daraus resultierenden Klassifikationsmodelle als Basismodelle für die erste Stufe tauglich sind, wurde in der nachfolgend erläuterten Vorstudie untersucht.

Für die erste Experimentreihe wurden alle 19 Kriterien mit den acht in Abschnitt 3.2 vorgestellten Algorithmen klassifiziert und die Ergebnisse ausgewertet. Tabelle 4.7 stellt zusammengefasst die Ergebnisse der Klassifikationsexperimente mit dem Korpus in der natürlichen Verteilung dar.

Tabelle 4.7: Erkennungsleistung bei natürlicher Verteilung der Klassen.

Nr.	Kriterium	F_1	r_p-Rate	r_n-Rate	Algor.	Verteilung
1	Melodiesprung (7f)	0,9951	1,0000	0,3000	SMO	50,17:1
2	Lautheit (7c)	0,9687	0,9800	0,9690	J48	1:1,32
3	Sprechstimmlage (7b)	0,9673	0,9731	0,9305	LMT	1,78:1
4	Akzentuierungsfrequenz (7jFr)	0,9549	0,9750	0,3000	SMO	9,38:1
5	Endmelodieverlauf (7e)	0,9535	0,9951	0,0167	LMT	10,67:1
6	Sprechgeschwindigkeit (7h)	0,9529	0,9740	0,3850	MLP	8,80:1
7	Pausendauer (7iD)	0,8750	0,9205	0,4850	MLP	2,82:1
8	Freundlichkeit (6a)	0,8447	0,8978	0,3250	LMT	2,96:1
9	Tonhöhenverlauf (7d)	0,8348	0,8543	0,6750	MLP	1,71:1
10	Kompetenz (1d)	0,7793	0,8036	0,8200	SMO	1:1,41
11	Sprechspannung (7g)	0,6889	0,7133	0,7667	SMO	1:1,53
12	Pausenfrequenz (7iFr)	0,6840	0,7333	0,9397	MLP	1:6,73
13	Kooperativität (6c)	0,6658	0,7679	0,2153	LMT	1,54:1

Tabelle 4.7 – Fortsetzung

Nr.	Kriterium	F_1	r_p-Rate	r_n-Rate	Algor.	Verteilung
14	Natürlichkeit (1a)	0,5035	0,4929	0,8148	SMO	1:2,46
15	Pausenart (7iA)	0,5000	0,6000	0,8929	NB	1:7,00
16	Glaubwürdigkeit (1b)	0,4766	0,5181	0,5667	J48	1:1,48
17	Akzentuierungsform (7jFo)	0,4729	0,4804	0,8853	SMO	1:1,70
18	Stimmklang (7a)	0,3665	0,4357	0,8166	BN	1:5,38
19	Sicherheit (1e)	0,3057	0,5200	0,6909	BN	1:5,76

Als Maß für die Beurteilung der Klassifikationsgüte wird F_1 eingesetzt. Weiterhin sind der beste Algorithmus nach dem Vorgehen aus Abschnitt 3.5.2 und das Verhältnis der Klassen angegeben. Abbildung 4.10 zeigt die Performanzmaße F_1 und als Gegenüberstellung die r_p-Rate sowie die r_n-Rate. Anhand der r_p- und r_n-Raten kann abgeschätzt werden, ob der Klassifikationsalgorithmus überangepasste Modelle erzeugt, die nur eine Klasse gut erkennen können. Aus dem Abstand der Werte kann geschlossen werden, wie gut bzw. schlecht das Modell an eine Klasse angepasst ist. Der Vergleich offenbart bei den meisten Kriterien eine große Differenz der beiden Performanzmaße. Das oben diskutierte Kriterium Melodiesprung (7f) steht an Platz 1 der F_1-Werte. Jedoch berücksichtigt der hohe Wert nicht die Verteilung der einzelnen Klassen. Für die r_p-Rate wird das theoretische Maximum von 1,0 erreicht. Dies bedeutet, dass alle *starken* Melodiesprünge korrekt erkannt werden. Hierbei kann unterstellt werden, dass der Lernalgorithmus das Modell auf eine triviale Entscheidung trainiert und die meisten Instanzen als *stark* klassifiziert. Dies ist keine erwünschte Eigenschaft des Klassifikationsmodells. Besonders groß ist der Abstand zwischen r_p-Rate und r_n-Rate beim Bewertungskriterium Endmelodieverlauf (7e). Dies deutet auf extreme Überanpassung an eine Klasse hin. Wie in Tabelle 4.7

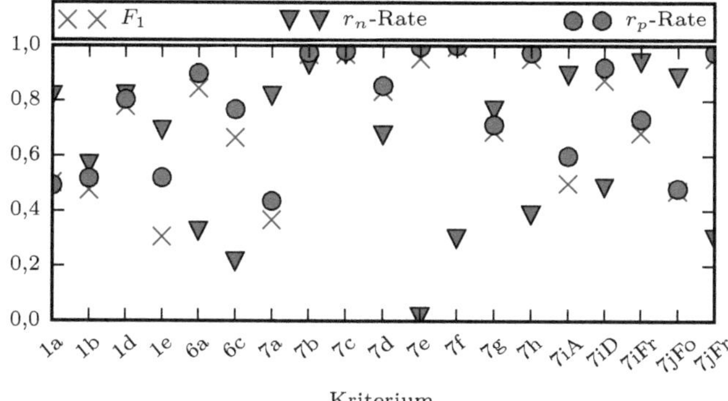

Abbildung 4.10: Erkennungsleistung bei natürlicher Verteilung der Klassen.

ersichtlich ist, erzielt diese Erkennungsleistung der LMT-Algorithmus. Das Ergebnis verdeutlicht die in Abschnitt 3.2.4 angesprochene Tendenz der Überanpassung bei baumbasierten Klassifikationsalgorithmen. Nur bei sechs Kriterien (1b, 1d, 7b, 7c, 7d und 7g) ist die Differenz von r_p und r_n gering. Alle diese Kriterien sind relativ ausgeglichen in einem Verhältnis von weniger als 1:2 verteilt.

4.3.4 Transformation der Klassenverteilung

Die Experimente mit den natürlich verteilten Daten zeigen bei allen Klassifikationsalgorithmen in der überwiegenden Zahl der Kriterien deutliche Überanpassung an die Mehrheitsklasse. Dies ist für die Experimente eine unerwünschte Eigenschaft. Die im vorigen Abschnitt beschriebenen Experimente führen zum Schluss, dass das Auswahlverfahren zur Ermittlung des besten Modells überangepasste Modelle begünstigt. Weiterhin wurde in Abschnitt 3.4.3 herausgestellt, dass Klassifikationsmodelle nur auf ungleich verteilten Klassen trainiert werden sollten, wenn die gleiche Verteilung auch für die Grundgesamtheit angenommen werden kann. Aufgrund der Vorgehensweise der Annotation, d. h. der gezielten Anmerkung von Auffälligkeiten, kann nicht auf die Wahrscheinlichkeit des Auftretens bestimmter Klassen über die Verteilung der Grundgesamtheit, also alle unbekannten Gespräche geschlossen werden. Die Analyse der ersten Experimentreihe legt somit nahe, dass die Erkennungsleistung vom Kriterium, der Verteilung der Klassen und dem Algorithmus abhängt. Von diesen Faktoren kann nur die Verteilung beeinflusst werden, um die Vergleichbarkeit zu erhöhen

Für alle weiteren Experimente werden die Daten auf eine Gleichverteilung transformiert, um die Vergleichsfähigkeit der Ergebnisse zu verbessern. Zur Herstellung der Gleichverteilung wird ein Random-Subsampling-Verfahren angewendet, das wie folgt ausgeführt wird:

1. Ermittlung der Minderheitsklasse und Auszählen der Instanzen,
2. Entfernung von Instanzen aus der Mehrheitsklasse durch zufälliges Ziehen, bis eine Gleichverteilung hergestellt ist,
3. Zusammenfassung entfernter Instanzen zu einem Testdatensatz.

In Tabelle 4.8 sind die aus der Umformung resultierenden Klassenaufteilungen verzeichnet. Die Spalten zwei und drei beinhalten die Namen der beiden Klassen und die Anzahl der Instanzen je Klasse. Für Natürlichkeit (1a) bedeutet dies, dass der Datensatz 280 Instanzen enthält, davon je 140 *natürlich* und *unnatürlich*. In Spalte vier ist die Klasse eingetragen, die die Mehrheit der Instanzen beinhaltet. Spalte fünf zeigt die Anzahl der Instanzen, die aus der Mehrheitsklasse zur Herstellung der Gleichverteilung entfernt wurden. Diese verbliebenen Instanzen einer Klasse werden als zusätzlicher Testdatensatz zur Beurteilung der r_p- bzw. r_n-Rate verwendet. Das Kriterium Akzentuierungsform (7jFo) muss wegen seiner dreiwertigen Natur gesondert betrachtet werden. Hier besteht der für das Basismodell eingesetzte Datensatz aus je 71 Instanzen der Klassen *dynamisch*, *temporal* und *melodisch*. Nach Angleichung der Verteilungen verbleiben 50 Instanzen *dynamisch* und 139 der Klasse *melodisch* für den Testdatensatz. Durch das Entfernen der überzähligen Instanzen entstehen teilweise sehr kleine Datensätze, wie Tabelle 4.8 z. B. an den Kriterien Melodiesprung (7f), Pausenart (7iA) und Akzentuierungsfrequenz (7jFr) zeigt. Für diese Kriterien ist es schwierig, die Performanz zu ermitteln, da mit den kleinen Datensätzen keine aussagekräftige Kreuzvalidierung möglich ist. Somit ist es auch problematisch, das beste Klassifikationsmodell zu ermitteln.

In zukünftigen Arbeiten kann untersucht werden, welche Auswirkung es hat, anstatt kleiner gleichverteilter Datensätze die großen ungleich verteilten Datensätze zum Training der Basismodelle zu verwenden.

Tabelle 4.8: Aufteilung des Korpus bei Gleichverteilung der Klassen.

	Training		Zusatz (Test)	
Kriterium	Klassen	Anzahl	Klasse	Anzahl
Natürlichkeit (1a)	natürlich/ unnatürlich	140	unnatürlich	205
Glaubwürdigkeit (1b)	glaubwürdig/ unglaubwürdig	85	unglaubwürdig	41
Kompetenz (1d)	kompetent/ inkompetent	71	inkompetent	29
Sicherheit (1e)	sicher/unsicher	55	unsicher	262
Freundlichkeit (6a)	freundlich/ unfreundlich	73	freundlich	143
Kooperativität (6c)	kooperativ/ unkooperativ	82	kooperativ	44
Stimmklang (7a)	angenehm/ unangenehm	74	unangenehm	324
Sprechstimmlage (7b)	hoch/tief	146	hoch	114
Lautheit (7c)	laut/leise	47	leise	15
Tonhöhenverlauf (7d)	bewegt/monoton	120	bewegt	85
Endmelodieverlauf (7e)	interrogativ/ terminal	114	interrogativ	551
Melodiesprung (7f)	stark/schwach	6	stark	295
Sprechspannung (7g)	gespannt/ ungespannt	98	ungespannt	52
Sprechgeschwindigkeit (7h)	schnell/langsam	44	schnell	343
Pausenart (7iA)	Grenzpausen/ Binnenpausen	9	Binnenpausen	54
Pausendauer (7iD)	lang/kurz	45	lang	82
Pausenfrequenz (7iFr)	viel/wenig	37	wenig	210

Tabelle 4.8 – Fortsetzung

	Training		Zusatz (Test)	
Kriterium	Klasse	Anzahl	Klasse	Anzahl
Akzentuierungsform (7jFo)	dynamisch/ temporal/ melodisch	71	dynamisch/ melodisch	50/139
Akzentuierungsfrequenz (7jFr)	viele/wenig	8	viele	67

4.3.5 Referenzwerte für Kriterien der Gesprächsqualität

Die in den folgenden beiden Abschnitten beschriebenen Experimente sind die Hauptresultate der einstufigen Klassifikationsmodelle, die mit den extrahierten Daten aus dem Audiosignal arbeiten. Es wird die im Abschnitt 3.5.2 beschriebene statistisch begründete Vorgehensweise zur Ermittlung des besten Klassifikationsalgorithmus verwendet. Die Experimente werden mit den auf eine Gleichverteilung angepassten Datensätzen durchgeführt. Die in diesem Abschnitt präsentierten Ergebnisse der einstufigen Klassifikation werden als Richtwerte verwendet. Dabei wird eine Antwort auf Forschungsfrage 4 gegeben, welche Qualitätsmerkmale sich gut aus dem Signal erkennen lassen. Die Ergebnisse dienen zum Vergleich mit den in Kapitel 2 beschriebenen Studien zur Erkennung anderer paralinguistischer Merkmale. Wenn ähnliche Ergebnisse erzielt werden, kann daraus geschlossen werden, dass in der einstufigen Klassifikation keine systematischen Fehler auftreten. Dies bezieht sich auf die Wahl der Signalmerkmale, die Klassifikationsalgorithmen sowie auf die Annotation des Korpus. Gemäß des zusammengefassten Status quo aus Kapitel 2 werden als Richtwert für die Erkennung aus den Signalattributen mit den einstufigen Klassifikationsmodellen 70 % Erkennungsrate angenommen. Werte über 70 % sind als besonders gut einzuordnen und Werte zwischen 60 % und 70 % können als gut bewertet werden.

Hauptzweck der Referenzwerte ist der Vergleich mit den Ergebnissen der zweistufigen Klassifikation. Gemäß Forschungsfrage 5 sollen die Ergebnisse der zweistufigen Klassifikation nicht schlechter als die Referenzwerte bei der konventionellen einstufigen Erkennung sein. Dies wird statistisch in Abschnitt 4.5.1 geprüft. Die Ergebnisse des Experiments sind in Tabelle 4.9 und Abbildung 4.11 verzeichnet. Die sechs in der zweiten Experimentreihe betrachteten Kriterien der Gesprächsqualität lassen sich alle mit mehr als 50 % erkennen. Mit jeweils über 100 Instanzen pro Datensatz können die Ergebnisse als belastbar angesehen werden. Aus Abbildung 4.11 kann weiterhin geschlossen werden, dass die Überanpassung im Vergleich zur Vorstudie geringer ausfällt. Die beiden Kriterien mit der besten Erkennungsrate, Kompetenz (1d) und Sicherheit (1e), können ausgewogen zwischen den Klassen mit einem F_1-Wert von über 0,73 erkannt werden. Auch Freundlichkeit (6a) kann sehr gut erkannt werden, zeigt aber trotz gleicher Anzahl von Instanzen in den Klassen eine Überanpassung. Aus der Übersicht kann

Tabelle 4.9: Erkennungsleistung für Qualitätsfaktoren (1) und (6) bei gleichverteilten Klassen.

Kriterium	F_1	r_p-Rate	r_n-Rate	Algor.	Instanzen
Kompetenz (1d)	0,7934	0,8143	0,7607	SMO	142
Sicherheit (1e)	0,7333	0,7700	0,6900	MLP	110
Freundlichkeit (6a)	0,7255	0,8357	0,5179	NB	146
Natürlichkeit (1a)	0,6676	0,7143	0,5714	JRip	280
Glaubwürdigkeit (1b)	0,6245	0,7014	0,4569	BN	170
Kooperativität (6c)	0,5417	0,5347	0,5597	SMO	164

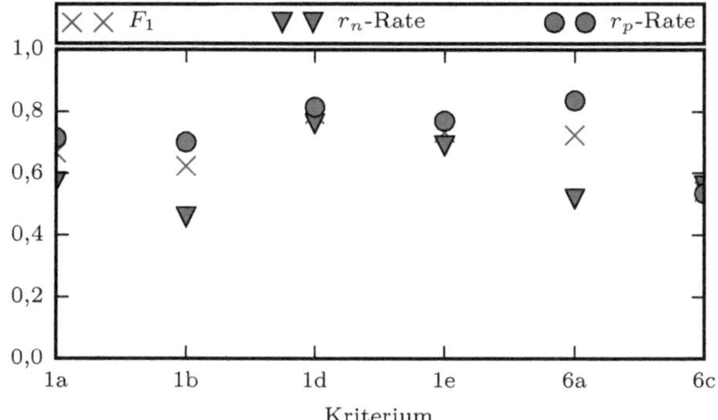

Abbildung 4.11: Erkennungsleistung für Qualitätsfaktoren.

das Fazit gezogen werden, dass sowohl die Signalmerkmale als auch die Auswahl der Klassifikationsalgorithmen und deren Anwendung der Aufgabenstellung angemessen sind und gute Resultate erzielen. Im Folgenden werden die einzelnen Ergebnisse für die sechs Kriterien der Gesprächsqualität detailliert betrachtet. Die statistischen Auswertungen zur Ermittlung des Algorithmus, der die besten Modelle trainiert, können den einzelnen Tabellen in Anhang A.1.3 entnommen werden. Exemplarisch wird die Interpretation der Ergebnistabellen am folgenden Kriterium Natürlichkeit (1a) erläutert.

Natürlichkeit (1a): Tabelle 4.10 listet die mit der 10-fachen Kreuzvalidierung berechneten Performanzwerte auf. Die erste Zeile der Tabellen beinhaltet den Mittelwert über die Replikationen der Kreuzvalidierung. Im Feld „Rang“ ist die Rangfolge der F_1-Werte vermerkt. Natürlichkeit (1a) wird als einziges Kriterium von Ripper (JRIP) am besten erkannt, wie der Rang des mittleren F_1-Wertes zeigt. Die Varianz $\mathrm{Var}(F_1)$ zeigt die Stabilität der einzelnen Modelle. Dies bedeutet, dass Algorithmen mit geringer Varianz (Ada und LMT) Modelle trainieren, die über

Tabelle 4.10: Performanzmaße für Natürlichkeit (1a).

	Ada	LMT	J48	NB	MLP	SMO	JRip	BN
Avg(F_1)	0,6383	0,6579	0,5384	0,623	0,5873	0,6453	0,6676	0,6289
Rang	4	2	8	6	7	3	1	5
Var(F_1)	0,0037	0,0045	0,0079	0,0118	0,0514	0,009	0,008	0,0091
Avg(AUC)	0,6556	0,6832	0,5416	0,6079	0,6082	0,6429	0,6385	0,6804
Avg(ER)	0,6393	0,6393	0,5393	0,5893	0,5893	0,6429	0,6429	0,6393
Avg(rpr)	0,6357	0,6929	0,5357	0,6929	0,6929	0,6643	0,7143	0,6214
Avg(rnr)	0,6429	0,5857	0,5429	0,4857	0,4857	0,6214	0,5714	0,6571
Avg(ER_T)	0,6293	0,5366	0,5659	0,4439	0,4439	0,4976	0,5415	0,5463
W	0,9406	0,8725	0,9534	0,8932	0,7559	0,9343	0,8362	0,968
p_{sw}	0,5592	0,1068	0,7089	0,1841	0,0042	0,4917	0,0397	0,8716

alle Replikationen der Kreuzvalidierung (CV) ähnliche Performanzwerte erzeugen. Im Gegensatz dazu sind die trainierten Entscheidungsbäume vom LMT relativ verschieden und erzielen unterschiedliche Klassifikationsresultate. Die Einträge der Mittelwerte für die Area under Curve (AUC) und Erkennungsrate (ER) dienen vor allem den Vergleich mit anderen Arbeiten, da in Studien of diese Performanzmaße verwendet werden, wie die Ausführungen in Kapitel 2 zeigen. Im Beispiel aus Tabelle 4.10 besitzt JRip neben dem höchsten F_1 auch die höchste mittlere AUC und mittlere ER. Anhand der Differenz von r_p-Rate (rpr) und r_n-Rate (rnr) kann die Tendenz zur Überanpassung erkannt werden. In den vorliegenden Daten ist bei einigen Algorithmen, darunter auch JRip eine Überanpassung an *natürlich* zu erkennen. Die ausgewogensten Erkennungsraten zeigt Ada. In Zeile Avg(ER_T) ist die Erkennungsrate mit dem zusätzlichen Datensatz erfasst, der die überzähligen Instanzen gegenüber der Gleichverteilung beinhaltet. Im Fall von Natürlichkeit sind dies 205 Instanzen der Klasse *unnatürlich*. Dieser wird von Ada und BN am besten erkannt. Bei NB und MLP korrespondiert schlechte Erkennung der Testdaten mit der in der Kreuzvalidierung erreichten r_n-Rate von weniger als 0,5. Somit bestätigt sich hierdurch eine Überanpassung. In Zeile W ist die Teststatistik des Shapiro-Wilk-Tests eingetragen, darunter der zugehörige Wert für p_{sw}. Die Zeile Gruppe beinhaltet die Gruppierung nach dem Duncan-Test. Für die Klassifikationsalgorithmen Ada, LMT, J48, NB, SMO und BN gilt $p_{sw} \geq$ 0,05. Somit kann die Nullhypothese des Shapiro-Wilk-Tests für die F_1-Werte nicht abgelehnt werden und diese werden als normalverteilt angesehen. Es wird für die normalverteilten F_1-Werte eine Varianzanalyse durchgeführt, deren Ergebnisse Tabelle 4.11 zeigt. Der p_a-Wert von 0,05 liegt außerhalb des Ablehnungsbereichs von H_0. Somit sind

Tabelle 4.11: Varianzanalyse der F_1-Werte für Natürlichkeit (1a).

	df	*SAQ*	*MQ*	$\hat{F}$	p_a
Gruppen	5	0,0914	0,0183	2,3866	0,05
Residuen	54	0,4136	0,0077		

die mittleren F_1-Werte der einzelnen Algorithmen nicht signifikant verschieden. Es wird kein Duncan-Test durchgeführt.

Glaubwürdigkeit (1b): Bei Glaubwürdigkeit (1b) kann mit der statistischen Vorgehensweise kein bester Algorithmus ermittelt werden, da durch die Varianzanalyse keine signifikanten Unterschiede festgestellt werden (Tabelle A.2). Somit wird BN mit dem größten F_1-Wert als bester Algorithmus bestimmt. Allerdings zeigt sich hier eine Überanpassung an die Klasse *glaubwürdig*. Die Testdaten werden nur mit ca. 32 % erkannt. Die Algorithmen auf Rang 3 bis 5 erreichen ausgewogene hohe Erkennungsraten für beide Klassen und den Testdatensatz.

Kompetenz (1d): Die wahrgenommene Kompetenz ist mit einer mittleren Erkennungsrate von über 70 % das am besten erkannte Kriterium der Gesprächsqualität (Tabelle A.4). Nur zwei Algorithmen, LMT und NB, zeigen Überanpassung. Mit einer Erkennungsrate von 82,76 % erkennt das Bayes-Netz die Testdaten am besten. Anhand der F_1-Werte ist SMO der beste Algorithmus, besitzt aber Schwächen bei der Erkennung der Testdaten. Statistisch kann keine Rangfolge ermittelt werden, da die sich Performanzmaße nicht signifikant unterscheiden.

Sicherheit (1e): Sicherheit ist das zweite Kriterium, das nicht zum Sprechausdruck gehört und mit einem F_1-Wert von über 0,7 erkannt wird (Tabelle A.6). Während die meisten Algorithmen relativ ausgewogen zwischen den Klassen trennen, ist NB auf die Klasse *sicher* übertrainiert. Nur zwei Algorithmen, Ada und BN, zeigen mit den Testdaten Erkennungsraten über 60 %.

Freundlichkeit (6a): Den besten F_1-Wert bei Freundlichkeit (6a) erreicht im Mittel NB, lässt aber Überanpassung an die Klasse *freundlich* erkennen (Tabelle A.8). Mit $ER = 80\,\%$ kann NB den Testdatensatz am besten klassifizieren. BN mit dem zweitbesten F_1-Wert erzielt ausgewogene Erkennungsraten.

Kooperativität (6c): Kooperativität (6c) wird von allen Kriterien der Gesprächsqualität am schlechtesten erkannt (Tabelle A.10). SMO kann *kooperativ* und *unkooperativ* gleich gut erkennen. Sechs Algorithmen erkennen jeweils eine Klasse mit unter 0,5, was unter dem statistischen Erwartungswert liegt.

Die hier beschriebene Auswertung der Experimente gibt auch eine Antwort auf Forschungsfrage 4. Die Anordnung nach dem F_1-Wert in Tabelle 4.9 zeigt deutliche Unterschiede in der Erkennungsleistung bei den in Persönlichkeit (1) und Gesprächspartnerorientierung (6) aufgeteilten Kriterien der Gesprächsqualität. Der letzte Platz von Kooperativität (6c) bestätigt die Vermutung, dass der große Einfluss von interaktiven Handlungen dazu führt, dass die Wirkung des Sprechausdrucks im Vergleich abnimmt. Freundlichkeit (6a) besitzt, wie in Abschnitt 1.2.4 geschildert, mehr Ähnlichkeiten mit Persönlichkeitsmerkmalen als mit Gesprächspartnerorientierung (6) im Sinne der Gesprächsqualitätsfaktoren. Daher wird Freundlichkeit (6a) ähnlich gut wie die zur Persönlichkeit (1) gehörenden Bewertungskriterien erkannt. Die gute Erkennbarkeit von Kompetenz (1d) lässt sich auf enge Relation zu den Persönlichkeitsfaktoren zurückführen. Kompetenz gehört zu den Aspekten des Persönlichkeitsfaktors Gewissenhaftigkeit [AN07, S. 157]. Daher kann das Ergebnis der hier beschriebenen Experimente bestätigt werden. In der Literaturstudie in Abschnitt 2.2.3 wurde herausgearbeitet, dass sich Gewissenhaftigkeit mit einer UA von ca. 0,8 am besser als andere Persönlichkeitsfaktoren erkennen lässt. Wegen der guten Erkennung und aufgrund des relativ großen Datenumfangs mit 142 Instanzen bietet sich Kompetenz (1d) für weitere Untersuchungen an.

4.3.6 Basismodelle der ersten Stufe für den Sprechausdruck

In diesem Abschnitt werden die Basisklassifikationsmodelle der zweiten Stufe erläutert. Dies ist die Grundlage für das weitere Vorgehen. Die konzeptionelle Abfolge wurde in Abschnitt 4.1.2 thematisiert. Für die Entwicklung der Basismodelle werden die ersten drei Schritte aus Abbildung 4.3 ausgeführt: (1.) Merkmalsextraktion aus dem Audiosignal, (2.) Trainieren der Modelle für die 13 Kriterien des Sprechausdrucks und (3.) Auswahl des besten Klassifikationsalgorithmus und Training der Basismodelle. Die Experimente wurden mit den gemäß der Beschreibung in Abschnitt 4.3.5 hergestellten Gleichverteilung durchgeführt. Es wird die in Kapitel 3.5 beschriebene Vorgehensmethodik verwendet. In Tabelle 4.12 sind die Ergebnisse der in Anhang A.1.4 dokumentierten Experimente für Sprechausdruck zusammengefasst.

In der ersten Spalte ist der Rang des F_1-Wertes der untersuchten Kriterien eingetragen. Durch die Angleichung der Anzahl der Instanzen sind bei Pausenart (7iA), Akzentuierungsfrequenz (7jFr) und Melodiesprung (7f) sehr kleine Datensätze entstanden, deren Ergebnisse sich schlecht interpretieren lassen. Abbildung 4.12 zeigt graphisch die Performanzwerte aus Tabelle 4.12. Im direkten Vergleich mit den natürlich verteilten Daten (Abbildung 4.10) können wie auch bei den Kriterien der Gesprächsqualität zwei Beobachtungen gemacht werden:

1. Die Differenzen von r_p-Rate und r_n-Rate sind geringer, d. h. die Anfälligkeit für Überanpassung ist gesunken.

2. Die maximalen F_1-Werte sind teilweise kleiner.

Die beiden Beobachtungen sind direkte Auswirkungen der Anpassung der Verteilung. Die Angleichung führt zu ausgewogenen Erkennungsraten. Dadurch verringert sich bei einigen Kriterien der gemittelte F_1-Wert, wie bei Endmelodieverlauf (7e), Melodiesprung (7f) und Sprechgeschwindigkeit (7h) zu erkennen ist.

Tabelle 4.12: Erkennungsleistung der Basismodelle für Sprechausdruck.

Rang	Kriterium	F_1	r_p-Rate	r_n-Rate	Algor.	Inst.
1	Lautheit (7c)	0,9690	0,9750	0,9600	J48	94
2	Sprechstimmlage (7b)	0,9496	0,9595	0,9381	MLP	292
3	Pausenart (7iA)	0,8667	0,9000	0,8000	LMT	18
4	Pausenfrequenz (7iFr)	0,8570	0,8417	0,8917	BN	74
5	Endmelodieverlauf (7e)	0,7820	0,8267	0,7533	SMO	114
6	Tonhöhenverlauf (7d)	0,7749	0,7917	0,7500	MLP	240
7	Pausendauer (7iD)	0,7722	0,8250	0,6900	MLP	90
8	Sprechgeschwindigkeit (7h)	0,7611	0,8200	0,6750	MLP	88
9	Sprechspannung (7g)	0,7276	0,7956	0,6011	BN	196
10	Stimmklang (7a)	0,6883	0,7643	0,5411	BN	148
11	Akzentuierungsfrequenz (7jFr)	0,6333	0,7000	0,5000	MLP	16
12	Akzentuierungsform (7jFo)*	0,6223	0,7304	0,6967	Ada	142
13	Melodiesprung (7f)	0,6000	0,6000	0,5000	NB	12

* Kriterium 7jFo enthält 3 Klassen, siehe Abschnitt 4.2.3.

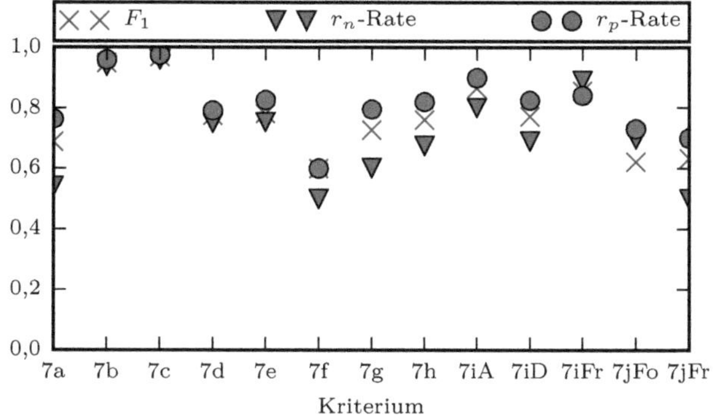

Abbildung 4.12: Erkennungsleistung für Sprechausdruck.

Im Folgenden werden die Klassifikationsresultate basierend auf den im Anhang ersichtlichen Auswertungen beschrieben. Die vollständigen Ergebnisse sind in Anhang A.1.4 in den Tabellen A.12 bis A.37 aufgeführt.

Lautheit (7c): Bei Lautheit (7c) erzeugt der J48-Baum im Mittel die besten Klassifikationsmodelle (Tabelle A.17). Abbildung 4.13 zeigt den Baum, der auf der Grundgesamtheit mit 94 Instanzen trainiert wurde. Es ist zu erkennen, dass die Lautheit durch einen einfachen Schwellwert der Loudness berechnet werden kann. Von den acht Algorithmen können sechs die 15 Testinstanzen der Klasse *leise* zu

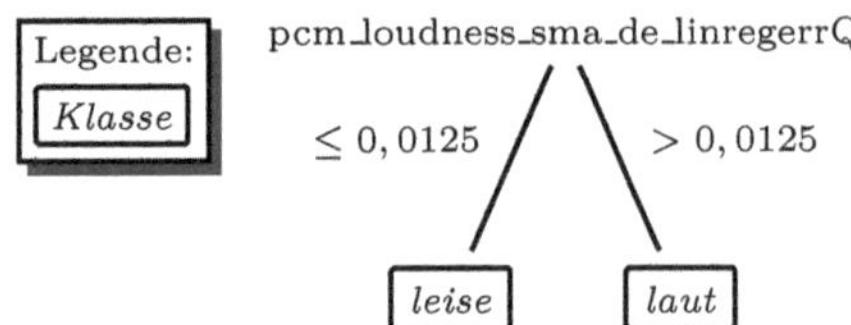

Abbildung 4.13: Entscheidungsbaum für Lautheit.

100 % erkennen. Dies zeigt, dass die Lautheit (7c) sehr gut maschinell erkannt werden kann.

Sprechstimmlage (7b): Der Duncan-Test markiert vier Algorithmen, Ada, LMT, MLP und SMO, die nicht unterscheidbar sind, als die beste Gruppe (Tabelle A.14). Darunter erzeugt das Multilayer-Perzeptronen-Netz am F_1-Wert gemessen im Mittel die besten Modelle. Die 114 Testinstanzen der Klasse *hoch* werden von sechs der acht Algorithmen zu über 95 % erkannt.

Pausenart (7iA): Das Kriterium mit dem drittbesten F_1-Wert ist Pausenart (Tabelle A.29). Hierbei erzielt LMT einen mittleren Wert von ca. 0,87. Da das Kriterium je Klasse nur 9 Instanzen beinhaltet, können keine weiteren Aussagen abgeleitet werden. Die Erkennungsleistung (F_1) des LMT bei der Testklasse *Binnenpausen* ist mit fast 76 % gut.

Pausenfrequenz (7iFr): Das Kriterium Pausenfrequenz erzielt mit dem Bayes-Netz den vierthöchsten F_1-Wert von 0,857 (Tabelle A.32). Das Kriterium beinhaltet je Klasse nur 37 Instanzen und ist im Vergleich zu den anderen als klein einzuschätzen. Die zugehörige Testmenge mit der Klasse *wenig* wird von allen Modellen mit ca. 80 % gleich gut erkannt.

Endmelodieverlauf (7e): Die SMO-Implementierung der Support-Vektor-Maschine ist bei Endmelodieverlauf der leistungsfähigste Lernalgorithmus (Tabelle A.21). Bayes-Netz und Naïve Bayes zeigen eine Überanpassung an die Klasse *interrogativ*. Die Erkennungsleistung der Testdaten von fünf Algorithmen liegt bei unter 50 %. Nur bei NB beträgt sie über 71 %, doch hier ist die Überanpassung am stärksten ausgeprägt. Die Auswertung der Statistiken in Tabelle A.21 zeigt, dass kein Modell für Endmelodieverlauf zuverlässige Ergebnisse produziert.

Tonhöhenverlauf (7d): Beim Kriterium Tonhöhenverlauf erreicht das MLP den höchsten mittleren F_1-Wert mit 0,77 (Tabelle A.18). Bei den Testdaten ist LMT der beste Algorithmus, gefolgt von SMO. Der Duncan-Test ermittelt LMT, MLP und SMO als Gruppe mit den besten F_1-Werten. Das Multilayer-Perzeptronen-Netz erzielt mit 64,7 % nur den viertbesten Wert.

Pausendauer (7iD): Für Pausendauer ist ebenfalls das Multilayer-Perzeptronen-Netz der beste Lernalgorithmus mit einem mittleren F_1-Wert von 0,77 (Tabelle A.30).

Allerdings zeigt sich eine Überanpassung an die Klasse *lang* bei den meisten Algorithmen. Die Testdaten werden von den Algorithmen unterschiedlich gut erkannt. Hier erzielen MLP und NB eine Erkennungsrate von über 84 %, während die anderen Modelle überwiegend Ergebnisse bis 70 % produzieren.

Sprechgeschwindigkeit (7h): Bis auf NB und Ada sind nach dem Duncan-Test die Klassifikationsergebnisse der übrigen sechs Algorithmen nicht signifikant unterschiedlich (Tabelle A.26). Die Sprechgeschwindigkeit wird durch das Multilayer-Perzeptronen-Netz mit dem höchsten F_1 erkannt. Allerdings zeigen sich auch hier Überanpassungen an die Klasse *schnell*. Das BN erzielt die zweitbesten F_1-Werte und erreicht die höchste Erkennungsrate bei den Testdaten.

Sprechspannung (7g): Den höchsten F_1-Wert beim Kriterium Sprechspannung erreicht das Bayes-Netz, jedoch weist es eine Bevorzugung der Klasse *gespannt* auf (Tabelle A.24). Der viertplatzierte LMT dagegen erreicht ausgeglichene Erkennungsraten in der Trainingsphase und eine gute Erkennungsleistung von ca. 77 % mit den Testdaten.

Stimmklang (7a): Den höchsten F_1-Wert erzielt BN (Tabelle A.12). Die Performanzwerte sind nicht normalverteilt, so dass das varianzanalytische Verfahren nicht eingesetzt werden kann. Bei dem mit 324 Instanzen gut besetztem Testdatensatz ist die Erkennungsrate (ER) bei allen Algorithmen relativ schlecht, nur drei erreichen knapp über 50 %. BN kann die Testdaten mit $ER = 37\,\%$ erkennen.

Akzentuierungsfrequenz (7jFr): Multilayer-Perzeptronen-Netz und SMO erreichen den gleichen Wert für F_1 (Tabelle A.37). Dies zeigt, dass aufgrund des kleinen Datensatzes kein zuverlässiges Performanzmaß gefunden werden kann. Die F_1-Werte sind nicht normalverteilt und die Standardabweichungen mit über 0,4 sehr groß. Somit können die Klassifikationsmodelle für Akzentuierungsfrequenz als nicht valide angesehen werden.

Akzentuierungsform (7jFo): Die besten Modelle für Akzentuierungsform (7jFo) trainiert Ada (Tabelle A.35). Aufgrund der Teilung in drei Klassen können die Performanzwerte schlecht mit den anderen Kriterien verglichen werden. Bei drei Klassen beträgt der Erwartungswert einer richtigen Zuordnung $1/3$. Ada erreicht den höchsten F_1-Wert und eine ER von 73 % für *dynamisch* (r_p) und *temporal* (r_n). Der Testdatensatz mit 50 *dynamischen* und 139 *melodischen* Segmenten wird nur zu 17,5 % erkannt.

Melodiesprung (7f): Aufgrund der sehr unausgewogenen Verteilung des Ausgangsmaterials besitzt der angeglichene Datensatz nur insgesamt 12 Instanzen, somit sind die Performanzmaße nicht aussagekräftig (Tabelle A.23). Besonders auffällig ist, dass die 295 Segmente der Klasse *stark* in den Testdaten von allen Algorithmen deutlich besser erkannt werden als es die übrigen Performanzwerte erwarten lassen.

4.3.7 Verifikation der Basismodelle

Im Gegensatz zu den allgemein verwendeten Sprachdatenbanken besteht das im Forschungsprojekt erstellte und für die vorliegende Arbeit genutzte Korpus aus unterschiedlichen Kriterien, die von ihrem Umfang eigenen Subkorpora entsprechen. Der Vorteil des großen Korpus mit den Kriterien ist deren struktureller Zusammenhang. Dies erlaubt vergleichende Untersuchungen sowohl auditiv als auch maschinell mit den Klassifikationsmodellen.

In Abschnitt 4.2.4 wurden eingehend Kritikpunkte bezüglich des Vorgehens der Annotation betrachtet. Die Analyse führt zum Schluss, dass die Subkorpora der einzelnen Kriterien nicht intendierte Gemeinsamkeiten aufweisen. Dies könnte zur Folge haben, dass die jeweiligen Modelle nicht gut trennen können. Sie würden also nicht nur die Kriterien erkennen, auf die sie trainiert sind, sondern noch andere, die diesen in einer gewissen Weise ähnlich sind. Nach eingehender Betrachtung von Definition und Erstellung des Korpus sowie dem Vorgehen bei der Klassifikation können die folgenden Hypothesen über die Beziehungen zwischen den unterschiedlichen Subkorpora der Kriterien herausgearbeitet werden:

1. **Unzureichende auditive Trennbarkeit der Kriterien:** Aufgrund von unklaren Definitionen oder schlechter Eichung der Experten sind die Kriterien nicht gut trennbar. Wie in Abschnitt 4.2.5 erläutert, wurden als Ergebnis auditiver Untersuchungen zwei Kriterien zusammengelegt. Es ist denkbar, dass weitere Kriterien aufgrund unpräziser Definition eine ähnlich schlechte auditive Trennbarkeit besitzen. Dies würde dazu führen, dass die Modelle für ein Kriterium auch das andere Kriterium erkennen können.

2. **Zu große Überschneidungen zwischen den Kriterien:** Wie in Abschnitt 4.2.4 erläutert, wurden Segmente in mehreren Kriterien annotiert. Dies könnte zu Überschneidungen der einzelnen Subkorpora führen und somit die Konsequenz haben, dass die Modelle andere Klassen als die trainierten erkennen.

3. **Zu lange Segmente:** Wie bereits in Abschnitt 2.2.4 beschrieben wurde, gehen durch zu lange Segmente wichtige charakteristische Informationen verloren. Dies könnte dazu führen, dass die Modelle zu stark verallgemeinern und andere Klassen erkennen.

4. **Zu starke Generalisierung der Modelle:** Wenn die Trainingsdaten zu wenige Instanzen haben, kann das Modell die Datenmuster nur unvollständig erlernen und neigt daher zu starker Generalisierung. Weiterhin kann die falsche Wahl der Modellparameter, z. B. bei Entscheidungsbäumen mit nicht ausreichender Tiefe, eine Unteranpassung zur Folge haben. Dies würde ebenfalls dazu führen, dass das Modell zu stark generalisiert und „falsche“ Kriterien erkannt werden.

5. **Falsche Wahl der Signalmerkmale:** Durch eine falsche Wahl der Merkmale und statistischen Kennzahlen kann der Fall eintreten, dass sich die extrahierten Signalmerkmale zwischen den Subkorpora zu stark ähneln.

6. **Merkmale gehören zu einem Merkmalskomplex:** Dieser Fall tritt ein, wenn Kriterien zu einem gemeinsamen auditiv oder phonetisch erfassbaren Merkmalskomplex gehören. Beispielsweise gehören Pausendauer (7iD) und Pausenfrequenz (7iFr) zum Pausenverhalten und haben einen Einfluss auf die Sprechgeschwindigkeit (7h). Diese Art des Zusammenhangs ist im Gegensatz zu den anderen Punkten als positiv zu sehen.

Ziel des Experimentes ist es zu prüfen, wie die trainierten Modelle der ersten Stufe, der Signalebene, andere Kriterien klassifizieren. Im Folgenden wird untersucht, ob jedes Modell nur das Kriterium erkennt, auf das es trainiert wurde. Die Idee des Experiments baut auf dem dichotomen Charakter der Klassifikation auf. Die Modelle sind nur darauf trainiert, zwischen den Extrema eines Merkmales zu trennen. Dies bedeutet, dass die Klassifikationsmodelle bei einer zulässigen Eingabeinstanz immer eine Klasse ermitteln, auch wenn das Modell nicht für das Problem passend ist. Die Modelle können technisch gesehen auf jeder entsprechend verarbeiteten Audiodatei die erlernten Merkmale klassifizieren, ohne dass die Aufnahme überhaupt Sprache enthält.

Wenn die Eingabedaten keine Beziehung zum erlernten Modell haben, ist zu erwarten, dass die Modellentscheidungen gleich zwischen den Klassen der Daten aufgeteilt sind. d. h. es ist kein statistisch signifikanter Unterschied zum zufälligen Wählen der Klassen messbar. Falls die Eingabedaten den ursprünglichen Trainingsdaten ähneln, so sollte das Modell signifikant mehr auf eine Klasse entscheiden. Unter Voraussetzung der Unabhängigkeit der Kriterien untereinander sollte zwischen diesen und den Klassifikationsentscheidungen kein Zusammenhang erkennbar sein. Für die Klassifikationstests werden die ursprünglichen Klassen der Daten in diejenigen transformiert, auf die das Modell trainiert ist. Die Zuordnung der Klassen erfolgt über den jeweiligen Pol positiv oder negativ. Das Vorgehen der Transformation und Analyse wird am Beispiel des Datensatzes Stimmklang (7a) und des Modells für Lautheit (7c) beschrieben. Das Modell für Lautheit unterscheidet zwischen den Klassen *laut* und *leise*. Um die Zuordnung von Modell und Daten zu testen, werden alle Instanzen von *angenehm* zu *laut* transformiert und *unangenehm* dementsprechend zu *leise*.

Nach der Transformation werden die Instanzen durch das beschriebene Modelle für Lautheit (Abbildung 4.13) klassifiziert und das Resultat in einer Konfusionsmatrix

Tabelle 4.13: Konfusionsmatrix für Stimmklang (7a) und Lautheit (7c).

	Klassifikation (7c)		
Klasse der Daten (7a)	positiv (laut)	negativ (leise)	$\sum$
positiv (angenehm)	45 (r_p)	29 (f_n)	74 (p)
negativ (unangenehm)	42 (f_p)	32 (r_n)	74 (n)
$\sum$	87 (p')	61 (n')	148

erfasst, welche in Tabelle 4.13 dargestellt ist. Die Werte für r_p, f_p, r_n und f_n ergeben sich sinngemäß wie in Tabelle 3.3 dargestellt. Das Verhältnis der Konfusionsmatrix kann mit der Precision nach Gleichung (3.31) ausgedrückt werden. Für die Klasse *positiv* gilt bei Unabhängigkeit

$$\frac{r_p}{r_p + f_p} \approx 0{,}5. \tag{4.4}$$

Für die Precision der Klasse negativ gilt entsprechend

$$\frac{r_n}{r_n + f_n} \approx 0{,}5. \tag{4.5}$$

Im Beispiel aus Tabelle 4.13 ergibt sich für *positiv* $\frac{45}{45+42} = 0{,}517$ und für die Precision der *negativen* Klasse $\frac{32}{32+29} = 0{,}525$. Aus statistischer Sicht besteht eine Konfusionsmatrix aus Stichproben zweier Binomialverteilungen [Sac04, S. 451]. Die Signifikanz kann daher mit einem Binomialtest geprüft werden. Die Hypothesen des zweiseitigen Tests lauten wie folgt [GB04, S. 287]:

$$H_0 : p = 0{,}5 \quad \text{gegen} \quad H_1 : p \neq 0{,}5. \tag{4.6}$$

Für die *positive* Klasse ergibt sich p_b= 0,830, was außerhalb des Ablehnungsbereichs von H_0 bei $\alpha = 0{,}05$ liegt. Somit ist die Vergabe einer *positiven* Klasse nicht von den Daten abhängig, sondern zufällig verteilt. Für *negativ* kann mit $p_b = 0{,}798$ die Nullhypothese ebenfalls nicht abgelehnt werden. Die beiden Tests haben belegt, dass zwischen dem auf Lautheit (7c) trainierten Model und den in Stimmklang (7a) annotierten Daten kein Zusammenhang besteht. Für die Analyse aller Daten und Modelle kann eine vereinfachte Methode verwendet werden, die ohne die Binomialtests auskommt. Im Folgenden wird der Phi-Koeffzient genutzt, welcher in einer Maßzahl den Zusammenhang in der Konfusionsmatrix zeigt. Er wird wie folgt ermittelt [BLB08, S. 327]:

$$\Phi = \frac{r_p \cdot r_n - f_p \cdot f_n}{\sqrt{(r_p + f_n) \cdot (f_p + r_n) \cdot (r_p + f_p) \cdot (r_n + f_n)}} = \frac{r_p \cdot r_n - f_p \cdot f_n}{\sqrt{p \cdot n \cdot p' \cdot n'}}. \tag{4.7}$$

Der Wertebereich von Φ liegt im Intervall $[-1, +1]$, wobei das Vorzeichen für die Analyse keine Bedeutung hat. Für $|\Phi| = 1$ liegt eine funktionale Abhängigkeit vor, während für $|\Phi| = 0$ kein Zusammenhang unterstellt werden kann [BLB08, S. 327 ff.]. Auf eine eingehende statistische Analyse, beispielsweise durch einen Signifikanztest, wird verzichtet. Aus der Konfusionsmatrix von Tabelle 4.13 ergibt sich Φ gemäß Gleichung (4.7):

$$\Phi = \frac{45 \cdot 32 - 29 \cdot 42}{\sqrt{74 \cdot 74 \cdot 87 \cdot 61}} = 0{,}041. \tag{4.8}$$

Somit kann kein Zusammenhang zwischen den Instanzen von Stimmklang (7a) und dem Modell Lautheit (7c) festgestellt werden. Dies bestätigt die zuvor ermittelten Ergebnisse.

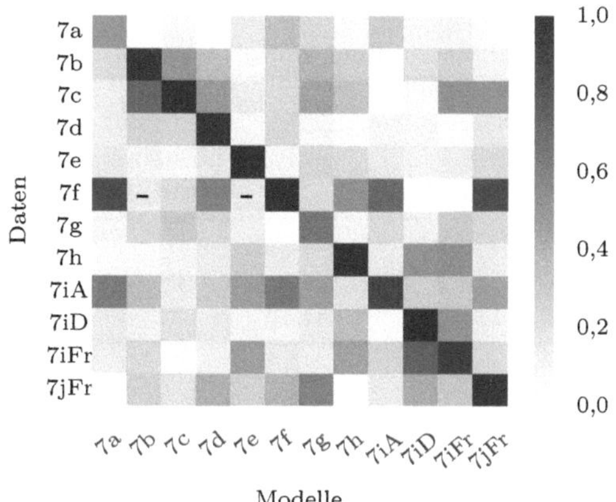

Abbildung 4.14: Phi-Koeffizienten für Daten und Modelle.

Ergebnisse

Ein Vorteil der Zusammenfassung zu einer Maßzahl Φ ist die Möglichkeit der anschaulichen Darstellung aller 12×12 Ergebnisse in einer Abbildung. Auf die Analyse von Akzentuierungsform (7jFo) wird wegen der Teilung in drei Klassen verzichtet. Abbildung 4.14 zeigt farbcodiert den Wert für $|\Phi|$ über alle Daten und Modelle an. Je dunkler die Fläche, desto höher der Zusammenhang. Die Vereinfachung zu $|\Phi|$ kann vorgenommen werden, da das Vorzeichen für die Analyse nicht bedeutsam ist. Die vorzeichenbehafteten Zahlenwerte können Tabelle A.38 im Anhang entnommen werden. Die Abbildung und Tabelle sind wie folgt zu lesen: In der Zeile ist das Kriterium (Datensatz) gegeben, das getestet wird. Die Spalte gibt das Modell an, das auf die Daten angewendet wird. Insgesamt offenbart Abbildung 4.14 keine systematischen Zusammenhänge, die durch das Korpus oder die Annotation verursacht werden. Es kann festgestellt werden, dass der Zusammenhang in der Diagonalen am größten ist. Dies ist dadurch zu erklären, dass ein Datensatz mit dem auf ihn trainierten Modell validiert wird. Dies führt zu hohen r_p und r_n und somit auch zu hohen Φ-Koeffizienten. Dennoch werden für Stimmklang (7a) und Sprechspannung (7g) bei der Verifikation mit dem eigenen Datensatz nur 0,49 bzw. 0,63 erreicht, wie Tabelle A.38 entnommen werden kann. Die Betrachtung von Tabelle A.38 und Abbildung 4.14 zeigt für Melodiesprung (7f) acht Auffälligkeiten. Neben dem Wert von 1,0 beim eigenen Modell weisen zwei weitere Modelle einen hohen Zusammenhang aus.

In der Zeile Melodiesprung (7f) ist Φ für Sprechstimmlage (7b) und Endmelodieverlauf (7e) aufgrund der Division durch null nicht definiert. Dies lässt sich an Formel (4.7) zeigen. Die Division durch Null tritt auf, wenn die Randwahrscheinlichkeiten der erkannten Klassen p' bzw. n' gleich Null sind, also wenn das Modell nur auf eine Klasse entscheidet. Diese Anomalien und der hohe Zusammenhang von Modellentscheidungen mit den Daten lässt sich mit der geringen Größe des Datensatzes 7f mit nur sechs Instanzen pro Klasse

Tabelle 4.14: Konfusionsmatrix für Lautheit (7c) und Sprechstimmlage (7b).

	Klassifikation (7b)		
Klasse der Daten (7c)	positiv (hoch)	negativ (tief)	$\sum$
positiv (laut)	42	5	47
negativ (leise)	9	38	47
$\sum$	51	43	94

begründen. Für den Datensatz (Zeile) Pausenart (7iA) können ebenfalls hohe Werte für $|\Phi|$ erkannt werden.

Auch diese Anomalien sind durch die geringe Größe des Datensatzes von 7iA mit 18 Instanzen zu begründen. Die Größe der Datensätze kann auch für die in Abbildung 4.14 ersichtlichen hohen Werte für die weiteren Kriterien Pausendauer (7iD), 7iFr und Akzentuierungsfrequenz (7jFr) als Begründung dienen. Mit den Daten Sprechstimmlage (7b) und Lautheit (7c) sowie den Modellen für 7b, 7c und Tonhöhenverlauf (7d) bildet sich ein Cluster mit größeren Werten für $|\Phi|$, wie Abbildung 4.14 zeigt.

Für den Datensatz Lautheit (7c) und das Modell Sprechstimmlage (7b) ergibt sich $\Phi = 0{,}7$ (Tabelle A.38). Dieser Fall zeigt eine eindeutige Richtung der Beziehung, wie die detaillierte Auswertung in Tabelle 4.14 bestätigt. Für die Kombination *hoch* und *laut* berechnet sie die Precision zu $\frac{42}{42+9} = 0{,}824$ und für *tief–leise* wird eine Precision von $\frac{38}{38+5} = 0{,}884$ ermittelt. Die Binomialtests mit $p_b = 3{,}4 \cdot 10^{-6}$ für *positiv* und $p_b = 2{,}5 \cdot 10^{-7}$ für *negativ* sind signifikant bei $\alpha = 0{,}05$. Somit kann festgestellt werden, dass eine laute Stimme überproportional oft als *hoch* und leise Stimmen als *tief* klassifiziert werden.

Insgesamt kann aus dem Experiment geschlossen werden, dass die Annotation den Katalog gut abbildet und keine der oben genannten Probleme in den Daten identifiziert werden können. Die Auswertung in Abbildung 4.14 zeigt somit die korrekte Funktion der Basismodelle an.

4.3.8 Globale Performanz der Klassifikationsalgorithmen

Aus der Auflistung der besten Klassifikationsalgorithmen in den Tabellen 4.9 und 4.12 zeigen sich zwei Erkenntnisse. Zum ersten liefern alle Klassifikationsalgorithmen bei mindestens einem Kriterium den maximalen F_1-Wert. Zum zweiten sind einige Algorithmen mehrfach in der Liste der besten Algorithmen vertreten, am häufigsten ist das Multilayer-Perzeptronen-Netz mit sechs ersten Plätzen, gefolgt vom Bayes-Netz, das in vier Fällen die maximalen mittleren Erkennungsraten für die untersuchten Daten erreichen kann. SMO kann drei erste Plätze erreichen. Somit kann ad hoc ohne statistische Analysen kein global bester Klassifikationsalgorithmus bestimmt werden. Dem Konzept der zweistufigen Klassifikation liegt die Annahme zugrunde, dass die Gesamtklassifikationsgüte in der zweiten Stufe von der Qualität der Modelle in der ersten Stufe abhängt, d. h. je besser

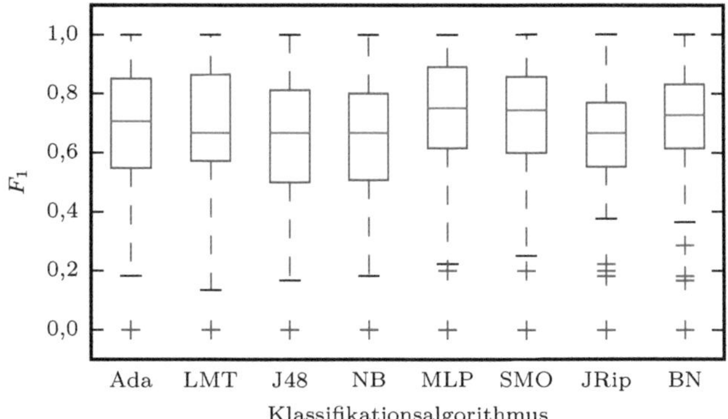

Abbildung 4.15: Erkennungsleistung der Algorithmen über alle Kriterien.

die Basismodelle den Sprechausdruck erkennen können, desto besser ist die Erkennung der Qualitätskriterien in der zweiten Stufe.

Um diese These zu unterstützen, wird eine globale Rangfolge der Klassifikationsalgorithmen über alle Kriterien mit dem in Abschnitt 3.5 beschriebenen varianzanalytischen Verfahren eingesetzt. Die Identifikation eines besten Algorithmus verringert den experimentellen Aufwand bei nachfolgenden Untersuchungen und bei der Umsetzung in ein produktives System. Weiterhin baut das Experiment in Abschnitt 4.5.2 auf den hier gewonnenen Ergebnissen auf. Für die gleichverteilten Kriterien beträgt der Stichprobenumfang für jeden Algorithmus $n = 190$. Dies umfasst jeweils 10 Werte aus der Kreuzvalidierung für 19 Kriterien. Abbildung 4.15 zeigt die Verteilungen der F_1-Werte. Der Median der Verteilungen liegt bei ca. 0,7. Es können drei Klassifikationsalgorithmen (MLP, SMO und Bayes-Netz) identifiziert werden, die im Vergleich zu den anderen nach oben verschobene Verteilungen besitzen. Daraus kann die Hypothese gebildet werden, dass diese Algorithmen im Mittel eine bessere Erkennungsleistung erreichen und daher für die Klassifikationsaufgaben besser geeignet sind.

Jedoch kann mittels der Graphik die Hypothese nicht geprüft werden, d. h. es kann keine Aussage darüber getroffen werden, ob diese visuell erkennbaren Differenzen statistisch signifikant sind und ob es zwischen den drei Algorithmen Unterschiede und somit einen besten Klassifikationsalgorithmus gibt. Tabelle 4.15 zeigt die zusammengefassten Kennzahlen der Performanzwerte. Der letzten Zeile kann entnommen werden, dass für alle Algorithmen $p_{sw} < 0{,}05$ gilt, d. h. die F_1-Werte sind nicht normalverteilt. Somit kann auch mit diesen Daten keine Varianzanalyse durchgeführt werden. Daher muss zur Beurteilung der Klassifikation auch bei Untersuchung der zweiten Experimentreihe die Ordnung der F_1-Werte herangezogen werden. Die ersten drei Plätze belegen SMO, MLP und das Bayes-Netz. Somit kann die bereits in der Literaturrecherche herausgestellte generell gute Erkennung paralinguistischer Merkmale durch Support-Vektor-Maschinen bestätigt werden. Die schlechteren Modelle erzeugen meist JRip und J48. Die experimentellen Ergebnisse führen zum Schluss, dass regelbasierte Verfahren und klassische

Tabelle 4.15: Aggregierte Performanzmaße aller Kriterien bei Gleichverteilung ($n = 190$).

	Ada	LMT	J48	NB	MLP	SMO	JRip	BN
Avg(F_1)	0,6587	0,6694	0,6127	0,6432	0,6994	0,7068	0,6273	0,6927
Rang	5	4	8	6	2	1	7	3
Var(F_1)	0,0696	0,0701	0,0761	0,0653	0,0714	0,0552	0,0679	0,0551
Std(F_1)	0,2639	0,2648	0,2759	0,2555	0,2673	0,2349	0,2606	0,2347
Avg(AUC)	0,7517	0,7601	0,6763	0,7191	0,7833	0,7406	0,679	0,7669
Avg(ER)	0,6908	0,6879	0,6598	0,6844	0,7353	0,7277	0,6522	0,717
W	0,8958	0,8898	0,9234	0,9189	0,8626	0,8918	0,8773	0,8791
p_{sw}	10^{-10}	10^{-10}	10^{-8}	10^{-8}	10^{-12}	10^{-10}	10^{-11}	10^{-11}

Entscheidungsbäume, ausgenommen LMT, für die Erkennung von paralinguistischen Merkmalen als einstufige Modelle nicht geeignet sind. Dies steht in Kontrast zu der in der Literaturanalyse herausgestellten guten Performanz von Entscheidungsbäumen in anderen Domänen und Anwendungen. Die Begründung hierfür kann in der Struktur des Merkmalssatzes gesehen werden. Aufgrund der automatischen Merkmalsextraktion werden sehr viele redundante oder irrelevante Merkmale berechnet. Hier kommen die in Abschnitt 3.2.4 vermerkten diesbezüglichen Nachteile der Entscheidungsbäume zum Tragen. Die hier dargestellten Ergebnisse bestätigen die Grundidee des zweistufigen Frameworks, für jede Klassifikationsaufgabe den besten Algorithmus einzusetzen. Nach dem Transformationsvorgang entstehen, wie in Abbildung 4.4 gezeigt, kleine Datensätze mit zweiwertigen (außer Akzentuierungsform) nominalen Attributen. Auf diesen Datenstrukturen können Entscheidungsbäume ihre Stärken bei der Erklärungsfähigkeit gut ausspielen.

4.4 Lernen der zweiten Stufe auf Basis von Sprechausdrucksmerkmalen

4.4.1 Vorgehen und Überblick über die Ergebnisse

In den nachfolgenden Abschnitten wird mit den Klassifikationsmodellen der zweiten Stufe der wesentliche Erkenntnisgewinn präsentiert. Diese sind Ergebnisse der in Abbildung 4.3 beschriebenen Schrittfolge. Sie bauen auf den Basismodellen der Schritte (1) bis (3) auf, die in Kapitel 4.3 detailliert vorgestellt wurden. Die Erstellung der Klassifikationsmodelle der zweiten Stufe selbst erfolgt nach den Schritten (4) bis (7):

(4) Merkmalsextraktion aus dem Audiosignal,

(5) Instanz mit allen Basismodellen klassifizieren,

(6) Klassenattribut aus den ursprünglichen Daten übernehmen,

(7) Entscheidungsbaum mit den neuen Instanzen der zweiten Stufe trainieren.

Nach der Merkmalsextraktion wird jede einzelne Instanz mit den in Abschnitt 4.3.6 vorgestellten Basismodellen für den Sprechausdruck klassifiziert. Die Klasse ergibt sich aus der ursprünglichen Bewertung durch die Experten. Zusätzlich wird das Geschlecht des Agenten als Attribut aus den Metadaten übernommen. Die genaue Vorgehensweise ist in Abschnitt 4.1.2 beschrieben. Nach Schritt (6) liegt ein kompletter Datensatz vor, der mit Weka weiter verarbeitet werden kann. Das Training der Modelle in Schritt (7) ist die innovative Neuerung der zweistufigen Klassifikation. Wie in Abschnitt 4.3.8 festgestellt wurde, erreichen konventionelle Entscheidungsbäume ihre besten Ergebnisse bei wenigen nominalen Attributen. In diesen Datenstrukturen sind ebenfalls die Erklärungsfähigkeiten besonders gut ausgeprägt. Daher wird für die in diesem Abschnitt beschriebene Erzeugung der zweiten Stufe J48 als alleiniger Klassifikationsalgorithmus eingesetzt. In den folgenden Abschnitten werden detailliert die Experimente mit den Kriterien für Gesprächsqualität beschrieben. Die Performanzmaße werden über die 10-fache Kreuzvalidierung bestimmt. Als Schätzer fungiert der Mittelwert. Die in den Abbildungen und Regeltabellen gezeigten Entscheidungsbäume werden jeweils auf dem vollständigen Datensatz trainiert.

Tabelle 4.16: Klassifikationsleistungen der Entscheidungsbäume der zweiten Stufe.

Kriterium	F_1	ER	r_p-Rate	r_n-Rate
Natürlichkeit (1a)	0,6148	0,6107	0,6214	0,6000
Glaubwürdigkeit (1b)	0,6096	0,5706	0,6706	0,4706
Kompetenz (1d)	0,7755	0,7676	0,8028	0,7324
Sicherheit (1e)	0,6016	0,5545	0,6727	0,4364
Freundlichkeit (6a)	0,6056	0,6164	0,5890	0,6438
Kooperativität (6c)	0,5814	0,5610	0,6098	0,5122

Tabelle 4.16 gibt eine Übersicht über die erreichte Klassifikationsgüte bei der 10-fachen Kreuzvalidierung. Neben F_1 und Erkennungsrate (ER) sind auch r_p-Rate und r_n-Rate angegeben. Abbildung 4.16 stellt die erzielten Werte graphisch dar und bezieht ihre Relation zum Erwartungswert von 0,5 mit ein. Es ist zu erkennen, dass insgesamt bei vier von sechs Kriterien eine homogene Erkennung der Klasse erreicht wird, d. h. dass r_p-Rate und r_n-Rate nur geringe Differenzen aufweisen. Dies ist auch auf die Angleichung der Klassenhäufigkeiten zurückzuführen. Kompetenz (1d) wird von den Entscheidungsbäumen im Mittel am besten erkannt. Dieses Ergebnis korrespondiert mit den Resultaten der einstufigen Modelle. Dagegen liegt die Erkennung von Kooperativität (6c) im Bereich des statistischen Erwartungswerts. Bei den zwei Kriterien Glaubwürdigkeit (1b) und Sicherheit (1e) liegt r_p-Rate unter 0,5.

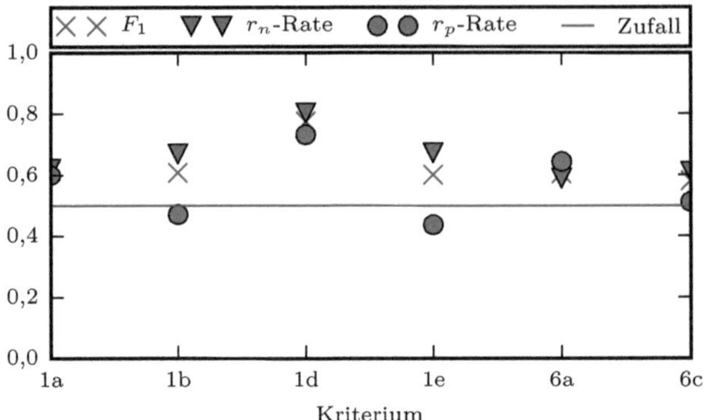

Abbildung 4.16: Klassifikationsleistungen der Entscheidungsbäume der zweiten Stufe.

4.4.2 Natürlichkeit

Bei Natürlichkeit (1a) wird als zentrales Performanzmaß $F_1 = 0{,}615$ erreicht. Wie Tabelle 4.16 zu entnehmen ist, werden mit r_p-Rate $= 0{,}621$ und r_n-Rate $= 0{,}6$ alle Klassen ausgewogen erkannt. Tabelle 4.17 beinhaltet die Ergebnisse der 10-fachen Kreuzvalidierung für den Datensatz. Die dort dargestellten Zahlenverhältnisse verdeutlichen die gute Erkennung beider Klassen. Der mit dem gesamten Datenbestand trainierte Entscheidungsbaum aus Abbildung 4.17 ist mit 11 Regeln relativ kompakt. Die abgeleiteten Regeln sind in Tabelle 4.17 verzeichnet. In Spalte n ist die Anzahl der Instanzen angegeben, für die die Prämisse gültig ist. Spalte c in Tabelle 4.21 beinhaltet die errechneten Werte für Konfidenz. Die Regel r_1 mit dem höchsten Support von 0,279 entscheidet zu ca. 73 % richtig. Die ersten sechs Regeln haben einen Gesamtsupport von fast 94 %. Regel r_2 wird nicht verwendet. Ein Grund hierfür kann die Einteilung des Attributs Akzentuierungsform (7jFo) in drei Klassen sein. Es gibt keine Instanzen im Datensatz, die *angenehm* und *melodisch* sind. Die Tiefe von sechs, die Abbildung 4.17 entnommen werden kann, deutet auf eine starke Berücksichtigung von Einzelfällen hin. Die entsprechenden Regeln r_8 bis r_{11} aus Tabelle 4.17 bestätigen dies. Sie werden daher aufgrund des niedrigen Wertes für den Support als Sonderfälle gesehen. Sie sind nur für insgesamt 15 Fälle, bzw. 5,5 % des Datensatzes gültig. Wie für Spezialfälle üblich, ist die Konfidenz hoch. Die beste Regel, die keine Spezialfälle abdeckt, ist r_5 mit $c = 0{,}84$. Sie entscheidet bei *unangenehmem* Stimmklang und bei *tiefer* Sprechstimmlage auf *unnatürlich.* Diese ist auf 11 % der Instanzen anwendbar.

Tabelle 4.17: Regeln des Entscheidungsbaums zweiter Stufe für Natürlichkeit (1a).

Nr.	Regel	n	c	s
r_1	7a(+) $\wedge$ 7jFo(t) $\rightarrow$ *natürlich*	78	0,731	0,279
r_2	7a(+) $\wedge$ 7jFo(m) $\rightarrow$ *natürlich*	0	0,000	0,000

Tabelle 4.17 – Fortsetzung

Nr.	Regel	n	c	s
r_3	7a(+) ∧ 7jFo(d) ∧ 7h(+) → *unnatürlich*	76	0,627	0,239
r_4	7a(+) ∧ 7jFo(d) ∧ 7h(–) → *natürlich*	71	0,592	0,254
r_5	7a(–) ∧ 7b(–) → *unnatürlich*	33	0,844	0,114
r_6	7a(–) ∧ 7b(+) ∧ 7iD(+) → *unnatürlich*	14	0,857	0,050
r_7	7a(–) ∧ 7b(+) ∧ 7iD(–) ∧ 7iFr(+) → *natürlich*	3	1,000	0,011
r_8	7a(–) ∧ 7b(+) ∧ 7iD(–) ∧ 7iFr(–) ∧ 7g(+) ∧ 7e(+) → *unnatürlich*	3	0,667	0,011
r_9	7a(–) ∧ 7b(+) ∧ 7iD(–) ∧ 7iFr(–) ∧ 7g(+) ∧ 7e(–) → *natürlich*	4	0,750	0,014
r_{10}	7a(–) ∧ 7b(+) ∧ 7iD(–) ∧ 7iFr(–) ∧ 7g(–) ∧ 7c(+) → *unnatürlich*	6	1,000	0,021
r_{11}	7a(–) ∧ 7b(+) ∧ 7iD(–) ∧ 7iFr(–) ∧ 7g(–) ∧ 7c(–) → *natürlich*	2	1,000	0,007

Weiterhin zeigt Tabelle 4.17, dass fünf von sieben Regeln, die mit *unangenehmen* Stimmklang 7a(–) beginnen, Sonderfälle beschreiben. An dieser Stelle könnte ein Zusammenfassen des Teilbaums mit den Regeln r_7 bis r_{11} die Gesamtkomplexität verringern. Die Analyse des Basismodells der Erkennungsleistung für Stimmklang in Tabelle 4.12 offenbart, dass gerade die Klasse *unnatürlich* nur mit einer r_n-Rate von 0,54 erkannt wird. Somit könnte die komplexe Struktur des besprochenen Teilbaums der im Vergleich mit den anderen Sprechausdrucksmerkmalen eher schlechten Erkennung von Stimmklang geschuldet sein. Es ist folglich davon auszugehen, dass eine Verbesserung dieses Basismodells die Erkennungsleistung von Natürlichkeit (1a) in der zweiten Stufe erhöhen kann.

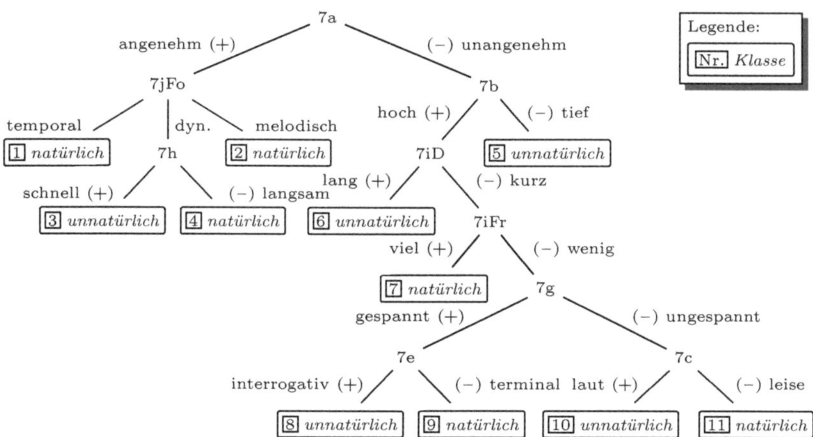

Abbildung 4.17: Entscheidungsbaum zweiter Stufe für Natürlichkeit (1a).

Tabelle 4.18: Konfusionsmatrix für J48 in der zweiten Stufe für Natürlichkeit (1a).

	ermittelte Klasse		
Klasse	natürlich	unnatürlich	$\sum$
natürlich	87	53	140
unnatürlich	56	84	140
$\sum$	143	137	280

4.4.3 Glaubwürdigkeit

Bei der Kreuzvalidierung wird ein F_1-Wert von 0,61 erreicht. Die Erkennungsrate (ER) ist 57,1 %. Wie in der Tabelle 4.16 deutlich wird, kann nur die Klasse *glaubwürdig* zufriedenstellend erkannt werden. Die r_n-Rate liegt bei 0,471 und ist somit schlechter als der Erwartungswert. Dies zeigt sich an der Darstellung in Tabelle 4.19. Der Entscheidungsbaum für Glaubwürdigkeit besitzt 20 Blätter und eine maximale Tiefe von sechs (Abbildung 4.18). Der stark verzweigte Baum ist mit 20 Regeln der größte der sechs Entscheidungsbäumen für die untersuchten Kriterien aus Persönlichkeit und Gesprächspartnerorientierung. Vier Regeln (r_1, r_6, r_{10}, r_{18}) besitzen eine Tiefe von drei, weitere vier (r_2, r_7, r_{19}, r_{20}) eine Tiefe von vier. In Tabelle 4.20 ist zu erkennen, dass nur zwei Regeln, r_6 und r_{10}, eine Konfidenz von über 0,1 haben und somit für über 10 % der Instanzen angewendet werden können. Die Regeln r_6 und r_{10} gehören mit drei Bedingungen zu den kürzesten. Regel r_{10} kann mit $c = 0{,}717$ und $s = 0{,}312$ als beste

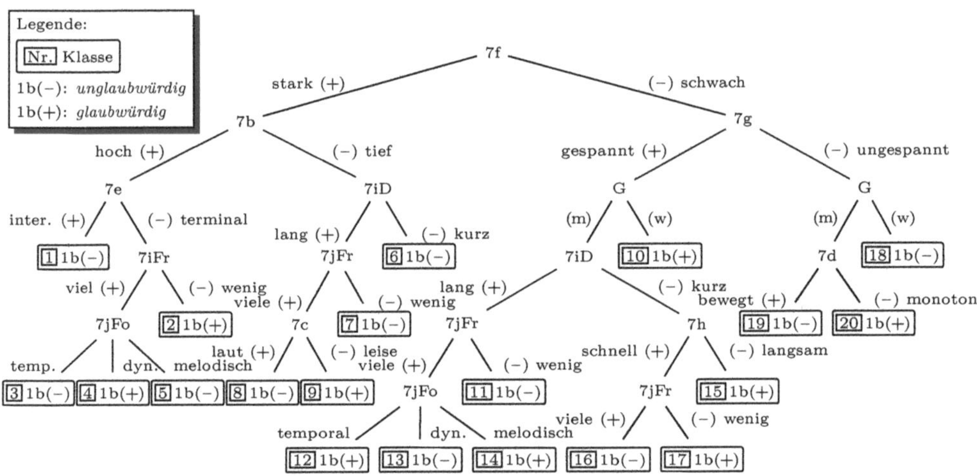

Abbildung 4.18: Entscheidungsbaum zweiter Stufe für Glaubwürdigkeit (1b).

Tabelle 4.19: Konfusionsmatrix für J48 in der zweiten Stufe für Glaubwürdigkeit (1b).

	ermittelte Klasse		
Klasse	natürlich	unnatürlich	$\sum$
glaubwürdig	57	28	85
unglaubwürdig	45	40	85
$\sum$	102	68	170

Regel angesehen werden. Sie ist für 53 Instanzen von insgesamt 170 gültig. In natürlicher Sprache formuliert drückt r_{10} aus, dass Frauen G(w) bei schwachen Melodiesprüngen 7f(−) und hoher Sprechspannung 7g(+) glaubwürdig wirken. Die meisten anderen Regeln sind nur für eine kleine Anzahl an Instanzen anwendbar. Diese Eigenschaften führen zum Schluss, dass die Daten sich nicht gut verallgemeinern lassen und eher aus verschiedenen Sonderfällen bestehen. Die Analyse der genutzten Tabelle 4.12 gibt einen Hinweis für die stark zergliederte Struktur des Entscheidungsbaums. Das Merkmal Melodiesprung (7f) mit der höchsten Diskriminanz wird nur schlecht vom Basismodell erkannt. Zudem war die ursprüngliche Verteilung des Kriteriums sehr schief, so das die transformierten Daten nur 12 Instanzen beinhalten, mit denen das Basismodell für Melodiesprung trainiert wurde. Somit sollte auch für Melodiesprung bei weiteren Forschungsarbeiten an der Verbesserung des Basismodells gearbeitet werden.

Tabelle 4.20: Regeln des Entscheidungsbaums zweiter Stufe für Glaubwürdigkeit (1b).

Nr.	Regel	n	c	s
r_1	7f(+) ∧ 7b(+) ∧ 7e(+) → *unglaubwürdig*	3	1,000	0,018
r_2	7f(+) ∧ 7b(+) ∧ 7e(−) ∧ 7iFr(−) → *glaubwürdig*	7	0,857	0,041
r_3	7f(+) ∧ 7b(+) ∧ 7e(−) ∧ 7iFr(+) ∧ 7jFo(t) → *unglaubwürdig*	10	0,800	0,059
r_4	7f(+) ∧ 7b(+) ∧ 7e(−) ∧ 7iFr(+) ∧ 7jFo(d) → *glaubwürdig*	4	0,750	0,024
r_5	7f(+) ∧ 7b(+) ∧ 7e(−) ∧ 7iFr(+) ∧ 7jFo(m) → *unglaubwürdig*	0	0,000	0,000
r_6	7f(+) ∧ 7b(−) ∧ 7iD(−) → *unglaubwürdig*	19	0,895	0,112
r_7	7f(+) ∧ 7b(−) ∧ 7iD(+) ∧ 7jFr(−) → *unglaubwürdig*	3	1,000	0,018
r_8	7f(+) ∧ 7b(−) ∧ 7iD(+) ∧ 7jFr(+) ∧ 7c(+) → *unglaubwürdig*	2	1,000	0,012
r_9	7f(+) ∧ 7b(−) ∧ 7iD(+) ∧ 7jFr(+) ∧ 7c(−) → *glaubwürdig*	4	1,000	0,024
r_{10}	7f(−) ∧ 7g(+) ∧ G(w) → *glaubwürdig*	53	0,717	0,312
r_{11}	7f(−) ∧ 7g(+) ∧ G(m) ∧ 7iD(+) ∧ 7jFr(−) → *unglaubwürdig*	9	0,778	0,053
r_{12}	7f(−) ∧ 7g(+) ∧ G(m) ∧ 7iD(+) ∧ 7jFr(+) ∧ 7jFo(t) → *glaubwürdig*	3	1,000	0,018
r_{13}	7f(−) ∧ 7g(+) ∧ G(m) ∧ 7iD(+) ∧ 7jFr(+) ∧ 7jFo(d) → *unglaubwürdig*	9	0,667	0,053

Tabelle 4.20 – Fortsetzung

Nr.	Regel	n	c	s
r_{14}	7f(−) ∧ 7g(+) ∧ G(m) ∧ 7iD(+) ∧ 7jFr(+) ∧ 7jFo(m) → *glaubwürdig*	0	0,000	0,000
r_{15}	7f(−) ∧ 7g(+) ∧ G(m) ∧ 7iD(−) ∧ 7h(−) → *glaubwürdig*	5	1,000	0,029
r_{16}	7f(−) ∧ 7g(+) ∧ G(m) ∧ 7iD(−) ∧ 7h(+) ∧ 7jFr(+) → *unglaubwürdig*	11	0,636	0,065
r_{17}	7f(−) ∧ 7g(+) ∧ G(m) ∧ 7iD(−) ∧ 7h(+) ∧ 7jFr(−) → *glaubwürdig*	4	1,000	0,024
r_{18}	7f(−) ∧ 7g(−) ∧ G(w) → *unglaubwürdig*	16	0,750	0,094
r_{19}	7f(−) ∧ 7g(−) ∧ G(m) ∧ 7d(+) → *unglaubwürdig*	4	0,750	0,024
r_{20}	7f(−) ∧ 7g(−) ∧ G(m) ∧ 7d(−) → *glaubwürdig*	4	1,000	0,024

4.4.4 Kompetenz

Bei Kompetenz wird mit 0,776 der höchste F_1-Wert der zweiten Stufe erreicht, gleichzeitig beträgt die Erkennungsrate 76,76 %. Tabelle 4.16 ist zu entnehmen, dass beide Klassen ähnlich gut erkannt werden. Die r_p-Rate beträgt 0,803 und die r_n-Rate 0,732, wie aus der Konfusionsmatrix in Tabelle 4.22 entnommen werden kann. Der Vergleich mit den Referenzwerten für eine einstufige Klassifikation mit SMO offenbart nur geringe Differenzen. Dies unterstützt die Beantwortung von Forschungsfrage 5, nach der die Ergebnisse der zweistufigen erklärungsfähigen und der einstufigen signalbasierten Klassifikation gleichwertig sein sollen. Als statistische Hypothese ausgedrückt, bedeutet dies, dass für Kompetenz (1d) die mittleren F_1-Werte der Kreuzvalidierung bei der zweiten Stufe nicht kleiner sind als die der ersten. Die Prüfung dieser Hypothese erfolgt in Abschnitt 4.5.1. Abbildung 4.19 zeigt den vollständigen Entscheidungsbaum der zweiten Stufe für Kompetenz. Der Baum wurde auf dem kompletten Datensatz trainiert und besitzt sechs Entscheidungsknoten sowie sieben Blätter. Somit ist dieser der kleinste aller in der Untersuchung betrachteten Bäume der zweiten Stufe. Dies deutet mit der sehr guten Erkennungsleistung darauf hin, dass sich die zugeschriebene Kompetenz gut

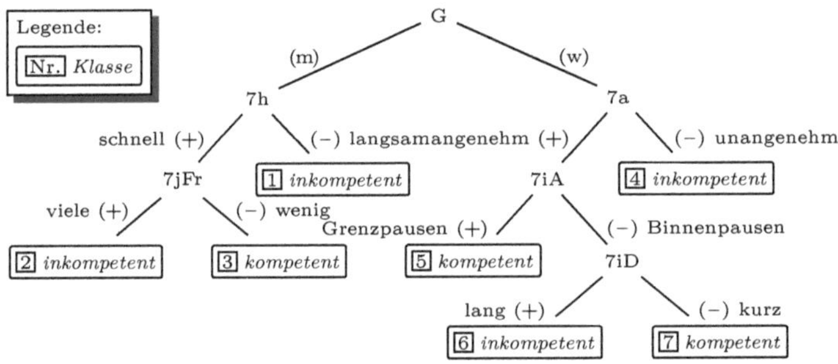

Abbildung 4.19: Entscheidungsbaum zweiter Stufe für Kompetenz (1d).

beschreiben lässt, sowohl in der symbolischen Repräsentation der zweiten Stufe, als auch beim einstufigen Klassifikationsmodell. In Tabelle 4.21 werden die vom Entscheidungsbaum aus Abbildung 4.19 abgeleiteten Regeln für Kompetenz (1d) präsentiert. Der tabellarischen Darstellung kann entnommen werden, dass alle Regeln eine Konfidenz von über 0,67 besitzen. Regel 3 zeigt den Maximalwert von 1,0, allerdings mit einem in Spalte s eingetragenen sehr kleinen Support von 0,03 bei nur 4 Instanzen, auf die diese Regel zutrifft. Die schlechteste Regel r_2 hat ebenfalls einen sehr geringen Support von nur 0,08. Dies deutet darauf hin, dass hier eine Überanpassung stattgefunden hat und diese Regeln potentiell schlechter verallgemeinern können. Die Regel mit dem höchsten Support ist r_5. Sie kann folgendermaßen natürlichsprachig formuliert werden: Frauen werden als *kompetent* empfunden, wenn sie eine angenehme Stimme 7a(+) haben und Grenzpausen machen 7iA(+). Die sehr gute Erkennung und die Repräsentation in einem kompakten Entscheidungsbaum qualifizieren die Kompetenz zum Ausgangspunkt für weitere Experimente.

Tabelle 4.21: Regeln des Entscheidungsbaums zweiter Stufe für Kompetenz (1d).

Nr.	Regel	n	c	s
r_1	G(m) ∧ 7h(−) → *inkompetent*	36	0,86	0,25
r_2	G(m) ∧ 7h(+) ∧ 7jFr(+) → *inkompetent*	6	0,67	0,04
r_3	G(m) ∧ 7h(+) ∧ 7jFr(−) → *kompetent*	4	1,00	0,03
r_4	G(w) ∧ 7a(−) → *inkompetent*	11	0,91	0,08
r_5	G(w) ∧ 7a(+) ∧ 7iA(+) → *kompetent*	56	0,84	0,39
r_6	G(w) ∧ 7a(+) ∧ 7iA(−) ∧ 7iD(+) → *inkompetent*	12	0,92	0,09
r_7	G(w) ∧ 7a(+) ∧ 7iA(−) ∧ 7iD(−) → *kompetent*	17	0,65	0,12

Tabelle 4.22: Konfusionsmatrix für J48 in der zweiten Stufe für Kompetenz (1d).

	ermittelte Klasse		
Klasse	kompetent	inkompetent	$\sum$
kompetent	57	14	71
inkompetent	19	52	71
$\sum$	76	66	142

4.4.5 Sicherheit

Für Sicherheit (1e) werden $F_1 = 0{,}602$ und $ER = 55{,}45\,\%$ erzielt. Wie Tabelle 4.16 verdeutlicht, wird die Klasse *sicher* mit einer r_p-Rate von 0,673 besser als *unsicher* (r_n-Rate = 0,436) erkannt. Dies wird von der Konfusionsmatrix der Kreuzvalidierung in Tabelle 4.24 gestützt. Der in Abbildung 4.20 gezeigte Entscheidungsbaum hat 13 Blätter und eine maximale Tiefe von sieben. Seine Struktur zeigt einige Auffälligkeiten. In der Wurzel ist ein Split auf Akzentuierungsform (7jFo) zu finden, der zwei große Teilbäume aufspannt. Allerdings sind nur die Ausprägungen *temporal* und *dynamisch* mit Instanzen besetzt. Für den verbleibenden Wert *melodisch* wird, wie Tabelle 4.23 zeigt, die Regel r_1 erzeugt, die nicht angewendet werden kann und daher für Konfidenz und Support den Wert 0 erhält. Weiterhin zeigt sich aus Abbildung 4.20, dass beide im ersten Knoten aufgespannten Bäume unausgewogen sind. Besonders beim Teilbaum, der mit dem Attribut *dynamisch* beginnt, wird immer die linke Seite mit den positiven Bedingungen weiter expandiert, während die rechte Verzweigung in ein Blatt mündet.

Die Analyse der Regeln in Tabelle 4.23 offenbart ebenfalls eine Adaption an Spezialfälle. Acht der 13 Regeln sind auf weniger als 10 % der Instanzen anwendbar. Auffällig ist, dass die kurzen Regeln mit zwei Bedingungen, r_2 und r_7 die höchsten Werte für Support und eine gute Konfidenz erreichen. Die Regel mit dem höchsten Support von 0,19 ist r_2. Sie besagt, dass *temporale* Akzentuierung mit *monotoner* Melodieführung in 18 von 21 Fällen korrekt als *unsicher* bewertet wird.

Tabelle 4.23: Regeln des Entscheidungsbaums zweiter Stufe für Sicherheit (1e).

Nr.	Regel	n	c	s
r_1	7jFo(m) → *sicher*	0	0,000	0,000
r_2	7jFo(t) ∧ 7d(−) → *unsicher*	21	0,857	0,191
r_3	7jFo(t) ∧ 7d(+) ∧ 7c(+) → *unsicher*	8	0,750	0,073
r_4	7jFo(t) ∧ 7d(+) ∧ 7c(−) ∧ 7h(+) → *sicher*	2	1,000	0,018
r_5	7jFo(t) ∧ 7d(+) ∧ 7c(−) ∧ 7h(−) ∧ 7a(+) → *sicher*	7	0,714	0,064
r_6	7jFo(t) ∧ 7d(+) ∧ 7c(−) ∧ 7h(−) ∧ 7a(−) → *unsicher*	2	1,000	0,018
r_7	7jFo(d) ∧ 7b(−) → *sicher*	19	0,789	0,173
r_8	7jFo(d) ∧ 7b(+) ∧ 7g(−) → *unsicher*	7	0,857	0,064
r_9	7jFo(d) ∧ 7b(+) ∧ 7g(+) ∧ 7a(−) → *unsicher*	3	0,667	0,027
r_{10}	7jFo(d) ∧ 7b(+) ∧ 7g(+) ∧ 7a(+) ∧ 7iD(−) → *sicher*	12	0,833	0,109
r_{11}	7jFo(d) ∧ 7b(+) ∧ 7g(+) ∧ 7a(+) ∧ 7iD(+) ∧ 7d(+) → *unsicher*	16	0,562	0,145
r_{12}	7jFo(d) ∧ 7b(+) ∧ 7g(+) ∧ 7a(+) ∧ 7iD(+) ∧ 7d(−) ∧ 7iA(+) → *sicher*	11	0,818	0,100
r_{13}	7jFo(d) ∧ 7b(+) ∧ 7g(+) ∧ 7a(+) ∧ 7iD(+) ∧ 7d(−) ∧ 7iA(−) → *unsicher*	2	1,000	0,018

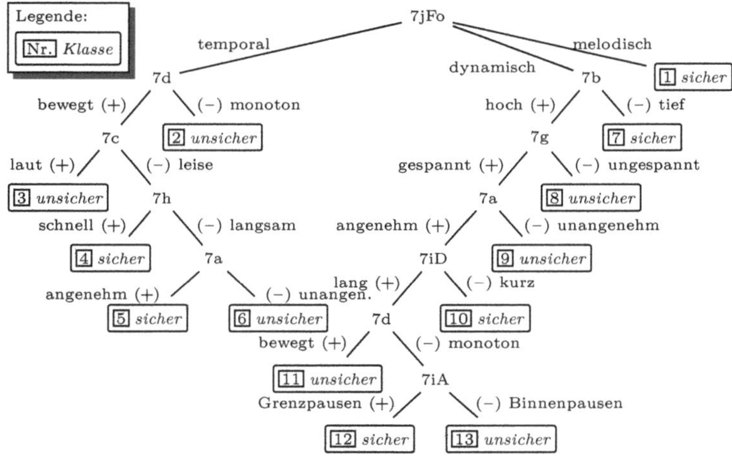

Abbildung 4.20: Entscheidungsbaum zweiter Stufe für Sicherheit (1e).

Tabelle 4.24: Konfusionsmatrix für J48 in der zweiten Stufe für Sicherheit (1e).

	ermittelte Klasse		
Klasse	sicher	unsicher	$\sum$
sicher	37	18	55
unsicher	31	24	55
$\sum$	68	42	110

4.4.6 Freundlichkeit

Freundlichkeit (6a) wird von den Entscheidungsbäumen mit $ER = 61{,}64\,\%$ und $F_1 = 0{,}6$ gut erkannt. Wie Tabelle 4.16 zeigt, sind die r_p und r_n-Raten vergleichbar mit 0,589 und 0,644 ähnlich gut und liegen deutlich über dem gegebenen Erwartungswert von 0,5.

Unfreundlich wird allerdings dabei leicht besser erkannt. Dies wird durch die Konfusionsmatrix in Tabelle 4.25 belegt. Der in Abbildung 4.21 und Tabelle 4.26 dargestellte Entscheidungsbaum besitzt 17 Regeln und eine maximale Tiefe von sieben. Wie bereits Sicherheit (1e) gezeigt hat, ist auch dieser Entscheidungsbaum sehr stark verzweigt, allerdings ausgeglichen besetzt. Dies deutet darauf hin, dass die Klassen sehr heterogen verteilt und somit nicht mehr linear trennbar sind. Darauf lässt auch die große Tiefe und die hohe Anzahl an Regeln schließen. Der wichtigste Split an der Wurzel wird beim Kriterium Pausenart (7iA) ausgeführt. Auch hierfür kann unter Betrachtung von Tabelle 4.12 eine Interpretation gefunden werden. Die Erkennungsrate des Basismodells für Pausenart ist sehr hoch und liegt an dritter Stelle in Tabelle 4.12. Jedoch ist die Datengrundlage mit 18 Instanzen sehr klein. Somit kann gefolgert werden, dass eine Erhöhung der Klassifikationsgüte für Pausenart die Entscheidungsbäume für Freundlichkeit (6a) verbessert. Ein großer Anteil der Instanzen wird durch drei Regeln klassifiziert. Die drei Regeln r_2, r_5 und r_9 erreichen jeweils einen Support von über 0,13 und sind zusammen für 54 % der Instanzen zutreffend. Den größten Support hat Regel r_9 mit 0,247. Gleichzeitig ist bei dieser Regel auch die Konfidenz hoch, so dass sie als allgemeingültige Regel angesehen werden kann. Sie besagt, dass *Binnenpausen* und *unangenehmer* Stimmklang zu *Unfreundlichkeit* führen. Die Regel r_3 wird in dem mit vollständigen Daten trainierten Baum nicht verwendet. Die verbleibenden 13 Regeln sind für 2 bis 9 Instanzen gültig. Auch hieraus lässt sich ableiten, dass die Daten aus vielen unterschiedlich strukturierten Instanzen bestehen.

Tabelle 4.25: Konfusionsmatrix für J48 in der zweiten Stufe für Freundlichkeit (6a).

	ermittelte Klasse		
Klasse	freundlich	unfreundlich	$\sum$
freundlich	43	30	73
unfreundlich	26	47	73
$\sum$	69	77	146

Tabelle 4.26: Regeln des Entscheidungsbaums zweiter Stufe für Freundlichkeit (6a).

Nr.	Regel	n	c	s
r_1	7iA(+) ∧ 7e(+) → *unfreundlich*	5	0,600	0,034
r_2	7iA(+) ∧ 7e(−) ∧ 7g(+) ∧ 7jFo(t) → *freundlich*	23	0,957	0,158
r_3	7iA(+) ∧ 7e(−) ∧ 7g(+) ∧ 7jFo(m) → *freundlich*	0	0,000	0,000
r_4	7iA(+) ∧ 7e(−) ∧ 7g(+) ∧ 7jFo(d) ∧ 7b(−) → *freundlich*	2	1,000	0,014
r_5	7iA(+) ∧ 7e(−) ∧ 7g(+) ∧ 7jFo(d) ∧ 7b(+) ∧ 7iD(+) → *freundlich*	20	0,750	0,137
r_6	7iA(+) ∧ 7e(−) ∧ 7g(+) ∧ 7jFo(d) ∧ 7b(+) ∧ 7iD(−) → *unfreundlich*	6	0,833	0,041
r_7	7iA(+) ∧ 7e(−) ∧ 7g(−) ∧ 7iD(+) → *unfreundlich*	7	0,714	0,048
r_8	7iA(+) ∧ 7e(−) ∧ 7g(−) ∧ 7iD(−) → *freundlich*	3	1,000	0,021
r_9	7iA(−) ∧ 7a(−) → *unfreundlich*	36	0,806	0,247
r_{10}	7iA(−) ∧ 7a(+) ∧ 7iFr(+) ∧ 7iD(−) → *freundlich*	3	1,000	0,021
r_{11}	7iA(−) ∧ 7a(+) ∧ 7iFr(+) ∧ 7iD(+) ∧ 7d(+) → *freundlich*	8	0,875	0,055
r_{12}	7iA(−) ∧ 7a(+) ∧ 7iFr(+) ∧ 7iD(+) ∧ 7d(−) → *unfreundlich*	9	0,667	0,062
r_{13}	7iA(−) ∧ 7a(+) ∧ 7iFr(−) ∧ 7iD(+) → *unfreundlich*	7	1,000	0,048
r_{14}	7iA(−) ∧ 7a(+) ∧ 7iFr(−) ∧ 7iD(−) ∧ 7b(−) → *unfreundlich*	5	1,000	0,034

Tabelle 4.26 – Fortsetzung

Nr.	Regel	n	c	s
r_{15}	7iA(−) ∧ 7a(+) ∧ 7iFr(−) ∧ 7iD(−) ∧ 7b(+) ∧ 7d(−) → *unfreundlich*	5	0,800	0,034
r_{16}	7iA(−) ∧ 7a(+) ∧ 7iFr(−) ∧ 7iD(−) ∧ 7b(+) ∧ 7d(+) ∧ G(m) → *unfreundlich*	3	0,667	0,021
r_{17}	7iA(−) ∧ 7a(+) ∧ 7iFr(−) ∧ 7iD(−) ∧ 7b(+) ∧ 7d(+) ∧ G(w) → *freundlich*	4	1,000	0,027

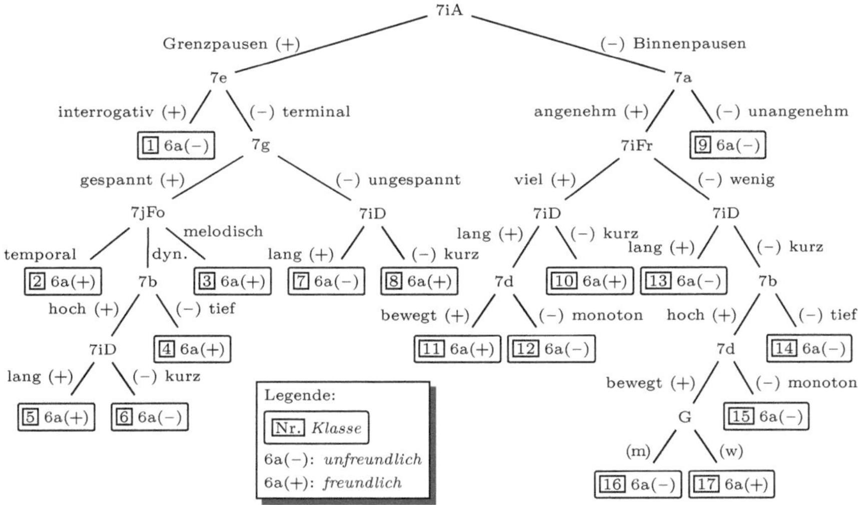

Abbildung 4.21: Entscheidungsbaum zweiter Stufe für Freundlichkeit (6a).

4.4.7 Kooperativität

Mit $F_1 = 0{,}58$ wird Kooperativität von den Kriterien der Gesprächsqualität am schlechtesten erkannt. Jedoch besitzen beide Klassen einen Recall von über 0,5. Dies kann der Konfusionsmatrix in Tabelle 4.27 entnommen werden. Der mit dem vollständigen Datensatz trainierte Entscheidungsbaum enthält 17 Regeln bei einer maximalen Tiefe von sieben (Abbildung 4.22 und Tabelle 4.28). Der erste Split trennt in zwei ähnlich große Bäume für Männer und Frauen. In den sechs untersuchten Kriterien gibt es nur zwei, bei denen das Attribut Geschlecht eine so hohe Wichtigkeit besitzt, dass es für den ersten Split am Wurzelknoten benutzt wird. Der Baum ist dadurch in zwei größere Teilbäume aufgespalten. Für zukünftige Experimente kann die Baumstruktur ein Ausgangspunkt dafür sein, die Separierung der Daten und die getrennte Klassifikation nach dem Geschlecht der Agenten zu untersuchen. Die erlernte Datenstruktur erscheint relativ heterogen, da die einzelnen Regeln nur für relativ wenige Fälle gelten. Regel r_9 mit dem höchsten Support von 34,8 % gilt für 57 Instanzen. Sie besagt, dass Frauen mit häufigem Setzen von Binnenpausen kooperativ wirken und entscheidet zu $^2/_3$ korrekt. Die Konfidenz von Regel r_9 ist allerdings die schlechteste im gesamten Baum. Keine weitere Regel erreicht einen Support von mehr als 10 %. Sechs Regeln gelten für 9–14 Instanzen, was einem Support von 5,55 % bis 8,5 % entspricht. Regel r_2 besitzt trotz einer Tiefe von fünf, die eher für Spezialfälle spricht, den zweithöchsten Support.

Tabelle 4.27: Konfusionsmatrix für J48 in der zweiten Stufe für Kooperativität (6c).

	ermittelte Klasse		
Klasse	kooperativ	unkooperativ	$\sum$
kooperativ	50	32	82
unkooperativ	40	42	82
$\sum$	90	74	164

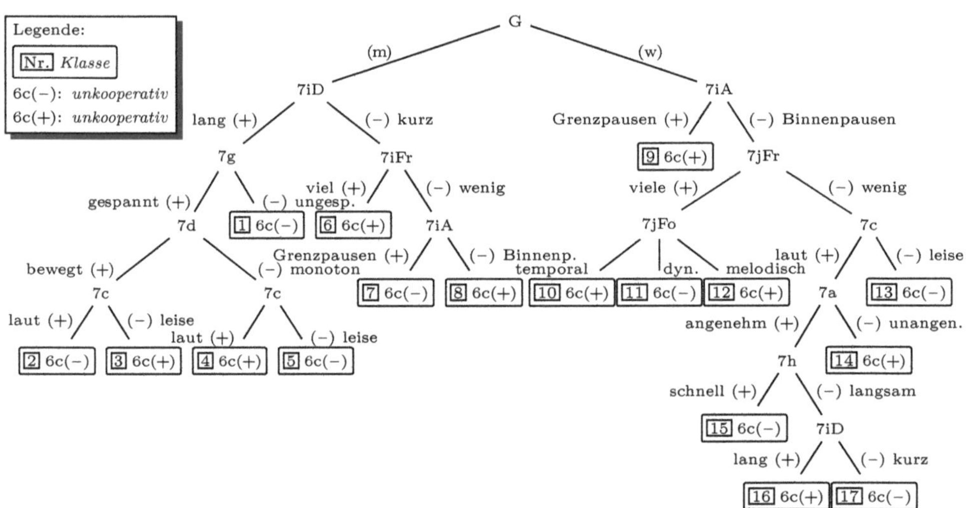

Abbildung 4.22: Entscheidungsbaum zweiter Stufe für Kooperativität (6c).

Tabelle 4.28: Regeln des Entscheidungsbaums zweiter Stufe für Kooperativität (6c).

Nr.	Regel	n	c	s
r_1	G(m) ∧ 7iD(+) ∧ 7g(−) → *unkooperativ*	10	0,900	0,061
r_2	G(m) ∧ 7iD(+) ∧ 7g(+) ∧ 7d(+) ∧ 7c(+) → *unkooperativ*	14	0,857	0,085
r_3	G(m) ∧ 7iD(+) ∧ 7g(+) ∧ 7d(+) ∧ 7c(−) → *kooperativ*	2	1,000	0,012
r_4	G(m) ∧ 7iD(+) ∧ 7g(+) ∧ 7d(−) ∧ 7c(+) → *kooperativ*	3	1,000	0,018
r_5	G(m) ∧ 7iD(+) ∧ 7g(+) ∧ 7d(−) ∧ 7c(−) → *unkooperativ*	7	0,714	0,043
r_6	G(m) ∧ 7iD(−) ∧ 7iFr(+) → *kooperativ*	9	0,778	0,055
r_7	G(m) ∧ 7iD(−) ∧ 7iFr(−) ∧ 7iA(+) → *unkooperativ*	3	1,000	0,018
r_8	G(m) ∧ 7iD(−) ∧ 7iFr(−) ∧ 7iA(−) → *kooperativ*	5	0,800	0,030
r_9	G(w) ∧ 7iA(+) → *kooperativ*	57	0,667	0,348
r_{10}	G(w) ∧ 7iA(−) ∧ 7jFr(+) ∧ 7jFo(t) → *kooperativ*	14	0,714	0,085
r_{11}	G(w) ∧ 7iA(−) ∧ 7jFr(+) ∧ 7jFo(d) → *unkooperativ*	12	0,667	0,073
r_{12}	G(w) ∧ 7iA(−) ∧ 7jFr(+) ∧ 7jFo(m) → *kooperativ*	0	0,000	0,000
r_{13}	G(w) ∧ 7iA(−) ∧ 7jFr(−) ∧ 7c(−) → *unkooperativ*	13	0,846	0,079
r_{14}	G(w) ∧ 7iA(−) ∧ 7jFr(−) ∧ 7c(+) ∧ 7a(−) → *kooperativ*	3	1,000	0,018
r_{15}	G(w) ∧ 7iA(−) ∧ 7jFr(−) ∧ 7c(+) ∧ 7a(+) ∧ 7h(+) → *unkooperativ*	7	0,857	0,043
r_{16}	G(w) ∧ 7iA(−) ∧ 7jFr(−) ∧ 7c(+) ∧ 7a(+) ∧ 7h(−) ∧ 7iD(+) → *kooperativ*	2	1,000	0,012
r_{17}	G(w) ∧ 7iA(−) ∧ 7jFr(−) ∧ 7c(+) ∧ 7a(+) ∧ 7h(−) ∧ 7iD(−) → *unkooperativ*	3	0,667	0,018

4.5 Analyse und Validierung des Frameworks

4.5.1 Empirischer Vergleich von ein- und zweistufiger Klassifikation

In diesem Abschnitt wird die zentrale Fragestellung untersucht, ob die Erkennungsleistung der zweiten Stufe ausreichend ist. Für den Einsatz in der Praxis in einem System, das Trainer oder Agenten bei der täglichen Arbeit durch automatisierte erklärungsfähige Bewertungen von Gesprächsqualitätsmerkmalen unterstützt, darf das zugrunde liegende Modell der zweiten Stufe nicht signifikant schlechter als das entsprechende einstufige Modell der Signalebene klassifizieren. Dies wurde in Forschungsfrage 5 in Abschnitt 1.3.4 formuliert. Als Vergleichswerte dienen die in Abschnitt 4.3.5 ermittelten Werte. Es werden für alle Kriterien für die ein- und zweistufige Klassifikation die F_1-Werte der Kreuzvalidierung gegenübergestellt. Tabelle 4.29 und Abbildung 4.23 zeigen dies. In Spalte zwei sind die mittleren F_1-Werte aller J48-Entscheidungsbäume der zweiten Stufe eingetragen, die mit einer 10-fachen Kreuzvalidierung ermittelt wurden. Die Ergebnisse

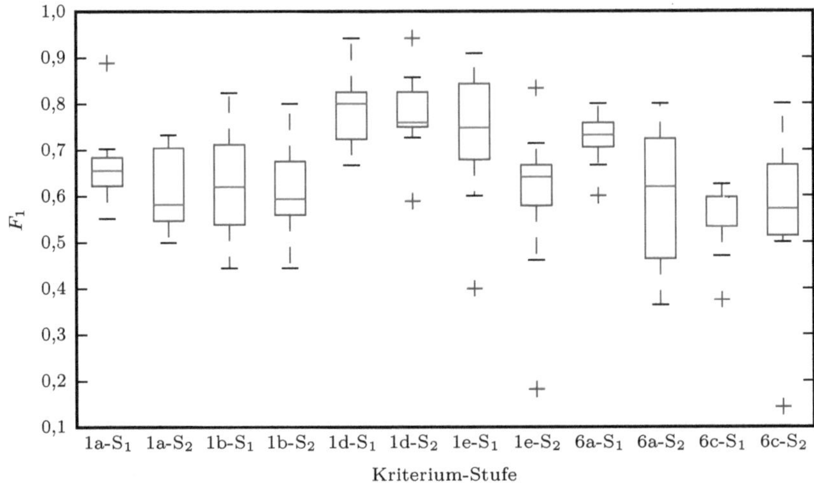

Abbildung 4.23: Vergleich der F_1-Werte der ein- und zweistufigen Klassifikation.

wurden mit dem Weka-Experimenter durchgeführt. Aufgrund des anders konfigurierten Zufallszahlengenerators, mit dem die Replikationen der Kreuzvalidierung gebildet werden, unterscheiden sich die Werte geringfügig von denen in Tabelle 4.16.

Tabelle 4.29: Mittlere F_1-Werte einstufiger und zweistufiger Klassifikation.

Kriterium	F_1 zweite Stufe (S_2)	F_1 einstufig (S_1)	p_w
Natürlichkeit (1a)	0,6121	0,6676	0,1818
Glaubwürdigkeit (1b)	0,6066	0,6245	0,3386
Kompetenz (1d)	0,7766	0,7934	0,4545
Sicherheit (1e)	0,5978	0,7333	0,0242*
Freundlichkeit (6a)	0,5988	0,7255	0,0473*
Kooperativität (6c)	0,5676	0,5417	0,8385

* Signifikant bei $\alpha = 0{,}05$.

Die Analyse der Klassifikationsgüte bestätigt, dass alle Modelle der 2. Stufe ein F_1 von über 0,5 erreichen und somit besser als einfaches Raten klassifizieren. Das beste Ergebnis erzielt Kompetenz mit einem mittleren $F_1 = 0{,}78$. Die schlechteste Klassifikationsleistung zeigt Kooperativität bei einem mittleren $F_1 = 0{,}57$. Das Klassifikationsergebnis von Kooperativität ist in der 2. Stufe im Mittel geringfügig höher als in der einstufigen Klassifikation. Zur endgültigen Klärung von Forschungsfrage 5 muss ein statistischer Test eingesetzt werden. Da aus den gesamten Daten in Anhang A.1.3 und A.1.4 abgeleitet werden kann, dass die Performanzwerte bei der 10-fachen Kreuzvalidierung nicht notwendigerweise normalverteilt sind, wird zur Prüfung der Wilcoxon-Test verwendet

[Wil45]. Dieser ist im Gegensatz zum t-Test nicht parametrisiert und setzt daher keine Normalverteilung der Grundgesamtheiten voraus [Sac04, S. 382 ff.]. Im vorliegenden Fall wird einseitig getestet. Die Grundgesamtheiten sind dabei die F_1-Werte der ersten Stufe (X_{S1}) und der zweiten Stufe (X_{S2}). Die Nullhypothese besagt, dass die Wahrscheinlichkeit, einen Wert aus X_{S2} zu ziehen, der größer als ein aus X_{S1} gezogenen Wert ist, größer oder gleich $1/2$ ist. Dies wäre der Fall, wenn (X_{S1}) und (X_{S2}) gleich wären oder X_{S2} größere Werte beinhaltet.

$$H_0 : p(X_{S2} > X_{S1}) \geq \frac{1}{2} \tag{4.9}$$

Die Alternativhypothese wird formuliert als [Sac04, S. 382 ff.]:

$$H_1 : p(X_{S2} > X_{S1}) < \frac{1}{2} \tag{4.10}$$

Wenn H_0 bei einem Signifikanzniveau von $\alpha = 0{,}05$ abgelehnt und H_1 angenommen wird, so kann daraus gefolgert werden, dass die Modelle der zweiten Stufe signifikant schlechtere Klassifikationsleistungen erbringen. Die letzte Spalte von Tabelle 4.29 enthält den p_w-Wert des Tests. Die mit (*) gekennzeichnete p_w-Werte geben an, dass die F_1-Werte in der zweiten Stufe für Sicherheit (1e) und Freundlichkeit (6a) gemäß H_1 signifikant kleiner sind. Dies lässt sich ebenfalls Abbildung 4.23 entnehmen. Somit kann aus dieser Experimentkonfiguration geschlossen werden, dass die Modelle der zweiten Stufe für Natürlichkeit (1a), Glaubwürdigkeit (1b), Kompetenz (1d) und Kooperativität (6c) genau so gut klassifizieren wie die einstufigen Modelle, was die Forschungsfrage 5 positiv beantwortet.

4.5.2 Einfluss der Basismodelle auf die Gesamtklassifikationsgüte

Im Konzept des zweistufigen Klassifikationsframeworks wurde implizit angenommen, dass eine bessere Erkennung des Sprechausdrucks positiven Einfluss auf die Resultate in der zweiten Stufe hat. Diese Hypothese ist dadurch begründet, dass die Merkmale für die Klassifikation der zweiten Stufe im Gegensatz zur ersten Stufe nicht messbar und berechenbar sind, sondern das Ergebnis von Entscheidungen sind, die Modelle treffen.

Wie sowohl in den theoretischen Grundlagen als auch im vorangegangenen Kapitel bei der Beschreibung der Basismodelle festgestellt wurde, ist die Identifikation eines optimalen Modells oder Klassifikationsalgorithmus ein in der Literatur und in der Praxis nicht endgültig geklärtes Problem. Da das in Abschnitt 3.5.2 vorgestellte Verfahren zur Erzeugung des Basismodells implementierungsintensiv ist und viel Rechenzeit benötigt, soll geklärt werden, ob die Festlegung eines hinreichend guten Algorithmus, der ohne Auswahlverfahren zum Training der Basismodelle genutzt wird, zu gleich guten Resultaten in der zweiten Stufe führt. In Abschnitt 4.5.1 wurde gezeigt, dass die Modelle für Kompetenz (1d) in beiden Stufen die höchsten Erkennungsraten besitzen. Da hierin das größte Potential für eine Praxisanwendung gesehen wird, werden die im Folgenden beschriebenen Analysen mit dem Datensatz für Kompetenz durchgeführt. Für die anderen

Gespächsqualitätsfaktoren wird auf eine detaillierte Untersuchung verzichtet, da alle in den folgenden Abschnitten beschriebenen Experimente und Methoden auf diese Modelle ebenfalls anwendbar sind. Anhand der zur Verfügung stehenden Daten wird geprüft, ob die Auswahl eines anderen Basismodells zu einer Verschlechterung der Ergebnisse in der zweiten Stufe führen kann. Zur Prüfung dieser Fragestellung wurden für die zweite Stufe des Qualitätsmerkmals Kompetenz drei Testdatensätze erstellt, die in ihrer Struktur dem in Abbildung 4.4 gezeigten Schema folgen:

Zufall: Dieser Datensatz wurde zufällig erzeugt. Es wurden wie in den Originaldaten je 140 Instanzen *kompetent* und *inkompetent* generiert. Statt mit den Basismodellen wurden die symbolischen Werte des Sprechausdrucks mit einer Zufallsverteilung ermittelt. Dabei sind die Wahrscheinlichkeiten der Klassen gleichförmig verteilt. Dies wäre das Ergebnis bei Modellen der ersten Stufe mit einer schlechten Klassifikationsgüte, die ihre Klassifikationsentscheidungen so treffen, als wären sie zufällig.

J48: Im Datensatz J48 wurde die Klassifikation auf der ersten Stufe für alle Sprechausdrucksmerkmale nur mit dem J48-Entscheidungsbaum durchgeführt.

SMO: In diesem Datensatz wurden als Basis der Klassifikation der ersten Stufe die SMO-Modelle ausgewählt.

Bestes Modell S_2: Als Referenz wird der in Abschnitt 4.4.4 verwendete Datensatz für Kompetenz (1d) eingesetzt. Dieser basiert auf den besten Modellen für die einzelnen Sprechausdrucksmerkmale.

Die Klassifikationsleistung der zweiten Stufe wird wie in den vorangegangenen Experimenten als Schätzer für F_1 mit 10-facher Kreuzvalidierung ermittelt und in Tabelle 4.30 dargestellt. Die F_1-Werte für die positive Klasse sind in Abbildung 4.24 dargestellt. Der zufällig erstellte Datensatz weist mit einem $F_1 < 0{,}5$ auch in der zweiten Stufe eine Klassifikationsgüte unter dem Erwartungswert auf. Die Analyse von Abbildung 5.4 zeigt, dass die mittleren F_1-Werte der zweistufigen Modelle mit ansteigender Güte der Basismodelle

Tabelle 4.30: Performanz der zweiten Stufe in Abhängigkeit der Modellauswahl der ersten Stufe.

	Zufall	J48	SMO	S_2
Avg(F_1)	0,4233	0,6279	0,7468	0,7766
Var(F_1)	0,0403	0,0103	0,0118	0,0077
Std(F_1)	0,2006	0,1013	0,1086	0,088
p_{sw}	0,7053	0,8949	0,3077	0,5685
Gruppe	c	b	ab	a

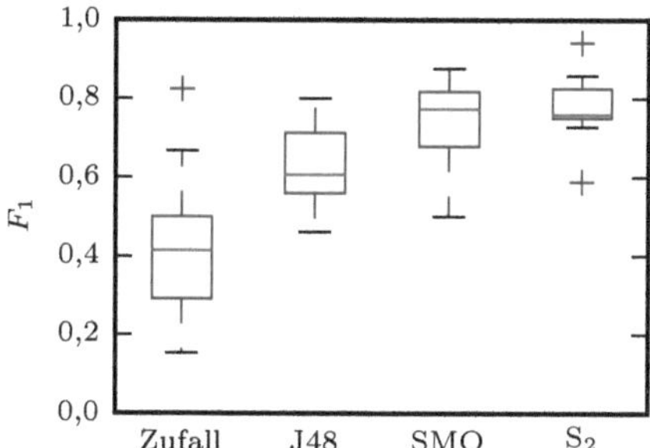

Abbildung 4.24: Erkennung der zweiten Stufe in Abhängigkeit der Modellauswahl der ersten Stufe.

ebenfalls ansteigen. Wenn nur SMO als Basismodelle verwendet werden, liegen die in der zweiten Stufe erreichbaren Ergebnisse mit denen der Strategie „bestes Modell (S_2)“ gleich auf. Allerdings weist SMO eine größere Streuung auf. Für die statistische Begründung des visuellen Ergebnisses wird die in Abschnitt 3.5.2 dargestellte Vorgehensweise aus Shapiro-Wilk-Test, Varianzanalyse und Duncan-Test angewendet. Für die Anwendung der Varianzanalyse ist es Grundvoraussetzung, dass die Messwerte normalverteilt sind. Die Ergebnisse des zur Prüfung der Voraussetzung notwendigen Shapiro-Wilk-Tests sind mit p_{sw} in Tabelle 4.31 vermerkt. Es kann gefolgert werden, dass sich die Stichproben der F_1-Werte normalverteilt verhalten. Die Varianzanalyse liefert $p_a = 5{,}66 \cdot 10^{-6}$ gemäß Tabelle 4.31. Daher kann bei $\alpha = 0{,}05$ die Nullhypothese abgelehnt und geschlussfolgert werden, dass sich die Mittelwerte zwischen den Datensätzen unterscheiden.

Der daraufhin durchgeführte Duncan-Test (Tabelle 4.32) zeigt in der Zeile „Gruppe“ von Tabelle 4.30 die Rangfolge der Datensätze. Es bestätigt sich die Hypothese, dass alle Datensätze, die mit Modellen erstellt wurden, besser erkannt werden als der Datensatz mit der zufälligen Zusammenstellung. Die besten Ergebnisse erzielt der mit den Basismodellen

Tabelle 4.31: Varianzanalyse der F_1-Werte für den Vergleich der Stufen.

	df	SAQ	MQ	$\hat{F}$	p_a
Gruppen	3	0,7715	0,257 15	13,22	$5{,}66 \cdot 10^{-6}$
Residuen	36	0,7003	0,019 45		

Tabelle 4.32: Kritische Bereiche des Duncan-Tests für den Vergleich der Stufen.

t_{emp}	2,86	3,01	3,11
krit. Bereich	0,127	0,133	0,137

des Frameworks erzeugte Datensatz „bestes Modell S_2“. Hierbei wird auch die Gültigkeit der Grundannahmen bestätigt.

4.5.3 Einfluss der Merkmalsauswahl in der zweiten Stufe

Wie bereits dargelegt, unterliegen im Gegensatz zu klassischen Data-Mining-Verfahren in der zweiten Stufe die Merkmale den klassifikationsbedingten Zufallseinflüssen. Daher muss angenommen werden, dass die Diskriminativität der Attribute in der zweiten Stufe von den Zufallseinflüssen, d. h. von der grundlegenden Erkennungsrate ihrer Basismodelle abhängt. Dies würde dazu führen, dass bei der Klassifikation bestimmte Attribute oder Attributkombinationen mit hoher Erkennungsrate bevorzugt werden und bessere Erkennungsraten erreichen. Die meisten Data-Mining-Verfahren sind darauf ausgerichtet, die für die Klassifikation wichtigen Merkmale selbst zu lernen. Diese Eigenschaft gilt insbesondere für Entscheidungsbäume. Diese führen Splits auf den relevanten Attributen aus und ignorieren irrelevante. Im Folgenden wird der Einfluss einzelner Merkmale der zweiten Stufe auf die zu erwartende Gesamtperformanz des Klassifikationssystems anhand des Datensatzes für Kompetenz (1d) untersucht. In den Experimenten der ersten Stufe wurde auf eine Merkmalsreduktion verzichtet, obwohl diese ein Teilschritt des DM-Vorgehensmodell ist [FPS96a, S. 42]. Die Gesamtkomplexität der Experimentreihen hätte sich dadurch drastisch erhöht. Bei den Experimenten zur Erkennung der Qualitätsmerkmale in der zweiten Stufe ist der Merkmalssatz mit 13 binären und einem dreiwertigen Merkmal relativ klein und daher mit wenig Rechenaufwand zu untersuchen.

Merkmalsreduktion

Für die empirische Analyse der Merkmalseinflüsse wurden Datensätze mit verschiedenen Attributkonfigurationen erzeugt. Das Vorgehen entspricht einer Methode der Merkmalsreduktion, der Wrapper-Methode in Kombination mit einer Suche innerhalb der Merkmalskombinationen [Ban14, S. 3 f.].

Alle Verfahren zur Merkmalsreduktion basieren auf einer Suche in Teilmengen der Merkmalsmenge [Hal99, S. 27]. Die hier durchlaufenen Schritte der Merkmalsreduktion sind erstens die Generierung eines initialen Merkmalssatzes aus einer Teilmenge des ursprünglichen Merkmalssatzes und zweitens die Evaluierung des neuen Merkmalssatzes. Sowohl für die Erstellung des initialen Merkmalssatzes als auch die Generierung der neuen Teilmengen können verschiedene Strategien eingesetzt werden. Die Evaluation eines Merkmalssatzes kann mit Wrapper- oder Filtermethoden erfolgen [Ban14, S. 3 f.]. Wrappermethoden nutzen einen Lern- bzw. Klassifikationsalgorithmus zur Performanzmessung der Teilmerkmalssätze als Blackbox-Verfahren [KJ97, S. 274]. Filtermethoden arbeiten dagegen als White-Box und ermitteln vor der Anwendung des Lernalgorithmus eine Merkmalsmenge [Lan94, S. 127]. Für die Experimente wird zum Vergleich die Correlation-based Feature Selection (CFS) angewendet, die in Weka implementiert ist [WFH11, S. 488]. Grundidee der Filtermethode CFS ist es, eine optimale Merkmalsmenge zu finden, die das beste Verhältnis von Klassenkorrelation und Intermerkmalskorrelation aufweist [Che+06, S. 156].

Vorgehen und Ergebnisse

Zunächst wurden die Attribute gemäß des erzielten F_1-Wertes (Tabelle 4.12) sortiert. Bei der Sortierung wurde die Anzahl der Instanzen je Kriterium berücksichtigt, wodurch die Kritierien, die einen hohen F_1-Wert aufweisen, aber nur wenig Instanzen besitzen, am Ende der regulären Reihung einsortiert wurden. Das Attribut Geschlecht wurde auf den ersten Platz eingereiht, da es a priori bestimmbar ist und keine Unsicherheit in sich trägt. Für weitere Experimentvarianten wurden nach der ermittelten Reihenfolge Attribute hinzugefügt. Die entstandenen Varianten der Attributkonfiguration können Tabelle 4.33 entnommen werden. Die leeren Rechtecke zeigen, dass das Attribut in der Konfiguration verfügbar war. Ein Kreuz im Rechteck bedeutet, dass das Attribut durch den J48-Algorithmus für den Entscheidungsbaum verwendet wurde.

Zum Vergleich wird ein mit CFS erzeugter Merkmalssatz, der in Tabelle 4.33 in der letzten Spalte als Konfiguration v_C eingetragen ist, evaluiert. Die zugehörigen Erkennungsleistungen (F_1) sind in Abbildung 4.25 als Boxplot gezeigt. Es ist zu erkennen, dass die Konfiguration v_C gegenüber Konfiguration v_{14} sowohl einen größeren Median (0,80 zu

Tabelle 4.33: Varianten der Attributkonfiguration (Attribut in der Merkmalsmenge vorhanden: ☐, Attribut vorhanden und wird vom Entscheidungsbaum genutzt: ☒).

	Variante/Anzahl der Merkmale														
Attribut	v_1	v_2	v_3	v_4	v_5	v_6	v_7	v_8	v_9	v_{10}	v_{11}	v_{12}	v_{13}	v_{14}	v_C
7a										☒	☒	☒	☒	☒	☒
7b			☐	☐	☐	☐	☐	☐	☐	☐	☐	☐	☐	☐	
7c		☐	☐	☐	☐	☐	☒	☒	☒	☐	☐	☐	☐	☐	
7d						☐	☒	☒	☐	☐	☐	☐	☐	☐	
7e					☐	☐	☐	☐	☐	☐	☒	☐	☐	☐	
7f														☐	
7g									☒	☒	☒	☐	☐	☐	☐
7h								☒	☒	☒	☒	☒	☒	☒	
7iA												☒	☒	☒	☒
7iD							☒	☒	☒	☒	☒	☒	☒	☒	☒
7iFr				☐	☐	☐	☒	☐	☐	☐	☒	☐	☐	☐	
7jFo											☒	☐	☐	☐	
7jFr													☒	☒	
G	☒	☒	☒	☒	☒	☒	☒	☒	☒	☒	☒	☒	☒	☒	☒

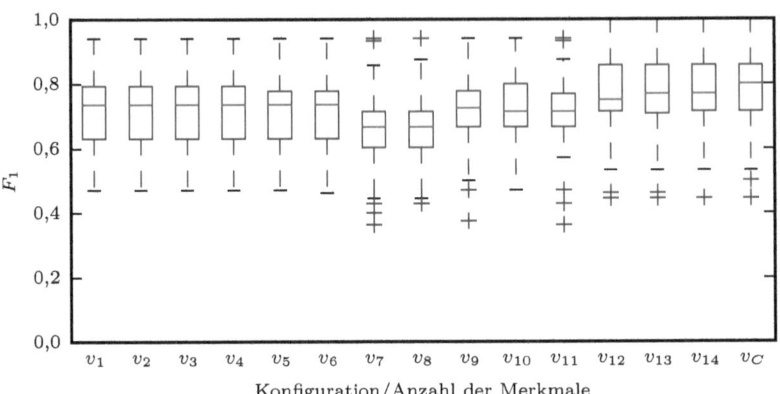

Abbildung 4.25: Abhängigkeit der Erkennungsleistung von der Anzahl der Merkmale.

0,77) als auch einen größeren Mittelwert (0,78 zu 0,77) aufweist. Um zu ermitteln, ob der erkennbare Unterschied statistisch signifikant ist, wird ein t-Test durchgeführt. Dieser zeigt mit einem $p_t = 0{,}22$, der über dem Signifikanzniveau $\alpha = 0{,}05$ liegt, keinen signifikanten Unterschied zwischen Konfiguration v_{14} und v_C an. Wie Tabelle 4.33 entnommen werden kann, ist in allen Konfigurationen der Attribute das Geschlecht enthalten. Die mit den vollständigen Datensätzen trainierten Entscheidungsbäume nutzen alle die Trennung nach dem Geschlecht als ersten Split. Die Bäume für die Konfigurationen 1–6 bestehen sogar nur aus einem einzigen Split, der zwischen männlich und weiblich trennt. Dies ist möglich, weil Entscheidungsbäume bereits inhärent eine Merkmalsauswahl durchführen. Die Analyse zeigt weiterhin, dass das Merkmal Sprechstimmlage (7b) nicht verwendet wird, obwohl es an zweiter Stelle bei der Erkennungsleistung in Tabelle 4.12 steht. Das hier beschriebene Experiment bestätigt die in Vorarbeiten präsentierten Ergebnisse. In Walther u. a. [WMJ15, S. 192] wurde der Entscheidungsbaum für Kompetenz ohne das Attribut Geschlecht trainiert und erreicht eine Erkennungsrate von 73,2 %, was fast 3 % unter den für diese Arbeit ermittelten Werten liegt (Tabelle 4.16). Die hohe Bedeutung des Attributs Geschlecht lässt sich neben den in Abschnitt 2.1.1 angesprochenen physiologischen Unterschieden in der Stimmbildung auf die Determiniertheit zurückführen.

Dieses Ergebnis zeigt, dass mehrere verschiedene Merkmalskombinationen mit gleich guten F_1 existieren, die statistisch nicht signifikant verschieden sind. Somit bestätigen sich die bekannten Einschränkungen der Merkmalsreduktion [RM08, S. 157]:

- In einigen Fällen existieren in Datensätzen keine irrelevanten Merkmale, sondern die Kombination aller Merkmale ist entscheidend für die Klassifikation.
- Besonders bei kleinen Datensätzen kann die Kombination und Anzahl der relevanten Merkmale von der Zusammenstellung der Trainingsdaten abhängen, da bei kleinen Datensätzen relevante Merkmale verloren gehen können.

Hieraus ergibt sich für das weitere Vorgehen, dass Merkmalsreduktion als Teilschritt des Prozesses nicht weiter betrachtet wird, da kein Nachweis der Vorteile einer Reduzierung der Merkmalsmenge erbracht werden konnte.

4.5.4 Zusammenfassung

In diesem Kapitel wurde der zentrale Erkenntnisgewinn dargestellt. Zunächst wurden in Kapitel 4.1 die Arbeitsweise und das Vorgehen bei der Implementierung des zweistufigen Klassifikationsframeworks erläutert. Da das oberste Ziel des Systems die Klassifikation und Unterstützung des Agenten in realen Gesprächen ist, wurden alle Modelle auf einem Korpus aus Mitschnitten von Callcentergesprächen trainiert. Das Korpus wurde im darauf folgenden Kapitel 4.2 vorgestellt. Es wurde dabei kritisch auf den Annotationsprozess und notwendige Anpassungen eingegangen. Nach der Beschreibung der Datengrundlage wurde die erste Stufe des Frameworks erläutert. Zunächst wurden das grundlegende Vorgehen und die Merkmalsextraktion beschrieben. In einer Vorstudie wurde in Abschnitt 4.3.3 herausgestellt, dass sich die im ursprünglichen Korpus bei fast allen Kriterien anzutreffende ungleiche Verteilung der Klassen negativ auf die Klassifikationsergebnisse auswirkt. Dies führte dazu, dass eine Angleichung der Häufigkeiten vorgenommen wurde. Mit den transformierten Datensätzen wurden in Abschnitt 4.3.5 mit herkömmlichen einstufigen Klassifikationsverfahren Referenzwerte für die zweistufige Klassifikation erstellt. Die Basismodelle der ersten Stufe für den Sprechausdruck wurden in Abschnitt 4.3.6 detailliert besprochen, da sie das Fundament für weitere Experimente und Forschung bilden. Als Antwort auf Forschungsfrage 4 konnte bestätigt werden, dass der Sprechausdruck besser erkannt wird als die Kriterien der Gesprächsqualität. Dies ist eine Grundannahme der zweistufigen Klassifikation.

Im darauf folgenden Abschnitt wurden die Basismodelle verifiziert, d. h. es wurde bestätigt, dass sie nur die trainierten Kriterien erkennen. Daraus lässt sich folgern, dass es keine unerwünschten Abhängigkeiten zwischen Modellen und Daten gibt. Den zweiten Schwerpunkt neben der Vorstellung der Basismodelle bildet Kapitel 4.4. Dort wurde der Hauptteil des Forschungsbeitrags der vorliegenden Arbeit erläutert. Das Teilkapitel stellt die neuartigen Klassifikationsmodelle der zweiten Stufe für Gesprächsqualität vor. Für die sechs untersuchten Kriterien Natürlichkeit (1a), Glaubwürdigkeit (1b), Kompetenz (1d), Sicherheit (1e), Freundlichkeit (6a) und Kooperativität (6c) wurden mit den erklärungsfähigen Entscheidungsbäumen in der zweiten Stufe F_1-Werte von 0,58 bis 0,78 erreicht. Für alle Kriterien wurde ausführlich der trainierte Entscheidungsbaum erläutert. Die beste Klassifikationsgüte wurde bei Kompetenz (1d) erreicht. Dies bestätigt ein kompakter Baum mit hoher Entscheidungstransparenz und guter Erklärungsfähigkeit. In der Literaturanalyse wurde herausgestellt, dass sich Gewissenhaftigkeit von allen Persönlichkeitsfaktoren am besten erkennen lässt. Da die Kompetenz ein Aspekt der Gewissenhaftigkeit ist, kann die in dieser Arbeit erreichte hohe Erkennungsleistung mit einer allgemein guten Erkennbarkeit dieses Persönlichkeitsfaktors begründet werden. In Kapitel 4.4 konnte experimentell bestätigt werden, dass die Erkennung der Gesprächsqualitätskriterien mit dem zweistufigen Klassifikationssystem mit einer hohen Sicherheit möglich ist. Diese Erkenntnis wurde im darauf folgenden Kapitel 4.5 durch statistische Tests abgesichert. In Abschnitt 4.5.1 wurde durch einen Test belegt, dass vier Kriterien, Natürlichkeit (1a), Glaubwürdigkeit (1b), Kompetenz (1d) und Kooperativität (6c) genau so gut erkannt werden wie durch das beste einstufige Modell, das auf herkömmliche Weise mit Signalmerkmalen trainiert wird.

Das Konzept aus Basismodell und aggregierter Klassifikation in der zweiten Stufe führt durch den Klassifikationsfehler der ersten Stufe zu einer stochastischen Unsicherheit der Merkmale, die in herkömmlichen Klassifikationsmodellen nicht auftritt. Daher wurde in Abschnitt 4.5.3 experimentell mit Hilfe von Techniken zur Merkmalsreduktion untersucht, ob sich bestimmte Merkmalskombinationen positiv auf die Erkennungsleistung auswirken und ob diese Merkmale in Beziehung zu ihrem Klassifikationsfehler in der ersten Stufe gesetzt werden können. Die Untersuchung konnte keine eindeutigen Ergebnisse zum Einfluss von Merkmalen oder Merkmalsgruppen erbringen.

Der Gesamtkonzeption liegt die Annahme zugrunde, dass nur die bestmögliche Erkennung des Sprechausdrucks eine gute Erkennungsleistung in der darauf aufbauenden zweiten Stufe ermöglicht. Wegen dieser Annahme wurde das Selektionsverfahren der multiplen Klassifikatoren verwendet. In Abschnitt 4.5.2 wurde getestet, welchen Einfluss die Klassifikationsgüte der Basis auf die Gesamtperformanz in der zweiten Stufe besitzt. Es konnte bestätigt werden, dass bessere Basismodelle ebenfalls eine höhere Klassifikationsgüte in der zweiten Stufe bewirken.

In Abschnitt 4.5.2 konnte ebenfalls belegt werden, dass die Erkennungsgüte der Basismodelle entscheidend für die Klassifikationsleistung der zweiten Stufe ist, d. h. je besser der Sprechausdruck erkannt wird, desto besser kann darauf aufbauend der Gesprächseindruck prognostiziert werden. Daher sollte als Basis für zukünftige Arbeiten an der Verbesserung der Basisklassifikationsmodelle geforscht werden. Dazu sind verschiedene Ansätze denkbar. Ein möglicher Weg zur Erhöhung der Klassifikationsleistung ist die Überarbeitung des Merkmalsvektors für die Basismodelle. Neben des in der vorliegenden Arbeit verwendeten Brute-Force-Verfahren sollten auch andere Methoden zur Merkmalsextraktion geprüft werden. Für die Merkmalsextraktion ist auch die Bandbreite und der Kompressionsgrad des Übertragungsmediums von Bedeutung. Studien belegen, dass bei der Spracherkennung von bandbreitenbegrenzten Gesprächen in Telefonqualität die Fehlerrate um den Faktor 1,3 ansteigt [Chi92, S. 295]. Abschließend können Methoden der Dimensionsreduktion auf die Daten angewendet werden, um die Klassifikationsraten zu verbessern. Weiterhin kann die Auswahlstrategie der Basisklassifikatoren geändert werden. Die Ausführungen haben gezeigt, dass die aufwendige Varianzanalyse nicht garantieren kann, das beste Klassifikationsmodell zu erhalten.

Die Verbesserung der Basismodelle kann auch durch neue Klassifikationsverfahren erreicht werden. Durch den rasanten Anstieg der Rechenleistung sind künstliche neuronale Netze in den letzten Jahren wieder in das Interesse der Forschung gerückt. Im Bereich des maschinellen Lernen, der als „Deep Learning" bezeichnet wird, werden MLP mit komplexen Netzstrukturen und mehreren versteckten Schichten verwendet [DY14, S. 217]. In Experimenten ist zu zeigen, ob diese KNN den herkömmlichen Verfahren überlegen sind. Wie in Abschnitt 4.2.3 am Kriterium Sprechgeschwindigkeit illustriert, können einige Sprechausdrucksmerkmale direkt ohne Klassifikationsmodell errechnet werden. Für die Bewertungskriterien, bei denen dies möglich ist, kann in der zweiten Stufe das berechnete Maß statt des Klassifikationsergebnisses eingesetzt werden, z. B. die Sprechgeschwindigkeit in Silben pro Sekunde statt der nominalen Klassen *langsam* und *schnell*. Dies würde die Komplexität des Gesamtmodells reduzieren.

5 Fallstudien zur Validierung des Klassifikationsframeworks

Ziel dieses Kapitels ist die Validierung des Frameworks in vier Fallstudien. Hierbei soll dessen Eignung für verschiedene Datenquellen und Korpora untersucht werden, was als Forschungsfrage 6 in Abschnitt 1.3.4 formuliert wurde. In der ersten Fallstudie wird getestet, wie Expertenentscheidungen prognostiziert werden können. Es wird hierzu geprüft, ob Expertenbewertungen durch die in Kapitel 4.4 vorgestellten Entscheidungsbäume reproduziert werden können. Dazu wurde ein Teilkorpus neu annotiert. Ziel der Annotation war es, Expertenurteile zu erhalten, die in Struktur und Form der Klassifikation durch das Framework entsprechen. Auch die zweite Fallstudie in Kapitel 5.2 hat den Vergleich menschlicher Experten mit der maschinellen Klassifikation zum Ziel. Im Gegensatz zu Fallstudie I wurden in Fallstudie II von Experten Regeln aufgestellt, die Auffälligkeiten im Sprechausdruck einer Sprechwirkung zuordnen. Diese Regeln sind fallbasiert und werden an maschinell klassifizierten Instanzen getestet. Es wird geprüft, ob in einem Einsatzszenario das Framework ohne Training der zweiten Stufe eingesetzt werden kann. Diese Fallstudie zeigt somit ein anwendungsrelevantes Szenario für Trainer im Callcenter. In Abschnitt 5.2.2 wird untersucht, wie die Expertenregeln als Wissensbasis verwendet werden können. Darauffolgend werden die Regeln zur probabilistischen Klassifikation der durch das Framework erstellten Daten eingesetzt. Die dritte Fallstudie konzentriert sich auf die vollautomatische Klassifikation von manuell annotierten Daten. Sie prüft die Gültigkeit des Frameworks bei Audiodaten aus anderen Quellen und die Erkennung von Kriterien, die nicht im Korpus annotiert wurden. Es wird mit einem externen Korpus untersucht, wie in einem realen Szenario Persönlichkeitsdimensionen in unbekannten Audioaufzeichnungen vom Framework klassifiziert werden können. Bei dem zu erkennenden Persönlichkeitsmerkmal handelt es sich um Sympathie, die in den bisherigen Untersuchungen nicht betrachtet wurde. Weiterhin werden in der Fallstudie III Strategien erörtert, mit denen die erzeugten Regeln angepasst und die Erkennung verbessert werden kann. In der vierten Fallstudie wird mit Segmentierung ein weiteres komplexes Problem adressiert, das bei der Entwicklung des Frameworks nicht vollständig berücksichtigt wurde. Sie zeigt, wie das Framework personenindividuell anhand von zeitsegementierten Daten Gesprächsbewertungen prognostizieren kann.

5.1 Fallstudie I – Validierung mit manuell bewerteten Daten

5.1.1 Neuannotation von Subkorpora

Zur Validierung der Modelle wurde eine weitere Experimentreihe entwickelt, die aus den vorhandenen Audioaufnahmen ein weiteres Korpus erzeugt. Ziel war es, möglichst

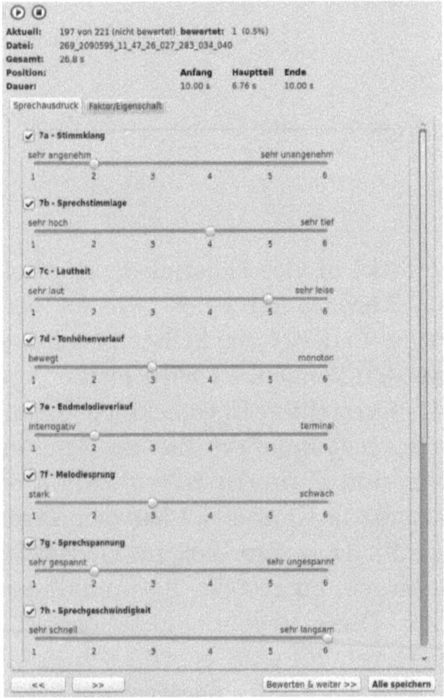

(a) Eingabemaske für den Sprechausdruck.

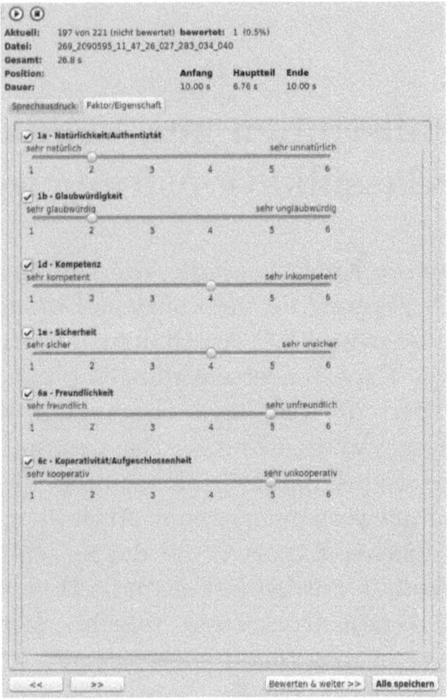

(b) Eingabemaske für Persönlichkeit und Gesprächspartnerorientierung.

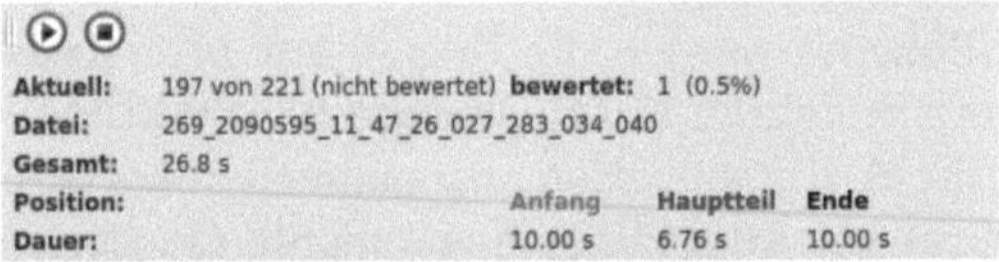

(c) Ausschnitt aus der Bedienoberfläche mit der Markierung des Hauptteils beim Abspielen eines Segments.

Abbildung 5.1: Oberfläche des Bewertungsprogramms.

realistische Bedingungen zu schaffen, die den Expertenhörern eine objektive Bewertung ermöglichen, ohne jedoch die Vergleichbarkeit der beiden Korpora zu beeinträchtigen. Der Schwerpunkt der Annotation lag auch bei dieser Annotation auf den 13 Kriterien des Sprechausdrucks als Mittel zur Realisierung der Gesprächsqualitätsmerkmale.

Drei Studentinnen der Sprechwissenschaft, im Folgenden Experte E_1, E_2 und E_3 genannt, sollten jeweils 221 Gesprächssegmente aus dem ursprünglichen Korpus bewerten. Die Segmente umfassen alle bereits annotierten Audiosegmente der Kriterien Aufgeschlossenheit und Kompetenz. Die Bewertung erfolgte in der gleichen sechswertigen Skala wie im Annotationskatalog. Ziel war es, für Gesprächssegmente in allen 19 Bewertungskriterien zusammenhängende Bewertungen zu erhalten, die gleichzeitig erfasst werden und die parallele Wahrnehmung von sprecherisch-stimmlichen Eigenschaften durch den menschlichen Experten repräsentieren. Mit diesen Vergleichswerten soll die parallele Erfassung und Klassifikation durch die entwickelten Modelle überprüft werden.

Für das Experiment wurde ein Bewertungswerkzeug in Python mit einer Oberfläche in Qt4 entwickelt, das die Bewertung von vorgegebenen Gesprächsausschnitten vereinfacht. Die Grundfunktionalitäten sind Blättern durch die zu bewertenden Dateien, Abspielen der Dateien und Abgabe der Bewertung in verschiedenen Kategorien. Die Bewertung erfolgt in zwei verschiedenen Gruppen, welche in den Abbildungen 5.1a und 5.1b dargestellt sind. Abbildung 5.1c zeigt die Markierung des relevanten Mittelabschnitts während des Abspielens eines zu bewertenden Segments. Durch diese Markierung wird sichergestellt, dass der Expertenhörer den richtigen Abschnitt bewertet und es keine Verwechslungen mit den ein- und ausleitenden Sequenzen gibt. Zwischen den Segmenten wird ein kurzes Musik-Jingle eingespielt, um zu verhindern, dass der Eindruck des vorangegangenen Segments das Hörempfinden beeinflusst. Da die bewerteten Segmente teilweise sehr kurz sind, wurden davor und danach 10 s der Aufzeichnung mit abgespielt, um so einen Bezug zum Kontext herstellen und vollständige Äußerungen bewerten zu können. In den Tabellen 5.1, 5.2 und 5.3 sind die Anzahlen der Bewertungen für die einzelnen Kriterien eingetragen. Wie den Tabellen 5.1 und 5.2 entnommen werden kann, überwiegen die Bewertungen in den Klassen 1–3. Dies steht den im ersten Korpus beobachteten Verteilungen entgegen.

Tabelle 5.1: Expertenbewertung für Persönlichkeit und Gesprächspartnerorientierung.

	Anzahl der Bewertungen							Klassen	
Kriterium	1	2	3	4	5	6	$\sum$	1–3	4–6
Persönlichkeit (1)									
Natürlichkeit (1a)	148	204	133	44	65	50	644	485	159
Glaubwürdigkeit (1b)	163	207	105	58	64	47	644	475	169
Kompetenz (1d)	182	150	109	82	75	46	644	441	203
Sicherheit (1e)	212	160	91	73	56	52	644	463	181
Gesprächspartnerorientierung (6)									
Freundlichkeit (6a)	152	196	146	62	42	46	644	494	150
Kooperativität (6c)	186	204	114	47	56	37	644	504	140

Tabelle 5.2: Expertenbewertung für Sprechausdruck.

	Anzahl der Bewertungen							Klassen	
Kriterium	1	2	3	4	5	6	$\sum$	1–3	4–6
Stimmklang (7a)	67	197	140	58	80	102	644	404	240

Tabelle 5.2 – Fortsetzung

	Anzahl der Bewertungen							Klassen	
Kriterium	1	2	3	4	5	6	$\sum$	1–3	4–6
Sprechstimmlage (7b)	70	139	139	123	129	44	644	348	296
Lautheit (7c)	74	208	133	87	125	17	644	415	229
Tonhöhenverlauf (7d)	136	179	88	85	117	39	644	403	241
Endmelodieverlauf (7e)	67	167	90	86	186	48	644	324	320
Melodiesprung (7f)	92	158	97	85	181	31	644	347	297
Sprechspannung (7g)	129	193	117	89	86	30	644	439	205
Sprechgeschwindigkeit (7h)	73	183	138	133	108	9	644	394	250
Pausenart (7iA)	119	213	86	84	111	31	644	418	226
Pausendauer (7iD)	10	46	131	164	182	111	644	187	457
Pausenfrequenz (7iFr)	29	91	143	160	123	98	644	263	381
Akzentuierungsform (7jFo)				siehe Tabelle 5.3					
Akzentuierungsfrequenz (7jFr)	95	193	161	99	76	20	644	449	195

Tabelle 5.3: Expertenbewertung für das Kriterium Akzentuierungsform (7jFo).

Klasse	Bewertungen
melodisch	404
temporal	58
dynamisch	182
$\sum$	644

5.1.2 Korrelation der Expertenbewertung

Da die drei Experten alle Abschnitte in den gleichen Kategorien bewertet haben, können aus diesen Bewertungen Erkenntnisse über den Grad der Übereinstimmung bei der Zuschreibung und Wahrnehmung von relevanten Eigenschaften gewonnen werden. Die Berechnung der Übereinstimmung zwischen Expertenhörern ist eine wichtige Fragestellung beim Vergleich menschlicher mit der automatisierten Erkennung. Mit dieser Untersuchung lassen sich die in dieser Arbeit entwickelten maschinellen Erkennungsmodelle einordnen und mit anderen Arbeiten in Bezug bringen. Da die Label der Segmente ordinal skaliert sind, muss eine Maßzahl für Zusammenhang von ordinalen Daten genutzt werden. Dazu bietet sich der Rangkorrelationskoeffizient von Spearman (ρ) an. Die Korrelation nach Spearman wird häufig in sozialwissenschaftlichen oder medizinischen Arbeiten genutzt, da sie relativ unempfindlich gegen Ausreißer ist [Had07, S. 34 f.]. Für jede Beobachtung eines Merkmals (X, Y) werden Ränge R vergeben. $R(x_i)$ ist dabei der Rang der X-Komponente der i-ten Beobachtung und $R(y_i)$ ist dementsprechend der

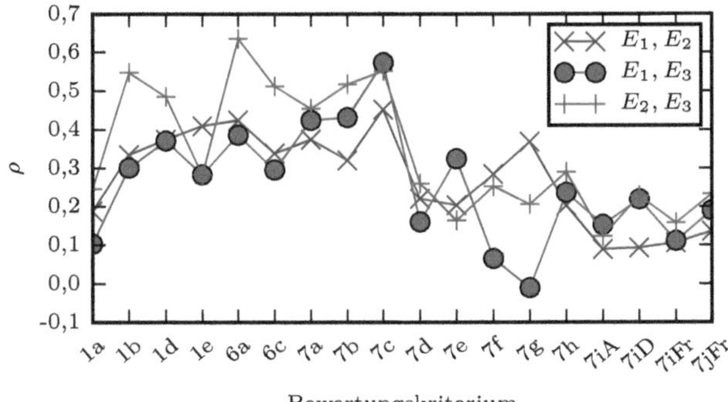

Abbildung 5.2: Korrelation der Expertenbewertungen.

Rang der Y-Komponente. Mit den einzelnen Rängen können die Differenzen der Ränge $d_i = R(x_i) - R(y_i)$ berechnet werden [TH09, S. 128]. Mit der Anzahl der Beobachtungen n kann der Spearmansche Rangkorrelationskoeffizient ρ wie folgt berechnet werden [BLB08, S. 415]:

$$\rho = 1 - \frac{6 \cdot \sum_{i=1}^{n} d_i^2}{n(n^2 - 1)}. \tag{5.1}$$

Abbildung 5.2 zeigt den Korrelationskoeffizienten ρ für die Bewertungen der drei Expertenhörer. Die Zahlenwerte sind Tabelle A.39 im Anhang zu entnehmen. Bei der Korrelationsanalyse gelten folgende Eigenschaften für ρ: Der Wertebereich beträgt $-1 \leq \rho \leq 1$. Negative Werte zeigen eine negative Korrelation und positive Werte eine positive Korrelation. Für $r = 0$ ist kein Zusammenhang messbar, daher kann eine stochastische Unabhängigkeit unterstellt werden. Bei einem Korrelationskoeffizienten $|\rho| = 1$ liegt ein funktionaler Zusammenhang vor [Sac04, S. 493]. Für die Interpretation des Korrelationskoeffizienten wird die folgende Skala verwendet [Tay90, S. 37]:

$$0{,}00 \leq |\rho| \leq 0{,}35 \rightarrow \text{schwacher Zusammenhang}$$
$$0{,}36 \leq |\rho| \leq 0{,}67 \rightarrow \text{mittlerer Zusammenhang}$$
$$0{,}68 \leq |\rho| \leq 1{,}00 \rightarrow \text{starker Zusammenhang}$$

Bei der Betrachtung von Abbildung 5.2 wird deutlich, dass die Kriterien aus Persönlichkeit und Gesprächspartnerorientierung sowie Stimmklang (7a), Sprechstimmlage (7b) und Lautheit (7c) mit größerer Übereinstimmung bewertet wurden als die weiteren Sprechausdrucksmerkmale. Stimmklang (7a), Sprechstimmlage (7b) und Lautheit (7c) haben die höchsten Korrelationskoeffizienten. Die Gründe dafür sind in den direkten Beziehungen zu akustischen Größen und im geschulten Gehör der Experten zu sehen. Dies zeigt, dass die Wahrnehmung und Bewertung von Merkmalskomplexen deutlich schwieriger ist. Insgesamt kann geschlussfolgert werden, dass sich die Bewertungen zwischen den Experten stark unterscheiden. Das Diagramm zeigt, dass die Übereinstimmung der Bewertung zwischen den Experten E_2 und E_3 bei den meisten Kriterien (10 von 19) am größten ist, während die Korrelation zwischen E_1 und E_3 meist am geringsten ist. Sprechspannung (7g) besitzt sogar eine negative Korrelation zwischen den Experten E_1 und E_3. Dies bedeutet, dass die beiden Experten ihre Bewertungen unterschiedlich vergeben haben und eine leicht entgegengesetzte Beziehung erkannt wird.

5.1.3 Klassifikation manuell erstellter Daten mit dem Framework

Dieses Experiment soll zeigen, ob die erlernten Entscheidungsbäume der zweiten Stufe für die Klassifikation der von Experten erstellten Datensätze aus dem für die Validierung erstellten Korpus geeignet sind. Wie bereits in Abschnitt 5.1.1 geschildert, wurden die Experten gebeten, die Gesprächsausschnitte in allen 19 Kriterien zu bewerten. Die drei Experten „imitierten" dabei das Verhalten der Klassifikationsmodelle, da sie angewiesen wurden, Sprechausdruck und Qualität in allen Kriterien gleichzeitig zu bewerten. So können verschiedene Experimente zur Validierung durchgeführt werden. Wie beim ursprünglichen Korpus wurden auch beim Validierungskorpus die intervallskalierten Daten ebenfalls in zwei Klassen aufgeteilt. Gemäß der Struktur des Annotationskatalogs kann die Bewertung in Ursache und (Sprech-)wirkung unterteilt werden. Die Bewertungen in den 13 Kriterien des Sprechausdrucks können mit den sechs Qualitätskriterien zu neuen Datensätzen verbunden werden. Die Datensätze haben folglich die gleiche Struktur wie die in der zweiten Stufe erstellten Instanzen. Pro Experte wurde eine Datei erzeugt, um die Auswertung getrennt durchführen zu können. Aus den Einzelbewertungen wird pro Audiosegment eine Instanz erzeugt, die wie in Abschnitt 4.1.2 strukturiert ist. Die Erstellung der Datensätze wird an Abbildung 5.1 erläutert. Aus den in Abbildung 5.1a dargestellten Bewertungen können folgende Klassenausprägungen abgeleitet werden, die der Experte für den Sprechausdruck für das Segment vergeben hat, wobei die Werte ab Pausenart (7iA) in der Abbildung nicht ersichtlich sind:

`angenehm, tief, leise, bewegt, interrogativ, stark, gespannt, langsam, Binnenpausen, kurz, viel, dynamisch, viele, m,` *<Klasse>*.

Diese Attribute sind charakteristisch für das Segment und verantwortlich für die Wahrnehmung der Gesprächsqualität. Aus Abbildung 5.1b kann entnommen werden, wie der Experte die Kriterien aus den Qualitätsfaktoren Persönlichkeit (1) und Gesprächspartnerorientierung (6) bewertet hat. Diese Bewertung ergibt den Wert für *<Klasse>* und formt mit den o. g. Attributen je eine Instanz.

- `natuerlich` für Natürlichkeit (1a),
- `glaubwuerdig` für Glaubwürdigkeit (1b),
- `inkompetent` für Kompetenz (1d),
- `unsicher` für Sicherheit (1e),

- `unfreundlich` für Freundlichkeit (6a),
- `unkooperativ` für Kooperativität (6c).

Mit diesem Vorgehen können für jeden Experten sechs Datensätze erstellt werden, d. h. für jedes Kriterium (1a–6c) ein Datensatz.

Experiment

Im Experiment werden die auf den vollständigen Datensätzen trainierten und in Abschnitt 4.4 in den Abbildungen 4.17 bis 4.22 präsentierten Entscheidungsbäume auf die Datensätze der Expertenbewertung angewendet. Tabelle 5.4 gibt eine Übersicht der verwendeten Entscheidungsbäume und zeigt die entsprechenden Verweise. Da die Bäume, bzw. Regeln und Daten die gleichen Strukturen besitzen, kann die Übereinstimmung zwischen der prognostizierten Klasse und dem Expertenurteil als Maß eingesetzt werden und in einer Konfusionsmatrix dargestellt werden.

Diese Art der Validierung entspricht dabei der Anwendung des unveränderten Frameworks auf neue Daten in der symbolischen zweiten Stufe. Aufgrund der gleichen Struktur und der Vollständigkeit der Merkmale wird erwartet, dass eine ähnliche Erkennungsleistung erzielt werden kann, wie bei den automatisch vom Framework erzeugten Daten der zweiten Stufe. Weiterhin soll untersucht werden, wie sich die Hörgewohnheiten der Experten auf die Klassifikation auswirken können.

Tabelle 5.4: Klassifikationsleistungen über alle Experten.

Kriterium, Modell	Anzahl Regeln	F_1	ER	r_p-Rate	r_n-Rate
Natürlichkeit (1a), Abbildung 4.17	7	0,6952	0,5916	0,6186	0,5094
Glaubwürdigkeit (1b), Abbildung 4.18	20	0,5191	0,4534	0,4	0,6036
Kompetenz (1d), Abbildung 4.19	7	0,6313	0,6009	0,4989	0,8227
Sicherheit (1e), Abbildung 4.20	13	0,7858	0,6724	0,8359	0,2541
Freundlichkeit (6a), Abbildung 4.21	17	0,5603	0,4907	0,4231	0,7133
Kooperativität (6c), Abbildung 4.22	17	0,7719	0,6568	0,7421	0,35

In Tabelle 5.4 sind die Performanzmaße über alle Experten für alle Datensätze der Gesprächsqualität zusammengefasst. Die Anzahl der Instanzen beträgt je Kriterium 644, davon entfallen auf Experten E_1 202 und sowie auf E_2 und E_3 221.

Der F_1-Wert als zentrales Gütemaß reicht von 0,52 für Glaubwürdigkeit (1b) bis zu 0,79 bei Sicherheit (1e). Bis auf Glaubwürdigkeit (1b) liegt F_1 bei allen Kriterien über 0,6. Aus Tabelle 5.4 wird weiterhin deutlich, dass die hohen Werte für F_1 und ER auf eine ungleiche Erkennung der beiden einzelnen Klassen zurückzuführen sind.

Besonders stark ist dies bei Sicherheit (1e) ausgeprägt. Hier beträgt die Differenz über 0,5 zwischen r_p-Rate und r_n-Rate. Die Unterschiede der Erkennungsfähigkeit der Einzelklassen sind bei den Kriterien unterschiedlich ausgeprägt, d. h. dreimal wird die *positive* Klasse besser erkannt und zweimal die *negative*. Dies lässt darauf schließen, dass die Unterschiede nicht durch grundlegende Modellierungsfehler verursacht werden. Die Performanzwerte der Entscheidungsbäume auf den Datensätzen der einzelnen Experten sind in den Tabellen 5.5 bis 5.7 einzusehen. Die Analyse der Werte offenbart, dass sich die Erkennungsgüte der Modelle zu den Expertenentscheidungen von Experte zu Experte unterscheidet. Die Klassifikation von Natürlichkeit (1a) kann beispielsweise für E_1 nicht hinreichend gut durch den automatisch erzeugten Entscheidungsbaum reproduziert werden ($F_1 = 0{,}57, ER = 50\,\%$).

Tabelle 5.5: Klassifikationsleistungen für Experten E_1.

Kriterium, Modell	F_1	ER	r_p-Rate	r_n-Rate
Natürlichkeit (1a), Abbildung 4.17	0,5665	0,500	0,4853	0,5303
Glaubwürdigkeit (1b), Abbildung 4.18	0,4623	0,4356	0,3403	0,6724
Kompetenz (1d), Abbildung 4.19	0,6393	0,6089	0,5224	0,7794
Sicherheit (1e), Abbildung 4.20	0,7692	0,6584	0,8099	0,3
Freundlichkeit (6a), Abbildung 4.21	0,4658	0,4208	0,3355	0,68
Kooperativität (6c), Abbildung 4.21	0,7304	0,6089	0,7279	0,2909

Tabelle 5.6: Klassifikationsleistungen für Experten E_2.

Kriterium, Modell	F_1	ER	r_p-Rate	r_n-Rate
Natürlichkeit (1a), Abbildung 4.17	0,7063	0,6199	0,6196	0,6207
Glaubwürdigkeit (1b), Abbildung 4.18	0,4105	0,3891	0,2919	0,65
Kompetenz (1d), Abbildung 4.19	0,5639	0,552	0,4183	0,8529
Sicherheit (1e), Abbildung 4.20	0,8155	0,7195	0,8354	0,386
Freundlichkeit (6a), Abbildung 4.21	0,469	0,457	0,3354	0,7619
Kooperativität (6c), Abbildung 4.21	0,7238	0,6063	0,6826	0,3704

Tabelle 5.7: Klassifikationsleistungen für Experten E_3.

Kriterium, Modell	F_1	ER	r_p-Rate	r_n-Rate
Natürlichkeit (1a), Abbildung 4.17	0,7733	0,6471	0,7151	0,2857
Glaubwürdigkeit (1b), Abbildung 4.18	0,646	0,5339	0,5529	0,4706

Tabelle 5.7 – Fortsetzung Kriterium, Modell	F_1	ER	r_p-Rate	r_n-Rate
Kompetenz (1d), Abbildung 4.19	0,6853	0,6425	0,5584	0,8358
Sicherheit (1e), Abbildung 4.20	0,7714	0,638	0,8599	0,0938
Freundlichkeit (6a), Abbildung 4.21	0,6977	0,5882	0,5707	0,6757

Für Experten E_2 ist die Übereinstimmung bei diesem Kriterium mit $F_1 = 0{,}7$ größer. Hierbei werden beide Klassen mit ca. 62 % erkannt (Tabelle 5.6). Bei E_1 werden wiederum höhere Werte für F_1 und ER erreicht, aber die r_p-Rate und die r_n-Rate unterscheiden sich deutlich, was anzeigt, dass die Klasse *natürlich* bevorzugt wird (Tabelle 5.7). Die Bewertungen für Glaubwürdigkeit (1b) können nur bei E_3 durch den Entscheidungsbaum mit einem $F_1 > 0{,}5$ erkannt werden. Die Erkennung der einzelnen Klassen ist hierbei relativ ausgewogen. Im Kriterium Kompetenz (1d) werden über alle Experten hohe F_1 von ca. 0,6 erreicht. Bei allen drei Experten erkennt der Entscheidungsbaum die Klasse *inkompetent* besser als *kompetent*. Wie auch die Tabelle 5.4 zusammengefasst zeigt, kann bei Sicherheit (1e) für alle Experten nur die positive Klasse *sicher* zuverlässig erkannt werden. Mit einer r_n-Rate von 0,09 wird bei Experte E_3 die schlechteste Erkennung einer Einzelklasse im Experiment gemessen. Der Entscheidungsbaum aus Abbildung 4.21 für Freundlichkeit (6a) erreicht nur bei dem Datensatz von Experten E_3 einen F_1-Wert von über 0,5, da hier beide Klassen gleichmäßig gut erkannt werden. Beim Kriterium Kooperativität (6c) können bei allen Experten hohe F_1 und mittlere Erkennungsraten erzielt werden, allerdings werden die Klassen unterschiedlich gut erkannt. Hieraus lässt sich folgern, dass die Erkennung von expertenbewerteten Gesprächsabschnitten ähnlich gut ist, wie die durch das zweistufige Klassifikationsverfahren bewerteten Abschnitte. Allerdings ist die Erkennung von Experte zu Experte unterschiedlich ausgeprägt, was vermutlich auf die persönlichen Hörgewohnheiten zurückzuführen ist.

Analyse am Beispiel von Kompetenz (1d)

Um die Hypothese zu untersuchen, dass die persönlichen Hörgewohnheiten für die Unterschiede zwischen den Experten verantwortlich sind, wird das Experiment für Kompetenz der Tabellen 5.5 bis 5.7 detailliert anhand der einzelnen Entscheidungsregeln untersucht. Es wird wie im oben beschriebenen Experiment der in Abschnitt 4.4.4 vorgestellte Entscheidungsbaum analysiert, der in Abbildung 4.19 bzw. Tabelle 4.21 präsentiert wird. Die Ergebnisse sind in Tabelle 5.8 verzeichnet. Für alle Regeln $r_1 - r_7$ werden je Experte E_1 – E_3 die Anzahl der von der Regel klassifizierten Instanzen n sowie Konfidenz c und Support s angegeben. Bei der Analyse von Tabelle 5.8 zeigt sich bereits bei Regel r_1 ein Widerspruch zwischen den Ergebnissen beim Lernen des Baum aus Abschnitt 4.4.4 und der Validierung in diesem Abschnitt. Regel r_1 erzielt mit den Lerndaten (Tabelle 4.21) eine Konfidenz 0,86 und einen Support von 0,25, was bedeutet, dass diese Regel für ein Viertel aller Instanzen zutrifft.

In der Validierung zeigt sich bei allen Experten ein gegenteiliges Ergebnis: Die Konfidenz fällt unter 0,5, was bedeutet, dass mehr falsche als korrekte Entscheidungen getroffen werden. Auch der Support sinkt auf 0,15 und weniger. Somit ist diese Regel für die Validierungsdaten nicht geeignet. Regel r_2 zeigt ebenfalls schlechte Ergebnisse bei der Anwendung. Bei E_2 werden nur 2 von 34 Instanzen korrekt erkannt. Die Regel r_3 hat eine positive Konfidenz, ist aber nur für eine kleine Anzahl der Instanzen gültig. Regel r_4 zeigt eine unterschiedliche Performanz im Vergleich mit den menschlichen Experten. Für E_2 und E_3 werden mehr positive Ergebnisse erzielt, während für E_1 die Konfidenz nur 0,46 beträgt. Dies bestätigt die interpersonelle Variabilität der Wahrnehmung von paralinguistischen Merkmalen und kann mit den Korrelationsmaßen in Abbildung 5.2 begründet werden. Regel r_4 ist die kürzeste Regel und basiert auf dem Geschlecht und dem Stimmklang (7a). Wie der Abbildung 5.2 entnommen werden kann, erreicht das Kriterium 7a nur ρ-Werte von ca. 0,1 bis ca. 0,25, was als schwacher Zusammenhang gedeutet wird. Die Regel r_5 basiert wie r_4 auf Stimmklang (7a) und dem Geschlecht und wird durch eine Entscheidung auf dem Merkmal Pausenart (7iA) ergänzt. Mit der Einbeziehung von drei Merkmalen kann eine Konfidenz von 0,84 und der höchste Support mit den Trainingsdaten erzielt werden (siehe Tabelle 4.21). Diese Regel ist ebenfalls auf den Realdaten sehr gut und erzielt bei allen Experten eine hohe Trefferrate und einen hohen Support. Die beiden Regeln r_6 und r_7 bestätigen auf den Validierungsdaten die Vermutung, dass hier eine Überanpassung vorliegt. Die letzte Zeile von Tabelle 5.8 fasst die Ergebnisse zusammen. Es ist zu erkennen, dass bei allen Experten eine Erkennungsrate von über 50 % erreicht wird, die mit 64 % bei E_3 ihren maximalen Wert erreicht.

Tabelle 5.8: Validierung des Entscheidungsbaums für Kompetenz mit den Expertenbewertungen.

	Experte E_1			Experte E_2			Experte E_3		
Nr.	n	c	s	n	c	s	n	c	s
r_1	19	0,47	0,09	33	0,42	0,15	26	0,35	0,12
r_2	38	0,45	0,19	34	0,06	0,15	42	0,24	0,19
r_3	17	0,71	0,08	10	0,5	0,05	9	0,56	0,04
r_4	59	0,46	0,29	70	0,59	0,32	45	0,78	0,20
r_5	48	0,85	0,24	45	0,93	0,20	81	0,95	0,37
r_6	1	0,0	0,005	10	0,1	0,05	11	0,18	0,05
r_7	20	0,85	0,10	19	0,89	0,09	7	0,57	0,032
ges.	202	0,61	–	221	0,55	–	221	0,64	–

Verbesserung der Regeln

Beim Einsatz in der Praxis ist die kontinuierliche Adaption der Regeln an das Einsatzszenario sehr wichtig. Die im vorherigen Abschnitt analysierten Regeln mit einer Konfidenz von weniger als 0,5 zeigen in den meisten Fällen bei allen Experten das gleiche Verhalten. Somit kann mit einem einfachen Tausch der Klassen dieser Regeln die Klassifikationsgüte global erhöht werden. Tabelle 5.8 kann entnommen werden, dass die Konfidenz für Regel r_2 bei allen drei Experten kleiner als 0,5 ist. Zudem hat sie einen hohen Support und ist somit für viele Fehlklassifikationen verantwortlich. Durch einen Tausch der Klassen von *inkompetent* auf *kompetent* kann die Konfidenz bei allen Experten gesteigert werden:

$$\mathrm{G(m)} \wedge \mathrm{7h(+)} \wedge \mathrm{7jFr(+)} \rightarrow \textit{kompetent}.$$

Mit der Änderung von Regel r_2 ergeben sich folgende neue Konfidenzen: $E_1 : c = 0{,}55$, $E_2 : c = 0{,}94$ und $E_1 : c = 0{,}76$. Die genauen Änderungen können Tabelle 5.9 entnommen werden. Wie zu erwarten war, steigt durch die Änderung der Zielklasse die Güte der Regel stark an. Besonders bei den Experten E_2 und E_3 ist eine Steigerung der Gesamtklassifikationsrate von über 0,1 zu verzeichnen.

Tabelle 5.9: Verbesserte Regel r'_2.

	Experte E_1			Experte E_2			Experte E_3		
Nr.	n	c	s	n	c	s	n	c	s
r'_2	38	0,55	0,15	34	0,94	0,19	42	0,76	0,15
ges.	202	0,63	–	221	0,69	–	221	0,74	–

5.2 Fallstudie II – Regelgenerierung durch Expertenhörer

5.2.1 Vorgehen

Der in Kapitel 5.1 gezeigte Ansatz für die Generierung von anwendungsbereiten Klassifikationsregeln ist für die praktische Durchführung sehr aufwendig, da ein umfangreiches Korpus benötigt wird, sowie eine Software zur Erfassung der Daten bereitgestellt werden muss. Die Wahrnehmung ist zudem individuell und kann nicht immer gut auf Bewertungskriterien abgebildet werden. Vor allem trifft dies bei der in dieser Arbeit verwendeten Reduktion auf zwei Klassen zu. Bei der auditiven Analyse werden oft einzelne Faktoren als entscheidend betrachtet. Daher wurden in einem weiteren Experiment Wirkungshypothesen durch Experten aufgestellt. Diese charakterisieren fallbasiert die sprecherisch-stimmlichen Ursachen für wahrgenommene Eigenschaften auf der Ebene der Gesprächsqualitätsfaktoren. Abbildung 5.3 zeigt das in einer Tabellenkalkulation realisierte Bewertungsschema. Da das Experiment für die sprechwissenschaftliche Untersuchung

Dateiname: 269_2078267_17_08_2009_12_34_58
Gesprächsphase: Produktvorstellung
Phasenbewertung: 2

Faktor	Bewertung	7a - Stimmklang	7aV - Stimmklangfülle	7aG - Geräuschhaftigkeit	7b - Sprechstimmlage	7bFo - Stimmhöhenform	7bU - Stimmhöhenumfang	7c - Lautheitsstärke	7cU - Lautheitsumfang	7d - Tonhöhenverlauf	7e - Endmelodieverlauf	7f - Melodiesprung	7g - Sprechspannung	7h - Sprechgeschwindigkeit	7hFo - Geschwindigkeitsform	7hV - Geschwindigkeitsverlauf	7hVÄE - Geschwindigkeit Äuß.ende	7iA - Pausenart	7iD - Pausendauer	7iFr - Pausenfrequenz	7jFo - Akzentuierungsform	7jFr - Akzentuierungsfrequenz	7jS - Akzentuierungsstärke
1a - Natürlichkeit	2	4	4		4					3			3							3			3
1b - Glaubwürdigkeit																							
1c - Aufgeschlossenheit																							
1d - Kompetenz																							
1e - Sicherheit	2				4					3	6			3									
2a - Artikulationspräzision																							
2aFo - Artikulationsform																							
2b - Akzentuierungssinnh.																							
3a - zeitliche Angemessenheit																							
3b - sprachliche Adäquatheit																							
3c - sprecherische Auffälligkeit																							
4a - emot. Valenz																							
4b - emot. Aktivierung																							
4c - emot. Erwartbarkeit																							
4d - Motivation																							
4e - Zufriedenheit																							
5a - standard Gesprächsführung																							

Abbildung 5.3: Bewertungsmatrix für die Wirkungsanalyse.

konzipiert war, erfolgte die Bewertung nach Gesprächsphasen getrennt. Für diese Arbeit wird die Trennung nicht berücksichtigt. Die Audiodatei gehört zur Produktvorstellung und wurde insgesamt mit 2 bewertet. In den Zeilen der Bewertungsmatrix sind Kriterien der Gesprächsqualität eingetragen, die bewertet werden können. Am Beispiel der Zeile 5 wird die Arbeitsweise der Bewertung erläutert. Den dargestellten Abschnitt hat der Experte als auffallend natürlich (1a Bewertung 2 in Zelle B 2) bewertet. Die natürliche Wirkung ist nach Ansicht des Experten auf sieben Kriterien zurückzuführen, welche mit einzelnen Bewertungen versehen sind. Als Regel kann die Beziehung wie folgt dargestellt werden:

$$r : 7a(4) \wedge 7aV(4) \wedge 7b(4) \wedge 7d(3) \wedge 7g(3) \wedge 7iFr(3) \wedge 7jS(3) \rightarrow 1a(2).$$

Für die Zeile 9 kann sinngemäß ebenfalls eine Regel formuliert werden. Da dieses Bewertungsschema in erster Linie für die sprechwissenschaftliche Analyse entworfen wurde, muss es für die Verwendung im Rahmen dieser Arbeit transformiert und vereinfacht werden. Dazu sind zwei Schritte notwendig.

1. Entfernen der nicht automatisierbaren Kriterien. In der Bewertungsmatrix ist der

vollständige Bewertungskatalog (siehe A.1.1) abgebildet. Da nicht für alle Kriterien wegen mangelnder Datengrundlage Klassifikationsmodelle erstellt werden konnten, müssen diejenigen entfernt werden, die nicht automatisch erkannt werden können. Dies sind für das Beispiel 7aV und 7jS.

2. Transformation der skalenbasierten Bewertung auf diskrete Klassen. Zur Vereinfachung wurde in den Experimenten, wie in Abschnitt 4.2.5 beschrieben, die Bewertung von einer sechswertigen Skala in dichotome Klassen transformiert. Die Bewertungen 1–3 werden der positiven Klasse 1 (+) zugeordnet, die Werte 4–6 der negativen Klasse 6 (–). Alle Bewertungen in Zeile 5 entsprechen mit 3 und 4 einer mittleren Ausprägung. Durch die Transformation geht diese potentiell wichtige Information verloren, da die Werte auf die Extrema abgebildet werden. Durch die Transformation entsteht die Regel, die auf die Datenstruktur der zweiten Stufe anwendbar ist.

$$r : 7a(-) \wedge 7b(-) \wedge 7d(+) \wedge 7g(+) \wedge 7iFr(+) \rightarrow natürlich.$$

5.2.2 Expertenregeln als Wissensbasis

Die Experten stellten 65 Regeln auf, die in Tabelle A.40 im Anhang nach ihrer Länge sortiert eingesehen werden können. In Spalte w ist die Anzahl für mehrfach auftretende Regeln notiert. Es ist zu erkennen, dass viele kurze Regeln aufgestellt wurden. Die längsten Regeln haben fünf Bedingungen. Dies tritt nur zwei Mal auf (r_{14} und r_{47}). Vier Regeln besitzen vier Bedingungen. Regeln mit drei oder zwei Bedingungen stellen die Mehrheit der Regeln (16 bzw. 15 Regeln). Zehn Regeln beziehen sich nur auf eine Bedingung. Wie schon das Auftreten von mehrfach vorhandenen Regeln zeigt, unterscheidet sich die von den Experten erstellte Regelbasis in einigen Aspekten von der aus einem Entscheidungsbaum abgeleiteten Regelbasis. Dies können sein:

- Redundanz i. S. von mehrfach vorhandenen identischen Regeln,
- Inkonsistenz von Regeln,
- Vollständigkeit.

Abbildung A.1 zeigt die Abhängigkeiten der durch die Experten erstellten Regeln. Abhängigkeit bedeutet, dass die kürzeren Regeln Teilmengen der längeren Regeln sind. Die Darstellung erfolgt in fünf Ebenen, die der Anzahl der Bedingungen je Regel entsprechen. Weiterhin zeigt Abbildung A.1 eine Inkonsistenz der Wissensbasis bei den Regeln r_{16} und r_{22}. Aus unangenehmen Stimmklang 7a(–) folgt sowohl *kompetent* für Regel r_{22} als auch *inkompetent* bei r_{16}. Wie aus Abbildung A.1 zu erkennen ist, entscheiden alle Regeln, die 7a(–) beinhalten, auf *inkompetent*, so dass die Regel r_{22} als Widerspruch angesehen wird. Für die Anwendung der Regeln als Klassifikationsmodell wird die Konsistenz durch die Umformung von r_{22} erreicht:

$$r'_{22} : 7a(-) \rightarrow inkompetent.$$

Die Experten haben die Regeln anhand des auditiven Eindrucks einer bestimmten Gesprächssequenz formuliert. Somit basieren die Entscheidungen auf Einzelfällen und es ist daher anzunehmen, dass die Generalisierungsfähigkeit tendenziell schlecht ist. Weiterhin ist zu bedenken, dass die Experten bewusst oder unbewusst andere Faktoren mit in die Bewertung einbezogen haben könnten. Als wichtigster Einflussfaktor für die Sprechwirkung ist der Inhalt zu nennen, der bei der maschinellen Verarbeitung nicht berücksichtigt werden kann und daher auch nicht in den in Abbildung 5.3 gezeigten Formularen für die Experten erscheint. Weiterhin können Merkmalskomplexe auftreten, die nur in Verbindung wahrnehmbar sind, diese können ebenfalls in der Bewertung nicht vermerkt werden.

Tabelle 5.10 beinhaltet die für das Anwendungsziel relevanten Unterschiede zwischen den durch Entscheidungsbaumverfahren trainierten und den von Experten formulierten Regeln. Aufgrund ihrer algorithmischen datengetriebenen Erzeugung haben die Regeln der Bäume die Eigenschaft der vollständigen Abdeckung der Daten.

Tabelle 5.10: Vergleich von Entscheidungsbaumregeln und Expertenregeln.

Eigenschaft	Regeln aus Enscheidungsbaum	Expertenregeln
Regelabdeckung der Daten	vollständige Abdeckung	keine vollständige Abdeckung
Gültigkeit	genau eine Regel	mehrere (0 bis n) Regeln
Widerspruchsfreiheit	keine Widersprüche	Widersprüche möglich

Das bedeutet, dass alle möglichen Merkmalskombinationen durch genau eine Regel erfasst und jeder beliebigen Instanz eine Klasse zugeordnet werden kann. Für Expertenregeln kann nicht sichergestellt werden, dass alle unbekannten Beispiele klassifiziert werden können, d. h. es können Teilmengen einer gegebenen Menge an neuen Instanzen keiner Klasse zugeordnet werden. Dies muss berücksichtigt und ggf. korrigiert werden. Ein wichtiger Unterschied zwischen den Entscheidungsbaumverfahren und den Expertenregeln ist die Gültigkeit der Regeln. Bei den baumbasierten Regeln ist für jede Instanz immer genau eine Regel anwendbar. Im Gegensatz dazu kann dies für die Expertenregeln nicht sichergestellt werden. Neben der angesprochenen Unterdeckung ist auch eine mehrfache Überdeckung durch die Regeln möglich. In diesem Fall muss nach verschiedenen Strategien eine Regel ausgewählt werden. Hierzu können u. a. die Spezifität oder die Aktualität verwendet werden. Bei einer Priorisierung nach Spezifität wird eine spezielle Regel immer der allgemeinen vorgezogen. Bei der Priorisierung nach der Aktualität werden neuere Regeln der Wissensbasis älteren vorgezogen [LC12, S. 78 f.]. Ein weiteres Unterscheidungsmerkmal ist die Widerspruchsfreiheit. Während bei Entscheidungsbäumen nur eine anwendbare Regel keine Widersprüche erzeugen kann, können Widersprüche entstehen, falls mehrere Regeln auf eine Instanz zutreffen.

5.2.3 Probabilistische Klassifikation

Weiterhin ist auch die Nutzung der Wissensbasis als probabilistischer Klassifikator möglich, der statt einer konkreten Klasse die Wahrscheinlichkeit der positiven Klasse ausgibt. Die mathematische Repräsentation ist eine Funktion $f : \vec{X} \mapsto [0,1]$, die jede Instanz $\vec{x}$ auf einen Wert $f(\vec{x}) = p$ abbildet. Der Wert p entspricht hierbei der Wahrscheinlichkeit der positiven Klasse. Zusätzlich wird ein Schwellwert β definiert, der festlegt, welche Instanzen bei $f(\vec{x}) \geq \beta$ der positiven Klasse zugewiesen werden. Die Kombination von β zusammen mit $f(\vec{x})$ repräsentiert einen binären Klassifikator, der nur zwischen zwei Klassen entscheiden kann [VC06, S. 91 f.]. Für die vorliegende Wissensbasis R lässt sich p als Anteil der Regeln, die auf die positive Klasse, $c(r) = \mathit{kompetent}$ entscheiden, wie folgt definieren:

$$p = \frac{|\{r \,| c(r) = \mathit{kompetent} \text{ für } r \in R^*\}|}{|R^*|}. \tag{5.2}$$

Hierbei ist R^* die Menge aller für die Instanz x anwendbaren Regeln. Für β kann jeder beliebige Wert im Intervall [0,1] gewählt werden. Je nach Wahl des Parameters β verhalten sich die Performanzwerte verschieden. Abbildung 5.4a zeigt die Abhängigkeit von F_1 sowie der r_p- und r_n-Raten, d. h. der Erkennungsraten der einzelnen Klassen von β. Für kleine β wird fast immer auf *kompetent* entschieden, so dass die r_p-Rate nahe bei

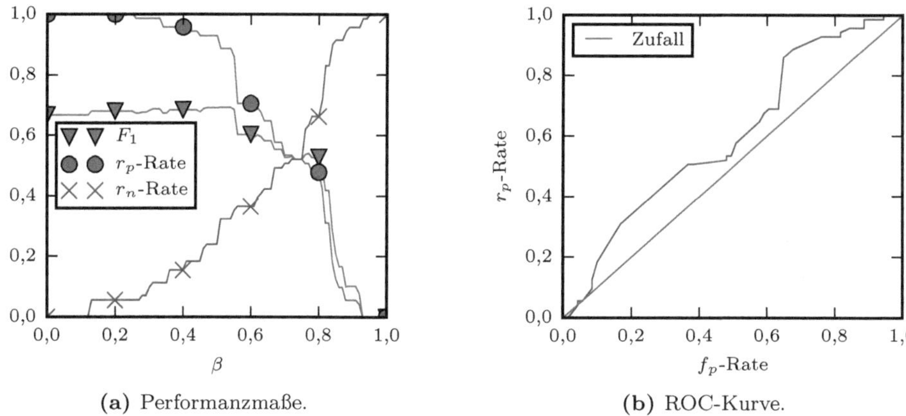

(a) Performanzmaße. **(b)** ROC-Kurve.

Abbildung 5.4: Probabilistische Klassifikation mit Expertenregeln.

1 liegt, aber im Gegensatz dazu keine negativen Instanzen erkannt werden. Bei großen β kehrt sich der Sachverhalt entsprechend um. Die besten Ergebnisse in diesem Experiment werden für Werte $\beta \approx 0{,}72$ erreicht, wie Abbildung 5.4a verdeutlicht. Bei diesem Wert schneiden sich die Kurven und sowohl r_p- als auch r_n-Rate erreichen Werte von ca. 0,52. Um die generelle Klassifikationsleistung der Expertenregeln beurteilen zu können, wurde nach dem vereinfachten Algorithmus von Fawcett [Faw04, S. 8] eine ROC-Kurve erstellt, die Abbildung 5.4b zeigt. Die Kurve liegt meist über der Diagonalen, die den Zufall

markiert, so dass abgeleitet werden kann, dass die Regelbasis aus Expertenwissen im Mittel eine Klassifikationsgüte von mehr als 50 % erreicht.

5.3 Fallstudie III – zweistufige Sympathieerkennung

5.3.1 Testkorpus

Für die Validierung des vorgestellten zweistufigen Klassifikationsverfahrens ist es unabdingbar, das Verhalten der Modelle auf unbekannten Daten zu untersuchen, da dies ein wichtiger Schritt zur Entwicklung eines einsatzfähigen Prototypen ist. Wie in Abschnitt 2.5.2 erläutert, ist die Anwendung der Klassifikationsmodelle auf unterschiedlichen Korpora eine Herausforderung für die Klassifikation von paralinguistischen Merkmalen. Für die Validierung musste daher ein Korpus gefunden werden, das folgende Anforderungen erfüllt [WJM16, S. 221]:

1. Es sollen Sprechereigenschaften auf hoher Abstraktionsebene, wie z. B. Persönlichkeitseigenschaften, annotiert sein.
2. Die Annotation soll in zwei Klassen vorliegen.
3. Das Testkorpus soll genügend Instanzen haben, um die Aussagekraft der statistischen Tests zu erhöhen.
4. Referenzwerte für die automatische Klassifikation müssen verfügbar sein, mit denen Ergebnisse der zweistufigen Klassifikation verglichen werden können.
5. Das Korpus muss in Form von Audiodateien mit Metadaten, d. h. Annotationen, für wissenschaftliche Zwecke frei verfügbar sein.

Für die in diesem Unterkapitel beschriebenen Experimente der Validierung wird die Speaker Likability Database (SLD) eingesetzt, da sie die oben stehenden Anforderungen erfüllt. Das wichtigste Kriterium für die Wahl der Speaker Likability Database (SLD) ist Anforderung 1, die Annotation kommunikationsrelevanter Persönlichkeitskriterien, welche die SLD mit der Annotation von Sympathie sehr gut erfüllt. Die im Rahmen des Projekts durchgeführten und in der Einführung beschriebenen Untersuchungen der Projektpartner bestätigen die hohe Relevanz von Sympathie in der professionellen Kommunikation.

Die Wahrnehmung von Sympathie und Zuneigung allein auf Basis von sprecherischen und sprachlichen Eigenschaften ist ein komplexer Prozess [Sch+15b, S. 105]. Je nach Rolle des Sprechers können verschiedene Definitionen angewendet werden. So kann die Sympathie im Kontext der professionellen Telefonie in Beziehung zu Kompetenz stehen [NST93; zit. nach Sch+15b, S. 105]. Sympathie kann im positiven Sinn durch qualitative Aussagen wie „Ich denke, sie/er könnte ein Freund sein“ oder „Ich würde mich mit ihr/ihm gern nett unterhalten“ beschreiben lassen. Der Satz „Ich denke, es wird schwierig, sich mit ihr/ihm zu unterhalten“ ist ein Beispiel für Sympathie im negativen Sinn [Sch+15b, S. 105]. Sympathie kann auch mit Adjektiven wie „sympathisch“, „freundlich“, „sozial“

oder „locker“ beschrieben werden. Diese Adjektive können in ihren Abstufungen durch eine Likert-Skala gemessen werden [SL13, S. 526].

Die in Burkhardt u. a. [Bur+11] vorgestellte SLD ist eine Untermenge der „Agender Database“ [Bur+10], die als Korpus für die Untersuchung der automatischen Erkennung von Alter und Geschlecht in deutschen Telefongesprächen entwickelt wurde [Sch+15b, S. 111]. Die Äußerungen wurden in Telefonqualität mit 8 kHz aufgenommen und sind in 18 Kategorien unterteilt. Sie können einzelne Wörter in Kommandos („Stopp“, „Halt“), Monatsnamen, Wochentagen oder Feiertagen sein [Bur+10, 1563f]. Weiterhin wurden Sätze wie „Mach weiter mit der Liste.“ oder „Ich hätte gerne die Vermittlung bitte.“ aufgezeichnet [Sch+15b, S. 111].

Die Sprecher der SLD sind in drei Altersgruppen eingeteilt: Jugendliche (15–24 Jahre), Erwachsene (25–54 Jahre) und Senioren (55-80 Jahre). Die im ursprünglichen „Agender“-Korpus enthaltene Sprechergruppe der Kinder von 7–14 Jahren wurde für die SLD nicht berücksichtigt, um ungewollte Effekte durch die generell positive Wahrnehmung von Kinderstimmen auszuschließen. Insgesamt enthält die SLD Aufnahmen von 800 verschiedenen Sprechern, die jeweils eine Äußerung aufgenommen haben [Bur+11, 1557f]. Tabelle 5.11 zeigt die Verteilung der Sprecher über die Altersgruppen und Geschlechter.

Tabelle 5.11: Verteilung der Sprecher in der SLD nach Alter (J: Jugendliche, E: Erwachsene, S: Senioren) und Geschlecht (M: männlich, W: weiblich) [nach Bur+11, S. 1558].

JM	JW	EM	EW	SM	SW
121	112	135	129	147	155

Die Bewertung der Äußerungen, d. h. die Annotation des Korpus, wurde von 32 Personen durchgeführt, wovon 15 Frauen und 17 Männer waren. Das Alter der Testpersonen betrug 20–42 Jahre. Für jede Instanz liegen 16 Bewertungen von unterschiedlichen Personen vor [Bur+11, S. 1558]. Die Bewertung erfolgte mit einer siebenwertigen Likert-Skala [Sch+12, S. 255]. Die Einzelbewertungen der Hörer wurden mit der Evaluator Weighted Estimator (EWE)-Methode [GK05] zusammengeführt, diskretisiert und auf die Klassen *Likable (L)* und *Non-Likable (NL)* abgebildet [Sch+12, S. 255].

Um die Reproduzierbarkeit und Vergleichbarkeit von Experimenten zu verbessern, wurde die SLD in drei Partitionen aufgeteilt: Training, Entwicklung und Test (Tabelle 5.12). Modelle werden mit Test und/oder Entwicklung erstellt. Die Validierung und Messung der Klassifikationsgüte erfolgt auf der Testpartition.

5.3.2 Referenzwerte

Die Referenzwerte für die in dieser Arbeit beschriebenen Ergebnisse mit der Speaker Likability Database sind in Tabelle 5.13 verzeichnet. Diese beinhalten zehn für die „Interspeech 2012 Speaker Trait Challenge“ [Sch+12] eingereichten Beiträge, zwei Vorgabewerte und drei weitere Arbeiten. Die Tabelle ist nach der Klassifikationsrate (UA)

Tabelle 5.12: Verteilung der Klassen in der SLD für L (Likable) und NL (Non-Likable) [Sch+15b, S. 112].

	Training	Entwicklung	Test	$\sum$
L	189	92	119	400
NL	205	86	109	400
$\sum$	394	178	228	800
Dauer [Min.]	21,2	9,6	12,5	43,3

auf der Testpartition sortiert, da dies im Hinblick auf die Klassifikation unbekannter Gespräche die wichtigste Maßzahl ist. Die Analyse der Arbeiten zeigt, dass bis auf eine Ausnahme alle Arbeiten auf der Testpartition eine schlechtere Erkennungsleistung (UA) aufweisen als bei der Kreuzvalidierung von Lern- und Entwicklungspartition prognostiziert wurde. Dies legt die Vermutung nahe, dass sich die Testpartition deutlich strukturell von den beiden anderen unterscheidet. Die für die Challenge eingereichten Werte für die Erkennung (UA) der Testpartition erstrecken sich von 0,518 bis 0,658. Der beste Wert von 0,687 wurde durch eine Kombination der Modelle von Montacié und Caraty [MC12], Brueckner und Schuller [BS12] und Buisman und Postma [BP12] erreicht [Sch+15b, S. 120]. Als Referenz für die im nächsten Abschnitt beschriebenen Experimente dient der Median ($UA = 0{,}59$) über alle Modelle aus Tabelle 5.13.

Tabelle 5.13: Studien zur SLD [nach WJM16, S. 221; Sch+15b, S. 8].

Nr.	Studie	UA Train/Test	Verfahren/Kommentar
1	Schuller u. a. [Sch+15b]	– /0,687	Mehrheitsentscheid über Nr. 2–4 dieser Tabelle
2	Montacié und Caraty [MC12]*	– /0,658	SVM, prosodische Merkmale
3	Brueckner und Schuller [BS12]*	0,570/0,640	DBN
4	Gonzalez und Anguera [GA13]	0,632/0,622	
5	Liu und Hansen [LH14]	0,616/–	
6	Buisman und Postma [BP12]*	0,742/0,614	SVM, Berücksichtigung des Geschlechts
7	Pohjalainen u. a. [PKR12]*	0,620/0,613	k-NN, mehrere Verfahren zur Merkmalsauswahl
8	Lu und Sha [LS12]*	0,621/0,601	
9	Wu [Wu12]*	0,686/0,595	SVM, Merkmalsauswahl mit GA
10	Schuller u. a. [Sch+12]‡	0,576/0,590	Random Forest, Referenzwert

Tabelle 5.13 – Fortsetzung

Nr.	Studie	UA Train/Test	Verfahren/Kommentar
11	Hewlett Sanchez u. a. [Hew+12]*	– /0,582	GMM, Merkmalsreduktion und -fusion
12	Attabi und Dumouchel [AD12]*	– /0,565	GMM mit Erweiterungen
13	Schuller u. a. [Sch+12]‡	0,585/0,559	SVM, Referenzwert
14	Cummins u. a. [CEK12]*	0,646/0,545	Sparse Representation Classification (SRC)
15	Anumanchipalli u. a. [Anu+12]*	0,594/0,540	Fusionsmodell aus SVM, SMO, MLP, RF
16	Cummins u. a. [CEK12]*	0,683/0,518	GMM mit Erweiterungen

‡ Referenzwerte für die Interspeech 2012 Speaker Trait Challenge.
* Beiträge zur Interspeech 2012 Speaker Trait Challenge.

Einstufige Klassifikation

Da für die Challenge ein erweiterter Merkmalssatz mit 6125 Merkmalen verwendet wird, sind die Ergebnisse nicht direkt vergleichbar [Sch+12, S. 256]. Daher wird die Liste der Referenzwerte mit den eigenen Vergleichswerten basierend auf dem in der vorliegenden Arbeit verwendeten Merkmalssatz ergänzt. Dazu wurde auf der Vereinigungsmenge von Entwicklungs- und Trainingspartition mit SMO ein auf den 2016 Merkmalen basierendes Klassifikationsmodell trainiert. Entsprechend den Vorgabewerten der „Interspeech 2012 Speaker Trait Challenge“ wird die Klassifikationsgüte anhand der UA auf dem zum Training verwendeten Datensatz mit der 10-fachen Kreuzvalidierung ermittelt, wobei $UA = 0{,}572$ erreicht wurde. Für die Validierung des Gesamtmodells auf der Testpartition konnte ebenfalls $UA = 0{,}57$ erzielt werden, bei $F_1 = 0{,}563$ für Training und $F_1 = 0{,}592$ für Test. Der Wert von 0,57 entspricht dem 12. Platz in Tabelle 5.13.

5.3.3 Zweistufige Klassifikation

Zur Validierung der zweistufigen Klassifikation wird nach dem generellen Ablaufschema des Frameworks, das in Abbildung 4.3 dargestellt ist, vorgegangen:

1. Bildung der Instanzen der zweiten Modellebene durch Klassifikation der einzelnen Instanzen der SLD mit den 13 Basismodellen der ersten Stufe,
2. Übernahme der Klasse jeder Instanz (*L/sympathisch* oder *NL/unsympathisch*) sowie des Geschlechts des Sprechers aus den Metadaten der SLD,
3. Training von Entscheidungsbäumen auf den transformierten Datensätzen der zweiten Stufe,

4. Analyse der Klassifikationsmodelle.

Für die Experimente wurde die Vereinigungsmenge aus Trainings- und Entwicklungspartition gebildet und darauf die Entscheidungsbäume trainiert. Zur Ermittlung deren Performanz wurden die Messgrößen zunächst mit der 10-fachen Kreuzvalidierung generiert. Da mit 572 Instanzen genügend Daten in den zusammengelegten Partitionen enthalten sind, wurde die 10×10-fache Kreuzvalidierung zusätzlich verwendet, um belastbarere Aussagen zu erhalten. In Tabelle 5.14 sind diese Ergebnisse der Modellanalyse (Schritt 4) verzeichnet. Es zeigt sich, dass die per Kreuzvalidierung erreichten Werte (UA) über 0,65 liegen. Weiterhin ist zu erkennen, dass die r_p-Rate relativ hoch ist ($> 0{,}75$), aber ebenso die r_n-Rate kleiner als 0,5 ist. Dies deutet an, dass die Bäume tendenziell eher auf L entscheiden und diese Klasse bevorzugt wird.

Tabelle 5.14: Erkennungsleistung des Entscheidungsbaums der zweiten Stufe für die SLD.

	Entw. + Training*		Test
	10-CV	10×10-CV	
F_1	0,630	0,629	0,595
AUC	0,559	0,487	0,537
ER	0,5716	0,5682	0,5220
r_p-Rate	0,751	0,744	0,672
r_n-Rate	0,399	0,399	0,358
UA	0,575	0,571	0,515

* Performanzmaße für Kreuzvalidierung sind Mittelwerte.

Die Validierung mit der Testpartition erfolgt mit dem auf der vereinigten Partition trainierten Baum, der in Abbildung 5.5 gezeigt ist. Dieser weist mit einer Tiefe von sieben eine Überanpassung an den Trainingsdatensatz auf. Dies wird durch $UA = 0{,}515$ für den Testdatensatz mit bestätigt. Bei den langen Regeln r_7, r_8 und r_{10}–r_{12} beträgt der Support nur ca. 0,01, die Konfidenz aber mehr als 0,7. Dies lässt darauf schließen, dass die Regeln an Einzelfälle angepasst sind. Der Entscheidungsbaum erkennt von den 228 Instanzen 119 korrekt, was $ER = 52{,}2\,\%$ entspricht. Für einen Einsatz des Modells ist es wichtig, dass das Modell im Mittel besser ist als der Zufall. Um dies zu prüfen, wird ein einseitiger Binomialtest durchgeführt. Dieser testet, ob die beobachtete Häufigkeit einer richtigen Klassifikation ($p = {}^{119}/_{228}$) signifikant besser als der Zufall ist [Alp10, S. 499]. Die Hypothesen lauten wie folgt [GB04, S. 287]:

$$H_0 : p \leq \frac{1}{2} \quad \text{gegen} \quad H_1 : p > \frac{1}{2}. \tag{5.3}$$

Der durch den Test ermittelte p_b-Wert von 0,2756 liegt außerhalb des durch das

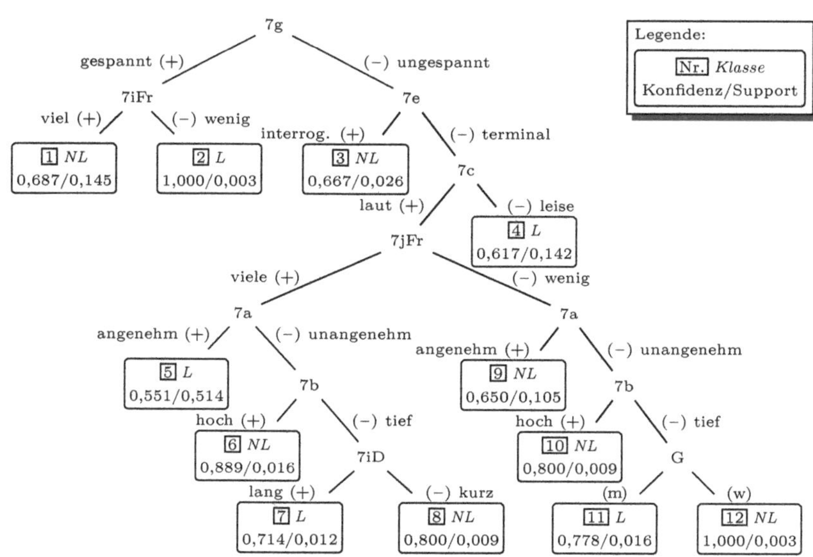

Abbildung 5.5: Entscheidungsbaum der zweiten Stufe für die SLD [nach WJM16, S. 222].

Signifikanzniveau $\alpha = 0{,}05$ definierten Ablehnungsbereichs. Somit kann die Nullhypothese nicht abgelehnt werden und die erzielte Erkennungsrate ist nicht signifikant besser als der Zufall. Für einen Einsatz in der Praxis ist der vorliegende Entscheidungsbaum daher nicht geeignet und muss in einem iterativen Verfahren verbessert werden.

Random-Forest (RF)

Die Analyse von Tabelle 5.13 zeigt, dass der obere mit einem RF-Verfahren erzeugte Referenzwert ($UA = 0{,}59$) eine um 0,05 und damit um fast 10 % höhere Erkennungsrate als die SVM erreicht. Da dieses Entscheidungsbaumverfahren allen anderen verwendeten Klassifikationsalgorithmen hinsichtlich seiner Erklärungsfähigkeit überlegen ist, wird in einem Experiment geprüft, ob auch in dem vorgeschlagenen mehrstufigen Prozess der Einsatz von RFs möglich ist und wie sich die erzielten Erkennungsraten im Vergleich zu den mit dem J48-Algorithmus erzielten Werten verhalten. Der Experimentaufbau ist unverändert gegenüber dem einfachen Entscheidungsbaumverfahren.

Da die Random-Forests sehr sensitiv auf Änderungen der Parameter reagieren, wurden zwei Konfigurationen getestet. Konfiguration 1 entspricht den Vorgabewerten des RF-Algorithmus in Weka mit zehn generierten Bäumen sowie maximal vier zufällig ausgewählten Merkmalen. Die maximale Tiefe des Baums ist unbegrenzt. Konfiguration 2 begrenzt die maximale Tiefe des Baums auf drei und die verwendeten Merkmale ebenfalls auf drei [WJM16, S. 221].

Die Ergebnisse sind in Tabelle 5.15 erfasst. Im Vergleich zu den Resultaten der einzelnen J48-Bäume (Tabelle 5.14) zeigt sich, dass die Differenz von den in der Kreuzvalidierung und den auf der Testpartition erzielten Performanzwerten bei den Konfigurationen des RF kleiner ist. Konfiguration 1 erreicht leicht höhere Werte bei F_1, AUC und r_p-Rate. Jedoch zeigt die r_n-Rate, dass die positive Klasse L bevorzugt wird. Bei Konfiguration 2 werden beide Klassen gut erkannt. Es werden insgesamt 127 Instanzen korrekt erkannt. Mit $p_b = 0{,}049$ kann die Nullhypothese des einseitigen Binomialtests abgelehnt werden. Daraus wird geschlussfolgert, dass die Klassifikation eine signifikant bessere Leistung erbringt als ein Raten der Klassen.

Tabelle 5.15: Erkennungsleistung von Random Forest für die SLD in der zweiten Stufe.

	Konfiguration 1		Konfiguration 2	
	10-CV*	Test	10-CV*	Test
F_1	0,536	0,605	0,525	0,574
AUC	0,485	0,581	0,567	0,552
ER	0,5087	0,5526	0,549	0,557
r_p-Rate	0,577	0,655	0,516	0,571
r_n-Rate	0,443	0,44	0,581	0,541
UA	0,510	0,5475	0,549	0,556

* Performanzmaße für Kreuzvalidierung sind Mittelwerte.

Die Reduzierung der erlaubten Tiefe der Bäume und die Beschränkung auf drei Attribute erzeugt kleine Bäume mit kurzen Regeln. Es kann gefolgert werden, dass die Kombination von kleinen Bäumen, d. h. kurzen Regeln, bessere Resultate als große Bäume (siehe Abbildung 5.5) erzielt.

Einfluss der Baumgröße auf die Klassifikationsgüte

Wie bereits theoretisch in Abschnitt 3.4.2 erörtert, gibt es einen Zusammenhang zwischen der Komplexität des Klassifikationsmodells und der Klassifikationsgüte. Bei Verfahren, die mit einem einzelnen Entscheidungsbaum arbeiten, sind zwei Aspekte zu erkennen. Zum einen tendieren großen Bäume zur Überanpassung, die sich negativ auf die Erkennung auswirkt. Zum anderen verlieren zu kleine Bäume an Klassifikationsgüte, da sie zu stark verallgemeinern [TSK05, S. 174]. Das vorhergehende Experiment zeigt, dass die mit RF erzeugten Wälder mit zehn kleinen Bäumen tendenziell besser klassifizieren als ein großer Baum.

Somit wird erwartet, dass sich experimentell eine quasi-optimale Baumgröße identifizieren lässt, die die größtmögliche Klassifikationsperformanz liefert. Daher soll in einem weiteren Experiment ermittelt werden, ob zwischen der Anzahl der Entscheidungsregeln (Blätter) und der Klassifikationsgüte der J48-Entscheidungsbäume Zusammenhänge erkennbar sind. Zur Prüfung dieser These wurden die 100 im Rahmen der 10×10-fachen

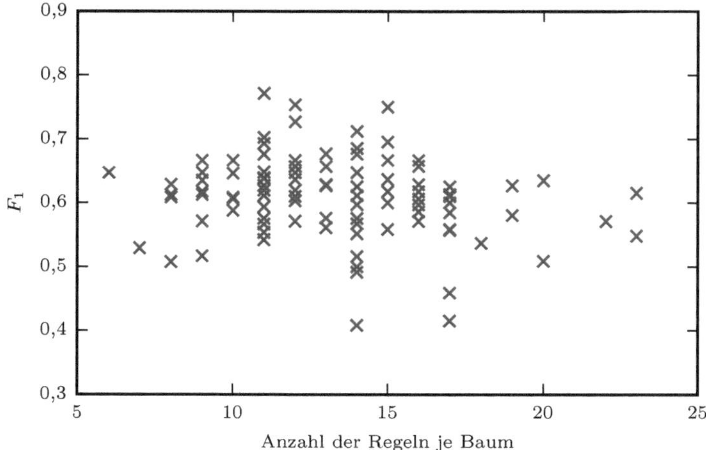

Abbildung 5.6: Zusammenhang zwischen Anzahl der Regeln und der Klassifikationsgüte.

Kreuzvalidierung trainierten Entscheidungsbäume visualisiert, auf deren Grundlage die Erkennungsleistung in Tabelle 5.14 berechnet wurde. Abbildung 5.6 zeigt den Zusammenhang zwischen Anzahl der Regeln und der erreichten Entscheidungsgüte (F_1) für die Trainings- und Entwicklungsdaten der SLD. Es ist zu erkennen, dass das beste Ergebnis von einem Baum mit 11 Regeln erzielt wird. Ein F_1-Wert $\geq 0{,}7$ wird nur von Bäumen mit 11, 12, 14 und 15 Blättern erreicht. Dieses Experiment bestätigt die Interpretation des Versuchs mit Random Forest. Insgesamt kann resümiert werden, dass weniger Entscheidungsregeln bessere Ergebnisse erbringen.

5.3.4 Halbautomatische Anpassung der Regeln

In diesem Abschnitt wird untersucht, wie sich die in der Systemvision geforderte Anpassungsfähigkeit und Flexibilität mit Entscheidungsbäumen und -regeln anhand eines realen Datensatzes umsetzen lässt.

Für nicht geschulte Benutzer ist die Anwendung von Lernalgorithmen zur Anpassung der Regelbasis eine sehr große Herausforderung. Wenn der Lernprozess des Systems beispielsweise durch den Trainer angestoßen wird, weil er mit der Klassifikationsgüte der Regeln nicht zufrieden ist, so stellt die Adaption der Regeln ohne Wissen über die Arbeitsweise der Algorithmen und ohne Eingriffsmöglichkeiten trotz aller Vorteile der Entscheidungsbäume für den Nutzer eine Blackbox dar. Diese Intransparenz kann in Verbindung mit mangelnder Anpassungsfähigkeit zur Ablehnung des Systems führen.

Daher wird eine Methodik beschrieben, bei der durch halbautomatische, datengetriebene Schritte die Klassifikationsleistung des Regelsystems bei unbekannten Daten verbessert werden kann. Es wird iterativ mit den Regeln gearbeitet, die einzeln analysiert und geändert werden können. Die vorgeschlagene Vorgehensweise kann ohne Expertenwissen ausgeführt werden und kommt ohne komplettes Neutrainieren des Entscheidungsbaums aus. Die einzelnen Schritte sind nachvollziehbar und können durch manuelles Eingreifen beeinflusst werden. Das Anpassen der Regeln kann hierbei als Form der interaktiven Klassifikation angesehen werden.

Für die Experimente wird ebenfalls die SLD genutzt, da hier, ähnlich wie beim realen Einsatzszenario im Callcenter viele Daten zur Verfügung stehen und die Einteilung in die drei Partitionen leicht hergestellt werden kann. Die Anpassung der Regeln erfolgt in vier Schritten:

1. Erlernen eines initialen Regelsatzes als Entscheidungsbaum auf der Trainingspartition,
2. Analyse des Regelsatzes mit der Entwicklungspartition,
3. Anpassung der Regeln auf der Entwicklungspartition,
   a) Negation der Regeln mit niedrigen Konfidenzen $< 0{,}5$ und daraus resultierende Umformung der Regeln,
   b) Neutrainieren von Regeln mit schlechter Klassifikationsleistung,
4. Ermittlung der Klassifikationsgüte auf der Testpartition.

Schritt 1 wird einmalig ausgeführt und hat als Ergebnis des Schritts den veränderbaren Regelsatz. Zur Erstellung des Regelsatzes können neben einem Lernalgorithmus auch andere Verfahren verwendet werden, z. B. Aufstellen von Regeln durch Experten. Die Schritte 2 bis 4 werden danach in einer Schleife iterativ wiederholt, bis die gewünschte Klassifikationsgüte erreicht ist.

Analyse des initialen Entscheidungsbaums mit der Entwicklungspartition

Der mit der Trainingspartition erstellte Baum ist in Abbildung 5.7 mit zugehörigen Konfidenzen und Support dargestellt. Der Baum besitzt 17 Blätter und eine maximale Tiefe von 9. Er erreicht bei 10-facher Kreuzvalidierung eine $ER = 53{,}80\,\%$ auf der Trainingspartition. Dies ist in der Konfusionsmatrix (Tabelle 5.17) gezeigt. Die weiteren Spalten zeigen die Ergebnisse für die Partitionen mit den Entwicklungs- und Test-Daten.

Die Entwicklungspartition, die beim Training des Baums nicht verwendet wurde, zeigt ähnliche Ergebnisse ($ER = 54{,}49$). Die für die Vergleichbarkeit entscheidende Klassifikationsleistung des Testkorpus ist mit einer Erkennungsrate von 50,44 % sehr schlecht. Bei allen Partitionen ist zu erkennen, dass der Entscheidungsbaum Klasse L bevorzugt. Für die Verbesserung der Klassifikationsleistung auf der Testpartition wird zunächst der initiale Entscheidungsbaum (Schritt 2) analysiert. Dabei werden Konfidenz und Support der Regeln untersucht, welche in Tabelle 5.16 verzeichnet sind. Für die Analyse werden nur die Ergebnisse des Entwicklungsdatensatz verwendet, da eine Einbeziehung der Testpartition die Ergebnisse verfälschen würde.

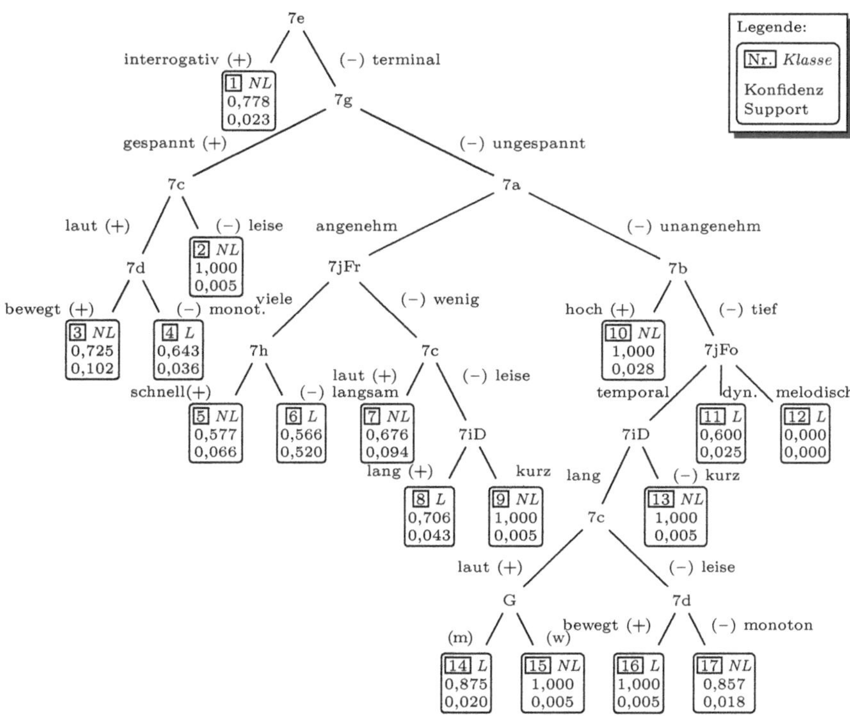

Abbildung 5.7: Mit der Trainingspartition der SLD erlernter initialer Entscheidungsbaum.

In Tabelle 5.16 ist zu erkennen, dass die Regeln r_2, r_{12} und r_{15} einen Support von 0,0 haben. Dies bedeutet, dass sie für die Klassifikation der Entwicklungspartition nicht verwendet und nicht weiter betrachtet werden müssen. Weiterhin ist festzustellen, dass die Regeln r_4, r_5, r_9, r_{10} und r_{17} eine Konfidenz $c < 0{,}5$ haben. Die Regeln mit dem höchsten Support, r_6 und r_7 mit Konfidenzen $c_6 = 0{,}56$ und $c_6 = 0{,}61$ können relativ schlecht klassifizieren.

Tabelle 5.16: Regeln des initialen Entscheidungsbaums (Abbildung 5.7).

		Entwicklung		Test	
Nr.	Regel	c	s	c	s
r_1	7e(+) $\rightarrow$ *NL*	0,50	0,034	0,67	0,013
r_2	7e(−) $\wedge$ 7g(+) $\wedge$ 7c(−) $\rightarrow$ *NL*	0,00	0,000	0,00	0,000
r_3	7e(−) $\wedge$ 7g(+) $\wedge$ 7c(+) $\wedge$ 7d(+) $\rightarrow$ *NL*	0,65	0,112	0,61	0,101
r_4	7e(−) $\wedge$ 7g(+) $\wedge$ 7c(+) $\wedge$ 7d(−) $\rightarrow$ *L*	0,11	0,051	0,33	0,039
r_5	7e(−) $\wedge$ 7g(−) $\wedge$ 7a(+) $\wedge$ 7jFr(+) $\wedge$ 7h(+) $\rightarrow$ *NL*	0,20	0,028	0,50	0,026

Tabelle 5.16 – Fortsetzung

Nr.	Regel	Entwicklung c	Entwicklung s	Test c	Test s
r_6	7e(−) ∧ 7g(−) ∧ 7a(+) ∧ 7jFr(+) ∧ 7h(−) → *L*	0,56	0,500	0,54	0,518
r_7	7e(−) ∧ 7g(−) ∧ 7a(+) ∧ 7jFr(−) ∧ 7c(+) → *NL*	0,61	0,129	0,39	0,180
r_8	7e(−) ∧ 7g(−) ∧ 7a(+) ∧ 7jFr(−) ∧ 7c(−) ∧ 7iD(+) → *L*	0,56	0,051	0,67	0,053
r_9	7e(−) ∧ 7g(−) ∧ 7a(+) ∧ 7jFr(−) ∧ 7c(−) ∧ 7iD(−) → *NL*	0,00	0,011	0,00	0,000
r_{10}	7e(−) ∧ 7g(−) ∧ 7a(−) ∧ 7b(+) → *NL*	0,33	0,01	0,40	0,023
r_{11}	7e(−) ∧ 7g(−) ∧ 7a(−) ∧ 7b(−) ∧ 7jFo(d) → *L*	1,00	0,01	0,00	0,009
r_{12}	7e(−) ∧ 7g(−) ∧ 7a(−) ∧ 7b(−) ∧ 7jFo(m) → *L*	0,00	0,00	0,00	0,000
r_{13}	7e(−) ∧ 7g(−) ∧ 7a(−) ∧ 7b(−) ∧ 7jFo(t) ∧ 7iD(−) → *NL*	0,75	0,02	0,33	0,013
r_{14}	7e(−) ∧ 7g(−) ∧ 7a(−) ∧ 7b(−) ∧ 7jFo(t) ∧ 7iD(+) ∧ 7c(+) ∧ G(m) → *L*	1,00	0,01	0,00	0,009
r_{15}	7e(−) ∧ 7g(−) ∧ 7a(−) ∧ 7b(−) ∧ 7jFo(t) ∧ 7iD(+) ∧ 7c(+) ∧ G(w) → *NL*	0,00	0,00	1,00	0,004
r_{16}	7e(−) ∧ 7g(−) ∧ 7a(−) ∧ 7b(−) ∧ 7jFo(t) ∧ 7iD(+) ∧ 7c(−) ∧ 7d(+) → *L*	1,00	0,01	0,00	0,004
r_{17}	7e(−) ∧ 7g(−) ∧ 7a(−) ∧ 7b(−) ∧ 7jFo(t) ∧ 7iD(+) ∧ 7c(−) ∧ 7d(−) → *NL*	0,00	0,01	0,50	0,009

Tabelle 5.17: Konfusionsmatrix für den initialen Entscheidungsbaum (Abbildung 5.7).

	ermittelte Klasse					
	Training*		Entw.		Test	
Klasse	L	NL	L	NL	L	NL
L	119	70	62	30	75	44
NL	112	93	51	35	69	40
$\sum$	231	163	113	65	144	84

* Die Werte für die Trainingspartition wurden durch Kreuzvalidierung ermittelt.

Negation der Regeln mit niedrigen Konfidenzen

Schritt 3 ist die Anpassung der Entscheidungsregeln durch die Analyse des Klassifikationsverhaltens auf der zum Training nicht verwendeten Entwicklungspartition. Im ersten

Schritt der Regeladaption (3a) werden die in der Analyse identifizierten Regeln mit Konfidenzen $c < 0{,}5$ negiert, d. h. ihre Klassen vertauscht.

$\boldsymbol{r_4}$**:** Für r_4 bedeutet die Änderung der Klasse in NL, dass sie auf die gleiche Klasse entscheidet wie r_3 und r_2 und somit mit diesen zusammengefasst werden kann, da r_4 die gleichen Attribute wie r_3 bzw. eins mehr als r_2 besitzt. Somit werden die Attribute Tonhöhenverlauf (7d) und Lautheit (7c) aus der Regel entfernt, da sie irrelevant geworden sind. Es ergibt sich nun r_4':

$$r_4' : \text{7e}(-) \wedge \text{7g}(+) \rightarrow NL.$$

Für die Entwicklungspartition ergeben sich für r_4' $c = 0{,}724$ und $s = 0{,}163$.

$\boldsymbol{r_5}$**:** Durch die Änderung der Klasse von r_5 auf L wird das Attribut Sprechgeschwindigkeit (7h) irrelevant, r_6 entfällt, und es kann r_5' formuliert werden:

$$r_5' : \text{7e}(-) \wedge \text{7g}(-) \wedge \text{7a}(+) \wedge \text{7jFr}(+) \wedge \text{7h}(+) \rightarrow L.$$

Die neue Regel r_5' erbringt für Entwicklung ($c = 0{,}724; s = 0{,}163$) gute Leistungen.

$\boldsymbol{r_9}$**:** Bei der Invertierung von Regel r_9 kann r_8 entfallen, und das Attribut Pausendauer (7iD) wird gestrichen:

$$r_9' : \text{7e}(-) \wedge \text{7g}(-) \wedge \text{7a}(+) \wedge \text{7jFr}(-) \wedge \text{7c}(-) \rightarrow L.$$

Durch die Umformung werden mit den Entwicklungsdaten $c = 0{,}636$ und $s = 0{,}062$ erreicht.

$\boldsymbol{r_{10}}$**:** Bei der Invertierung der Regel r_{10} kann keine Bedingung entfallen, somit lautet r_{10}' wie folgt:

$$r_{10}' : \text{7e}(-) \wedge \text{7g}(-) \wedge \text{7a}(-) \wedge \text{7b}(+) \rightarrow L.$$

Mit der neuen Regel werden auf der Entwicklungspartition $c = 0{,}67$ und $s = 0{,}017$ erreicht.

$\boldsymbol{r_{17}}$**:** Durch die Änderung der Klasse von Regel r_{17} zu L kann die Bedingung auf 7d entfallen. Somit wird Regel r_{16} mit r_{17} zu r_{17}' zusammengelegt:

$$r_{17}' : 7e(-) \wedge 7g(-) \wedge 7a(-) \wedge 7b(-) \wedge 7jFo(t) \wedge 7iD(+) \wedge 7c(-) \rightarrow L.$$

Regel r_{17}' erreicht eine Konfidenz $c = 1{,}0$ und einen Support $s = 0{,}022$.

Der resultierende umgeformte Regelsatz ist mit Konfidenz und Support in Tabelle A.41 notiert. Tabelle 5.18 zeigt die Konfusionsmatrix des Regelsatzes mit den Datenpartitionen Entwicklung und Test. Für die Entwicklungspartition wird eine ER von 62,92 % erreicht. Die Testpartition wird mit $ER = 52{,}193\,\%$ erkannt. Die Invertierung und

Tabelle 5.18: Konfusionsmatrix nach Invertierung der Regeln.

	ermittelte Klasse			
	Entw.		Test	
Klasse	L	NL	L	NL
L	71	21	79	40
NL	45	41	69	40
$\sum$	116	62	148	80

Zusammenfassung der Regeln hat im Vergleich zum Ausgangsmodell (Abbildung 5.7) zu einer Verbesserung der Erkennungsrate um 9 % auf dem Entwicklungsdatensatz geführt. Die Performanz auf der Testpartition reicht dennoch für die Anwendung nicht aus. Daher wird eine weitere Anpassung der Regeln gemäß Schritt 3b mit der Entwicklungspartition durchgeführt.

Neutrainieren von Regeln mit schlechter Klassifikationsleistung

Für die weitere Verbesserung werden die in Tabelle A.41 aufgezeichneten Performanzwerte für Konfidenz und Support des geänderten Regelsatzes analysiert. Auf der Entwicklungspartition haben nunmehr alle Regeln eine positive Konfidenz. Daher kann an dieser Stelle keine Verbesserung mehr erfolgen. Die Analyse der Tabelle A.41 zeigt, dass die Regel r_5' für über die Hälfte der Instanzen der Entwicklungspartition zutrifft und eine Erkennungsrate von 52,8 % hat. Diese Regel wird entfernt und mit den betroffenen 124 Instanzen ein neuer Entscheidungsbaum trainiert, welcher in Abbildung 5.8 dargestellt ist. Die Auslassungszeichen stehen für die nicht mit im Baum erfassten Attribute, die konstant sind, da sie auf dem ursprünglichen Pfad von r_5' liegen. Konfidenzen und Supportwerte stammen aus der Trainingsphase mit 124 Instanzen. Die gewonnenen Regeln werden in

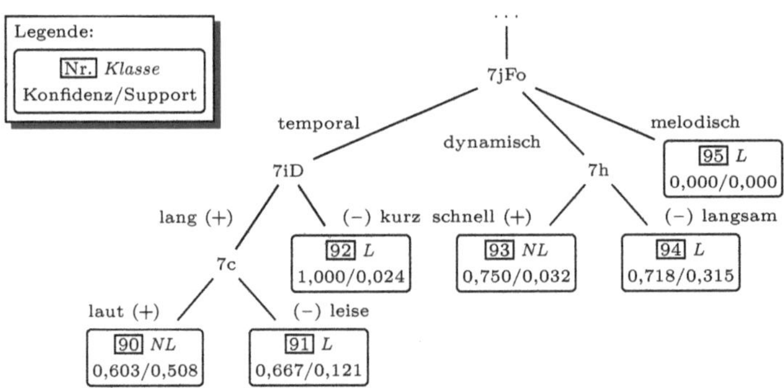

Abbildung 5.8: Nachtrainierter Entscheidungsbaum.

die finale Regelmenge integriert, welche wiederum als Baum dargestellt werden kann. Der finale Entscheidungsbaum ist in Abbildung 5.9 gezeigt, der entsprechende Regelsatz in Tabelle A.42.

5.3.5 Ergebnisse

Der mit den neuen Regeln aus dem letzten Schritt trainierte Baum (Abbildung 5.9) erreicht auf der Entwicklungspartition eine Klassifikationsleistung von $ER = 59{,}55\,\%$. Für die Testpartition können ähnliche Ergebnisse mit $ER = 58{,}77\,\%$ und $UA = 0{,}594$ erzielt werden. Dies liegt deutlich über dem im ersten Experiment (Abschnitt 5.3.3) erreichtem Wert. Im Vergleich zu den Referenzwerten ordnet sich der $UA = 0{,}594$ an 10. Stelle in Tabelle 5.13 ein. Er liegt damit über dem Referenzwert von Schuller u. a. [Sch+12]. Mit einer Tiefe von 8 und 17 Blättern tendiert der Baum allerdings zu Überanpassung, was die resultierende Konfusionsmatrix in Tabelle 5.19 für die Testpartition zeigt. Während *NL* mit gut erkannt wird (t_n-Rate = 0,743), liegt die t_p-Rate bei nur 0,45. Dies ist auch an den in der Abbildung 5.9 eingetragenen Konfidenzen der Testpartition gut zu

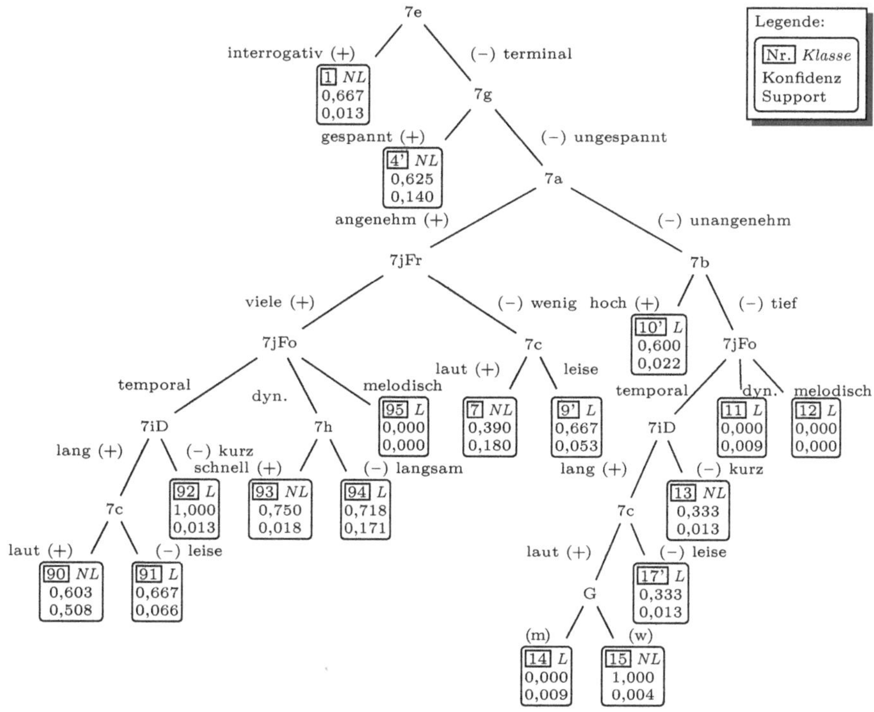

Abbildung 5.9: Finaler Entscheidungsbaum nach Regelverbesserung mit Konfidenz und Support für die Testpartition.

Tabelle 5.19: Konfusionsmatrix des finalen Entscheidungsbaums (Abbildung 5.9) mit der Testpartition.

	ermittelte Klasse		
Klasse	L	NL	$\sum$
L	53	66	119
NL	28	81	109
$\sum$	81	147	228

erkennen. Die Regel r_{90}, die auf *NL* entscheidet, gilt mit $s = 0{,}508$ für über die Hälfte der Instanzen. Weiterhin besitzt auch die Regel r'_4 hohe Konfidenz und hohen Support. Regel r_7 besitzt einen hohen Support $s = 0{,}18$, aber eine Konfidenz von 0,39. Dies bedeutet, dass die Regel in der Mehrheit falsch entscheidet. Regel r_{94} ist die beste Regel, die auf *L* entscheidet.

Die vorgestellte Schrittfolge der halbautomatischen Regelverbesserung hat gezeigt, dass die Anpassung grundsätzlich möglich und sinnvoll ist. Die Anpassung an die Entwicklungspartition beeinflusst die Erkennung der Testpartition positiv. Neben der rein datengetriebenen Verbesserung kann an dieser Stelle die weitere Analyse durch einen Experten erfolgen.

5.4 Fallstudie IV – quasi-kontinuierliche Klassifikation der zweiten Stufe

5.4.1 Datenerhebung

In dieser Fallstudie wird experimentell untersucht, welche Erkennungsleistung das zweistufige Framework bei einer konstant zeitlichen Segmentierung bei unbekannten Gesprächen erbringen kann. Teilergebnisse der Fallstudie wurden in Walther u. a. [Wal+16] veröffentlicht. Diese Aufgabenstellung ist ein wichtiger Test im Hinblick auf den praktischen Einsatz der Modelle, da im Live-Gespräch ebenso keine manuelle Segmentierung durchgeführt werden kann. Die im Folgenden beschriebenen Experimente werden mit einer konstanten Einteilung in 1 s lange Abschnitte durchgeführt, was in Abschnitt 2.2.4 als Lösungsstrategie für die Herausforderungen der automatischen Segmentierung identifiziert wurde.

Um die Eignung der vorgeschlagenen zweistufigen Erkennungsverfahren für den unterstützenden Einsatz im Callcenter beim Live-Gespräch zu evaluieren, wird auf die in Beier [Bei15] aufbereiteten und analysierten Gespräche zurückgegriffen. Es wurden vier Gespräche aus dem Outbound-Bereich einer Krankenkasse untersucht, die von drei weiblichen sowie einem männlichen Agenten geführt werden [Bei15, S. 23]. Die Gespräche haben eine Länge von 123 s, 127 s, 182 s und 332 s bei einer Gesamtdauer von 764 s. Im Gegensatz zu den anderen in dieser Arbeit verwendeten Korpora werden für Fallstudie IV

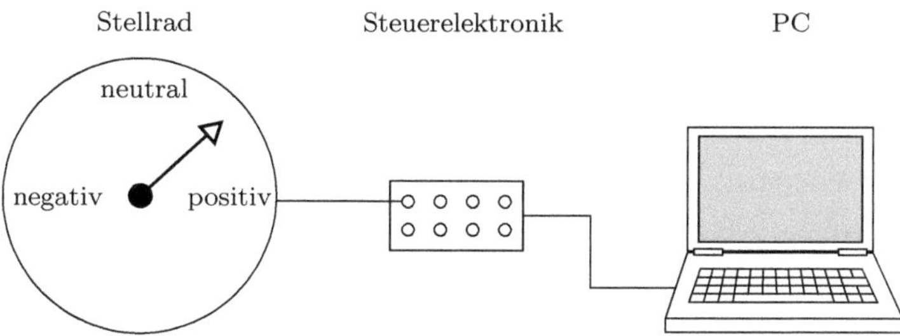

Abbildung 5.10: Schematischer Aufbau des CRDI-Experiments [nach Bei15, S. 13].

kontinuierlich gelabelte Gespräche verwendet. Diese Art der Bewertung wird Continuous Response Measurement (CRM) genannt [BDW94]. Die Annotation der Gespräche erfolgte mit einem sogenannten CRDI-Gerät (Continuous Response Digital Interface). Das Gerät kann Reaktionen auf ein dem Testhörer vorgespieltes Gespräch sofort in Echtzeit erfassen und den Verlauf der Reaktion protokollieren. Beim Hören eines Gesprächs können die Testpersonen durch Drehen an einem Stellrad den zeitlichen Verlauf einer Bewertung nachzeichnen. Das CRDI wird bereits seit längerem in der Musikforschung eingesetzt [Gre95]. Abbildung 5.10 zeigt schematisch die Versuchsanordnung mit einem Stellrad, der Signalelektronik und dem für die Erfassung der Messwerte benötigten PC. An die Signalelektronik können insgesamt acht Stellräder gleichzeitig angeschlossen und ausgewertet werden. Die Gespräche wurden durch 31 Probanden bewertet, die nach folgenden Kriterien ausgewählt wurden [Bei15, S. 24]:

- Probanden sollten gesetzlich krankenversichert und somit potentielle Kunden der Krankenkasse sein.
- Das Alter der Versuchsperson sollte mindestens 28 Jahre betragen.
- Die Testperson sollte im Idealfall Erfahrungen mit Callcenterkommunikation, etwa durch die eigene Krankenkasse, haben.

Den Teilnehmern wurde als Aufgabe gegeben, während des gesamten Gesprächs ihre Wahrnehmung zur Wirkung des Agenten zu äußern. Dazu sollten sie ihr momentanes Empfinden spontan über den manuell zu betätigenden Drehregler des CRDI einstellen. Um eine Beeinflussung der Probanden auszuschließen, wurden keine Vorgaben für Bewertungskategorien gemacht, daher hat das Stellrad selbst keine Zahlenskala. Die Wahl der Begriffe, welche die Wertungsbereiche festlegen, ist bewusst sehr allgemein gehalten worden. Bei der Einweisung der Probanden wurde auf eine Einteilung in Bereiche verwiesen, die auf dem Stellrad durch „positiv“, „negativ“ und „neutral“ gekennzeichnet waren (siehe Abbildung 5.10) [Bei15, S. 26].

Durch die Messung per CRDI entsteht eine quasi-kontinuierliche Reihe von Messwerten pro Hörer und Gespräch mit einer Abtastrate von 1/s, d. h. es wird jede Sekunde der aktuell eingestellte Wert gespeichert. Der Wertebereich der aufgezeichneten Signale reicht von 0 bis 255, wobei 255 als positiv gewertet wird und 0 als negativ. Neutral liegt daher in der Mitte der Werte bei 127,5.

5.4.2 Gesprächsbeispiel

Die detaillierte Analyse der Einzelbewertungen zeigt, dass zwei Probanden über weite Teile des Gesprächs keine Einstellungen am Drehregler vornahmen oder nur in sehr kleinen Bereichen drehten. Diese wurden bei der Gesamtauswertung nicht berücksichtigt, um die Ergebnisse nicht zu verfälschen. Somit wurden Daten von 29 Probanden für die Auswertung herangezogen. Abbildung 5.11 zeigt für ein ausgewähltes Gespräch die Einzelbewertung der Probanden sowie das Gesamtmittel. Es ist zu erkennen, dass die Bewertungen sehr stark variieren. Durch die Bildung des arithmetischen Mittels wird eine Glättung erreicht und relevante Gesprächsstellen können besser identifiziert und analysiert werden. Für das Beispielgespräch zeigt die Kurve des Mittelwerts drei ausgeprägte negative Ausschläge bei ca. 10 s, 60 s und 85 s sowie zwei auffällige Maxima bei 110 s und 120 s. Der Abfall des Mittelwerte bei ca. 10 s kann z. B. mit einer hohen Sprechgeschwindigkeit und Überartikulation begründet werden [Bei15, S. 38]. Der in

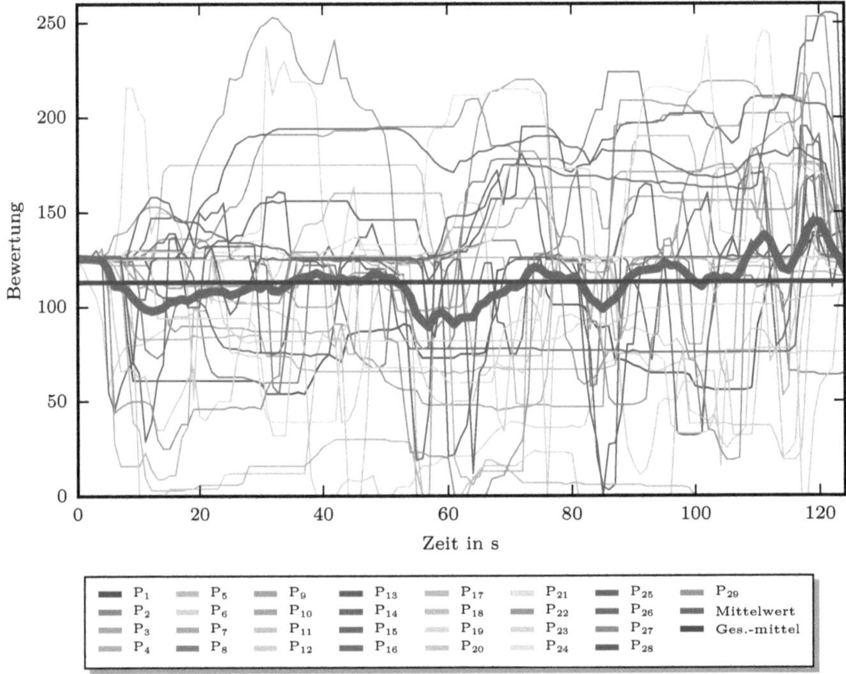

Abbildung 5.11: Zeitlicher Verlauf der Bewertung eines Gesprächs durch 29 Probanden [aus Wal+16, S. 95].

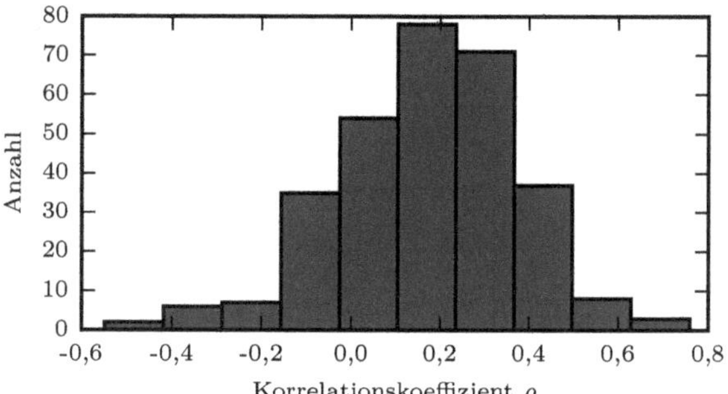

Abbildung 5.12: Korrelationen der Probandenbewertungen P_1–P_{29} über alle vier Gespräche [aus Wal+16, S. 95].

Abbildung 5.11 als Gerade abgetragene Gesamtmittelwert von 113,49 liegt unterhalb der neutralen Bewertung von 127,5. Hieran kann auf eine im Allgemeinen negative Einschätzung des Agenten durch die Probanden geschlossen werden.

Einige Probanden entwickeln nach einer Orientierungsphase zu Beginn eine allgemeine Einstellung zum Gespräch. Manche Hörer bewerten beispielsweise allgemein negativ und schwanken lediglich im negativen Bewertungsbereich um einen gewissen Wert. Weitere Hörer gaben eine negativen Bewertung ab und kehrten danach wieder in die neutrale Ausgangslage zurück [Bei15, S. 35]. Die vollständigen Analyseergebnisse können Beier [Bei15, S. 35 ff.] entnommen werden.

Die visuelle Analyse der Bewertungsverläufe in Abbildung 5.11 legt die Vermutung nahe, dass die Probanden in allen Gesprächen uneinheitliche und teilweise widersprüchliche Bewertungen abgeben. Eine Korrelationsanalyse soll diese Vermutung prüfen. Die Korrelationsmatrix ist mit 29×29 Feldern zu groß für eine geeignete Darstellung. Daher werden die einzelnen Korrelationskoeffizienten ρ in einem Histogramm in Abbildung 5.12 gezeigt. Der minimale Wert für r zwischen den Probanden P_2 und P_{20} beträgt -0,549. Der höchste Wert von 0,759 ist beim Probandenpaar P_7–P_{17} zu finden. Die Analyse der Abbildung 5.12 lässt erkennen, dass die Korrelation im Mittel (Mittelwert = 0,172, Median = 0,175) leicht positiv ist. Daraus kann gefolgert werden, dass sich trotz der verschiedenen Bewertungsverläufe ein kohärenter Eindruck herausbildet, der z. B. durch den Mittelwert repräsentiert werden kann.

Ein weiterer Schwerpunkt der Untersuchung von Beier [Bei15] war die Identifikation von positiven oder negativen Gesprächsabschnitten und deren Analyse auf sprachliche Auffälligkeiten. Im Rahmen der auditiven Analyse werden Hypothesen zu Auffälligkeiten der mittleren Bewertung und den Aktionen des Agenten aufgestellt. Diese stellen Erklärungen der Bewertungen durch prosodische Merkmale des Agenten dar. Die Analyse soll zeigen, warum das Agieren des Agenten bei den Testhörern positive oder negative Empfindungen hervorruft [Bei15, S. 48 f.]. Im Experiment wurden die Probanden gebeten, anhand des verschrifteten Gesprächs Anmerkungen und stimmliche Auffälligkeiten zu notieren [Bei15, S. 27 f.]. Diese reflektierte Bewertung durch die Laienhörer erfolgte mittels Transkripten nach der CRDI-Bewertung. Aus den abgegebenen verbalen Beschreibungen wurden Kategorien erstellt und die meist kommentierten Gesprächsabschnitte selektiert. Diese wurden auf sprachliche Auffälligkeiten detailliert analysiert. Für eine umfassende Beschreibung der auditiven Analysen sei auf Beier [Bei15, S. 48 ff.] verwiesen.

Der Vergleich der Ergebnisse der spontanen Bewertung mittels des CRDI und der reflektierten verbalen Beschreibung zeigt Übereinstimmungen. Wenn pro Gespräch die meist kommentierten Gesprächsstellen betrachtet werden, so finden sich die gleichen Stellen mit einem Anteil von 70 % ebenfalls in der CRDI-Bewertung der Versuchspersonen wieder. Die Gesprächsstellen, welche die Probanden laut der CDRI-Messung positiv bewerteten, wurden gleichfalls auch bei der reflektierten Bewertung oft kommentiert und als positiv auffällig gekennzeichnet. Die beiden Teiluntersuchungen weisen gleichartige Ergebnisse auf und bestätigen die gewonnenen Erkenntnisse [Bei15, S. 65 ff.].

Zur Validierung und differenzierten Betrachtung der Ergebnisse wurde eine dritte Untersuchung durchgeführt. In dieser wurden die von den Laienhörern markierten Gesprächsabschnitte durch drei geschulte Experten bewertet [Bei15, S. 21]. Durch die Analyse von suprasegmentalen Merkmalen sollen die Reaktionen der Laienhörer sprechwissenschaftlich objektiviert begründet werden. Beispielsweise wird der Agent in einem Gespräch von den Laien als aufgesetzt, zu stark leitfadenorientiert und desinteressiert wahrgenommen. Diese Eigenschaften begründen die Experten mit zu hohem Sprechtempo, Überakzentuierung und unnötigen Pausen [Bei15, S. 61 f.].

Aus den Ergebnissen der spontanen und reflektierten Bewertung kann somit geschlossen werden, dass auch ungeschulte Hörer ihren Höreindruck konsistent bewerten können. Die Ergebnisse der Analyse durch Expertenhörer gibt Aufschluss über die Zusammenhänge zwischen dem Sprechausdruck und der Wahrnehmung.

5.4.3 Vorverarbeitung

Die in der Untersuchung von Beier [Bei15] mit kontinuierlichen Bewertungen versehenen Gesprächsaufzeichnungen müssen zur Verwendung in der vorliegenden Arbeit durch zwei zusätzliche Schritte der Vorverarbeitung an die Klassifikationsverfahren und -modelle angepasst werden. Dies sind:

- Segmentierung der Gespräche und
- Abbildung der Messwerte auf zwei Klassen.

Durch die Abtastrate des CRDI von 1/s kann jeder Gesprächssekunde eine Bewertung zugeordnet werden. Diese Segmentierung eignet sich, wie bereits dargelegt, für kontinuierliche Gespräche und wird demzufolge übernommen. Der zweite und aufwendigere Teilschritt beinhaltet die Abbildung der Messwerte auf zwei Klassen. Um das in der vorliegenden Arbeit entwickelte zweistufige Klassifikationsverfahren einsetzen zu können, müssen die aufgenommenen Messwerte von der Bewertungsskala (0–255) auf eine zweiwertige Klassenstruktur abgebildet werden. Für diesen Transformationsschritt können verschiedene Methoden angewendet werden. Beispielsweise kann der lokale Anstieg der Messwerte untersucht und in Klassen wie *steigend* und *fallend* aufgeteilt werden [Bei15, S. 34]. Diese haben jedoch nur eine begrenzte lokale Gültigkeit und besitzen keine große Aussagekraft über den Gesamtverlauf des Gesprächs. Daher wird die Klassenaufteilung anhand des gesprächsindividuellen Mittelwerts der Probanden vorgenommen. Für die Einteilung der Messwerte in dichotome Klassen wird unterstellt, dass die Probanden, wie in der Analysephase ermittelt, beim Hören der Gespräche einen individuellen Wert für die neutralen Gesprächsanteile bilden. Dies bedeutet, dass die Bewertungen um einen Mittelwert schwanken und positive und negative Anteile als Abweichungen vom Mittelwert gesehen werden können. Auf Basis des Mittelwerts $\overline{y}$ aller Bewertungen je Gespräch und Proband $y = \{y_1, \ldots, y_T\}$ im Gesprächsverlauf über die Dauer $1 \ldots T$ Sekunden wird für jedes Segment (Sekunde) der Gespräche die Klasse c_t für die Instanz mit dem Zeitstempel t wie folgt ermittelt [Wal+16, S. 96]:

$$c_t = \begin{cases} -1 & \text{für } y_t \leq \overline{y} \\ +1 & \text{für } y_t > \overline{y}. \end{cases} \tag{5.4}$$

Die Bildung der Differenzen mit dem Mittelwert ist als Zentrierung bekannt [Qui10, S. 94]. Ergebnis der Transformation ist eine Instanz pro Gespräch und Bewerter und Sekunde. So stehen für die Experimente insgesamt pro Proband 764 bewertete Instanzen als Trainings- bzw. Testmenge zur Verfügung. Zusätzlich wird je Gespräch ein Datensatz erstellt, der auf dem Mittelwert für jede Sekunde über alle Probanden beruht. Dazu wird Gleichung (5.4) wie folgt abgewandelt: y_t wird durch $\overline{y}_t$, den Mittelwert aller Bewertungen zum Zeitpunkt t ersetzt. An die Stelle von $\overline{y}$ tritt $\hat{y}$, der Mittelwert von $\overline{y}$ über alle Testhörer.

5.4.4 Einstufige Klassifikation

Die Modelle für das erste Experiment werden mit der Implementierung der Support-Vektor-Maschine aus Weka (SMO) trainiert, da dieses Klassifikationsverfahren in Kapitel 4.3.8 als eines der besten drei Verfahren für die Basismodelle identifiziert worden ist. Die Erkennungsgüte wird mit einer Kreuzvalidierung auf Basis der Gespräche ermittelt, die eine Abwandlung der Leave-One-Corpus-Out-Strategie ist [Zha+11, S. 525 f.]. Es werden dabei die Modelle jeweils auf den Instanzen aus drei Gesprächen trainiert. Mit den verbleibenden Instanzen des vierten Gesprächs wird die Validierung des Modells ausgeführt und die Performanzwerte bestimmt. Dieses Vorgehen hat den Vorteil, dass die Bewertung gesprächsorientiert erfolgt und daher durch Zufallseinflüsse keine Konstellationen der Instanzen auftreten, die nicht zusammen in einem Gespräch vorkommen. Die Anzahl der zum Lernen verwendeten Instanzen werden vor dem Training für jeden Datensatz und jede Konstellation der Gespräche mit Random-Undersampling angeglichen. Damit wird trotz unterschiedlicher Datenstruktur und Korpus die Vergleichbarkeit zu den in dieser Arbeit vorgestellten Ergebnissen ermöglicht.

In Abbildung 5.13 sind die Ergebnisse der Modelle des ersten Experiments verzeichnet.

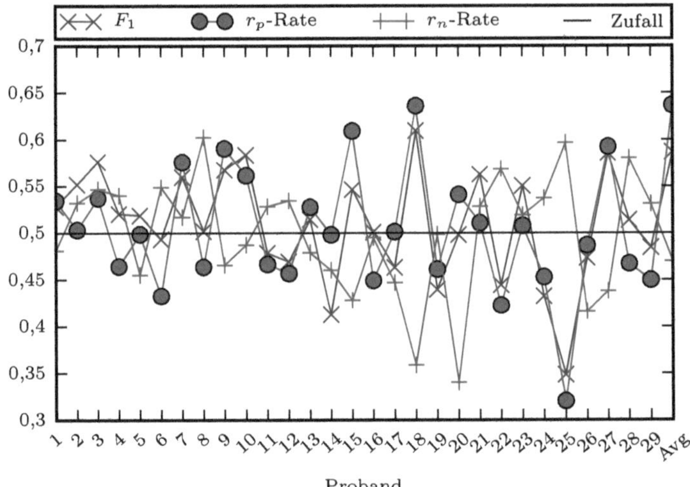

Abbildung 5.13: Erkennungsleistung der einstufigen Klassifikation [aus Wal+16, S. 97].

Die vollständige Ergebnistabelle A.44 befindet sich im Anhang. Neben F_1 sind auch die r_p-Rate und r_n-Rate eingezeichnet, die angeben, wie gut die einzelnen Klassen erkannt werden. Abbildung 5.13 verdeutlicht, dass die Klassifikationsleistungen der Modelle von Schwankungen um den Erwartungswert von 0,5 gekennzeichnet sind. Auffällig ist, dass bei vielen Datensätzen die Erkennung der einzelnen Klassen unterschiedlich gut ist. Besonders stark ist dies bei P_{18} und P_{25} ausgeprägt. Am besten ist die Erkennungsleistung ($F_1 > 0{,}6$) für P_3 und P_7. Bei diesen Datensätzen können beide Klassen ähnlich gut erkannt werden. Der letzte Datensatz mit den Mittelwerten hat einen hohen F_1-Wert und eine hohe r_p-Rate, aber einen schlechten Wert für r_n und kann somit nur die positive Klasse gut erkennen.

5.4.5 Zweistufige Klassifikation

In einem zweiten Experiment wird untersucht, wie gut die Klassifikationsleistung der CRDI-bewerteten Gespräche mit den Entscheidungsbaumverfahren der zweiten Stufe ist. Dazu werden zunächst die Instanzen der zweiten Modellstufe durch Klassifikation der einzelnen einsekündigen Segmente mit den Basismodellen der ersten Stufe erzeugt. Die Klasse wird wie für die einstufige Klassifikation nach Formel (5.4) errechnet. Das Geschlecht des Sprechers ist bekannt und wird als Attribut übernommen. Nach Abschluss der Transformationen können die Entscheidungsbäume der zweiten Stufe trainiert und analysiert werden. Die Resultate für die Erkennung der zweiten Stufe sind in Abbildung 5.14 verzeichnet. Details können Tabelle A.44 entommen werden. Es wird deutlich, dass der Schwankungsbereich zwischen r_p und r_n relativ groß ist. Tabelle 5.20 zeigt auszugsweise den Probanden mit der besten Erkennungsrate, den mit der schlechtesten

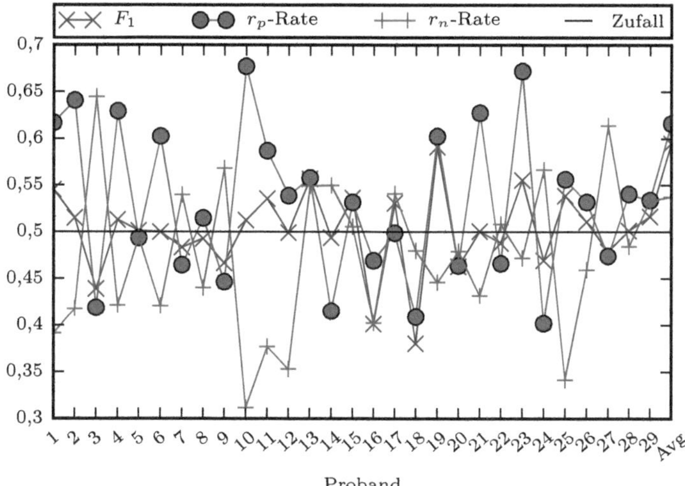

Abbildung 5.14: Erkennungsleistung der zweiten Stufe [aus Wal+16, S. 97].

und ein Beispiel für einen als durchschnittlich angesehenen Probanden. Die Bewertung von Proband P_{13} kann am besten prognostiziert werden. Hier werden beide Klassen mit jeweils ca. 55 % gut erkannt. Dies bestätigt sich bei P_{10}, wo mit 0,677 die höchste Erkennungsrate für eine einzelne Klasse erreicht wird, gleichzeitig aber mit 0,312 die andere Klasse sehr schlecht erkannt wird. Somit überschreitet der F_1-Wert mit 0,51 nur knapp 0,5. Die Erkennungsleistung für die Entscheidungen von Proband P_{16} ist für beide Klassen schlecht. Die besten Ergebnisse mit $F_1 = 0{,}59$ werden mit dem Datensatz *Avg* erzielt, der die Klassenzuordnung durch den Mittelwert aller Probanden bestimmt.

Tabelle 5.20: Erkennungsleistung der zweiten Stufe [aus Wal+16, S. 98].

Proband	F_1	ER	r_p-Rate	r_n-Rate	Anz. Regeln
P_{10}	0,5126	0,4638	0,6772	0,3115	23
P_{13}	0,5569	0,5534	0,5576	0,5491	30
P_{16}	0,4011	0,4295	0,4693	0,4022	51
P_{Avg}	0,5952	0,5771	0,6162	0,5372	22

Der zugehörige Entscheidungsbaum mit 22 Regeln ist in Abbildung 5.15 gezeigt. Die abgeleiteten Regeln, die Werte für Konfidenz und Support sowie die Anzahl der Instanzen (n) können Tabelle 5.21 entnommen werden. Die maximale Tiefe beträgt neun bei den Regeln 14 und 15. Aus der Betrachtung der Regeln ist ersichtlich, dass die meisten

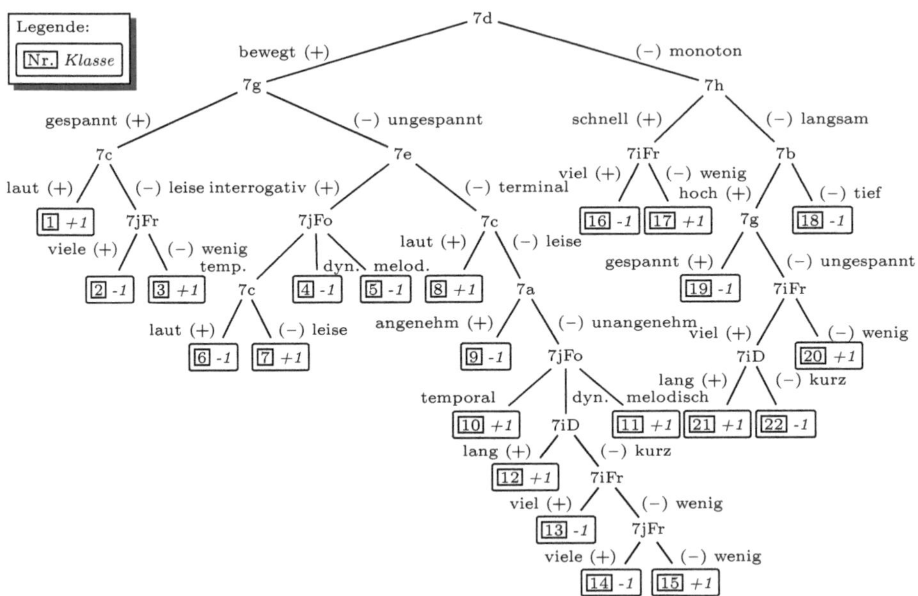

Abbildung 5.15: Entscheidungsbaum der zweiten Stufe für den Datensatz P_{Avg} [aus Wal+16, S. 99].

Regeln, aber insbesondere die mit großer Tiefe, für nur wenige Instanzen (< 5 %) gelten. Regel 18 gilt für 304 Instanzen (40 %) und kann davon 63,2 % korrekt erkennen:

$$r_{18} : 7d(-) \wedge 7h(-) \wedge 7b(-) \rightarrow -1.$$

Sie lässt sich wie folgt formulieren: „Monotoner Melodieverlauf und langsame Sprechgeschwindigkeit und tiefe Stimmlage führen zu negativer Bewertung (-1)". Die Experimente zeigen, dass die sekundengenaue Segmentierung trotz der Verwendung von statischen Klassifikationsalgorithmen eine quasi-kontinuierliche Prognose von Sprechwirkung ermöglicht. Obwohl sich die Bewertungen probandenspezifisch unterscheiden, wurde bei einem mittelwertbasierten Datensatz eine Erkennungsrate erzielt, die höher ist als der statistische Erwartungswert.

Tabelle 5.21: Regeln des Entscheidungsbaums für den Datensatz P_{Avg} (Abbildung 5.15).

Nr.	Regel	n	c	s
r_1	7d(+) ∧ 7g(+) ∧ 7c(+) → *+1*	65	0,769	0,086
r_2	7d(+) ∧ 7g(+) ∧ 7c(−) ∧ 7jFr(+) → *-1*	9	0,778	0,012
r_3	7d(+) ∧ 7g(+) ∧ 7c(−) ∧ 7jFr(−) → *+1*	5	0,800	0,007

Tabelle 5.21 – Fortsetzung

Nr.	Regel	n	c	s
r_4	7d(+) ∧ 7g(−) ∧ 7e(+) ∧ 7jFo(d) → *-1*	29	0,655	0,039
r_5	7d(+) ∧ 7g(−) ∧ 7e(+) ∧ 7jFo(m) → *-1*	0	0,000	0,000
r_6	7d(+) ∧ 7g(−) ∧ 7c(+) ∧ 7e(+) ∧ 7jFo(t) ∧ 7c(+) → *-1*	7	0,857	0,009
r_7	7d(+) ∧ 7g(−) ∧ 7c(−) ∧ 7e(+) ∧ 7jFo(t) ∧ 7c(−) → *+1*	13	0,769	0,017
r_8	7d(+) ∧ 7g(−) ∧ 7e(−) ∧ 7c(+) → *+1*	65	0,662	0,086
r_9	7d(+) ∧ 7g(−) ∧ 7e(−) ∧ 7c(−) ∧ 7a(+) → *-1*	3	1,000	0,004
r_{10}	7d(+) ∧ 7g(−) ∧ 7e(−) ∧ 7c(−) ∧ 7a(−) ∧ 7jFo(t) → *+1*	66	0,727	0,088
r_{11}	7d(+) ∧ 7g(−) ∧ 7e(−) ∧ 7c(−) ∧ 7a(−) ∧ 7jFo(m) → *+1*	0	0,000	0,000
r_{12}	7d(+) ∧ 7g(−) ∧ 7e(−) ∧ 7c(−) ∧ 7a(−) ∧ 7jFo(d) ∧ 7iD(+) → *+1*	14	0,643	0,019
r_{13}	7d(+) ∧ 7g(−) ∧ 7e(−) ∧ 7c(−) ∧ 7a(−) ∧ 7jFo(d) ∧ 7iD(−) ∧ 7iFr(+) → *-1*	39	0,564	0,052
r_{14}	7d(+) ∧ 7g(−) ∧ 7e(−) ∧ 7c(−) ∧ 7a(−) ∧ 7jFo(d) ∧ 7iD(−) ∧ 7iFr(−) ∧ 7jFr(+) → *-1*	8	0,750	0,011
r_{15}	7d(+) ∧ 7g(−) ∧ 7e(−) ∧ 7c(−) ∧ 7a(−) ∧ 7jFo(d) ∧ 7iD(−) ∧ 7iFr(−) ∧ 7jFr(−) → *+1*	29	0,586	0,039
r_{16}	7d(−) ∧ 7h(+) ∧ 7iFr(+) → *-1*	18	0,667	0,024
r_{17}	7d(−) ∧ 7h(+) ∧ 7iFr(−) → *+1*	46	0,630	0,061
r_{18}	7d(−) ∧ 7h(−) ∧ 7b(−) → *-1*	304	0,632	0,404
r_{19}	7d(−) ∧ 7h(−) ∧ 7b(+) ∧ 7g(+) → *-1*	2	1,000	0,003
r_{20}	7d(−) ∧ 7h(−) ∧ 7b(+) ∧ 7g(−) ∧ 7iFr(−) → *+1*	6	0,833	0,008
r_{21}	7d(−) ∧ 7h(−) ∧ 7b(+) ∧ 7g(−) ∧ 7iFr(+) ∧ 7iD(+) → *+1*	14	0,571	0,019
r_{22}	7d(−) ∧ 7h(−) ∧ 7b(+) ∧ 7g(−) ∧ 7iFr(+) ∧ 7iD(−)→ *-1*	10	0,700	0,013

5.5 Diskussion der Fallstudien

5.5.1 Zusammenfassung

In den Fallstudien wurde systematisch die Eignung des Klassifikationsframeworks für unbekannte Daten geprüft. Die symbolische Repräsentation ermöglicht neue Experimente, die auf den Variationen von drei Aspekten beruhen. Tabelle 5.22 zeigt die Einordnung der Fallstudien zu den Aspekten sowie zum Vergleich die Experimente aus Kapitel 4.4. Der erste Aspekt beschreibt, wie die symbolische Repräsentation des Sprechausdrucks erzeugt wurde. Da die Darstellung des Sprechausdrucks natürlichsprachig ist, kann die Klassifikation in der ersten Stufe auf verschiedene Arten erfolgen. Die in Kapitel 4.4 vorgestellten Klassifikationsmodelle der zweiten Stufe werden mit den maschinell durch das Framework erkannten Sprechausdrucksmerkmalen trainiert. Dieses entspricht dem in

Tabelle 5.22: Einordnung der Fallstudien.

	Symbolische Sprechausdrucksrepräsentation	Annotation der Klassen	Klassifikationsmodell der zweiten Stufe
Kapitel 4.4	durch Framework erzeugt	Expertenbewertung	aus Daten erlernt
Fallstudie I	Expertenbewertung	Expertenbewertung	aus Daten erlernt
Fallstudie II	durch Framework erzeugt	Expertenbewertung	Expertenregeln
Fallstudie III	durch Framework erzeugt	Mehrheitsentscheid	aus Daten erlernt
Fallstudie IV	durch Framework erzeugt	kontinuierliche Bewertung durch Laien	aus Daten erlernt

Abschnitt 4.1 entworfenem Grundkonzept. Die zweite variable Größe ist die Annotation der zu erlernenden Klassen. Wie in der Literaturrecherche deutlich wurde, werden bei paralinguistischen Merkmalen immer persönliche Eindrücke bewertet. Somit können die Klassen, d. h. deren Ausprägungen durch eine einzelne Expertenbewertung oder durch einen Mehrheitsentscheid festgelegt werden. Auch die Beurteilung durch Laien kann in eine erlernbare Klassifikation überführt werden.

Bei der initialen Realisierung des Frameworks werden die eingehend beschriebenen Annotationen der Experten erlernt. Die letzte Spalte gibt an, wie das Klassifikationsmodell der zweiten Stufe erstellt wurde. Auch hier ergeben sich durch die textuelle Darstellung verschiedene Möglichkeiten. Nach dem Grundkonzept der zweistufigen Klassifikation, das eine vollständige Automatisierung beinhaltet, werden die Klassifikationsmodelle der zweiten Stufe durch Entscheidungsbäume erlernt.

In Fallstudie I wurde geprüft, ob die erlernten Entscheidungsbäume aus Kapitel 4.4 die Entscheidungen von Experten nachvollziehen können. Um die Vergleichbarkeit der Ergebnisse sicherzustellen, wurden in der Fallstudie so wenig Faktoren wie möglich geändert. Die symbolische Repräsentation des Sprechausdrucks wurde durch Expertenentscheide erzeugt. In Fallstudie II wurde ein Szenario untersucht, das nur die erste Stufe des Frameworks verwendet und somit eine große Flexibilität ermöglicht. Die Daten mit dem symbolischen Sprechausdruck wurden aus Kapitel 4.4 übernommen, ebenso die zu prognostizierenden Klassenzuordnungen. Als Klassifikationsmodell kamen von Experten aufgestellte, einzelfallbasierte Regeln zum Einsatz. Bereits mit den getesteten Regeln wurde ohne Anpassung mehr als die Hälfte der Segmente korrekt erkannt.

Fallstudie III prüfte Forschungsfrage 6 nach der Universalität des Frameworks unter Verwendung eines externen Korpus, das nicht in bisherigen Experimenten verwendet wird. Wie in der Konzeption vorgestellt, wurde der Sprechausdruck in der ersten Stufe durch die vortrainierten Basismodelle erkannt. Die zu erkennende Klasse wurde aus dem externen

Korpus übernommen. Die Klassen beschreiben mit *sympathisch* und *unsympathisch* die Persönlichkeitsdimension Sympathie und wurden aus den Entscheidungen mehrerer Probanden ermittelt. In der zweiten Stufe wurden die Entscheidungsbäume mit der textuellen Repräsentation des Sprechausdruck trainiert. In Fallstudie III wurde weiterhin experimentell untersucht, wie die Vorteile der deklarativen Wissensrepräsentation in Entscheidungsregeln für die Verbesserung der Klassifikationsgüte des Systems genutzt werden können. Hauptmotivation der Fallstudie IV war die Untersuchung der zweistufigen Klassifikation von bisher unbekannten, unsegmentierten Gesprächsaufzeichnungen zur Prognose von Bewertungen von ungeschulten Hörern.

In Fallstudie IV wurden wie in Tabelle 5.22 dargestellt, ebenfalls die Ausprägungen des Sprechausdrucks und die Entscheidungsbäume der zweiten Stufe durch das Framework generiert. Die Experimente zu Fallstudie IV unterscheiden sich von den anderen durch zwei Charakteristika.Zum einen haben die Daten quasi-kontinuierliche Eigenschaften, zum anderen werden Laien ohne Vorgabe einer konkreten Bewertungsskala befragt. Daher wurde die Abbildung auf zweiwertige Skalierung über einen mittelwertbasierten Ansatz durchgeführt.

5.5.2 Bewertung der Ergebnisse

Die Bewertung der Fallstudien hat das Ziel, eine abschließende Antwort für die Forschungsfrage 6 zu geben. Wie im vorhergehenden Abschnitt erläutert, wurden die Fallstudien so konzipiert, dass mit Ihnen möglichst viele Einsatzszenarien untersucht werden können. Hierbei kommt der konzeptionelle Vorteil der zweistufigen gegenüber der konventionellen einstufigen Klassifikation zum Tragen. Die symbolische Repräsentation des Sprechausdrucks ermöglicht verschiedene Wege der Erstellung der Datensätze und der Klassifikationsmodelle. In der Auswertung von Fallstudie I konnte gezeigt werden, dass aufgrund der stark an die Arbeitsweise des Frameworks angelehnten Datenannotation gute Ergebnisse mit den vortrainierten Modellen in der zweiten Stufe erreicht werden können. Mit Hilfe des Experimentaufbaus konnten Unterschiede in den Hörgewohnheiten als mögliche Ursache für die von Experte zu Experte unterschiedlichen Erkennungsleistungen identifiziert werden. Auch dieses Ergebnis untermauert die Forderung nach hoher Flexibilität an das Framework. Gleichzeitig wurde ein weiterer Vorteil des Frameworks untersucht. Die explizite Darstellung der Regeln und Attribute erlaubt die Anpassung von Regeln. So konnte die Klassifikationsrate um 10 % gesteigert werden. Diese Verbesserung demonstriert die flexiblen Einsatzmöglichkeiten des Frameworks und unterstreicht die hohe Bedeutung der individuellen Wahrnehmung. In weiteren Untersuchungen können hieran angeschlossene Experimente durchgeführt werden.

Das Anwendungsszenario von Fallstudie II demonstriert den maximalen Grad der Freiheit bei der Arbeit mit dem Framework. Die als Klassifikationsmodell genutzten Entscheidungsregeln wurden von Experten ohne Berücksichtigung der Arbeitsweise des Frameworks erstellt, da sie vorrangig für die sprechwissenschaftliche Analyse verwendet wurden. Im Experiment konnten die 65 Regeln als probabilistisches Klassifikationsmodell dennoch eine mittlere Klassifikationsrate von mehr als 50 % erreichen. Die Ergebnisse des

Experiments können einen Ausgangspunkt für eine weitere Verbesserung und Analyse der Regeln mit Verfahren aus dem Gebiet der wissensbasierten Systeme darstellen. Erste Analysen werden als Teil der Weiterentwicklungspotentiale im nächsten Kapitel weiter ausgebaut. Die Möglichkeit, Expertenregeln als Klassifikationsmodell einzusetzen, verleiht dem System eine sehr hohe Anpassungsfähigkeit. Somit kann die Benutzerakzeptanz durch die umfangreichen Interaktionsmöglichkeiten und durch die Entscheidungstransparenz steigen, wenn die Trainer selbst ihre Regeln und Konzepte abbilden können.

In Fallstudie III wurde das Framework in beiden Stufen auf unbekannte Sprachdaten angewendet. Durch diese Fallstudie wurde die Generalisierungsfähigkeit durch die Verwendung eines dem System unbekannten Korpus getestet. Dies repräsentiert die größtmögliche Unabhängigkeit zwischen den Trainingsdaten für die Basisklassifikationsmodelle und den zu erkennenden Daten in der zweiten Stufe. Die Ergebnisse des ersten Experiments mit dem J48-Entscheidungsbaum erbringen nur durchschnittliche Resultate. Durch die modulare Konzeption ist es allerdings möglich, den Klassifikationsalgorithmus in der zweiten Stufe auszutauschen. Daraufhin wurde Random Forest eingesetzt und erbrachte belastbare Ergebnisse für die Klassifikation des Persönlichkeitsattributs Sympathie in der zweiten Stufe. Dies führt zum Schluss, dass für das Korpus die Kombination von kurzen Entscheidungsregeln besser geeignet ist. Weiterhin wurde bei der Literaturanalyse zur Fallstudie in Abschnitt 5.3.2 anhand von Schuller u. a. [Sch+15b] gezeigt, dass kombinierte Klassifikationsmodelle die Entscheidungsgüte erhöhen können. Daher kann für weitere Untersuchungen das Basismodell als Mehrheitsentscheid von mehreren einzelnen Modellen konstruiert werden. Hierfür bieten sich die in Kapitel 4.3.8 identifizierten Klassifikationsalgorithmen SMO, MLP und BN an.

Die Fallstudie IV stellt die maximale Variation des Grundkonzepts der zweistufigen Klassifikation dar. Die quasi-kontinuierliche Verarbeitung durch eine konstante Segmentierung ist vor allem im Bezug auf die spätere Anwendung im Live-Betrieb wichtig. Ein weiterer wichtiger Aspekt von Fallstudie IV ist die Wirkung bei ungeschulten Hörern. Sie wurde bisher in dieser Arbeit nicht betrachtet. Grundsätzliches Gesprächsziel ist es, das Anliegen des Kunden zu dessen Zufriedenheit zu lösen. Daher sollte der Agent bedacht sein, mit sprecherischen-stimmlichen und gesprächsgestalterischer Mitteln ein gutes Gespräch im Sinne des Kunden zu führen. Die Ergebnisse der Fallstudie IV müssen differenziert betrachtet werden. Die Experimente zeigen, dass die Nachbildung des Bewertungsverhaltens von Laien durch die Klassifikationsverfahren nur begrenzt möglich ist. Es fehlt vor allem an der Generalisierungsfähigkeit. Entscheidend hierfür ist vor allem der fehlende Konsens der Bewertungen bei den Probanden, wie in Abschnitt 5.4.2 erläutert wurde. Wenn die Probanden individuell betrachtet werden, ist zu erkennen, dass bei einigen die Bewertungen zuverlässig prognostiziert werden können.

Abschließend kann zur Bewertung der Fallstudien die Forschungsfrage 6 positiv beantwortet werden. Es wurde gezeigt, dass durch iterative Anpassung der Regeln eine Verbesserung der Klassifikationsleistung erreicht wird. In allen untersuchten Einsatzszenarien erzielten verschiedene Anpassungsverfahren eine gute Erkennungsleistung. Dies bestätigt die universelle Einsatzfähigkeit des Frameworks.

6 Diskussion der Forschungsergebnisse

In diesem Kapitel werden die erreichten Ergebnisse diskutiert und zusammengefasst. Zu Beginn in Kapitel 6.1 stehen Ideen zur Weiterentwicklung des Frameworks im Mittelpunkt. Zuerst wird dabei auf die Datenbasis eingegangen. Neben der bei den Experimenten verwendeten dichotomen und statischen Klasseneinteilung sind auch andere Verfahren denkbar, die kurz erläutert werden. Es werden Ideen und weitere Experimente beschrieben, durch die eine dynamische Klasseneinteilung erreicht werden kann, die sich positiv auf die Klassifikationsleistung auswirken kann. Ein weiterer Schwerpunkt ist die Weiterführung des in Fallstudie II untersuchten Ansatzes zur Wissensverarbeitung. Aufbauend auf den vorgestellten Entscheidungsbäumen werden verschiedene Konfidenzmaße untersucht. Aus der regelbasierten Klassifikation wird im Anschluss ein Expertensystem zur Gesprächsbewertung skizziert. Zudem werden weitere Forschungsfragen aufgezeigt, die in ihrem vollen Umfang in der vorliegenden Arbeit nicht betrachtet wurden und Gegenstand anschließender Projekte sein können. Als besonders vielversprechend erscheint der Einsatz der Fuzzy-Theorie. Hierbei wird durch die unscharfe Repräsentation der Bewertungskriterien eine bessere Abbildung der menschlichen Wahrnehmung erwartet. Diese Arbeit endet mit der Zusammenfassung und dem Ausblick.

6.1 Weiterentwicklung der zweistufigen Klassifikation

6.1.1 Verbesserung der Datenbasis

Die in dieser Arbeit verwendete binäre Klasseneinteilung wurde aufgrund der Analyse der relevanten Literatur, insbesondere der zur Emotionserkennung gewählt. Diese ist, wie gezeigt wurde, gut bei der Annotation zu erfassen und kann mit Klassifikationsverfahren gut reproduziert werden. Dennoch sind die Klassen willkürlich gewählt und stellen nur eine sehr grobe Annäherung der komplexen menschlichen Wahrnehmung dar. Daher erscheint es für weitere Arbeiten mit dem aktuell verwendeten Korpus sinnvoll, weitere Klasseneinteilungen zu prüfen und zu evaluieren, ob andere Transformationen der sechswertigen Skala bessere Erkennung ermöglichen. Zur wissenschaftlichen Fundierung muss zunächst aus der Literatur erarbeitet werden, wie viele Klassen benötigt werden und welche Erkennungsraten erreichbar sind. Die Analyse der relevanten Literatur in Kapitel 2.3 zeigt, dass besonders in der Emotionserkennung für eine realistische Klassifikation eine neutrale Sprechweise einbezogen wird. Aus diesem Grund sollte die Neueinteilung des Korpus unter Berücksichtigung einer dreiwertigen Klassifikation (*negativ – neutral – positiv*) geprüft werden. Wenn die Erweiterung des Korpus durch neue Gespräche nicht möglich ist, muss das vorhandene Datenmaterial auf die Nutzbarkeit als neutrale Klasse überprüft werden. Wenn mit den bereits annotierten Bewertungskriterien in der

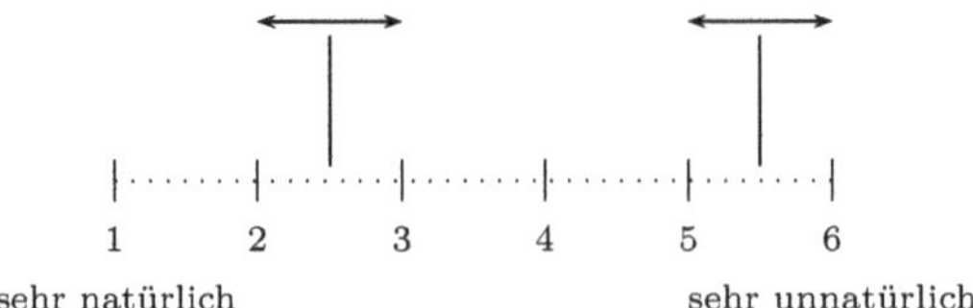

Abbildung 6.1: Gleitender Grenzwert zur Einteilung der Klassen.

bestehenden Skala weitergearbeitet wird, kann eine gleitende Grenze für die Abbildung auf die Klassen getestet werden. Diese soll Abbildung 6.1 verdeutlichen. Sie zeigt drei Klassen: *natürlich* mit den Bewertungen 1 und 2, *mittel* mit den Bewertungen 3–5 und *unnatürlich* mit der Bewertung 6. Für jedes Kriterium muss in Experimenten empirisch eine optimale Abbildung der Skala auf Klassen gefunden werden.

Eine generell zu untersuchende Fragestellung ist, ob die Repräsentation in diskreten Klassen eine gute Wiedergabe der menschlichen Wahrnehmung ist. In einigen Forschungsarbeiten wurden kontinuierliche Repräsentationen verwendet und diese mit Regressionsverfahren erkannt. Ziel ist es, für einen längeren Zeitabschnitt oder ein ganzes Gespräch, eine kontinuierliche Bewertung von Gesprächsqualität und Bewertungsfaktoren zu erhalten. Für unbekannte Gespräche werden die Bewertungen durch die Anwendung der trainierten Regressionsmodelle prognostiziert. Wie in Kapitel 5.4 dargestellt wurde, können mit den hier entwickelten Verfahren kontinuierlich bewertete Größen semi-dynamisch prognostiziert werden. Dies kann als Basis für die Entwicklung neuer Klassifikationsmodelle dienen, die über die Fähigkeiten der statischen Data-Mining-Verfahren hinausgehend, Verläufe einer Bewertungsgröße im Gespräch vorhersagen können.

Ein weiterer Forschungsansatz ist die phasenbezogene Erstellung der Modelle. Die bisherigen Untersuchungen der sprechwissenschaftlichen Grundlagen wurden auf einzelne Gesprächsphasen bezogen durchgeführt [Sac11, S. 156]. In weiteren Experimenten kann für alle Gesprächsphasen, die im aktuellen Korpus bereits annotiert sind, für jedes Merkmal ein Modell erstellt werden. Dann muss in statistischen Tests geprüft werden, ob sich die Modelle und ihre Klassifikationsresultate signifikant unterscheiden. Bei einer Unterscheidung der einzelnen Gesprächsphasen und getrennter Erkennung wird es notwendig sein, das Korpus zu erweitern.

Überarbeitung der Basisklassifikationsmodelle der ersten Stufe durch Clusterverfahren

Die Analyse der von den Expertenhörern vergebenen Klassen zeigt teilweise Widersprüche, da die Experten unterschiedlich bewerten. Dies ist der menschlichen Wahrnehmung inhärent und wurde in der Literatur oft behandelt [Bur+05]. Daher kann für eine Neueinteilung der Klassen ein datengetriebener Ansatz angewendet werden. Die dahinter liegende Grundidee ist folgende: Klassen werden durch einen Clusteralgorithmus aufgrund ihrer Ähnlichkeit in den Signalmerkmalen gebildet. Diese Klassifikation ist objektiv nachvollziehbar und beruht auf mathematischen Funktionen.

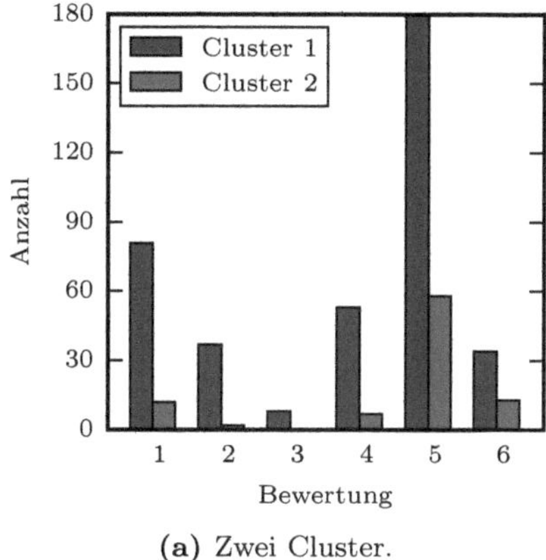

(a) Zwei Cluster.

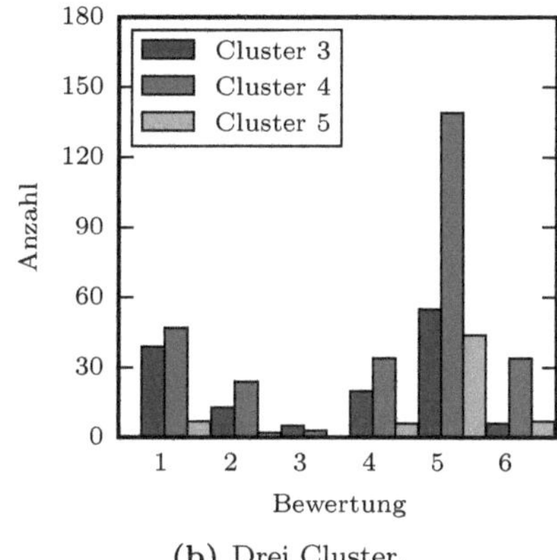

(b) Drei Cluster.

Abbildung 6.2: Zuordnung der ursprünglichen Bewertungen für Natürlichkeit zu Clustern.

Die Clusterung kann auch in ein Anwendungsszenario integriert werden. Die Ergebnisse der Arbeit haben gezeigt, dass sowohl die Korpuserstellung und die darauf aufbauende Klassifikation als auch die anschließende Anwendung der Modelle und ihre Evaluation kritische Prozesse sind, die von vielen Faktoren abhängen. Die Gegenüberstellung des ursprünglichen Korpus aus Kapitel 4.2 und der Neuannotation (Abschnitt 5.1.1) zeigt, dass Expertenurteile sehr divergieren können. Ein selbst lernendes System kann im Praxiseinsatz diesen Problemen entgegenwirken. Durch die Anwendung eines Clusteralgorithmus könnte bei der Erstellung eines anwendungsspezifischen Korpus viel Zeit eingespart werden, da nur wenige Stichproben je Cluster abgehört werden müssen, um ein Label für einen Cluster und alle darin enthaltenen Instanzen zu vergeben.

Dies wurde in einem Experiment überprüft. Dazu wurden die ursprünglichen Daten für Natürlichkeit (1a) mit dem Clusterverfahren K-Means auf Basis der 2106 Basismerkmale in zwei Cluster gruppiert und mit den ursprünglichen sechswertigen Klassen verglichen. Die Betrachtung der Cluster zeigt wie bei den Originaldaten stark ungleich belegte Klassen mit 393 Instanzen in *Cluster 1* und 92 in *Cluster 2*. Der Vergleich der Bewertungen der Experten zu den Clustern ist in Abbildung 6.2a ersichtlich. Es ist zu erkennen, dass eine Zuordnung der Cluster zu den erstellten Klassen *natürlich* und *unnatürlich* nicht ohne weitere Arbeiten möglich ist, da sowohl bei *Cluster 1* als auch bei *Cluster 2* die Mehrheit der Instanzen eine Bewertung von 5 haben und damit aus der Klasse *unnatürlich* stammen. Beide Cluster haben große Anteile an den Klassen *natürlich* und *unnatürlich*. So gehören beispielsweise 180 Instanzen der Bewertung 5 zum Cluster 1, aber ebenso ca. 80 Instanzen, die mit 1 bewertet wurden. Um diesen Widerspruch zu klären, muss die Clusterung dazu in einem weiteren Experiment durch Probehören untersucht werden. In Abbildung 6.2b sind die Gruppierungen für drei Cluster dargestellt. Auch hier ist ersichtlich, dass die Cluster nicht den ursprünglichen Bewertungen zugeordnet werden können, da auch hier alle Cluster sowohl positive als auch negative Instanzen beinhalten. Die Vermutung, dass die Einteilung in drei Cluster eine Gruppierung in *natürlich*, *neutral* und *unnatürlich* entspricht, kann mit der Analyse der Histogramme nicht bestätigt werden und muss intensiver untersucht werden, vor allem auditiv.

6.1.2 Wissensverarbeitung

Wie in Fallstudie II herausgestellt wurde, ist bei der Anwendung von Regeln eine Priorisierung der Entscheidungen wichtig. Nicht nur bei nutzergenerierten Regeln, sondern auch bei Random Forest muss zwischen Widersprüchen der Regeln abgewägt werden. Die in dieser Arbeit entwickelten Entscheidungsregeln unterscheiden sich durch die Transformation in die symbolische Notation von den allgemein in der Literatur behandelten. Diese ist durch die Verwendung von Klassifikationsverfahren mit einer Unsicherheit behaftet. In Abschnitt 4.5.3 wurde bereits untersucht, ob sich diese Eigenschaft auf das Training der Entscheidungsbäume auswirkt. Es wurde festgestellt, dass die interne Priorisierung der Merkmale durch den Lernalgorithmus von C4.5 bzw. J48 sich nicht in Zusammenhang mit der Erkennungsrate der einzelnen Merkmale bringen lässt.

Tabelle 6.1: Theoretische Konfidenz der Entscheidungskriterien für Kompetenz (1d).

(a) Theoretische Konfidenz der Kriterien G, 7h und 7jFr.

Kriterium (Klasse)	theoretische Konfidenz (c_t)
G(w)	1,0
G(m)	1,0
7h(−)	0,675
7h(+)	0,82
7jFr(−)	0,5
7jFr(+)	0,7

(b) Theoretische Konfidenz der Kriterien 7a, 7iA und 7iD.

Kriterium (Klasse)	theoretische Konfidenz (c_t)
7a(−)	0,541
7a(+)	0,764
7iA(−)	0,8
7iA(+)	0,9
7iD(−)	0,69
7iD(+)	0,825

In diesem Abschnitt werden daher die stochastischen Eigenschaften in Bezug auf die Wissensverarbeitung untersucht. Diese Betrachtung wird anhand der Konfidenzwerte durchgeführt. Die Konfidenzwerte wurden für das folgende Beispiel Kompetenz (1d) bereits in Abschnitt 4.4.4 bei der Vorstellung des Entscheidungsbaums analysiert. Diese berechnet sich aus den beim Lernen klassifizierten Instanzen und wird im folgenden als empirische Konfidenz c bezeichnet. Sie können den Tabellen 4.21 bzw. 6.4 in diesem Abschnitt entnommen werden. Durch die Unsicherheit der Klassifikation, die den Entscheidungen der Basismodelle inhärent ist, kann zusätzlich die theoretische Konfidenz c_t ermittelt werden, welche durch die Erkennungsrate der einzelnen Merkmale bestimmt wird. Die Regeln der Form $r: E_1 \wedge E_2 \wedge \ldots \wedge E_n \rightarrow$ Klasse k bestehen aus der Kombination der Bedingungen auf den Merkmalen. Somit muss die Gesamtheit der Unsicherheiten aller Merkmale betrachtet werden [Mel14, S. 86]. Als theoretische

Tabelle 6.4: Regeln des Entscheidungsbaums zweiter Stufe für Kompetenz (1d).

Nr.	Regel	c	c_t	c_{rel}
r_1	G(m) $\wedge$ 7h(−) $\rightarrow$ *inkompetent*	0,86	0,675	1,27
r_2	G(m) $\wedge$ 7h(+) $\wedge$ 7jFr(+) $\rightarrow$ *inkompetent*	0,67	0,7	0,96
r_3	G(m) $\wedge$ 7h(+) $\wedge$ 7jFr(−) $\rightarrow$ *kompetent*	1,00	0,5	2,00
r_4	G(w) $\wedge$ 7a(−) $\rightarrow$ *inkompetent*	0,91	0,541	1,68
r_5	G(w) $\wedge$ 7a(+) $\wedge$ 7iA(+) $\rightarrow$ *kompetent*	0,84	0,764	1,10
r_6	G(w) $\wedge$ 7a(+) $\wedge$ 7iA(−) $\wedge$ 7iD(+) $\rightarrow$ *inkompetent*	0,92	0,764	1,20
r_7	G(w) $\wedge$ 7a(+) $\wedge$ 7iA(−) $\wedge$ 7iD(−) $\rightarrow$ *kompetent*	0,65	0,69	0,94

Konfidenz des Merkmals wird die Erkennung je Klasse bei der Kreuzvalidierung verwendet. Diese wird durch die r_p-Rate bzw. r_n-Rate angegeben, die in den Auswertungen der Experimente bereits verzeichnet sind. Die entsprechenden Werte der Basismodelle können Tabelle 4.12 entnommen werden.

Tabelle 6.1 listet die theoretische Konfidenz für die sechs im Entscheidungsbaum für Kompetenz (1d) (Abbildung 4.19 auf Seite 168) verwendeten Kriterien auf. Für das Geschlecht wird 1,0 als theoretische Konfidenz angesetzt. Die Konfidenz der gesamten Regel berechnet sich aus der Verkettung der einzelnen theoretischen Konfidenzen der Bedingungen. Für Regeln in konjunktiver Form wird für die Verkettung der Minimum-Operator verwendet. Die Gesamtkonfidenz der Regel ist somit die minimale Konfidenz ihrer Teilbedingungen [Mel14, S. 86]. Somit ergeben sich die theoretischen Konfidenzen der Regeln wie folgt:

$$
\begin{aligned}
c_t(r_1) &= \min[c_t(G(\mathrm{m})); c_t(7h(-))] = \min[1{,}0; 0{,}675] && = 0{,}675\\
c_t(r_2) &= \min[c_t(G(\mathrm{m})); c_t(7h(+)); c_t(7jFr(+))] = \min[1{,}0; 0{,}82; 0{,}7] && = 0{,}700\\
c_t(r_3) &= \min[c_t(G(\mathrm{m})); c_t(7h(+)); c_t(7jFr(-))] = \min[1{,}0; 0{,}82; 0{,}5] && = 0{,}500\\
c_t(r_4) &= \min[c_t(G(\mathrm{w})); c_t(7a(-)] = \min[1{,}0; 0{,}541] && = 0{,}541\\
c_t(r_5) &= \min[c_t(G(\mathrm{w})); c_t(7a(+)); c_t(7iA(+))] = \min[1{,}0; 0{,}764; 0{,}9] && = 0{,}764\\
c_t(r_6) &= \min[c_t(G(\mathrm{w})); c_t(7a(+)); c_t(7iA(-)); c_t(7iD(+))]\\
&= \min[1{,}0; 0{,}764; 0{,}8; 0{,}825] && = 0{,}764\\
c_t(r_7) &= \min[c_t(G(\mathrm{w})); c_t(7a(+)); c_t(7iA(-)); c_t(7iD(-))]\\
&= \min[1{,}0; 0{,}764; 0{,}8; 0{,}69] && = 0{,}690
\end{aligned}
$$

Die Gleichungen erzeugen bedingt durch den Minimalwert eine Nivellierung der theoretischen Konfidenzen. Für die weitere Untersuchung wird die relative Konfidenz c_{rel} als Quotient aus empirischer und theoretischer Konfidenz berechnet: $c_{rel} = \frac{c}{c_t}$. Die Ergebnisse für den Entscheidungsbaum sind in Tabelle 6.4 verzeichnet. Der Vergleich der mit trainierten Daten ermittelten empirischen Konfidenz c und der theoretischen Konfidenz in Tabelle 6.4 zeigt, dass die empirische Konfidenz in den meisten Fällen höher

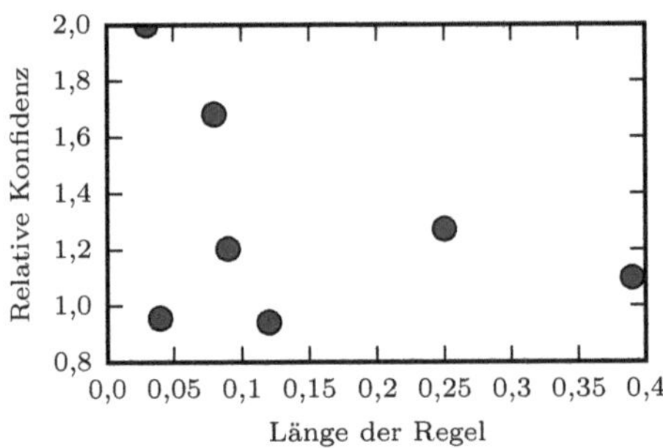

Abbildung 6.3: Länge der Regeln und relative Konfidenz.

ist. Bei den langen Regeln mit drei oder vier Bedingungen ist diese Beobachtung auf ihre Anpassung auf Einzelfälle zurückzuführen. Die relative Konfidenz in der letzten Spalte setzt die beiden Werte in Beziehung. Hier fällt vor allem der hohe Wert von 2,0 für Regel r_3 auf, welcher durch niedrige Konfidenz von 0,5 bewirkt wird. In Abbildung 6.3 ist die relative Konfidenz in Abhängigkeit von der Anzahl der Regeln abgetragen. Die Abbildung bestätigt mit Ausnahme von r_3, dass längere Regeln eine geringere relative Konfidenz besitzen.

Aufgrund des in Abschnitt 3.2.4 vorgestellten Trainingsalgorithmus für Entscheidungsbäume haben die extrahierten Regeln nur Konfidenzen, die größer als 0,5 sind. Bei der Klassifikation durch nutzergenerierte Regeln, wie in Fallstudie II thematisiert wurde, können Widersprüche entstehen, welche als negative Konfidenz abgebildet werden [Mel14, S. 86 f.]. Hierzu müssen weitere Experimente durchgeführt werden. Beispielsweise sollte untersucht werden, wie eine geeignete Priorisierung der Regeln erfolgen kann, die eine bestmögliche Erkennung sicherstellt. Aufgrund der dokumentierten Ergebnisse ist eine Erweiterung der wissensbasierten Entscheidungskomponente durch Propagierung der Unsicherheit, beispielsweise durch komplexe Sicherheitsfaktoren denkbar [Mel14]. Neben der Konfidenz können auch andere Maße zur Priorisierung der Regeln festgelegt werden. Dies sind z. B. die objektive und subjektive Interessantheit [Boe+09].

6.1.3 Expertensystem

Die Fallstudien im vorangegangenen Kapitel haben verdeutlicht, dass die Entscheidungsgüte in der zweiten Stufe gesteigert werden kann, wenn gezielt einzelne Regeln verändert werden. Dies führt zu Anforderungen an Systemeigenschaften wie Anpassbarkeit und Flexibilität, die nicht durch die aktuell angewendeten Mustererkennungsverfahren erreicht werden können. Diese Forderungen können durch ein Expertensystem zur Gesprächsbewertung realisiert werden, das im Folgenden skizziert wird. Expertensysteme sind intelligente Computerprogramme, die mittels Inferenzmechanismen Wissen verarbeiten. Sie besitzen die Fähigkeit, zu lernen und Wissen zu erklären [LRS06, S. 439]. Die Erklärungsfähigkeit teilt sich in die Aspekte Transparenz und Flexibilität. Transparenz bezieht

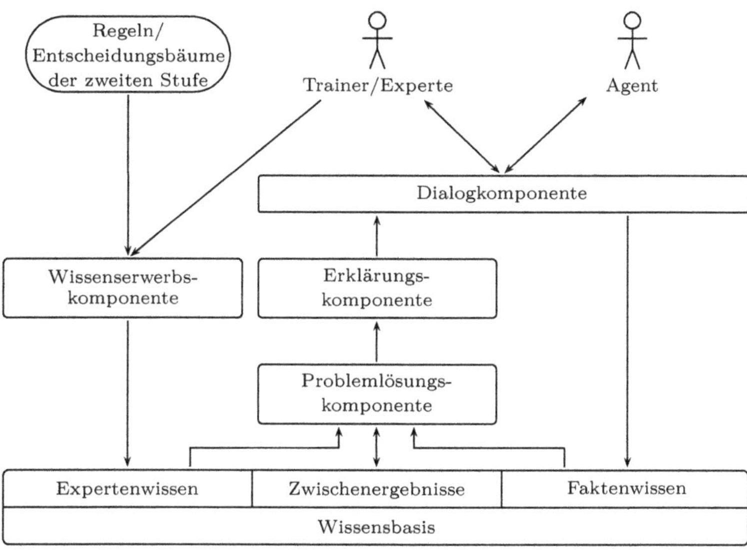

Abbildung 6.4: Komponenten eines Expertensystems zur Gesprächsqualitätsbewertung.

sich auf die Fähigkeit, den zugrunde liegenden Mechanismus der Entscheidungsfindung nachvollziehen zu können. Flexibilität ist die Fähigkeit des Systems, sich einer Vielzahl an Interaktionsformen anzupassen. Ziel ist es, vom reinen Dialog hin zur explorativen Interaktion mit dem System zu gelangen [Nak06, S. 123]. Die wichtigste Eigenschaft, Erklärungen für Klassifikationsentscheidungen geben zu können, wird bei Expertensystemen durch einen sogenannten Rule Trace unterstützt, der den Fortschritt der Abfrage anzeigt. Hierdurch kann das System mit dem Entscheidungsweg erklären, wie eine Klassifikation entstanden ist [Mer89, S. 36]. Die Erklärung ist an das darunterliegende Modell der Domäne gebunden und stellt strukturelles Wissen über die Anwendungsdomäne bereit.

Das Basiskonzept des Systems zeigt Abbildung 6.4. Es basiert auf dem allgemeinen Grundkomponenten eines Expertensystems [SH99, S. 446; Mer89, S. 1 f.]: Die Wissensbasis ist die Hauptkomponente eines Expertensystems. Sie enthält das Domänenwissen und wird für Schließen und die Problemlösung verwendet. Im vorgeschlagenen System wird das Wissen durch die erlernten Entscheidungsregeln und durch das in Regeln formulierte Wissen der Experten und Trainer repräsentiert. In der Problemlösungskomponente werden die Entscheidungsregeln durch den Regelinterpreter ausgeführt. Deren Funktionalität wird durch die Erklärungskomponente ergänzt. Diese beschreibt die zur Lösung des Problems vom System durchgeführten Inferenzschritte. Die Dialogkomponente ist die Schnittstelle zum Benutzer und dem Experten. Eine weitere Schnittstelle muss für den Trainer geschaffen werden. Sie muss neben der Feedbackfunktion eine Möglichkeit bieten, Regeln zu ändern, um das System an die Umgebungsbedingungen anzupassen. Eine weitere Interaktion mit dem System findet in der Wissenserwerbskomponente

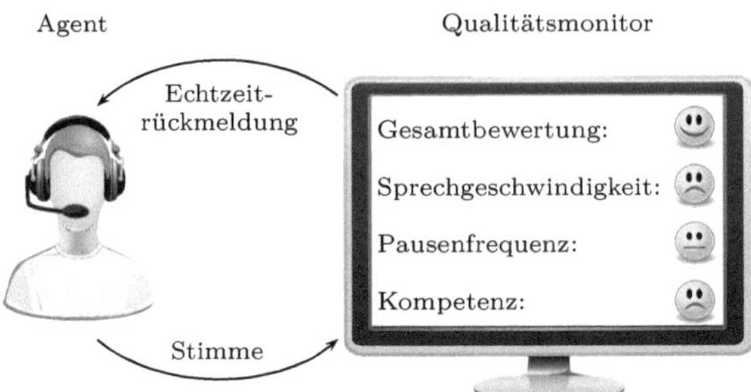

Abbildung 6.5: Systemvision eines aktiven Gesprächsmonitoring in Echtzeit [nach Wal+15, S. 29].

statt, da ihre Hauptfunktion die Überführung des Wissens von der Wissensquelle in die Wissensbasis ist.

Bei einer Anwendung lassen sich drei Nutzungsszenarien für das Expertensystem identifizieren. Das erste Szenario beschreibt die Initialisierung des Systems. Bevor es arbeiten kann, muss es mit Regeln gefüllt werden. Der initiale Regelsatz wird aus den Klassifikationsregeln der zweiten Stufe erzeugt, wie in Abbildung 6.4 ersichtlich. Die Regeln können mit allen in dieser Arbeit vorgestellten Verfahren erzeugt werden, z. B. mit Entscheidungsbaumverfahren oder mittels direkter Wissenseingabe durch Experten. Das zweite Einsatzszenario ist die Anpassung der Regeln an die spezifische Situation, vor allem an die Hörgewohnheiten des Trainers. Dies wird mit dem zweiten Akteur in der Rolle des Experten in Abbildung 6.4 verdeutlicht. In diesem Fall interagiert der Experte mit der Wissenserwerbskomponente. Über die Dialogkomponente muss dem Trainer die Möglichkeit gegeben werden, das System so zu konfigurieren, dass es nach seinen Hörgewohnheiten bewerten kann. Die Flexibilität des Systems wird durch die Schaffung von mehreren Nutzerschnittstellen für unterschiedliche Nutzergruppen erhöht [Nak06, S. 130].

Das dritte Nutzungsszenario ist der Live-Betrieb während eines Gesprächs. Der Einsatz von immer leistungsfähigerer Hardware und verbesserten Algorithmen erlaubt in zunehmendem Maße die Verarbeitung von Sprachdaten in Echtzeit. Hierzu muss der Agent ohne Verzögerung die Bewertung des aktuellen Gesprächs in einer ausreichenden Detailgenauigkeit zurückgespiegelt bekommen. Bei der Gesprächsbewertung im Live-Betrieb arbeitet der Agent mit der Dialogkomponente des Systems. Basierend auf der Echtzeitauswertung kann gezielt in kritischen Gesprächssituationen ein Trainer oder der Teamleiter zum Gespräch hinzugezogen werden. Abbildung 6.5 skizziert ein solches interaktives System zur Gesprächsbewertung anhand auditiver Merkmale als Echtzeitmonitoring für den Agenten. Das aufgezeichnete Sprachsignal wird von den einzelnen Klassifikationsmodellen bewertet. Durch die detaillierte Rückmeldung über den Sprechausdruck kann der Agent seine Sprechweise anpassen und die Gesamtbewertung bzw. die wahrgenommene Gesprächsqualität verbessern. Der Gesprächsmonitor auf der rechten Seite von Abbildung 6.5 zeigt exemplarisch zwei Kriterien des Sprechausdrucks sowie die Gesamtbewertung des Gesprächs und die wahrgenommene Kompetenz als Faktor der Gesprächsqualität. Zur einfachen Interpretation der Rückmeldung werden in der Darstellung Emoticons verwendet. Eine Bewertung über ein Ampelsystem ist ebenso denkbar wie eine tabellarische Darstellung der prognostizierten Werte. Anhand der Bewertung der Sprechausdrucksmerkmale erhält der Agent sofort konkrete Verbesserungsvorschläge. Die Regeln werden mit den zweistufigen Entscheidungsmodellen erzeugt und basieren auf dem Sprechausdruck. Für Abbildung 6.5 lässt sich einfach anhand der Symbolik die Regel erkennen, dass geringe Sprechgeschwindigkeit und zu viele Pausen zu wahrgenommener Inkompetenz führen. Daraus kann der Agent sofort Gegenmaßnahmen ableiten, welche die Kompetenzwirkung verbessern können.

6.1.4 Offene Forschungsfragen

Ein Weg zur Verbesserung der Klassifikationsleistung des Gesamtsystems ist die Weiterentwicklung der Klassifikationsmodelle und -regeln der zweiten Stufe. Dabei steht neben der Verbesserung der Erkennungsleistung auch die Erhöhung der Anpassungsfähigkeit durch unterschiedliche Arten der Regelerzeugung im Vordergrund. Der erste Ansatz zur Verbesserung der Modelle in der zweiten Stufe ist die Modifikation der Regelerzeugung. Der zweite Ansatz ist die Weiterentwicklung der regelbasierten Komponenten. Es können mehrere Wege zur Verbesserung von Entscheidungsbäumen in Betracht gezogen werden. Da die Attribute in der zweiten Stufe einer Unsicherheit unterliegen, muss die Untersuchung der Auswahlstrategie bei der Attributselektion betrachtet werden. Weiterhin kann das Pruning der Entscheidungsbäume untersucht werden. Es ist denkbar, dass ein Pruning unter Einbeziehung der Güte der Basismodelle bessere Bäume erzeugt. Neben den bekannten Heuristiken zur Konstruktion von Entscheidungsbäumen können zum Lernen von Bäumen auch evolutionäre Algorithmen verwendet werden. Diese eignen sich auch für Teilbäume und können für die beispielsweise in Abschnitt 5.3.4 gezeigten Anpassungen des Regelsatzes genutzt werden [Bar+12, S. 291].

Eine Erweiterung der interaktiven Klassifikation ist die vollständige Generierung von Entscheidungsbäumen durch Experten. Diese Methode wurde als Perception-based Classification (PBC) von Ankerst u. a. [Ank+99] vorgestellt und durch Ware u. a. [War+01] weiterentwickelt. Der Grundgedanke ist, hierbei die Splits bei der Konstruktion eines Entscheidungsbaums durch einen Experten manuell auswählen zu lassen. Dabei werden Visualisierungsformen der Daten so gewählt, dass sie die Klassenverteilung so abbildet, dass ein Experte Attribute und Splits auswählen kann [Ank+99, S. 393]. Die mit PBC erzeugten Entscheidungsbäume erzielten im Vergleich zu den durch Standardlernalgorithmen trainierten Bäumen gleichwertige Ergebnisse bei geringerer Größe der Bäume [Ank+99, S. 395].

Einbeziehung von Modellen der Sprachperzeption

Die in dieser Arbeit entwickelten Modelle sind in erster Linie durch ihren Einsatz in bestehenden Anwendungen aus dem Bereich der Mustererkennung motiviert. Um die Erkennungsfähigkeiten zu steigern, können auf die Informations- bzw. Sprachwahrnehmung ausgerichtete Erklärungsmodelle auf ihre Eignung zur Verfeinerung der Modelle der zweiten Stufe untersucht werden. Allgemein betrachtet kann die Erfassung und Verarbeitung von Informationen und Sprache im Gehirn als Reaktion einer Person auf eine Äußerung in einer mathematische Funktion definiert werden [Kre+91, S. 77]. Das einfache lineare Modell geht auf Zahn [Zah73] zurück: $R = a + b_1x_1 + b_2x_2$. Die Reaktion des Hörers ist hierbei R. Die Variablen x_1 und x_2 bezeichnen die linguale bzw. nicht-linguale Komponente der Information. Die Faktoren b_1 und b_2 sind Gewichte. Erweiterungen der Modelle zu quadratischen oder logarithmischen Abhängigkeiten sind möglich [Kre+91, S. 77 f.]. In der Sprechwirkungsforschung ist es mit diesen Modellen möglich, Aussagen zur Redundanz von Merkmalskomplexen beim Zusammenwirken von Sprechausdruck und sprachlicher Formulierung zu erhalten [Kre+91, S. 78]. Wenn die Gültigkeit der linearen Informationsverarbeitung bei der hier untersuchten Klassifikation der Persönlichkeitswahrnehmung angenommen wird, so kann R als Bewertung einer Persönlichkeitseigenschaft des Sprechers und die x_n als nichtlinguale Komponenten in Form von Sprechausdrucksmerkmalen betrachtet werden. Somit kann das regelbasierte Klassifikationsmodell der zweiten Stufe durch ein Regressionsmodell ersetzt werden.

In Abschnitt 2.5.1 wurde auf die Arbeit von Scherer [Sch78] hingewiesen, in der Zusammenhänge zwischen sprecherisch-stimmlichen Merkmalen und distalen Indikatoren im Linsenmodell ermittelt werden. Es werden Hinweise auf die Generalisierungsfähigkeit von Wirkungszusammenhängen und die Ableitung von allgemeingültigen Regeln gegeben. Die Anwendbarkeit des Brunswick'schen Linsenmodells für Arbeiten in der automatischen Erkennung von Sprecher- und Persönlichkeitseigenschaften wurde bereits von anderen Autoren erkannt [VM14, S. 277]. Weitergehende Forschung in diesem Bereich kann neue (funktionale) Zusammenhänge aufdecken, die sich eventuell direkt in Klassifikationsmodellen abbilden lassen. Ob es solche Regeln gibt und diese formalisiert im Kontext der Gesprächsbewertung als Klassifikationsregeln verwendet werden können, muss noch geklärt werden. Nach Prüfung von allgemein anwendbaren Beziehungen könnten diese unter Berücksichtigung der situationsspezifischen Charakteristika als Regeln zweiter Stufe in das Klassifikationssystem integriert werden. Da, wie in Kapitel 2 dargelegt, eindeutige Ursache-Wirkungsbeziehungen zwischen Prosodie und wahrgenommenen Eigenschaften auf hohem Abstraktionsniveau sehr schwierig zu identifizieren sind, kann versucht werden, an kleineren Segmenten derartige Beziehungen zu nutzen. Hierzu bieten sich Interjektionen an. Im Deutschen ist für die Kommunikation und Dialoggestaltung besonders das Partikel „hm“ relevant [Ehl86, S. 31 ff.]. Wegen der kommunikativen Funktion werden diese Interjektionen auch als Diskurspartikel bezeichnet [Sch01, S. 17]. Es können unterschiedliche Funktionen von „hm“ identifiziert werden, die anhand der Intonation kenntlich gemacht werden [Ehl86, S. 36 f.]. Schmidt [Sch01, S. 17] definiert acht Funktionen und ordnet ihnen idealisierte Grundfrequenzverläufe zu. Beispielsweise kann „hm“ als Bestätigung durch steigende Melodie ausgedrückt werden, während Grundfrequenz in einem ablehnendem „hm“ abfällt. Aufgrund der großen Bedeutung im Dialog liegt es nahe, die Erkennung der Interjektionen und deren Funktion als Element der Dialogqualität automatisch zu erkennen [Sch01, S. 25]. Die eindeutige Zuordnung der Funktion des Partikels zu prosodischen Merkmalen, d. h. den charakteristischen Melodieverläufen, kann zu deren automatischer Erkennung dienen. Für isolierte Diskurspartikeln reicht allein die Auswertung des F_0-Verlaufs zur Klassifikation aus [LSW15, S. 174 f.]. Bei nicht isolierten Diskurspartikeln in Mensch-zu-Mensch-Interaktionen müssen die Verfahren erweitert werden [LSW16]. Für die hier entwickelten Modelle kann die Erkennung von Diskurspartikeln als ergänzender Indikator der Gesprächsqualität angesehen werden. Hierzu muss noch geprüft werden, wie sich mögliche Partikel im kontinuierlichen Sprachstrom identifizieren lassen. Denkbar wären eine geeignete Segmentierungsstrategie oder die Nutzung eines Spracherkennungssystems, das nichtsprachliche Äußerungen filtert und an das Subsystem zur Diskurspartikelerkennung weiterleitet.

Einsatz der Fuzzy-Theorie

Ein weiterer vielversprechender Ansatz zur Verbesserung der Erkennungsleistung im zweistufigen System ist die Fuzzy-Theorie, die von Zadeh [Zad65] begründet wurde. Grundidee der Fuzzy-Theorie ist es, verbal beschriebene Größen in berechenbare scharfe Werte zu transformieren [LRS06, S. 442]. In der Sprachverarbeitung werden Fuzzy-Systeme wenig eingesetzt. Als Einsatzgebiete wurden Sprach- und Sprechererkennung sowie Sprachsynthese identifiziert [Teo15, S. 585 ff.]. Bei der Analyse paralinguistischer Merkmale gibt es wenige Arbeiten zur automatischen Emotionserkennung mit Fuzzy-Systemen [BH14; Aus+05; EKK05; LN03]. Die Wahrnehmungsprozesse, bzw. deren Beschreibung in verschiedenen Kategorien, die Gegenstand der vorliegenden Arbeit sind, unterliegen einer intrinsischen Unbestimmtheit. Dies lässt sich auch daran erkennen, dass, wie in Kapitel 2 dargelegt wurde, die Zuordnungen zwischen auditiver Wahrnehmung und phonetisch messbaren Größen nicht eindeutig sind. Weiterhin ist, abgesehen von der Wahrnehmung, bereits die sprachliche Beschreibung und Kategorisierung mit Unschärfe behaftet [Zad12, S. 19 f.]. Somit liegt es nahe, die Annotationsskala als unscharfe Werte anzusehen, die Abbildung 6.6 veranschaulicht.

Jedes Bewertungskriterium des Katalogs kann als linguistische Variable angesehen

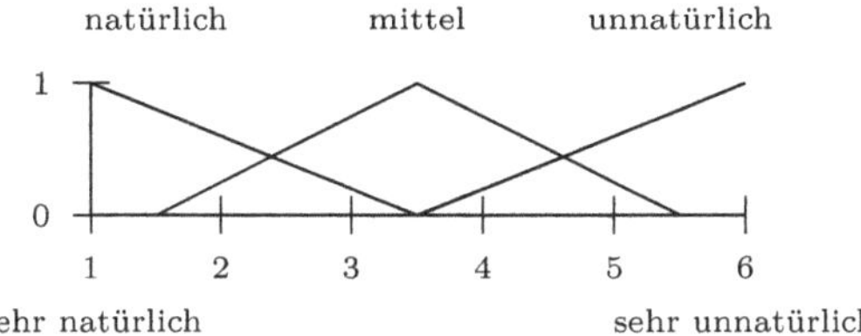

Abbildung 6.6: Bewertung in Fuzzy-Darstellung am Beispiel von Natürlichkeit.

werden. Diese werden in ihren Ausprägungen durch Zugehörigkeitsfunktionen beschrieben [Rom94, S. 66 f.]. Abbildung 6.6 stellt drei beispielhafte Zugehörigkeitsfunktionen für die Ausprägungen *natürlich*, *mittel* und *unnatürlich* der linguistischen Variablen Natürlichkeit dar. Der Vorteil der Fuzzy-Darstellung der Skala zeigt sich bei der Transformation der einzelnen Bewertungen. Während sich die starken Ausprägungen 1 und 6 am Rand der Skala nicht ändern, werden alle anderen Werte auf zwei Ausprägungen abgebildet. Für die Bewertung 3 kann der Abbildung eine Zugehörigkeit von ca. 0,3 zu *natürlich* sowie zu ca. 0,7 zu *mittel* abgelesen werden. Die Weiterverarbeitung in einem Regelsystem der zweiten Stufe kann in einem Fuzzy-Regler erfolgen [Kru+15, S. 347]. Durch die Anwendung der Fuzzy-Inferenz können Regeln, die den im Hauptteil der Arbeit vorgestellten ähneln, auf linguistische Eingaben angewendet werden [Zad02, S. 317 ff.].

6.2 Fazit

6.2.1 Zusammenfassung

In der vorliegenden Arbeit wurde ein zweistufiges Klassifikationsframework entwickelt, das mittels multipler Lernverfahren paralinguistische Merkmale erkennen kann. Aufgabe des Systems ist es, in der zweiten Stufe qualitätsinduzierende Kriterien bei Callcentergesprächen mit erklärungsfähigen Regeln zu prognostizieren. Die Forschungsmethodik wurde nach dem Design-Science-Prinzip aufgebaut. Zentrales Artefakt ist das Framework, das in einem iterativen Prozess entwickelt und evaluiert wurde. Zur Eingrenzung des Themas und zur Festlegung der Ziele wurden sechs Forschungsfragen aufgestellt, an denen sich der Aufbau der Arbeit orientiert. Im ersten Kapitel wurde zunächst in die Problemstellung eingeführt. Anhand von Ergebnissen der sprechwissenschaftlichen Untersuchung wurde der aktuelle Status quo der Qualititätsmessung in Callcentern dargelegt. Es wurde konstatiert, dass aktuell der Qualitätsbegriff im Callcenter nicht wissenschaftlich fundiert ist. Besonders die Gesprächsqualität, die zentral für die Außenwirkung der Branche steht, kann nicht objektiv beurteilt werden. Der daraus abgeleitete Forschungsbedarf bildet mit aktuellen Erkenntnissen der sprechwissenschaftlichen Forschung die Basis für die in der Arbeit entwickelte Idee der zweistufigen Klassifikation, die in Kapitel 1.3.1 präsentiert wurde. Schwerpunkt des Kapitels 2 war der Stand der Forschung in der Erkennung paralinguistischer Merkmale. Anhand der gut erforschten automatischen Emotionserkennung wurden wichtige Aspekte der Klassifikation und Methodik vorgestellt. Die abschließende Diskussion griff die identifizierten Defizite aktueller Arbeiten auf und bot Referenzwerte zur Einschätzung der Ergebnisse dieser Arbeit. Sowohl das zweistufige Konzept als auch das Unterziel der bestmöglichen Erkennung der Sprechausdrucksmerkmale bedingen eine intensive wissenschaftliche Auseinandersetzung mit den grundlegenden Konzepten sowie zu Kombination und Auswahl multipler Lernverfahren. Diese methodische Einordnung erfolgte in Kapitel 3. Nach der Vorstellung des CRISP-Vorgehensmodells für Data-Mining wurden neun Klassifikationsverfahren beschrieben, die bei der Literaturanalyse als gut geeignet für die Erkennung paralinguistischer Merkmale bewertet wurden. Den Abschluss von Kapitel 3 bildet die Diskussion von Verfahren zur quantitativen und qualitativen Bewertung und Auswahl multipler Klassifikationsalgorithmen. Daraus wurde in Kapitel 3.5 ein statistisch begründetes Verfahren zur Auswahl der Basisklassifikationsmodelle abgeleitet.

Ausgehend von der thematischen Motivation und der Darstellung fachlicher sowie methodischer Grundlagen wurde in Kapitel 4 das zentrale Konzept des zweistufigen Klassifikationsframeworks erarbeitet und die Implementierung beschrieben. Zunächst wurde dazu das Korpus erläutert, das für die sprechwissenschaftliche Forschung erstellt wurde und die Datengrundlage für die Experimente bildete. Anschließend wurden Konzept, Aufbau und Datenstruktur des Frameworks erläutert. Ausgehend vom theoretischen Wahrnehmungsmodell wurde der zweistufige Ansatz begründet. In einer Vorstudie wurden mit konventionellen einstufigen Modellen Referenzwerte für die Evaluation des Frameworks ermittelt. Es konnten dabei F_1-Werte von 0,54 bis 0,79 erreicht werden. Diese Ergebnisse liegen im Bereich von vergleichbaren Studien. Anschließend wurden die Basismodelle der ersten Stufe für den Sprechausdruck vorgestellt und ausführlich analysiert. Die erzielten Erkennungsleistungen (F_1) von 0,6 bis 0,97 bestätigen die Vermutung, dass sich der Sprechausdruck gut anhand von Signalmerkmalen erkennen lässt. Als zentrales Erkenntnisziel dieser Arbeit wurden in Kapitel 4.4 die auf den Entscheidungen der ersten Stufe basierenden Modelle der zweiten Stufe vorgestellt. Hierbei wurden die in der zweiten Stufe trainierten Entscheidungsbäume detailliert anhand der abgeleiteten Regeln analysiert. Es konnte gezeigt werden, dass das Kriterium Kompetenz am besten erkannt werden kann und der trainierte Entscheidungsbaum kompakt ist. Demgegenüber steht das Kriterium Kooperativität, das am schlechtesten erkannt werden konnte und durch einen komplexen Entscheidungsbaum repräsentiert wird. Den Abschluss zu Kapitel 4 bildeten Experimente zur Validierung des mehrstufigen Vorgehens. Im ersten Experiment wurden die Erkennungsleistungen beider Stufen gegenübergestellt. Es konnte statistisch abgesichert werden, dass vier der sechs Kriterien der Gesprächsqualität mit dem Entscheidungsbaum der zweiten Stufe nicht schlechter erkannt werden als mit dem vergleichbaren konventionellen einstufigen Modell. In einem weiteren Test zur Validierung wurde der wichtige Schritt der Wahl der Basismodelle geprüft. Es wurde anhand des Datensatzes für Kompetenz experimentell belegt, dass bessere Basismodelle für Sprechausdruck auch zu besseren Entscheidungen in der zweiten Stufe führen.

In Kapitel 5 wurde die Validierung des Frameworks mit Hinblick auf die Verwendung von verschiedenen Datenquellen durchgeführt. Mit der ersten Fallstudie konnte anhand eines neu annotierten Teilkorpus herausgestellt werden, dass Expertenentscheidungen personell differenziert vom Framework prognostiziert werden können. Durch die zweite Fallstudie wurde ein weiteres Einsatzszenario überprüft. Es wurde getestet, ob das Framework ohne Training der zweiten Stufe eingesetzt werden kann. Dazu wurden von Experten anhand von Einzelfällen aufgestellte Regeln als probabilistischer Klassifikator auf Gesprächsausschnitte angewendet, die mit den Sprechausdrucksmodellen klassifiziert wurden. Die Fallstudie zeigt, dass die Regelbasis aus Expertenwissen im Mittel eine Klassifikationsgüte von mehr als 50 % erreicht. Die dritte Fallstudie prüfte die Gültigkeit des Frameworks bei Audiodaten aus fremden Quellen und die Erkennung von anderen

Kriterien, die nicht im Korpus auftreten. Für die Fallstudie wurde ein frei verfügbares Korpus verwendet, das in der Kategorie Sympathie gelabelt ist. Mit dem Framework wurden bei diesen unbekannten Daten Erkennungsraten erreicht, die mit Referenzwerten der aktuellen Forschung vergleichbar sind. Weiterhin wurden Strategien erörtert, mit denen die erzeugten Regeln angepasst und die Erkennung verbessert werden kann. Die vierte und letzte Fallstudie adressierte das Problem der automatischen Segmentierung. Sie demonstriert, wie das Framework personenindividuell anhand von zeitsegementierten Daten Gesprächsbewertungen prognostizieren kann.

6.2.2 Ausblick

Der in der vorliegenden Arbeit entwickelte Ansatz zur zweistufigen Klassifikation von Kriterien der Gesprächsqualität eröffnet durch transparente und erklärungsfähige Bewertungen der Gesprächsqualitätsfaktoren vollständig neue Perspektiven des Qualitätsmanagements bei Dienstleistern der professionellen Telekommunikation. Die Introspektierbarkeit schafft große Nutzenpotentiale für alle Prozessbeteiligten im Callcenter. Aktuell herrscht auf dem Markt ein großer Kostendruck. Dieser wirkt sich gemeinsam mit wachsendem Gesprächsaufkommen und überkommenen Trainingskonzepten negativ auf die Leistungsfähigkeit der Agenten aus. Das in dieser Arbeit entworfene Expertensystem zur Gesprächsbewertung kann dem entgegenwirken und in Zukunft Agenten und Trainer unterstützen. Grundgedanke des Systems ist es, dass die rhetorischen und phonetischen Merkmale der Gesprächsführung in positiver und negativer Ausprägung in Echtzeit erkannt werden. Im Zusammenwirken mit innovativen Trainingskonzepten, die auf sprechwissenschaftlichen Forschungsergebnissen beruhen, kann gesamtheitlich eine gleichbleibend hohe Gesprächsqualität erreicht werden. Mit einem derartigen System können die Callcenter zukünftig objektiv die Qualität ihrer Dienstleistung nach außen für Auftraggeber dokumentieren und dadurch ihre Wettbewerbsvorteile stärken. Die Auftraggeber können bereits bei der Vergabe aktiv hohe Standards der Gesprächsqualität einfordern und prüfen. Dies kann den Callcentern neue strategische Potentiale des Qualitätsmanagements erschließen. In erster Linie kann jedoch das operative Qualitätsmanagement vom Praxiseinsatz des zweistufigen Klassifikationsframeworks profitieren. Die Trainer und Teamleiter können durch ein automatisches System von der monotonen Arbeit des Abhörens der Gespräche entlastet werden. Damit wird ein effizienteres Coaching der Agenten ermöglicht. Durch die Entlastung haben die Trainer mehr Zeit, intensiver und individueller die sprecherischen und rhetorischen Fähigkeiten der Agenten zu analysieren. Mit automatischen Langzeitanalysen kann der Agent gezielt in seiner persönlichen Entwicklung gefördert werden. Ungeachtet der vielfältigen Verbesserungspotentiale, die für den Praxiseinsatz des zweistufigen Klassifikationsframeworks aufgezeigt wurden, liefert bereits der aktuelle Entwicklungsstand der Callcenterforschung wichtige Impulse für das angestrebte Ziel der branchenweiten Vergleichbarkeit und Objektivität. Alle Partner des Forschungsprojekts erhoffen sich durch die Einführung und Kommunikation der Gesprächsqualitätsfaktoren eine Standardisierung der quantitativen Gesprächsbewertung. Zukünftige Forschungsarbeit konzentriert sich auf die bereits dargelegten Weiterentwicklungspotentiale und die Klärung der offenen Forschungsfragen.

Die aufgezeigten Potentiale lassen sich mit den implementierten Modellen und der Skriptunterstützung jedoch nicht vollständig realisieren. Ein praktisch einsetzbarer Prototyp erfordert daher weitere Arbeiten. Bei der Weiterentwicklung zur Einsatzreife müssen umfangreiche Tests und Validierungen durchgeführt werden. Hauptaugenmerk sollte dabei auf den Klassifikationsmodellen für Sprechausdruck liegen, da bei diesen großes Verbesserungspotential gesehen wird. Zur Unterstützung der Tests muss auch die Benutzbarkeit der aktuellen Implementierung verbessert werden. Aktuell müssen alle Trainings- und Auswertungsskripte in der korrekten Reihenfolge per Hand gestartet werden. Außerdem müssen teilweise Daten transformiert werden. Der Praxiseinsatz erfordert eine Reimplementierung des Frameworks. Dazu muss eine geeignete Architektur gewählt werden, welche die geforderte Flexibilität des Systems sicherstellt. Hierzu bietet sich eine Dekomposition in vier Komponenten an, die durch geeignete Schnittstellen verbunden werden. Die Hauptkomponenten sind Merkmalsextraktion, Klassifikationsmodelle der ersten Stufe und zweiten Stufe sowie die grafische Oberfläche. Bei der Merkmalsextraktion sollten die bereits in openSMILE vorhandenen Funktionalitäten unterstützt werden. Ein Beispiel hierfür ist die Merkmalsextraktion in Echtzeit. Diese Funktionalität ist sehr wichtig für die Analyse laufender Gespräche. Ein Szenario wie in Fallstudie IV könnte somit besser umgesetzt werden. Durch die Modularisierung können die jeweiligen Komponenten der beiden Klassifikationsstufen gemäß der Forderung flexibel und austauschbar gestaltet werden. Die Darstellungskomponente soll an die zweite Stufe gekoppelt sein und die Klassifikationsentscheidungen visualisieren. Dies kann die in Abschnitt 6.1.3 beschriebene Bewertung mit einer Ampelsymbolik oder auch eine Repräsentation der zur Klassifikation verwendeten Pfade im Baum bzw. Regeln sein. Eine komponentenbasierte Implementierung bietet die Basis für die weitere Umsetzung des skizzierten interaktiven Expertensystems. Die in der vorliegenden Arbeit beschriebenen Experimente und Fallstudien konnten bestätigen, dass das Framework in der Lage ist, neue und unbekannte Daten zu erkennen. Es ist daher sowohl von der Entscheidungsgüte als auch von der Konzeption für einen Praxiseinsatz geeignet.

Literaturverzeichnis

[AB14] S. Alexanderson und J. Beskow: „Animated Lombard speech: Motion capture, facial animation and visual intelligibility of speech produced in adverse conditions“. In: *Computer Speech & Language* 28.2 (2014), S. 607–618.

[AC14] A. Ahlemeyer-Stubbe und S. Coleman: *A Practical Guide to Data Mining for Business and Industry.* Chichester: John Wiley & Sons, 2014.

[AD12] Y. Attabi und P. Dumouchel: „Anchor Models and WCCN Normalization For Speaker Trait Classification“. In: *INTERSPEECH 2012.* ISCA, 2012, S. 522–525.

[Agg14] C. C. Aggarwal: *Data classification: algorithms and applications.* Hrsg. von V. Kumar. Data Mining and Knowledge Discovery Series. Boca Raton: CRC Press, 2014.

[Alp10] E. Alpaydin: *Introduction to machine learning.* 2. Aufl. Cambridge, London: MIT Press, 2010.

[AMB04] J. Ajmera, I. McCowan und H. Bourlard: „Robust speaker change detection“. In: *Signal Processing Letters, IEEE* 11.8 (2004), S. 649–651.

[AMR11] E. M. Albornoz, D. H. Milone und H. L. Rufiner: „Spoken emotion recognition using hierarchical classifiers“. In: *Computer Speech & Language* 25.3 (2011), S. 556–570.

[AN07] J. B. Asendorpf und F. J. Neyer: *Psychologie der Persönlichkeit.* 4. Aufl. Heidelberg: Springer, 2007.

[AN95] A. Aamodt und M. Nygård: „Different roles and mutual dependencies of data, information, and knowledge—an AI perspective on their integration“. In: *Data & Knowledge Engineering* 16.3 (1995), S. 191–222.

[And88] J. R. Anderson: „The expert module“. In: *Foundations of intelligent tutoring systems.* Hrsg. von M. C. Polson und J. J. Richardson. Hillsdale: Erlbaum, 1988, S. 21–53.

[Ank+99] M. Ankerst, C. Elsen, M. Ester und H.-P. Kriegel: „Visual classification: an interactive approach to decision tree construction“. In: *Proceedings of the fifth ACM SIGKDD international conference on Knowledge Discovery and Data Mining.* ACM. 1999, S. 392–396.

[Anu+12] G. K. Anumanchipalli, H. Meinedo, M. Bugalho, I. Trancoso, L. C. Oliveira und A. W. Black: „Text-dependent pathological voice detection“. In: *INTERSPEECH 2012*. ISCA, 2012, S. 530–533.

[AR92] N. Ambady und R. Rosenthal: „Thin slices of expressive behavior as predictors of interpersonal consequences: A meta-analysis.“ In: *Psychological bulletin* 111.2 (1992), S. 256.

[AS09] M. N. Anyanwu und S. G. Shiva: „Comparative Analysis of Serial Decision Tree Classification Algorithms“. In: *International Journal of Computer Science and Security* 3.3 (2009), S. 230–239.

[Aud+12] K. Audhkhasi, A. Metallinou, M. Li und S. Narayanan: „Speaker Personality Classification Using Systems Based on Acoustic-Lexical Cues and an Optimal Tree-Structured Bayesian Network.“ In: *INTERSPEECH 2012*. 2012.

[Aus+05] A. Austermann, N. Esau, L. Kleinjohann und B. Kleinjohann: „Fuzzy emotion recognition in natural speech dialogue“. In: *IEEE International Workshop on Robot and Human Interactive Communication*. IEEE. 2005, S. 317–322.

[Ave+04] C. Avendaño, L. Deng, H. Hermansky und B. Gold: „The analysis and representation of speech“. In: *Speech processing in the auditory system*. Hrsg. von S. Greenberg, W. A. Ainsworth, A. N. Popper und R. R. Fay. New York: Springer, 2004, S. 63–100.

[Ban14] K. Bania R.: „Survey on Feature Selection for Data Reduction“. In: *International Journal of Computer Applications* 94.18 (2014), S. 1–7.

[Bar+12] R. C. Barros, M. P. Basgalupp, A. C. P. L. F. de Carvalho und A. A. Freitas: „A Survey of Evolutionary Algorithms for Decision-Tree Induction“. In: *Systems, Man, and Cybernetics, Part C: Applications and Reviews, IEEE Transactions on* 42.3 (2012), S. 291–312.

[Bar13] B. Barsties: „Einfluss verschiedener Methoden zur Bestimmung der mittleren Sprechstimmlage“. In: *HNO* 61.7 (2013), S. 609–616.

[Bat+00] A. Batliner, K. Fischer, R. Huber, J. Spilker und E. Nöth: „Desperately seeking emotions or: Actors, wizards, and human beings“. In: *ISCA Tutorial and Research Workshop (ITRW) on Speech and Emotion*. 2000.

[Bat+03] A. Batliner, K. Fischer, R. Huber, J. Spilker und E. Nöth: „How to find trouble in communication“. In: *Speech communication* 40.1 (2003), S. 117–143.

[Bat+04] A. Batliner, C. Hacker, S. Steidl, E. Nöth, S. D'Arcy, M. Russell und M. Wong: „'You stupid tin box' – children interacting with the AIBO robot: A cross-linguistic emotional speech corpus“. In: *Proc. LREC.* 2004, S. 171–174.

[Bat+10] A. Batliner, D. Seppi, S. Steidl und B. Schuller: „Segmenting into adequate units for automatic recognition of emotion-related episodes: a speech-based approach“. In: *Advances in Human-Computer Interaction* (2010).

[Bat+11] A. Batliner, S. Steidl, B. Schuller, D. Seppi, T. Vogt, J. Wagner u. a.: „Whodunnit-Searching for the most important feature types signalling emotion-related user states in speech“. In: *Computer Speech & Language* 25.1 (2011), S. 4–28.

[Bau+11] M. Á. Bautista, S. Escalera, X. Baró, O. Pujol, J. Vitrià und P. Radeva: „On the Design of Low Redundancy Error-Correcting Output Codes“. In: *Ensembles in Machine Learning Applications.* Hrsg. von O. Okun, G. Valentini und M. Re. Bd. 373. Studies in Computational Intelligence. Berlin: Springer, 2011, S. 21–38.

[BC06] F. Beekmann und P. Chamoni: „Verfahren des Data Mining“. In: *Analytische Informationssysteme: Business Intelligence-Technologien und -Anwendungen.* Hrsg. von P. Chamoni und P. Gluchowski. Berlin: Springer, 2006, S. 263–282.

[BCB04] V. Bewick, L. Cheek und J. Ball: „Statistics review 9: one-way analysis of variance“. In: *Critical Care* 8.2 (2004), S. 130–136.

[BDW94] F. Biocca, P. David und M. West: „Continuous Response Measurement (CRM). A computerized Tool for Research on the Cognitive Processing of Communication Messages“. In: *Measuring Psychological Responses To Media Messages.* Hrsg. von A. Lang. Routledge Communication Series. London: Taylor & Francis, 1994, S. 15–64.

[Bei15] F. T. Beier: „Untersuchung zum Ersteindruck von Sprechereigenschaften – Eine CDRI gestützte Sprechwirkungsstudie an Telefongesprächen aus dem Gesundheitswesen“. Masterarbeit. Martin-Luther-Universität Halle-Wittenberg, Seminar für Sprechwissenschaft und Phonetik, 2015.

[Bel15] J. Bell: *Machine Learning: Hands-On for Developers and Technical Professionals.* Indianapolis: John Wiley, 2015.

[Ben+12] M. A. Bencherif, M. Alsulaiman, G. Muhammad, Z. Ali, A. Mahmood und M. Faisal: „Gender Effect in Trait Recognition“. In: *Proceedings of the World Congress on Engineering and Computer Science.* Bd. 1. 2012.

[Ben+14] A. M. Benavides, R. F. Pozo, D. T. Toledano, J. L. B. Murillo, E. L. Gonzalo und L. H. Gómez: „Analysis of voice features related to obstructive sleep apnoea and their application in diagnosis support“. In: *Computer Speech & Language* 28.2 (2014), S. 434–452.

[Ben11] S. Bendel Larcher: „Mit Gesprächsanalyse Call Agents unterstützen“. In: *Interpersonelle Kommunikation: Analyse und Optimierung.* Hrsg. von I. Bose und B. Neuber. Bd. 39. Hallesche Schriften zur Sprechwissenschaft und Phonetik. Frankfurt: Peter Lang, 2011, S. 337–344.

[BF04] R. R. Bouckaert und E. Frank: „Evaluating the Replicability of Significance Tests for Comparing Learning Algorithms“. In: *Advances in Knowledge Discovery and Data Mining* (2004), S. 3–12.

[BH14] K. Bakhtiyari und H. Husain: „Fuzzy model on human emotions recognition“. In: *arXiv preprint arXiv:1407.1474* (2014).

[Bir10] A. Birner: „Routine in der professionellen Telefonie“. Diplomarbeit. Martin-Luther-Universität Halle-Wittenberg, Seminar für Sprechwissenschaft und Phonetik, 2010.

[Bir11] A. Birner: „Routine im telefonischen Verkauf“. In: *Erforschung und Optimierung der Callcenterkommunikation.* Hrsg. von U. Hirschfeld und B. Neuber. Berlin: Frank & Timme, 2011, S. 129–152.

[Bis07] C. M. Bishop: *Pattern Recognition and Machine Learning.* 2. Aufl. Berlin: Springer, 2007.

[BJ13] K. Bartkova und D. Jouvet: „Automatic Detection of the Prosodic Structures of Speech Utterances“. In: *Speech and Computer – 15th International Conference, SPECOM 2013.* Hrsg. von M. Železný, I. Habernal und A. Ronzhin. Bd. 8113. Lecture Notes in Computer Science. Heidelberg: Springer, 2013, S. 1–8.

[BK03] C. Beierle und G. Kern-Isberner: *Methoden wissensbasierter Systeme: Grundlagen, Algorithmen, Anwendungen.* 2. Aufl. Wiesbaden: Vieweg + Teubner, 2003.

[BL04] M. J. A. Berry und G. S. Linoff: *Data mining techniques: for marketing, sales, and customer relationship management.* 2. Aufl. Indianapolis: John Wiley & Sons, 2004.

[BL11a] M. J. A. Berry und G. S. Linoff: *Data mining techniques: for marketing, sales, and customer relationship management.* 3. Aufl. Indianapolis: John Wiley & Sons, 2011.

[BL11b] C. Buchwald und K. Lukanow-Arndt: „Qualitätskontrolle im Telefoninterview“. In: *Interpersonelle Kommunikation: Analyse und Optimierung.* Hrsg. von I. Bose und B. Neuber. Bd. 39. Hallesche Schriften zur Sprechwissenschaft und Phonetik. Frankfurt: Peter Lang, 2011, S. 321–336.

[BLB08] J. Bortz, G. A. Lienert und K. Boehnke: *Verteilungsfreie Methoden in der Biostatistik.* 2. Aufl. Springer-Lehrbuch. Berlin: Springer, 2008.

[BN11] I. Bose und B. Neuber, Hrsg.: *Interpersonelle Kommunikation: Analyse und Optimierung*. Bd. 39. Hallesche Schriften zur Sprechwissenschaft und Phonetik. Frankfurt: Peter Lang, 2011.

[BO07] A. Braun und R. Oba: „Speaking Tempo in Emotional Speech–a Cross-Cultural Study Using Dubbed Speech“. In: *Proceedings of the International Workshop on Paralinguistic Speech - between Models and Data*. Citeseer. 2007, S. 77–82.

[Boc+13] T. Bocklet, S. Steidl, E. Nöth und S. Skodda: „Automatic Evaluation of Parkinson's Speech-Acoustic, Prosodic and Voice Related Cues“. In: *INTERSPEECH 2013*. ISCA, 2013, S. 1149–1153.

[Boe+09] M. Boettcher, G. Ruß, D. Nauck und R. Kruse: „From change mining to relevance feedback: a unified view on assessing rule interestingness“. In: *Post-Mining of Association Rules: Techniques for Effective Knowledge Extraction: Techniques for Effective Knowledge Extraction*. Hrsg. von Y. Zhao, C. Zhang und L. Cao. Hershey: Information Science Reference, 2009, S. 12–37.

[Bon+11] D. Bone, M. Black, M. Li, A. Metallinou, S. Lee und S. Narayanan: „Intoxicated Speech Detection by Fusion of Speaker Normalized Hierarchical Features and GMM Supervectors“. In: *INTERSPEECH 2011*. ISCA, 2011, S. 3217–3220.

[Bos+12] I. Bose, K. Bößhenz, J. Pietschmann und I. Rothe: „°hh hh° also von KUNdenfreundlich halt ich da nIcht viel bei ihnen; Analyse und Optimierung von Callcenterkommunikation am Beispiel von telefonischen Reklamationsgesprächen“. In: *Gesprächsforschung – Online-Zeitschrift zur verbalen Interaktion* 13 (2012), S. 143–195.

[Bos+13] I. Bose, U. Hirschfeld, B. Neuber und E. Stock: *Einführung in die Sprechwissenschaft: Phonetik, Rhetorik, Sprechkunst*. Tübingen: Narr, 2013.

[Bos03] I. Bose: *dóch da sin ja' nur mûster: Kindlicher Sprechausdruck im sozialen Rollenspiel*. Bd. 9. Hallesche Schriften zur Sprechwissenschaft und Phonetik. Frankfurt: Peter Lang, 2003.

[Bou+10] R. R. Bouckaert, E. Frank, M. A. Hall, G. Holmes, B. Pfahringer, P. Reutemann und I. H. Witten: „WEKA—Experiences with a Java Open-Source Project“. In: *J. Mach. Learn. Res.* 11 (2010), S. 2533–2541.

[Bou03] R. R. Bouckaert: „Choosing between Two Learning Algorithms Based on Calibrated Tests“. In: *In ICML'03*. Morgan Kaufmann, 2003, S. 51–58.

[Bou08] R. R. Bouckaert: *Bayesian Network Classifiers in Weka*. Techn. Ber. Department of Computer Science, University of Waikato, 2008.

[BP12] H. Buisman und E. Postma: „The log-Gabor method: speech classification using spectrogram image analysis“. In: *INTERSPEECH 2012*. ISCA, 2012, S. 518–521.

[Bra97] A. P. Bradley: „The use of the area under the ROC curve in the evaluation of machine learning algorithms“. In: *Pattern Recognition* 30 (1997), S. 1145–1159.

[Bre+84] L. Breiman, J. Friedman, C. J. Stone und R. A. Olshen: *Classification and regression trees*. Boca Raton: Chapman & Hall/CRC, 1984.

[Bre+96] L. Breiman u. a.: „Heuristics of instability and stabilization in model selection“. In: *The annals of statistics* 24.6 (1996), S. 2350–2383.

[Bre01] L. Breiman: „Random forests“. In: *Machine learning* 45.1 (2001), S. 5–32.

[Bre96] L. Breiman: „Bagging predictors“. In: *Machine learning* 24.2 (1996), S. 123–140.

[Bri97] R. Brigola, Hrsg.: *Fourieranalysis, Distributionen und Anwendungen*. Braunschweig: Vieweg, 1997.

[BRN11] T. Bocklet, K. Riedhammer und E. Nöth: „Drink and Speak: On the Automatic Classification of Alcohol Intoxication by Acoustic, Prosodic and Text-Based Features.“ In: *INTERSPEECH 2011*. ISCA, 2011, S. 3213–3216.

[Bru+06] L. Bruckert, J.-S. Liénard, A. Lacroix, M. Kreutzer und G. Leboucher: „Women use voice parameters to assess men's characteristics“. In: *Proceedings of the Royal Society B: Biological Sciences* 273.1582 (2006), S. 83–89.

[Bru09] M. Bruhn: „Das Konzept der kundenorientierten Unternehmensführung“. In: *Kundenorientierte Unternehmensführung*. Hrsg. von H. H. Hinterhuber und K. Matzler. Wiesbaden: Gabler, 2009, S. 33–68.

[Bru56] E. Brunswik: *Perception and the representative design of psychological experiments*. University of California Press, 1956.

[BS12] R. Brueckner und B. Schuller: „Likability Classification-A Not so Deep Neural Network Approach.“ In: *INTERSPEECH 2012*. ISCA, 2012, S. 290–293.

[BS96] R. Banse und K. R. Scherer: „Acoustic profiles in vocal emotion expression.“ In: *Journal of personality and social psychology* 70.3 (1996), S. 614.

[Bun92] W. L. Buntine: „A theory of learning classification rules“. Diss. Sidney University of Technology, School of Computing Science, 1992.

[Bur+05] F. Burkhardt, A. Paeschke, M. Rolfes, W. F. Sendlmeier und B. Weiss: „A Database of German Emotional Speech“. In: *INTERSPEECH 2005*. ISCA, 2005, S. 1517–1520.

[Bur+06] F. Burkhardt, N. Audibert, L. Malatesta, O. Türk, L. Arslan und V. Auberge: „Emotional Prosody-Does Culture Make A Difference". In: *Speech Prosody*. Bd. 2. 5. Citeseer. 2006.

[Bur+10] F. Burkhardt, M. Eckert, W. Johannsen und J. Stegmann: „A Database of Age and Gender Annotated Telephone Speech." In: *LREC 2010*. 2010, S. 1562–1565.

[Bur+11] F. Burkhardt, B. Schuller, B. Weiss und F. Weninger: „'Would You Buy A Car From Me?' – On the Likability of Telephone Voices". In: *INTERSPEECH 2011*. ISCA, 2011, S. 1557–1560.

[Bur01] F. Burkhardt: *Simulation emotionaler Sprechweise mit Sprachsyntheseverfahren*. Berichte aus der Kommunikationstechnik. Aachen: Shaker, 2001.

[Bus98] F. Buschmann: *Pattern-orientierte Software-Architektur: Ein Pattern-System*. Hallbergmoos: Pearson Deutschland, 1998.

[BW01] P. Boersma und D. Weenink: „PRAAT, a system for doing phonetics by computer". In: *Glot International* 5.9/10 (2001), S. 341–345.

[Car+10] K.-U. Carstensen, C. Ebert, C. Ebert, S. Jekat, R. Klabunde und H. Langer: *Computerlinguistik und Sprachtechnologie: eine Einführung*. Heidelberg: Spektrum, 2010.

[Cas+08] S. Casale, A. Russo, G. Scebba und S. Serrano: „Speech emotion classification using machine learning algorithms". In: *The IEEE International Conference on Semantic Computing*. IEEE. 2008, S. 158–165.

[CD10] R. A. Calvo und S. D'Mello: „Affect Detection: An Interdisciplinary Review of Models, Methods, and Their Applications". In: *IEEE Transactions on Affective Computing* 1 (2010), S. 18–37.

[CD12] C. Chastagnol und L. Devillers: „Personality traits detection using a parallelized modified SFFS algorithm". In: *INTERSPEECH 2012*. ISCA, 2012, S. 266–269.

[CEK12] N. Cummins, J. Epps und J. M. K. Kua: „A Comparison of Classification Paradigms for Speaker Likeability Determination." In: *INTERSPEECH 2012*. ISCA, 2012.

[CFP95] G. Clauß, F.-R. Finze und L. Partzsch: *Statistik für Soziologen, Pädagogen, Psychologen und Mediziner*. 2. Aufl. Bd. 1. Grundlagen. Zürich: Harri Deutsch, 1995.

[CG06] P. Chamoni und P. Gluchowski, Hrsg.: *Analytische Informationssysteme: Business Intelligence-Technologien und -Anwendungen*. Berlin: Springer, 2006.

[CG98] S. Chen und P. Gopalakrishnan: „Speaker, environment and channel change detection and clustering via the bayesian information criterion". In: *Proc. DARPA Broadcast News Transcription and Understanding Workshop.* Bd. 8. 1998, S. 127–132.

[Cha+02] N. V. Chawla, K. W. Bowyer, L. O. Hall und W. P. Kegelmeyer: „SMOTE: synthetic minority over-sampling technique". In: *Journal of Artificial Intelligence Research (JAIR)* 16 (2002), S. 321–357.

[Cha07] H. Chang: „Comparing machine and human performance for caller's directory assistance requests". In: *International Journal of Speech Technology* 10.2 (2007), S. 75–87.

[Cha10] N. V. Chawla: „Data Mining for Imbalanced Datasets: An Overview". In: *Data Mining and Knowledge Discovery Handbook.* Hrsg. von O. Maimon und L. Rokach. Berlin: Springer, 2010, S. 853–867.

[Che+06] Y. Chen, Y. Li, X.-Q. Cheng und L. Guo: „Survey and taxonomy of feature selection algorithms in intrusion detection system". In: *Information Security and Cryptology.* Springer. 2006, S. 153–167.

[Chi92] B. Chigier: „Phonetic classification on wide-band and telephone quality speech". In: *Proceedings of the workshop on Speech and Natural Language.* Association for Computational Linguistics. 1992, S. 291–295.

[Cic15] P. Cichosz: *Data Mining Algorithms: Explained Using R.* Chichester: Wiley & Sons, 2015.

[CJK04] N. V. Chawla, N. Japkowicz und A. Kotcz: „Editorial: special issue on learning from imbalanced data sets". In: *ACM SIGKDD Explorations Newsletter* 6.1 (2004), S. 1–6.

[CL11] C. Chang und C. Lin: „LIBSVM: a library for support vector machines". In: *ACM Transactions on Intelligent Systems and Technology (TIST)* 2.3 (2011), S. 1–27.

[Cla+08] C. Clavel, I. Vasilescu, L. Devillers, G. Richard und T. Ehrette: „Fear-type emotion recognition for future audio-based surveillance systems". In: *Speech Communication* 50.6 (2008), S. 487–503.

[CLC11] K. Chang, H. Lei und J. Canny: „Improved Classification of Speaking Styles for Mental Health Monitoring Using Phoneme Dynamics". In: *INTERSPEECH 2011.* 2011, S. 85–88.

[CM03] S. A. Collins und C. Missing: „Vocal and visual attractiveness are related in women". In: *Animal behaviour* 65.5 (2003), S. 997–1004.

[Coh95] W. W. Cohen: „Fast Effective Rule Induction". In: *Twelfth International Conference on Machine Learning.* Morgan Kaufmann, 1995, S. 115–123.

[Col09] F. Colas: „Data Mining Scenarios for the Discovery of Subtypes and the Comparison of Algorithms“. Diss. Leiden: Leiden Institute of Advanced Computer Science (LIACS), Faculty of Science, Leiden University, 2009.

[CS11] M. Charfuelan und M. Schröder: „Investigating the prosody and voice quality of social signals in scenario meetings“. In: *Affective Computing and Intelligent Interaction.* Springer, 2011, S. 46–56.

[CS93] P. K. Chan und S. J. Stolfo: „Toward parallel and distributed learning by meta-learning“. In: *AAAI workshop in Knowledge Discovery in Databases* (1993), S. 227–240.

[CS97] P. K. Chan und S. J. Stolfo: „On the accuracy of meta-learning for scalable data mining“. In: *Journal of Intelligent Information Systems* 8.1 (1997), S. 5–28.

[CSB11] R. Cowie, N. Sussman und A. Ben-Ze'ev: „Emotion: Concepts and definitions“. In: *Emotion-Oriented Systems.* Springer, 2011, S. 9–30.

[CSS10] M. Charfuelan, M. Schröder und I. Steiner: „Prosody and voice quality of vocal social signals: the case of dominance in scenario meetings“. In: *INTERSPEECH 2010.* ISCA, 2010, S. 2558–2561.

[CV95] C. Cortes und V. Vapnik: „Support-vector networks“. In: *Machine learning* 20.3 (1995), S. 273–297.

[DA08] T. Danisman und A. Alpkocak: „Emotion Classification of Audio Signals using Ensemble of Support Vector Machines“. In: *Perception in Multimodal Dialogue Systems* (2008), S. 205–216.

[Dar72] C. Darwin: *On the Expression of the Emotions in Man and Animals.* http://darwin-online.org.uk/content/frameset?itemID=F1142&viewtype=text&pageseq=1. London: John Murray, 1872.

[DB02] K. Dawson und M. Bodin: *The Call Center Dictionary.* San Fancisco: CMP Books, 2002.

[DD10] A. Delaborde und L. Devillers: „Use of Nonverbal Speech Cues in Social Interaction Between Human and Robot: Emotional and Interactional Markers“. In: *Proceedings of the 3rd International Workshop on Affective Interaction in Natural Environments.* AFFINE '10. New York: ACM, 2010, S. 75–80.

[de 14] F. de Mendiburu: *Statistical Procedures for Agricultural Research – Package 'agricolae'.* Version 1.1-8. URL: http://tarwi.lamolina.edu.pe/~fmendiburu. Feb. 2014.

[Dea14] J. Dean: *Big data, data mining, and machine learning: value creation for business leaders and practitioners.* Hoboken: John Wiley & Sons, 2014.

[Deg06] H. Degen: „Statistische Methoden zur visuellen Exploration mehrdimensionaler Daten“. In: *Analytische Informationssysteme: Business Intelligence-Technologien und -Anwendungen.* Hrsg. von P. Chamoni und P. Gluchowski. Berlin: Springer, 2006, S. 305–326.

[Dem06] J. Demšar: „Statistical Comparisons of Classifiers over Multiple Data Sets“. In: *J. Mach. Learn. Res.* 7 (Dez. 2006), S. 1–30.

[DFA07] V. Dellwo, A. Fourcin und E. Abberton: „Rhythmical classification of languages based on voice parameters“. In: *Proceedings of the XVI International Congress of Phonetic Sciences.* Hrsg. von J. Trouvain und W. J. Barry. 2007, S. 1129–1132.

[DH03] C. Drummond und R. C. Holte: „C4.5, class imbalance, and cost sensitivity: why under-sampling beats over-sampling“. In: *Workshop on learning from imbalanced datasets II.* Bd. 11. Citeseer. 2003.

[Die97] T. G. Dietterich: „Machine-learning research“. In: *AI magazine* 18.4 (1997), S. 97–136.

[Die98] T. G. Dietterich: „Approximate statistical tests for comparing supervised classification learning algorithms“. In: *Neural computation* 10.7 (1998), S. 1895–1923.

[DLM12] W. Daelemans, M. Lapata und L. Màrquez, Hrsg.: *EACL 2012: Proceedings of the Workshop on Computational Approaches to Deception Detection.* Stroudsburg: The Association for Computer Linguistics, 2012.

[Dou+07] E. Douglas-Cowie, R. Cowie, I. Sneddon, C. Cox, O. Lowry, M. McRorie u. a.: „The HUMAINE Database: Addressing the Collection and Annotation of Naturalistic and Induced Emotional Data“. In: *Affective Computing and Intelligent Interaction.* Hrsg. von A. C. R. Paiva, R. Prada und R. W. Picard. Bd. 4738. Lecture Notes in Computer Science. Berlin: Springer, 2007, S. 488–500.

[DPW96] F. Dellaert, T. Polzin und A. Waibel: „Recognizing emotion in speech“. In: *Fourth International Conference on Spoken Language (ICSLP).* Bd. 3. IEEE. 1996, S. 1970–1973.

[DR11] I. Davies und P. Robinson: „Emotional Investment in Naturalistic Data Collection“. In: *Affective Computing and Intelligent Interaction.* Hrsg. von S. D'Mello, A. Graesser, B. Schuller und J.-C. Martin. Bd. 6974. Lecture Notes in Computer Science. Berlin: Springer, 2011, S. 467–476.

[Dun55] D. B. Duncan: „Multiple range and multiple F tests“. In: *Biometrics* 11.1 (1955), S. 1–42.

[Düs06] R. Düsing: „Knowledge Discovery in Databases – Begriff, Forschungsgebiet, Prozess und System“. In: *Analytische Informationssysteme: Business*

Intelligence-Technologien und -Anwendungen. Hrsg. von P. Chamoni und P. Gluchowski. Berlin: Springer, 2006, S. 242–262.

[DVL05] L. Devillers, L. Vidrascu und L. Lamel: „Challenges in real-life emotion annotation and machine learning based detection". In: *Neural Networks* 18.4 (2005), S. 407–422.

[dW09] N. de Jong und T. Wempe: „Praat script to detect syllable nuclei and measure speech rate automatically". In: *Behavior research methods* 41.2 (2009), S. 385–390.

[DY14] L. Deng und D. Yu: „Deep learning: Methods and applications". In: *Foundations and Trends in Signal Processing* 7.3–4 (2014), S. 197–387.

[EBS12] F. Eyben, A. Batliner und B. Schuller: „Towards a standard set of acoustic features for the processing of emotion in speech." In: *Proceedings of Meetings on Acoustics.* Bd. 9. 2012, S. 1–16.

[Edg97] M. Edgington: „Investigating the limitations of concatenative synthesis." In: *EUROSPEECH.* 1997, S. 592–596.

[Ehl86] K. Ehlich: *Interjektionen.* Bd. 111. Linguistische Arbeiten. Tübingen: Max Niemeyer, 1986.

[EKK05] N. Esau, L. Kleinjohann und B. Kleinjohann: „An Adaptable Fuzzy Emotion Model for Emotion Recognition." In: *EUSFLAT Conf.* 2005, S. 73–78.

[Eng+97] I. Engberg, A. Hansen, O. Andersen und P. Dalsgaard: „Design, recording and verification of a Danish emotional speech database". In: *Fifth European Conference on Speech Communication and Technology.* 1997.

[Eno+06] F. Enos, S. Benus, R. L. Cautin, M. Graciarena, J. Hirschberg und E. Shriberg: „Personality factors in human deception detection: Comparing human to machine performance". In: *Ninth International Conference on Spoken Language Processing.* 2006.

[Eno09] F. Enos: „Detecting deception in speech". Diss. Columbia University, 2009.

[EWS09] F. Eyben, M. Wöllmer und B. Schuller: „openEAR - Introducing the Munich Open-Source Emotion and Affect Recognition Toolkit". In: *Proc. 4th International HUMAINE Association Conference on Affective Computing and Intelligent Interaction (ACII).* Bd. I. IEEE, 2009, S. 576–581.

[EWS10] F. Eyben, M. Wöllmer und B. Schuller: *openSMILE – the Munich open Speech and Music Interpretation by Large Space Extraction toolkit.* Programmdokumentation, Version 1.0.1, 23.05.2010. München, 2010.

[Eyb+10] F. Eyben, A. Batliner, B. Schuller, D. Seppi und S. Steidl: „Cross-Corpus Classification of Realistic Emotions – Some Pilot Experiments". In: *Proc.*

of the Third International Workshop on EMOTION (satellite of LREC): Corpora for Research on Emotion and Affect. 2010, S. 77–82.

[Faw04] T. Fawcett: „ROC graphs: Notes and practical considerations for researchers“. In: *Machine learning* 31 (2004), S. 1–38.

[Faw06] T. Fawcett: „An introduction to ROC analysis“. In: *Pattern recognition letters* 27.8 (2006), S. 861–874.

[Fei+05] D. R. Feinberg, B. C. Jones, A. C. Little, D. M. Burt und D. I. Perrett: „Manipulations of fundamental and formant frequencies influence the attractiveness of human male voices“. In: *Animal Behaviour* 69.3 (2005), S. 561–568.

[Fer14] G. Ferré: „A multimodal approach to markedness in spoken French“. In: *Speech Communication* 57.0 (2014), S. 268–282.

[Fes13] M. Festl: „Die lächelnde Stimme“. In: *sprechen - Zeitschrift für Sprechwissenschaft Sprechpädagogik, Sprechtherapie und Sprechkunst* 29.55 (2013), S. 16–30.

[Fie90] R. Fiehler: *Kommunikation und Emotion: theoretische und empirische Untersuchungen zur Rolle von Emotionen in der verbalen Interaktion.* Berlin: Walther de Gruyter, 1990.

[FJ12] R. Flynn und E. Jones: „Feature selection for reduced-bandwidth distributed speech recognition“. In: *Speech Communication* 54.6 (2012), S. 836–843.

[FL11] K. Forbes-Riley und D. Litman: „Designing and evaluating a wizarded uncertainty-adaptive spoken dialogue tutoring system“. In: *Computer Speech & Language* 25.1 (2011), S. 105–126.

[FN03] I. Focsa und T. Neuhaus: „Aufbau eines Qualitätsmanagementsystems im Call Center“. In: *Instrumente des Qualitätsmanagements im Call Center.* Hrsg. von C. Brasse und T. Langhoff. Dortmund: GfAH Selbstverlag, 2003, S. 17–38.

[Foj08] S. Fojut: *Call Center Lexikon: Die wichtigsten Fachbegriffe der Branche verständlich erklärt.* Wiesbaden: Gabler, 2008.

[For02] G. Forman: „A method for discovering the insignificance of one's best classifier and the unlearnability of a classification task“. In: *Proc. First Internat. Workshop on Data Mining Lessons Learned (DMLL-2002).* Hrsg. von N. Lavrac, H. Motoda und T. Fawcett. 2002.

[FPS96a] U. M. Fayyad, G. Piatetsky-Shapiro und P. Smyth: „From data mining to knowledge discovery in databases“. In: *AI magazine* 17.3 (1996), S. 37–54.

[FPS96b] U. M. Fayyad, G. Piatetsky-Shapiro und P. Smyth: „From Data Mining to Knowledge Discovery: An Overview“. In: *Advances in knowledge discovery and data mining.* Hrsg. von U. M. Fayyad, G. Piatetsky-Shapiro, P. Smyth und R. Uthurusamy. Menlo Park: AAAI Press, 1996, S. 1–30.

[FS96] Y. Freund und R. E. Schapire: „Experiments with a new boosting algorithm“. In: *Thirteenth International Conference on Machine Learning.* San Francisco: Morgan Kaufmann, 1996, S. 148–156.

[Fuc10] K. Fuchs-Kittowski: „Wissens-Ko-Produktion – Organisationsinformatik“. In: *Organisationsinformatik und Digitale Bibliothek in der Wissenschaft: Wissenschaftsforschung Jahrbuch 2000.* Hrsg. von K. Fuchs-Kittowski, H. Parthey, W. Umstätter und R. Wagner-Döbler. 2. Aufl. Berlin: Gesellschaft für Wissenschaftsforschung, 2010.

[Fur00] S. Furui: *Digital Speech Processing: Synthesis, and Recognition.* 2. Aufl. Signal Processing and Communications. New York: Marcel Decker, 2000.

[FZ07] H. Fastl und E. Zwicker: *Psychoacoustics: facts and models.* Hrsg. von T. S. Huang, T. Kohonen und M. R. Schroeder. 3. Aufl. Bd. 22. Springer Series in Information Sciences. Berlin: Springer, 2007.

[GA13] S. Gonzalez und X. Anguera: „Perceptually inspired features for speaker likability classification.“ In: *ICASSP.* 2013, S. 8490–8494.

[Gal+11] P. Gallmann, R. Fiehler, T. A. Fritz, C. Fabricius-Hansen, P. Eisenberg, D. Nübling, I. Barz und J. Peters: *Die Grammatik: Unentbehrlich für richtiges Deutsch.* Duden - Deutsche Sprache in 12 Bänden. Berlin: Bibliographisches Institut, 2011.

[GB04] U. Genschel und C. Becker: *Schließende Statistik: Grundlegende Methoden.* Emil@a-Stat. Berlin: Springer, 2004.

[GBP08] S. Germesin, T. Becker und P. Poller: „Domain-specific classification methods for disfluency detection“. In: *INTERSPEECH 2008.* 2008.

[Ger10] J. Gerich: „Thurstone- und Likertskalierung“. In: *Handbuch der sozialwissenschaftlichen Datenanalyse.* Hrsg. von C. Wolf und H. Best. Wiesbaden: VS Verlag, 2010, S. 259–283.

[GFJ09] B. Güner, M. T. Frankford und J. T. Johnson: „A study of the Shapiro-Wilk test for the detection of pulsed sinusoidal radio frequency interference“. In: *Geoscience and Remote Sensing, IEEE Transactions on* 47.6 (2009), S. 1745–1751.

[GK05] M. Grimm und K. Kroschel: „Evaluation of natural emotions using self assessment manikins“. In: *Automatic Speech Recognition and Understanding (ASRU) 2005.* IEEE. 2005, S. 381–385.

[GKN08] M. Grimm, K. Kroschel und S. Narayanan: „The Vera am Mittag German audio-visual emotional Speech Database“. In: *Multimedia and Expo, 2008 IEEE International Conference on.* IEEE. 2008, S. 865–868.

[GKS14] E. Godoy, M. Koutsogiannaki und Y. Stylianou: „Approaching speech intelligibility enhancement with inspiration from Lombard and Clear speaking styles“. In: *Computer Speech & Language* 28.2 (2014), S. 629–647.

[GMD13] R. Gajšek, F. Mihelič und S. Dobrišek: „Speaker state recognition using an HMM-based feature extraction method“. In: *Computer Speech & Language* 27.1 (2013), S. 135–150.

[GME11] B. Gold, N. Morgan und D. Ellis: *Speech and Audio Signal Processing: Processing and Perception of Speech and Music.* Hoboken: Wiley, 2011.

[Gol58] F. Goldman-Eisler: „Speech production and the predictability of words in context“. In: *Quarterly Journal of Experimental Psychology* 10.2 (1958), S. 96–106.

[Gor+06] S. Goronzy, L. Tomokiyo, E. Barnard und M. Davel: „Other challenges: non-native speech, dialects, accents, and local interfaces“. In: *Multilingual Speech Processing.* Hrsg. von T. Schultz und K. Kirchhoff. Amsterdam: Elsevier, 2006, S. 273–316.

[Gor11] F. Gorunescu: *Data Mining: Concepts, models and techniques.* Berlin: Springer, 2011.

[GP12] P. Giannoulis und G. Potamianos: „A hierarchical approach with feature selection for emotion recognition from speech“. In: *Proceedings of the Eight International Conference on Language Resources and Evaluation (LREC'12).* Hrsg. von N. Calzolari, K. Choukri, T. Declerck, M. U. Doğan, B. Maegaard, J. Mariani, J. Odijk und S. Piperidis. European Language Resources Association (ELRA), 2012, S. 1203–1206.

[Gra+06] M. Graciarena, E. Shriberg, A. Stolcke, F. Enos, J. Hirschberg und S. Kajarekar: „Combining prosodic lexical and cepstral systems for deceptive speech detection“. In: *Acoustics, Speech and Signal Processing, IEEE International Conference on.* Bd. 1. IEEE. 2006.

[Gre95] D. Gregory: „The continuous response digital interface: An analysis of reliability measures“. In: *Psychomusicology: Music, Mind and Brain* 14.1-2 (1995), S. 197–208.

[Gru13] M. Grutzek: *Contact Center Investitionsstudie 2013.* Techn. Ber. Hanau: Contact-Center-Network e. V, 2013.

[Gru14] M. Grutzek: *Contact Center Investitionsstudie 2014.* Techn. Ber. Hanau: Contact-Center-Network e. V, 2014.

[Gru15] M. Grutzek: *Contact Center Investitionsstudie 2015.* Techn. Ber. Hanau: Contact-Center-Network e. V, 2015.

[GS10] M. Gavalda und J. Schlueter: „'The Truth is Out There': Using Advanced Speech Analytics to Learn Why Customers Call Help-line Desks and How

Effectively They Are Being Served by the Call Center Agent“. In: *Advances in Speech Recognition.* Berlin: Springer, 2010, S. 221–243.

[Gut98] N. Gutenberg: *Einzelstudien zu Sprechwissenschaft und Sprecherziehung: Arbeiten in Teilfeldern.* Göppinger Arbeiten zur Germanistik 616. Göppingen: Kümmerle, 1998.

[GWD13] B. Gick, I. Wilson und D. Derrick: *Articulatory phonetics.* Chichester: John Wiley & Sons, 2013.

[HA08] C. Hrach und R. Alt: *Einsatz von Business Intelligence-Technologien in Call Centern.* Hrsg. von R. Alt, U. Eisenecker und B. Franczyk. Bd. 1. Forschungsberichte des Instituts für Wirtschaftsinformatik der Universität Leipzig. Leipzig: Universität Leipzig, 2008.

[Hac09] C. Hacker: *Automatic assessment of children speech to support language learning.* Bd. 30. Studien zur Mustererkennung. Berlin: Logos, 2009.

[Had+09] T. Haderlein, K. Riedhammer, A. Maier, E. Nöth, U. Eysholdt und F. Rosanowski: „Automatisierung des Postlaryngektomie-Telefontests“. In: *HNO* 57.1 (2009), S. 51–56.

[Had07] T. Haderlein: *Automatic evaluation of tracheoesophageal substitute voices.* Bd. 25. Studien zur Mustererkennung. Berlin: Logos, 2007.

[Hal+09] M. Hall, E. Frank, G. Holmes, B. Pfahringer, P. Reutemann und I. Witten: „The WEKA data mining software: an update“. In: *SIGKDD Explor. Newsl.* 11.1 (2009), S. 10–18.

[Hal99] M. A. Hall: „Correlation-based feature selection for machine learning“. Diss. The University of Waikato, 1999.

[Han09] D. J. Hand: „Measuring classifier performance: a coherent alternative to the area under the ROC curve“. In: *Machine learning* 77.1 (2009), S. 103–123.

[HAN11] C. Hrach, R. Alt und L. Nöbel: „Datenschutz im Callcenter“. In: *HMD – Praxis der Wirtschaftsinformatik* 48.281 (2011). Hrsg. von H.-P. Fröschle, S. 71–79.

[Har04] M. Hartung: *Wie lässt sich Gesprächskompetenz Wirksam und nachhaltig vermitteln? Ein Erfahrungsbericht aus der Praxis.* Hrsg. von M. Becker-Mrotzek und G. Brünner. Randolfzell: Verlag Gesprächsforschung, 2004.

[Har09] T. Harbsmeier: *Up- und Cross-Selling: Mehr Profit mit Zusatzverkäufen im Kundenservice.* Wiesbaden: Gabler, 2009.

[Har12] P. Harrington: *Machine learning in action.* Shelter Island: Manning, 2012.

[Har60] H. L. Harter: „Critical Values for Duncan’s New Multiple Range Test“. In: *Biometrics* 16.4 (1960), S. 671–685.

[Hau+12] V. Hauch, J. Masip, I. Blandón-Gitlin und S. L. Sporer: „Linguistic cues to deception assessed by computer programs: a meta-analysis“. In: *Proceedings of the workshop on computational approaches to deception detection.* Association for Computational Linguistics. 2012, S. 1–4.

[HB97] J. H. L. Hansen und S. E. Bou-Ghazale: „Getting started with SUSAS: a speech under simulated and actual stress database“. In: *EUROSPEECH.* Hrsg. von G. Kokkinakis, N. Fakotakis und E. Dermatas. ISCA, 1997.

[Her10] H. Hertlein: *Fusion von Klassifikationssystemen für die automatische Sprechererkennung.* Berlin: Logos, 2010.

[Her97] J. Herrmann: *Maschinelles Lernen und Wissensbasierte Systeme.* Berlin: Springer, 1997.

[Hev+04] A. Hevner, S. March, J. Park und S. Ram: „Design science in information systems research“. In: *MIS quarterly* 28.1 (2004), S. 75–106.

[Hew+12] M. Hewlett Sanchez, A. Lawson, D. Vergyri und H. Bratt: „Multi-System Fusion of Extended Context Prosodic and Cepstral Features for Paralinguistic Speaker Trait Classification.“ In: *INTERSPEECH 2012.* ISCA, 2012, S. 514–517.

[HHE10] J. Hirschberg, A. Hjalmarsson und N. Elhadad: „“You’re as Sick as You Sound”: Using Computational Approaches for Modeling Speaker State to Gauge Illness and Recovery“. In: *Advances in Speech Recognition.* Berlin: Springer, 2010, S. 305–322.

[Hil12] W. Hilberg: „Die rätselhafte Fähigkeit des Gehirns, Sprache ohne Hilfe von neuronalen Codes zu verarbeiten“. In: *Konferenzband Elektronische Sprachsignalverarbeitung (ESSV) 2012.* Hrsg. von M. Wolff. Bd. 64. Studientexte zur Sprachkommunikation. Dresden: TUDpress, 2012, S. 11–25.

[Hir08] J. Hirschberg: „Detecting Deceptive Speech: Requirements, Resources and Evaluation“. In: *LREC 2008: Sixth Language Resource and Evaluation Conference.* 2008.

[HKO83] A. E. Hieke, S. Kowal und D. C. O’Connell: „The Trouble with ‚Articulatory‘ Pauses“. In: *Language and Speech* 26.3 (1983), S. 203–214.

[HKP12] J. Han, M. Kamber und J. Pei: *Data Mining: Concepts and Techniques.* 3. Aufl. The Morgan Kaufmann Series in Data Management Systems. Waltham: Morgan Kaufmann, 2012.

[HLL03] J. Huang, J. Lu und C. X. Ling: „Comparing naive Bayes, decision trees, and SVM with AUC and accuracy“. In: *Third IEEE International Conference on Data Mining (ICDM).* IEEE. 2003, S. 553–556.

[HMP11] J. Hernandez, R. R. Morris und R. W. Picard: „Call Center Stress Recognition with Person-Specific Models“. In: *Affective Computing and Intelligent*

Interaction. Hrsg. von S. D'Mello, A. Graesser, B. Schuller und J.-C. Martin. Bd. 6974. Lecture Notes in Computer Science. Berlin: Springer, 2011, S. 125–134.

[HN11a] U. Hirschfeld und B. Neuber, Hrsg.: *Erforschung und Optimierung der Callcenterkommunikation*. Berlin: Frank & Timme, 2011.

[HN11b] U. Hirschfeld und B. Neuber: „Optimierungsmöglichkeiten der Telekommunikation aus Sicht der Sprechwissenschaft – Überblick über Fragestellungen und Untersuchungsansätze“. In: *Erforschung und Optimierung der Callcenterkommunikation*. Hrsg. von U. Hirschfeld und B. Neuber. Berlin: Frank & Timme, 2011, S. 9–28.

[Hof93] N. Hoffmann, Hrsg.: *Kleines Handbuch neuronale Netze*. Braunschweig: Vieweg, 1993.

[HP07] J. Handsen und S. Patil: „Speech Under Stress: Analysis, Modeling and Recognition“. In: *Speaker Classification I: Fundamentals, Features, and Methods*. Hrsg. von C. Müller. Bd. 4343. Lecture Notes in Computer Science. Berlin: Springer, 2007, S. 108–137.

[HR92] L. J. Heinrich und F. Roithmayr: *Wirtschaftsinformatik-Lexikon*. München: Oldenbourg, 1992.

[HRC13] A. Hanani, M. J. Russell und M. J. Carey: „Human and computer recognition of regional accents and ethnic groups from British English speech“. In: *Computer Speech & Language* 27.1 (2013), S. 59–74.

[HS03] S. Herter und R. Stenzel: „Kompetenzbeurteilung im Call Center“. In: *Instrumente des Qualitätsmanagements im Call Center*. Hrsg. von C. Brasse und T. Langhoff. Dortmund: GfAH Selbstverlag, 2003, S. 77–84.

[HS04] S. Helber und R. Stolletz: *Call Center Management in der Praxis: Strukturen und Prozesse betriebswirtschaftlich optimieren*. Berlin: Springer, 2004.

[HYL06] M. Hoque, M. Yeasin und M. Louwerse: „Robust recognition of emotion from speech“. In: *Intelligent Virtual Agents*. Springer. 2006, S. 42–53.

[IC12] A. V. Ivanov und X. Che: „Modulation spectrum analysis for speaker personality trait recognition“. In: *INTERSPEECH 2012*. 2012, S. 278–281.

[Jac+91] R. A. Jacobs, M. I. Jordan, S. J. Nowlan und G. E. Hinton: „Adaptive mixtures of local experts“. In: *Neural computation* 3.1 (1991), S. 79–87.

[Jam+13] G. James, R. James, D. Witten, T. Hastie und R. Tibshirani: *An introduction to statistical learning with applications in R*. New York: Springer, 2013.

[Jap00] N. Japkowicz: „Learning from imbalanced data sets: a comparison of various strategies“. In: *AAAI workshop on learning from imbalanced data sets*. 2000, S. 1–5.

[JL95] G. H. John und P. Langley: „Estimating Continuous Distributions in Bayesian Classifiers“. In: *Eleventh Conference on Uncertainty in Artificial Intelligence.* San Mateo: Morgan Kaufmann, 1995, S. 338–345.

[Job10] D. Jobst: *Service- und Ereignisorientierung im Contact-Center: Entwicklung eines Referenzmodells zur Prozessautomatisierung.* Gabler research. Wiesbaden: Gabler, 2010.

[Joc+10] B. Jochems, M. Larson, R. Ordelman, R. Poppe und K. P. Truong: „Towards Affective State Modeling in Narrative and Conversational Settings“. In: *INTERSPEECH 2010.* 2010.

[Jok+05] O. Jokisch, U. Koloska, D. Hirschfeld und R. Hoffmann: „Pronunciation learning and foreign accent reduction by an audiovisual feedback system“. In: *Proc. 1st Intern. Conf. on Affective Computing and Intelligent Interaction (ACII).* Springer, 2005, S. 419–425.

[Jok+14] E. Jokinen, M. Takanen, M. Vainio und P. Alku: „An adaptive post-filtering method producing an artificial Lombard-like effect for intelligibility enhancement of narrowband telephone speech“. In: *Computer Speech & Language* 28.2 (2014), S. 619–628.

[Jok11] O. Jokisch: *Konnektionistische Methoden in der prosodischen Analyse und Generierung.* Hrsg. von R. Hoffmann. Bd. 59. Studientexte zur Sprachkommunikation. Dresden: TUDpress, 2011.

[JWA06] Y. Ju, Y. Wang und A. Acero: „Call analysis with classification using speech and non-speech features“. In: *INTERSPEECH 2006.* 2006.

[JXL14] J. H. Jeon, R. Xia und Y. Liu: „Level of interest sensing in spoken dialog using decision-level fusion of acoustic and lexical evidence“. In: *Computer Speech & Language* 28.2 (2014), S. 420–433.

[Kab11] R. Kabacoff: *R in Action.* Shelter Island: Manning, 2011.

[KBČ11] M. Kockmann, L. Burget und J. Černocký: „Application of speaker- and language identification state-of-the-art techniques for emotion recognition“. In: *Speech Communication* 53 (9-10 Nov. 2011), S. 1172–1185.

[KG10] R. Krumm und C. Geissler: *Outbound-Praxis: Aktives Verkaufen am Telefon erfolgreich planen und umsetzen.* 3. Aufl. Wiesbaden: Gabler, 2010.

[KH09] W. J. Krzanowski und D. J. Hand: *ROC curves for continuous data.* Boca Raton: CRC Press, 2009.

[Kim+07] S. Kim, P. G. Georgiou, S. Lee und S. Narayanan: „Real-time emotion detection system using speech: Multi-modal fusion of different timescale features“. In: *Multimedia Signal Processing, 2007. MMSP 2007. IEEE 9th Workshop on.* IEEE. 2007, S. 48–51.

[Kim+14] S. Kim, F. Valente, M. Filippone und A. Vinciarelli: „Predicting Continuous Conflict Perception with Bayesian Gaussian Processes“. In: *Affective Computing, IEEE Transactions on* 5.2 (2014), S. 187–200.

[Kim+15] J. Kim, N. Kumar, A. Tsiartas, M. Li und S. S. Narayanan: „Automatic intelligibility classification of sentence-level pathological speech“. In: *Computer Speech & Language* 29.1 (2015), S. 132–144.

[Kin94] W. Kinnebrock: *Neuronale Netze: Grundlagen, Anwendungen, Beispiele.* 2. Aufl. München: Oldenbourg Wissenschaftsverlag, 1994.

[Kir14] M. Kirk: *Thoughtful Machine Learning: A Test-Driven Approach.* Sebastopol: O'Reilly, Okt. 2014.

[KJ97] R. Kovahi und G. John: „Wrappers for feature selection“. In: *Artificial Intelligence* 97.1-2 (1997), S. 273–324.

[KK81] P. R. Kleinginna und A. M. Kleinginna: „A categorized list of emotion definitions, with suggestions for a consensual definition“. In: *Motivation and emotion* 5.4 (1981), S. 345–379.

[KMM08] M. Knox, N. Morgan und N. Mirghafori: „Getting the last laugh: Automatic laughter segmentation in meetings“. In: *INTERSPEECH, 2008.* 2008, S. 797–800.

[Koh95] R. Kohavi: „A study of cross-validation and bootstrap for accuracy estimation and model selection“. In: *International joint Conference on artificial intelligence.* Bd. 14. 1995, S. 1137–1145.

[Koh96] R. Kohavi: „Scaling Up the Accuracy of Naive-Bayes Classifiers: A Decision-Tree Hybrid“. In: *Second International Conference on Knoledge Discovery and Data Mining.* 1996, S. 202–207.

[Kop15] S. K. Kopparapu: *Non-Linguistic Analysis of Call Center Conversations.* SpringerBriefs in Electrical and Computer Engineering. Berlin: Springer, 2015.

[KR08] J. Kacur und G. Rozinaj: „Practical Issues of Building Robust HMM Models Using HTK and SPHINX Systems“. In: *Speech Recognition, Technologies and Applications* (2008). Hrsg. von F. Mihelic und J. Zibert.

[Kra02] W. Kranich: *Phonetische Untersuchungen zur Prosdie emotionaler Sprechausdruckweisen.* Bd. 11. Hallesche Schriften zur Sprechwissenschaft und Phonetik. Frankfurt: Peter Lang, 2002.

[Kra16] W. Kranich: *Sprechwissenschaftliche Grundlagen der Prosodieperzeption.* Hrsg. von I. Bose, K. Hannken-Illjes, U. Hirschfeld und B. Neuber. Bd. 4. Schriften zur Sprechwissenschaft und Phonetik. Berlin: Frank & Timme, 2016.

[Kre+91] E.-M. Krech, G. Richter, E. Stock und J. Suttner: *Sprechwirkung: Grundfragen, Methoden und Ergebnisse ihrer Erforschung.* Berlin: Akadamie-Verlag, 1991.

[KRS11] K. Kroschel, G. Rigoll und B. Schuller: *Statistische Informationstechnik: Signal- und Mustererkennung, Parameter- und Signalschätzung.* 5. Aufl. Berlin: Springer, 2011.

[Kru+15] R. Kruse, C. Borgelta, C. Braune, C. M. Frank Klawonn und M. Steinbrecher: *Computational Intelligence: Eine methodische Einführung in Künstliche Neuronale Netze, Evolutionäre Algorithmen, Fuzzy-Systeme und Bayes-Netze.* Hrsg. von W. Bibel, R. Kruse und B. Nebel. 2. Aufl. Computational Intelligence. Wiesbaden: Springer Vieweg, 2015.

[Kub15] M. Kubat: *An Introduction to Machine Learning.* Cham: Springer, 2015.

[Kul12] P. Kulkarni: *Reinforcement and systemic machine learning for decision making.* Bd. 1. Hoboken: John Wiley & Sons, 2012.

[Kun04] L. I. Kuncheva: *Combining pattern classifiers: methods and algorithms.* Hoboken: John Wiley & Sons, 2004.

[Lan94] P. Langley: „Selection of relevant features in machine learning“. In: *In Proceedings of the AAAI Fall Symposium on Relevance.* AAAI, 1994, S. 127–131.

[Lar05] D. T. Larose: *Discovering Knowledge in Data: an Introduction to Data Mining.* Hoboken: John Wiley & Sons, 2005.

[Lau+11] P. Laukka, D. Neiberg, M. Forsell, I. Karlsson und K. Elenius: „Expression of affect in spontaneous speech: Acoustic correlates and automatic detection of irritation and resignation“. In: *Computer Speech & Language* 25.1 (2011), S. 84–104.

[LC12] U. Lämmel und J. Cleve: *Künstliche Intelligenz.* 4. Aufl. München: Carl Hanser, 2012.

[LD06] T. Landgrebe und R. Duin: „A simplified extension of the area under the ROC to the multiclass domain“. In: *Seventeenth annual symposium of the pattern recognition association of South Africa.* Citeseer. 2006, S. 241–245.

[Led13] J. Ledolter: *Data mining and business analytics with R.* Hoboken: John Wiley & Sons, 2013.

[Lee+14] C. Lee, A. Katsamanis, M. P. Black, B. R. Baucom, A. Christensen, P. G. Georgiou und S. S. Narayanan: „Computing vocal entrainment: A signal-derived PCA-based quantification scheme with application to affect analysis in married couple interactions“. In: *Computer Speech & Language* 28.2 (2014), S. 518–539.

[Lef+11] I. Lefter, L. Rothkrantz, D. Van Leeuwen und P. Wiggers: „Automatic stress detection in emergency (telephone) calls". In: *International Journal of Intelligent Defence Support Systems* 4.2 (2011), S. 148–168.

[LF03a] N. Lachiche und P. Flach: „Improving accuracy and cost of two-class and multi-class probabilistic classifiers using ROC curves". In: *ICML*. 2003, S. 416–423.

[LF03b] D. Litman und K. Forbes: „Recognizing emotions from student speech in tutoring dialogues". In: *Automatic Speech Recognition and Understanding, 2003. ASRU'03. 2003 IEEE Workshop on*. IEEE. 2003, S. 25–30.

[LH14] G. Liu und J. H. Hansen: „Supra-segmental feature based speaker trait detection". In: *Proc. Odyssey*. 2014.

[LHF05] N. Landwehr, M. Hall und E. Frank: „Logistic Model Trees". In: *Machine Learning* 59.1–2 (2005), S. 161–205.

[LHL08] Y. Li, Q. He und T. Li: „A Novel Detection Method of Filled Pause in Mandarin Spontaneous Speech". In: *ACIS International Conference on Computer and Information Science* (2008), S. 217–222.

[LHN13] M. Li, K. J. Han und S. Narayanan: „Automatic speaker age and gender recognition using acoustic and prosodic level information fusion". In: *Computer Speech & Language* 27.1 (2013), S. 151–167.

[Lik32] R. Likert: „A technique for the measurement of attitudes". In: *Archives of psychology* 22.140 (1932).

[Lin+10] F. Lingenfelser, J. Wagner, T. Vogt, J. Kim und E. André: „Age and Gender Classification from Speech Using Decision Level Fusion and Ensemble Based Techniques". In: *INTERSPEECH, 2010*. 2010.

[Liu+06] Y. Liu, N. V. Chawla, M. Harper, E. Shriberg und A. Stolcke: „A study in machine learning from imbalanced data for sentence boundary detection in speech". In: *Computer Speech & Language* 20.4 (2006), S. 468–494.

[LJR07] J. M. Lobo, A. Jiménez-Valverde und R. Real: „AUC: a misleading measure of the performance of predictive distribution models". In: *Global ecology and Biogeography* 17.2 (2007), S. 145–151.

[LL14] X.-L. Li und B. Liu: „Rule-Based Classification". In: *Data Classification: Algorithms and Applications*. Hrsg. von C. C. Aggarwal. Data Mining and Knowledge Discovery Series. Boca Raton: CRC Press, 2014, S. 121–157.

[LMB16] S. I. Levitan, T. Mishra und S. Bangalore: „Automatic identification of gender from speech". In: *Speech Prosody 2016*. 2016, S. 84–88.

[LN03] C. Lee und S. Narayanan: „Emotion recognition using a data-driven fuzzy inference system". In: *Eurospeech 2003*. Citeseer. 2003, S. 157–160.

[Loo97] C. Looney: *Pattern Recognition Using Neural Networks – Theory and Algorithms for Engineers and Scientists.* Oxford: Oxford University Press, 1997.

[LPR01] W. Lassmann, J. Picht und R. Rogge: *Wirtschaftsinformatik Kalender 2002: Nachschlagewerk für Studium, Beruf und Alltag.* Hrsg. von W. Lassmann. Ettlingen: IM Marketing-Forum, 2001.

[LRN09] D. Litman, M. Rotaru und G. Nicholas: „Classifying turn-level uncertainty using word-level prosody". In: *INTERSPEECH 2009.* Bd. 9. ISCA, 2009.

[LRS06] W. Lassmann, R. Rogge und J. Schwarzer: *Wirtschaftsinformatik: Nachschlagewerk für Studium und Praxis.* Hrsg. von W. Lassmann. Wiesbaden: Gabler, 2006.

[LS12] D. Lu und F. Sha: „Predicting Likability of Speakers with Gaussian Processes". In: *INTERSPEECH 2012.* ISCA, 2012, S. 286–289.

[LSW15] A. F. Lotz, I. Siegert und A. Wendemuth: „Automatic differentiation of form-function-relations of the discourse particle 'hm' in a naturalistic human-computer interaction". In: *Konferenzband Elektronische Sprachsignalverarbeitung (ESSV) 2015.* Hrsg. von G. Wirsching. Bd. 78. Studientexte zur Sprachkommunikation. Dresden: TUDpress, 2015, S. 172–179.

[LSW16] A. F. Lotz, I. Siegert und A. Wendemuth: „Classification of Functional Meanings of non-isolated Discourse Particles in Human-Human-Interaction". In: *HCI International 2016.* im Druck. 2016.

[LWR10] I. Lefter, P. Wiggers und L. J. M. Rothkrantz: „EmoReSp: an online emotion recognizer based on speech". In: *Proceedings of the 11th International Conference on Computer Systems and Technologies and Workshop for PhD Students in Computing on International Conference on Computer Systems and Technologies.* CompSysTech '10. New York: ACM, 2010, S. 287–292.

[LZ02] L. Lu und H.-J. Zhang: „Speaker change detection and tracking in real-time news broadcasting analysis". In: *Proceedings of the tenth ACM international conference on Multimedia.* ACM. 2002, S. 602–610.

[MA07] C. Mathon und S. de Abreu: „Emotion from Speakers to Listeners: Perception and Prosodic Characterization of Affective Speech". In: *Speaker Classification (2).* Hrsg. von C. Müller. Bd. 4441. Lecture Notes in Computer Science. Berlin: Springer, 2007, S. 70–82.

[Mah+11] M. Mahmoud, T. Baltrušaitis, P. Robinson und L. Riek: „3D Corpus of Spontaneous Complex Mental States". In: *Affective Computing and Intelligent Interaction.* Hrsg. von S. D'Mello, A. Graesser, B. Schuller und J.-C. Martin. Bd. 6974. Lecture Notes in Computer Science. Berlin: Springer, 2011, S. 205–214.

[Mai+07] F. Mairesse, M. A. Walker, M. Mehl und R. Moore: „Using linguistic cues for the automatic recognition of personality in conversation and text“. In: *J. Artif. Int. Res.* 30.1 (2007), S. 457–500.

[Mai+09] A. Maier, T. Haderlein, U. Eysholdt, F. Rosanowski, A. Batliner, M. Schuster und E. Nöth: „PEAKS–A system for the automatic evaluation of voice and speech disorders“. In: *Speech Communication* 51.5 (2009), S. 425–437.

[Mai09] A. Maier: *Speech of children with cleft lip and palate: Automatic assessment.* Berlin: Logos, 2009.

[Mar+06] O. Martin, I. Kotsia, B. Macq und I. Pitas: „The eNTERFACE'05 Audio-Visual Emotion Database“. In: *22nd International Conference on Data Engineering Workshops.* IEEE. 2006.

[Mar+12] E. Marchi, A. Batliner, B. Schuller, S. Fridenzon, S. Tal und O. Golan: „Speech, Emotion, Age, Language, Task, and Typicality: Trying to Disentangle Performance and Feature Relevance“. In: *Privacy, Security, Risk and Trust (PASSAT).* IEEE. 2012, S. 961–968.

[MC07] M. Mansoorizadeh und N. Charkari: „Speech Emotion Recognition: Comparison of Speech Segmentation Approaches“. In: *Proc of IKT* (2007).

[MC12] C. Montacié und M.-J. Caraty: „Pitch and Intonation Contribution to Speakers' Traits Classification“. In: *INTERSPEECH 2012.* ISCA, 2012, S. 526–529.

[McG+00] S. McGilloway, R. Cowie, E. Douglas-Cowie, S. Gielen, M. Westerdijk und S. Stroeve: „Approaching Automatic Recognition of Emotion from Voice: A Rough Benchmark“. In: *ISCA Tutorial and Research Workshop (ITRW) on Speech and Emotion.* 2000, S. 207–212.

[MDW09] G. Matthews, I. J. Deary und M. C. Whiteman: *Personality traits.* Cambridge University Press, 2009.

[Mei+11] S. Meißner, J. Pietschmann, M. Walther und L. Nöbel: „Innovative IT-gestützte Ansätze zur Bewertung der Gesprächsqualität in Telefonverkaufsgesprächen“. In: *Erforschung und Optimierung der Callcenterkommunikation.* Hrsg. von U. Hirschfeld und B. Neuber. Berlin: Frank & Timme, 2011, S. 195–214.

[Mei94] G. Meinhold: *Zeitparameter gesprochener Sprache.* Techn. Ber. Universität Jena, Lehrstuhl für Phonetik und Sprechwissenschaft, 1994.

[Mel14] T. Mellouli: „Complex Certainty Factors for Rule Based Systems–Detecting Inconsistent Argumentations“. In: *WLP 2014 – 28th Workshop on (Constraint) Logic Programming.* Hrsg. von S. Brass und J. Waldmann. Bd. 1335. CEUR Workshop Proceedings. 2014, S. 81–102.

[Mer89] D. Merritt: *Building expert systems in Prolog.* New York: Springer, 1989.

[Mid+14] C. Middag, R. Clapham, R. van Son und J.-P. Martens: „Robust automatic intelligibility assessment techniques evaluated on speakers treated for head and neck cancer“. In: *Computer Speech & Language* 28.2 (2014), S. 467–482.

[Mie08] S. Mielau: „Emotionale Sprechweise in der professionellen Telefonie“. Diplomarbeit. Martin-Luther-Universität Halle-Wittenberg, Seminar für Sprechwissenschaft und Phonetik, 2008.

[Min06] M. L. Minsky: *The Emotion Machine*. New York: Simon & Schuster, 2006.

[Mis+05] G. Mishne, D. Carmel, R. Hoory, A. Roytman und A. Soffer: „Automatic analysis of call-center conversations“. In: *Proceedings of the 14th ACM international conference on Information and knowledge management*. ACM. 2005, S. 453–459.

[Mit97] T. M. Mitchell: *Machine Learning*. Boston: McGraw-Hill, 1997.

[MMC09] D. S. Moore, G. P. McCabe und B. A. Craig: *Introduction to the Practice of Statistics*. 6. Aufl. New York: W. H. Freeman, 2009.

[MMV10] G. Mohammadi, M. Mortillaro und A. Vinciarelli: „The Voice of Personality: Mapping Nonverbal Vocal Behavior into Trait Attributions“. In: *Proceedings of the International Workshop on Social Signal Processing*. 2010, S. 17–20.

[MP11a] S. Meißner und J. Pietschmann: „Rhetorische und phonetische Einflussfaktoren auf die Qualität von Telefonverkaufsgesprächen“. In: *Erforschung und Optimierung der Callcenterkommunikation*. Hrsg. von U. Hirschfeld und B. Neuber. Berlin: Frank & Timme, 2011, S. 215–248.

[MP11b] S. Meißner und J. Pietschmann: „Zur Beurteilung der Gesprächsqualität im telefonischen Verkauf – Zwischenbericht über ein Forschungsprojekt“. In: *Interpersonelle Kommunikation: Analyse und Optimierung*. Hrsg. von I. Bose und B. Neuber. Bd. 39. Hallesche Schriften zur Sprechwissenschaft und Phonetik. Frankfurt: Peter Lang, 2011, S. 303–312.

[MR05] O. Z. Maimon und L. Rokach: *Decomposition Methodology For Knowledge Discovery And Data Mining: Theory And Applications (Machine Perception and Artificial Intelligence)*. Hrsg. von H. Bunke und P. S. P. Wang. Bd. 61. Series in Machine Perception and Artificial intelligence. New Yersey: World Scientific, 2005.

[MS07] N. Minematsu und K. Sakuraba: „Development of a Femininity Estimator for Voice Therapy of Gender Identity Disorder Clients“. In: Hrsg. von C. Müller. Bd. 4441. Lecture Notes in Computer Science. Berlin: Springer, 2007, S. 22–33.

[Mül07a] C. Müller, Hrsg.: *Speaker Classification I: Fundamentals, Features, and Methods*. Bd. 4343. Lecture Notes in Computer Science. Berlin: Springer, 2007.

[Mül07b] C. Müller, Hrsg.: *Speaker Classification II, Selected Projects.* Bd. 4441. Lecture Notes in Computer Science. Berlin: Springer, 2007.

[MW06a] F. Mairesse und M. A. Walker: „Automatic Recognition of Personality in Conversation“. In: *HLT-NAACL.* Hrsg. von R. C. Moore, J. A. Bilmes, J. Chu-Carroll und M. Sanderson. The Association for Computational Linguistics, 2006.

[MW06b] F. Mairesse und M. A. Walker: „Words mark the nerds: Computational models of personality recognition through language“. In: *Proceedings of the 28th Annual Conference of the Cognitive Science Society.* Citeseer, 2006, S. 543–548.

[MW67] A. Mehrabian und M. Wiener: „Decoding of inconsistent communications.“ In: *Journal of personality and social psychology* 6.1 (1967), S. 109.

[MWD07] D. Morrison, R. Wang und L. C. De Silva: „Ensemble methods for spoken emotion recognition in call-centres“. In: *Speech Communication* 49.2 (2007), S. 98–112.

[Nak06] R. Nakatsu: „Explanatory power of intelligent systems“. In: *Intelligent decision-making support systems: foundations, applications and challenges.* Hrsg. von J. N. D. Gupta, G. A. F. Forgionne und M. Mora. London: Springer Science, 2006, S. 123–143.

[NB03] C. Nadeau und Y. Bengio: „Inference for the Generalization Error“. In: *Machine Learning* 52.3 (2003), S. 239–281.

[NEL06] D. Neiberg, K. Elenius und K. Laskowski: „Emotion recognition in spontaneous speech using GMMs“. In: *INTERSPEECH 2006.* ISCA, 2006, S. 809–812.

[Neu02] B. Neuber: *Prosodische Formen in Funktion.* Bd. 7. Hallesche Schriften zur Sprechwissenschaft und Phonetik. Frankfurt: Peter Lang, 2002.

[NH13] B. Neuber und U. Hirschfeld: „Sprechwirkungsforschung in der professionellen Telefonie“. In: *Klangsprache im Fremdsprachenunterricht VII.* Hrsg. von L. Veličkova und E. Petročenko. Woronesh State University, 2013, S. 66–85.

[Nie04] H. Niemann: *Klassifikation von Mustern.* 2. Aufl. Berlin: Springer, 2004.

[NP17] B. Neuber und J. Pietschmann, Hrsg.: *Dialogoptimierung in der Telekommunikation.* Bd. 9. Schriften zur Sprechwissenschaft und Phonetik. Berlin: Frank & Timme, 2017.

[NP86] J. Neppert und M. Pétursson: *Elemente einer Akustischen Phonetik.* 2. Aufl. Hamburg: Helmut Buske, 1986.

[NP92] J. Neppert und M. Pétursson: *Elemente einer Akustischen Phonetik.* 3. Aufl. Hamburg: Helmut Buske, 1992.

[NST93] M. S. Nesler, D. M. Storr und J. T. Tedeschi: „The Interpersonal Judgment Scale: a measure of liking or respect?“ In: *The Journal of social psychology* 133.2 (1993), S. 237–242.

[NST99] R. Nakatsu, A. Solomides und N. Tosa: „Emotion recognition and its application to computer agents with spontaneous interactive capabilities“. In: *Multimedia Computing and Systems, 1999. IEEE International Conference on.* Bd. 2. Juli 1999, S. 804–808.

[Nüb04] D. Nübling: „Die prototypische Interjektion: Ein Definitionsvorschlag“. In: *Zeitschrift für Semiotik* 26.1–2 (2004), S. 11–46.

[OD08] D. L. Olson und D. Delen: *Advanced data mining techniques.* Berlin: Springer, 2008.

[Oud03] P.-Y. Oudeyer: „The production and recognition of emotions in speech: features and algorithms“. In: *International Journal of Human-Computer Studies* 59.1-2 (2003), S. 157–183.

[Pae03] A. Paeschke: *Prosodische Analyse emotionaler Sprechweise.* Mündliche Kommunikation. Berlin: Logos, 2003.

[Pap+02] C. Papaloukas, D. I. Fotiadis, A. Likas und L. K. Michalis: „An ischemia detection method based on artificial neural networks“. In: *Artificial Intelligence in Medicine* 24.2 (2002), S. 167–178.

[Pau05] C. Pause: „Computer mit Gefühl“. In: *Voice Business Guide* 1 (2005), S. 16–17.

[Per00] C. Pereira: „Dimensions of emotional meaning in speech“. In: *ISCA Tutorial and Research Workshop (ITRW) on Speech and Emotion.* 2000.

[Pet99a] E. Petron: „Stuttgart Neural Network Simulator: Exploring connectionism and machine learning with SNNS“. In: *Linux J.* (1999).

[Pet99b] V. Petrushin: „Emotion in Speech: Recognition and Application to Call Centers“. In: *Artificial Neural Nets in Engineering. (ANNIE ’99).* 1999, S. 7–14.

[PF08] G. L. Pappa und A. A. Freitas: „Discovering new rule induction algorithms with grammar-based genetic programming“. In: *Soft Computing for Knowledge Discovery and Data Mining.* Hrsg. von O. Maimon und L. Rokach. Springer, 2008, S. 133–152.

[PF13] F. J. Provost und T. Fawcett: *Data Science for Business: What you need to know about data mining and data-analytic thinking.* Sebastopol: O’Reilly, 2013.

[Pfi01] H. R. Pfitzinger: „Phonetische Analyse der Sprechgeschwindigkeit". In: Bd. 38. Forschungsberichte des Instituts für Phonetik und Sprachliche Kommunikation der Universität München. 2001, S. 117–264.

[PFI08] M. Piat, D. Fohr und I. Illina: „Identification de l'origine des locuteurs non natifs en utilisant des paramètres prosodiques". In: *XXVIIèmes Journées d'Étude sur la Parole - JEP'08.* AFCP, 2008.

[PFK98] F. J. Provost, T. Fawcett und R. Kohavi: „The Case Against Accuracy Estimation for Comparing Induction Algorithms". In: *Proceedings of the Fifteenth International Conference on Machine Learning.* ICML '98. San Francisco: Morgan Kaufmann, 1998, S. 445–453.

[Pia+08] F. Pianesi, N. Mana, A. Cappelletti, B. Lepri und M. Zancanaro: „Multimodal recognition of personality traits in social interactions". In: *Proceedings of the 10th international conference on Multimodal interfaces.* New York: ACM, 2008, S. 53–60.

[Pia07] G. Piatetsky-Shapiro: „Data mining and knowledge discovery 1996 to 2005: overcoming the hype and moving from 'university' to 'business' and 'analytics'". In: *Data Mining and Knowledge Discovery* 15.1 (2007), S. 99–105.

[Pie08] J. Pietschmann: „Sprechstimme und Persönlichkeit – Wirkungsuntersuchung zum Einfluss sprecherisch-stimmlicher Merkmale auf die Wahrnehmung und Zuschreibung von Persönlichkeitseigenschaften im Kontext der professionellen Telefonie". Diplomarbeit. Martin-Luther-Universität Halle-Wittenberg, Seminar für Sprechwissenschaft und Phonetik, 2008.

[Pie11] J. Pietschmann: „Wahrnehmung und Wirkung von Persönlichkeitseigenschaften von Callcenteragenten auf den Gesprächsverlauf in Kundengesprächen". In: *Erforschung und Optimierung der Callcenterkommunikation.* Hrsg. von U. Hirschfeld und B. Neuber. Berlin: Frank & Timme, 2011, S. 59–94.

[Pie14] J. Pietschmann: „Gesprächsqualität im telefonischen Kundenservice". In: A. Ebel, G. Antos, I. Bose, T. Bremer, U. Hirschfeld, A. Jäger, W. Nell und A. Richter. *Aussprache und Sprechen im interkulturellen, medienvermittelten und pädagogischen Kontext: Beiträge zum 1. Doktorandentag der Halleschen Sprechwissenschaft.* Hrsg. von A. Ebel. Reflexionen des Gesellschaftlichen in Sprache und Literatur 2. Halle: Martin-Luther-Univ. Halle-Wittenberg, Promotionsstudiengang an der Internationalen Graduiertenakademie, 2014, S. 151–160.

[Pie17] J. Pietschmann: „Forschungsbasiertes Qualitätsmanagement im Callcenter - Ein Weg von der Forschung in die Praxis". In: *Dialogoptimierung in der Telekommunikation.* Hrsg. von B. Neuber und J. Pietschmann. Bd. 9.

Schriften zur Sprechwissenschaft und Phonetik. Berlin: Frank & Timme, 2017.

[Pin+13] L. Pinto-Coelho, D. Braga, M. Sales-Dias und C. Garcia-Mateo: „On the development of an automatic voice pleasantness classification and intensity estimation system". In: *Computer Speech & Language* 27.1 (2013), S. 75–88.

[PK08] B. Pfister und T. Kaufmann: *Sprachverarbeitung.* Berlin: Springer, 2008.

[PKR12] J. Pohjalainen, S. Kadioglu und O. Räsänen: „Feature Selection for Speaker Traits". In: *INTERSPEECH 2012.* ISCA, 2012, S. 270–273.

[Pla98] J. Platt: „Fast Training of Support Vector Machines using Sequential Minimal Optimization". In: *Advances in Kernel Methods - Support Vector Learning.* Hrsg. von B. Schoelkopf, C. Burges und A. Smola. MIT Press, 1998.

[PLF02] R. S. Parpinelli, H. S. Lopes und A. A. Freitas: „An ant colony algorithm for classification rule discovery". In: *Data Mining: A Heuristic Approach.* Hrsg. von H. A. Abbass, R. A. Sarker und C. S. Newton. 2002, S. 191–208.

[Plu94] R. Plutchik: *The psychology and biology of emotion.* New York: HarperCollins, 1994.

[PMB13] S. V. S. Pakhomov, S. E. Marino und A. K. Birnbaum: „Quantification of speech disfluency as a marker of medication-induced cognitive impairment: An application of computerized speech analysis in neuropharmacology". In: *Computer Speech & Language* 27.1 (2013), S. 116–134.

[PMK91] L. Y. Pratt, J. Mostow und C. A. Kamm: „Direct Transfer of Learned Information Among Neural Networks." In: *AAAI.* Bd. 91. 1991, S. 584–589.

[PP06] J. Pittermann und A. Pittermann: „Integrating emotion recognition into an adaptive spoken language dialogue system". In: *2nd IET International Conference on Intelligent Environments.* Bd. 1. IET. 2006, S. 197–202.

[PR11] T. Pfister und P. Robinson: „Real-Time Recognition of Affective States from Nonverbal Features of Speech and Its Application for Public Speaking Skill Analysis". In: *IEEE Transactions on Affective Computing* 2 (2011), S. 66–78.

[Pre96] L. Prechelt: „A quantitative study of experimental evaluations of neural network learning algorithms: Current research practice". In: *Neural Networks* 9.3 (1996), S. 457–462.

[PRK15] J. Pohjalainen, O. Räsänen und S. Kadioglu: „Feature selection methods and their combinations in high-dimensional classification of speaker likability, intelligibility and personality traits". In: *Computer Speech & Language* 29.1 (2015), S. 145–171.

[PSM11] T. Polzehl, A. Schmitt und F. Metze: „Salient features for anger recognition in German and English IVR portals“. In: *Spoken dialogue systems technology and design.* Springer, 2011, S. 83–105.

[PW98] T. S. Polzin und A. Waibel: „Detecting emotions in speech“. In: *Proceedings of the CMC.* Bd. 16. Citeseer. 1998.

[Qui10] J. M. Quick: *Statistical Analysis with R.* Birmingham: Packt Publishing, 2010.

[Qui86] J. R. Quinlan: „Induction of Decision Trees“. In: *Machine Learning* 1.1 (März 1986), S. 81–106.

[Qui87] J. R. Quinlan: „Generating Production Rules from Decision Trees.“ In: *IJCAI.* Bd. 87. Citeseer. 1987, S. 304–307.

[Qui93] J. R. Quinlan: *C4.5: Programs for Machine Learning.* San Mateo: Morgan Kaufmann, 1993.

[Qui96] J. R. Quinlan: „Learning Decision Tree Classifiers“. In: *ACM Comput. Surv.* 28.1 (1996), S. 71–72.

[Rah+11] T. Rahman, S. Mariooryad, S. Keshavamurthy, G. Liu, J. H. L. Hansen und C. Busso: „Detecting Sleepiness by Fusing Classifiers Trained with Novel Acoustic Features.“ In: *INTERSPEECH 2011.* 2011, S. 3285–3288.

[RC07] I. Read und S. Cox: „Automatic pitch accent prediction for text-to-speech synthesis“. In: *INTERSPEECH 2007.* 2007, S. 482–485.

[Red06] B. Redecker: „Persuasion und Prosodie – Untersuchung zur Perzeption emotionaler Sprechweisen am Beispiel einer Parfumwerbung“. Dissertattion. Friedrich-Schiller-Universität Jena, Philosophische Fakulät, 2006.

[RH07] A. Rosenberg und J. Hirschberg: „Detecting pitch accent using pitch-corrected energy-based predictors“. In: *INTERSPEECH 2007.* Bd. 7. Citeseer. 2007, S. 2777–2780.

[RHD03] G. Rickheit, T. Herrmann und W. Deutsch, Hrsg.: *Psycholinguistik. Psycholinguistics: Ein internationales Handbuch. An International Handbook.* Berlin: Walter de Gruyter, 2003.

[Ric+97] G. Riccardi, A. Gorin, A. Ljolje und M. Riley: „A spoken language system for automated call routing“. In: *IEEE International Conference on Acoustics, Speech, and Signal Processing (ICASSP).* Bd. 2. IEEE. 1997, S. 1143–1146.

[RJM13] R. Ranganath, D. Jurafsky und D. A. McFarland: „Detecting friendly, flirtatious, awkward, and assertive speech in speed-dates“. In: *Computer Speech & Language* 27.1 (2013), S. 89–115.

[RM08] L. Rokach und O. Z. Maimon: *Data Mining with Decision Trees: Theroy and Applications.* Bd. 69. Machine Perception and Artificial Intelligence. New Jersey: World Scientific, 2008.

[RM15] L. Rokach und O. Z. Maimon: *Data Mining with Decision Trees: Theroy and Applications.* 2. Aufl. Bd. 81. Series in Machine Perception and Artificial Intelligence. New Jersey: World Scientific, 2015.

[RN04] S. Russell und P. Norvig: *Künstliche Intelligenz.* 2. Aufl. München: Pearson Studium, 2004.

[RN10] S. Russell und P. Norvig: *Artificial Intelligence. A Modern Aproach.* 3. Aufl. Boston: Pearson, 2010.

[Roc11] J. Rocholl: „Angemessenheitsbeurteilung des Sprechausdrucks bei der Produktvorstellung in Telefonverkaufsgesprächen". In: *Erforschung und Optimierung der Callcenterkommunikation.* Hrsg. von U. Hirschfeld und B. Neuber. Berlin: Frank & Timme, 2011, S. 29–58.

[Roj96] R. Rojas: *Neural Networks – A Systematic Introduction.* Berlin: Springer, 1996.

[Rok08] L. Rokach: „An evolutionary algorithm for constructing a decision forest: Combining the classification of disjoints decision trees". In: *Int. J. Intell. Syst.* 23.4 (2008), S. 455–482.

[Rok10] L. Rokach: *Pattern classification using ensemble methods.* Bd. 75. Machine Perception and Artificial Intelligence. New Jersey: World Scientific, 2010.

[Rom94] H. Rommelfanger: *Fuzzy Decision Support-Systeme: Entscheiden bei Unschärfe.* 2. Aufl. Berlin: Springer, 1994.

[Ros12] A. Rosenberg: „Classifying Skewed Data: Importance Weighting to Optimize Average Recall." In: *INTERSPEECH 2012.* ISCA, 2012, S. 2242–2245.

[Ros58] F. Rosenblatt: „The perceptron: a probabilistic model for information storage and organization in the brain." In: *Psychological review* 65.6 (1958), S. 386.

[Rot09] I. Rothe: „les=ich=ihn nochm^Al vor [frau rEIser].// [kei] kEIn pro^blEm.//. Spontaneität und scripting – sprachliche und sprecherische Orientierung im skriptbasierten Verkauf am Telefon". Diplomarbeit. Martin-Luther-Universität Halle-Wittenberg, Seminar für Sprechwissenschaft und Phonetik, 2009.

[Rot11a] I. Rothe: „Am *Leid*Faden - Standardisierung im Callcenter". In: *Interpersonelle Kommunikation: Analyse und Optimierung.* Hrsg. von I. Bose und B. Neuber. Bd. 39. Hallesche Schriften zur Sprechwissenschaft und Phonetik. Frankfurt: Peter Lang, 2011, S. 329–336.

[Rot11b] I. Rothe: „Frei produzierendes und reproduzierendes Telefonieren im skriptbasierten Verkauf“. In: *Erforschung und Optimierung der Callcenterkommunikation.* Hrsg. von U. Hirschfeld und B. Neuber. Berlin: Frank & Timme, 2011, S. 95–128.

[Roy82] J. P. Royston: „An Extension of Shapiro and Wilk's W Test for Normality to Large Samples“. English. In: *Journal of the Royal Statistical Society. Series C (Applied Statistics)* 31.2 (1982), S. 115–124.

[RW11] N. M. Razali und Y. B. Wah: „Power comparisons of Shapiro-Wilk, Kolmogorov-Smirnov, Lilliefors and Anderson-Darling tests“. In: *Journal of Statistical Modeling and Analytics* 2.1 (2011), S. 21–33.

[Sac04] L. Sachs: *Angewandte Statistik: Anwendung statistischer Methoden.* 11. Aufl. Berlin: Springer, 2004.

[Sac10] T. Sachse: „Untersuchung suprasegmentaler Parameter in den Sprechausdrucksweisen von Callcenter-Agenten während Selbstidentifikations- und Begrüßungssequenzen in der Outbound-Telefonie“. Diplomarbeit. Martin-Luther-Universität Halle-Wittenberg, Seminar für Sprechwissenschaft und Phonetik, 2010.

[Sac11] T. Sachse: „Untersuchung suprasegmentaler Parameter in den Sprechausdrucksweisen von Callcenteragenten während der Gesprächseröffnung“. In: *Erforschung und Optimierung der Callcenterkommunikation.* Hrsg. von U. Hirschfeld und B. Neuber. Berlin: Frank & Timme, 2011, S. 153–174.

[Sal+10] H. Salamin, G. Mohammadi, K. Truong und A. Vinciarelli: „Automatic Role Recognition Based on Conversational and Prosodic Behaviour“. In: *Proceedings of the ACM International Conference on Multimedia.* 2010, S. 847–850.

[Sal97] S. Salzberg: „On comparing classifiers: Pitfalls to avoid and a recommended approach“. In: *Data Mining and knowledge discovery* 1.3 (1997), S. 317–328.

[Sar+15] M. Sarma, S. N. Gadre, B. D. Sarma und S. Mahadeva Prasanna: „Speaker change detection using excitation source and vocal tract system information“. In: *Twenty First National Conference on Communications (NCC).* IEEE. 2015, S. 1–6.

[SB14a] B. Schuller und A. Batliner: *Computational Paralinguistics: Emotion, Affect and Personality in Speech and Language Processing.* New York: John Wiley & Sons, 2014.

[SB14b] S. Shalev-Shwartz und S. Ben-David: *Understanding Machine Learning: From Theory to Algorithms.* New York: Cambridge University Press, 2014.

[SB75] E. H. Shortliffe und B. G. Buchanan: „A model of inexact reasoning in medicine“. In: *Mathematical biosciences* 23.3 (1975), S. 351–379.

[SBS97] E. Shriberg, R. Bates und A. Stolcke: „A Prosody Only Decision-Tree Model for Disfluency Detection“. In: *Fifth European Conference on Speech Communication and Technology.* Citeseer, 1997.

[Sch+05a] B. Schuller, R. Müller, M. K. Lang und G. Rigoll: „Speaker independent emotion recognition by early fusion of acoustic and linguistic features within ensembles.“ In: *INTERSPEECH.* 2005, S. 805–808.

[Sch+05b] B. Schuller, R. J. Villar, G. Rigoll, M. K. Lang u. a.: „Meta-Classifiers in Acoustic and Linguistic Feature Fusion-Based Affect Recognition.“ In: *ICASSP (1).* 2005, S. 325–328.

[Sch+07a] B. Schuller, D. Arsic, G. Rigoll, M. Wimmer und B. Radig: „Audiovisual behavior modeling by combined feature spaces“. In: *IEEE International Conference on Acoustics, Speech and Signal Processing (ICASSP).* Bd. 2. IEEE. 2007, S. 733–736.

[Sch+07b] B. Schuller, R. Müller, B. Hörnler, A. Höthker, H. Konosu und G. Rigoll: „Audiovisual Recognition of Spontaneous Interest Within Conversations“. In: *Proceedings of the 9th International Conference on Multimodal Interfaces.* ICMI '07. New York: ACM, 2007, S. 30–37.

[Sch+08a] B. Schuller, M. Wimmer, D. Arsic, T. Moosmayr und G. Rigoll: „Detection of security related affect and behaviour in passenger transport.“ In: *INTERSPEECH 2008.* 2008, S. 265–268.

[Sch+08b] B. Schuller, M. Wimmer, L. Mosenlechner, C. Kern, D. Arsic und G. Rigoll: „Brute-forcing hierarchical functionals for paralinguistics: A waste of feature space?“ In: *IEEE International Conference on Acoustics, Speech and Signal Processing.* IEEE. 2008, S. 4501–4504.

[Sch+09a] B. Schuller, R. Müller, F. Eyben, J. Gast, B. Hörnler, M. Wöllmer, G. Rigoll, A. Höthker und H. Konosu: „Being bored? Recognising natural interest by extensive audiovisual integration for real-life application“. In: *Image and Vision Computing* 27.12 (2009), S. 1760–1774.

[Sch+09b] B. Schuller, B. Vlasenko, F. Eyben, G. Rigoll und A. Wendemuth: „Acoustic Emotion Recognition: A Benchmark Comparison of Performances“. In: *Proceedings IEEE Automatic Speech Recognition and Understanding Workshop, ASRU 2009.* IEEE. Merano: IEEE, Dez. 2009, S. 552–557.

[Sch+10a] B. Schuller, S. Steidl, A. Batliner, F. Burkhardt, L. Devillers, C. Mueller und S. Narayanan: „The Interspeech 2010 Paralinguistic Challenge“. In: *INTERSPEECH 2010.* 2010, S. 2795–2798.

[Sch+10b] B. Schuller, B. Vlasenko, F. Eyben, M. Wollmer, A. Stuhlsatz, A. Wendemuth und G. Rigoll: „Cross-Corpus Acoustic Emotion Recognition:

Variances and Strategies“. In: *IEEE Transactions on Affective Computing* I (2010), S. 119–131.

[Sch+10c] B. Schuller, F. Eyben, S. Can und H. Feussner: „Speech in minimal invasive surgery – towards an affective language resource of real-life medical operations“. In: *Proc. 3rd ELRA Internat. Workshop on EMOTION (satellite of LREC): Corpora for Research on Emotion and Affect.* 2010, S. 5–9.

[Sch+11a] M. Schroder, S. Pammi, H. Gunes, M. Pantic, M. F. Valstar, R. Cowie u. a.: „Come and have an emotional workout with sensitive artificial listeners!“ In: *Automatic Face & Gesture Recognition and Workshops, IEEE International Conference on.* IEEE. 2011, S. 646–646.

[Sch+11b] B. Schuller, A. Batliner, S. Steidl und D. Seppi: „Recognising realistic emotions and affect in speech: State of the art and lessons learnt from the first challenge“. In: *Speech Communication* 53.9–10 (2011), S. 1062–1087.

[Sch+11c] B. Schuller, S. Steidl, A. Batliner, F. Schiel und J. Krajewski: „The INTERSPEECH 2011 Speaker State Challenge.“ In: *INTERSPEECH 2011.* 2011, S. 3201–3204.

[Sch+11d] B. Schuller, Z. Zhang, F. Weninger und G. Rigoll: „Selecting training data for cross-corpus speech emotion recognition: Prototypicality vs. generalization“. In: *Proc. 2011 Afeka-AVIOS Speech Processing Conference.* 2011.

[Sch+12] B. Schuller, S. Steidl, A. Batliner, E. Nöth, A. Vinciarelli, F. Burkhardt u. a.: „The INTERSPEECH 2012 Speaker Trait Challenge“. In: *INTERSPEECH 2012.* 2012, S. 254–257.

[Sch+13a] M. Schels, M. Glodek, S. Meudt, S. Scherer, M. Schmidt, G. Layher u. a.: „Multi-modal classifier-fusion for the recognition of emotions“. In: *Coverbal Synchrony in Human-Machine Interaction* (2013), S. 73–97.

[Sch+13b] B. Schuller, S. Steidl, A. Batliner, F. Burkhardt, L. Devillers, C. Müller und S. Narayanan: „Paralinguistics in speech and language—State-of-the-art and the challenge“. In: *Computer Speech & Language* 27.1 (2013), S. 4–39.

[Sch+13c] B. Schuller, S. Steidl, A. Batliner, A. Vinciarelli, K. R. Scherer, F. Ringeval u. a.: „The INTERSPEECH 2013 computational paralinguistics challenge: social signals, conflict, emotion, autism“. In: *INTERSPEECH 2013.* ISCA, 2013.

[Sch+14a] B. Schuller, S. Steidl, A. Batliner, F. Schiel, J. Krajewski, F. Weninger und F. Eyben: „Medium-term speaker states - A review on intoxication, sleepiness and the first challenge“. In: *Computer Speech & Language* 28.2 (2014), S. 346–374.

[Sch+14b] B. Schuller, S. Steidl, A. Batliner, J. Epps, F. Eyben, F. Ringeval, E. Marchi und Y. Zhang: „The INTERSPEECH 2014 computational paralinguistics challenge: cognitive & physical load.“ In: *INTERSPEECH 2014*. Hrsg. von ISCA. 2014, S. 427–431.

[Sch+14c] B. Schuller, Y. Zhang, F. Eyben und F. Weninger: „Intelligent Systems' Holistic Evolving Analysis of Real-Life Universal Speaker Characteristics“. In: *Proceedings of the 5th International Workshop on Emotion Social Signals, Sentiment & Linked Open Data (ES3LOD 2014)* (2014), S. 14–20.

[Sch+15a] B. Schuller, S. Steidl, A. Batliner, S. Hantke, F. Hönig, J. R. Orozco-Arroyave, E. Nöth, Y. Zhang und F. Weninger: „The interspeech 2015 computational paralinguistics challenge: Nativeness, Parkinson's & eating condition“. In: *INTERSPEECH 2015*. Hrsg. von ISCA. 2015, S. 478–482.

[Sch+15b] B. Schuller, S. Steidl, A. Batliner, E. Nöth, A. Vinciarelli, F. Burkhardt u. a.: „A Survey on perceived speaker traits: Personality, likability, pathology, and the first challenge“. In: *Computer Speech & Language* 29.1 (2015), S. 100–131.

[Sch+16] B. Schuller, S. Steidl, A. Batliner, J. Hirschberg, J. K. Burgoon, A. Baird u. a.: „The INTERSPEECH 2016 Computational Paralinguistics Challenge: Deception, Sincerity & Native Language“. In: *INTERSPEECH 2016*. Hrsg. von ISCA. im Druck. 2016.

[Sch00] K. R. Scherer: „Psychological models of emotion“. In: *The neuropsychology of emotion*. Hrsg. von J. C. Borod. New York: Oxford University Press, 2000, S. 137–162.

[Sch01] J. Schmidt: „Bausteine der Intonation“. In: *Germanistische Linguistik* 157–158 (2001), S. 9–32.

[Sch05] J. Schindelmeiser: *Anatomie und Physiologie: für Sprachtherapeuten*. München: Elsevier, Urban und Fischer, 2005.

[Sch06] B. Schuller: *Mensch, Maschine, Emotion: Erkennung aus sprachlicher und manueller Interaktion*. Saarbrücken: Vdm Dr. Müller, 2006.

[Sch07] T. Schultz: „Speaker Characteristics“. In: *Speaker Classification I: Fundamentals, Features, and Methods*. Hrsg. von C. Müller. Bd. 4343. Lecture Notes in Computer Science. Berlin: Springer, 2007, S. 47–74.

[Sch11] B. Schuller: „Voice and Speech Analysis in Search of States and Traits“. In: *Computer Analysis of Human Behavior*. Hrsg. von A. A. Salah und T. Gevers. Springer, 2011, S. 227–253.

[Sch12] B. Schuller: „The Computational Paralinguistics Challenge“. In: *Signal Processing Magazine, IEEE* 29.4 (2012), S. 97–101.

[Sch13a] K. R. Scherer: „Vocal markers of emotion: Comparing induction and acting elicitation“. In: *Computer Speech & Language* 27.1 (2013), S. 40–58.

[Sch13b] B. Schuller: *Intelligent Audio Analysis.* Signals and Communication Technology. Berlin: Springer, 2013.

[Sch78] K. R. Scherer: „Personality inference from voice quality: The loud voice of extroversion“. In: *European Journal of Social Psychology* 8.4 (1978), S. 467–487.

[Sch90] R. E. Schapire: „The Strength of Weak Learnability“. In: *Machine Learning* 5.2 (1990), S. 197–227.

[Sep+10] D. Seppi, A. Batliner, S. Steidl, B. Schuller und E. Nöth: „Word Accent and Emotion“. In: *Proceedings of Speech Prosody 2010.* Chicago, 2010.

[SF01] A. K. Seewald und J. Fuernkranz: „An Evaluation of Grading Classifiers“. In: *Advances in Intelligent Data Analysis: 4th International Conference.* Hrsg. von F. Hoffmann. Berlin: Springer, 2001, S. 115–124.

[SFE13] B. Schuller, F. Friedmann und F. Eyben: „Automatic recognition of physiological parameters in the human voice: Heart rate and skin conductance“. In: *ICASSP.* IEEE, 2013, S. 7219–7223.

[SH09] L. Sachs und J. Hedderich: *Angewandte Statistik: Methodensammlung mit R.* 13. Aufl. Berlin: Springer, 2009.

[SH99] P. Stahlknecht und U. Hasenkamp: *Einführung in die Wirtschaftsinformatik.* 9. Aufl. Berlin: Springer, 1999.

[Sha96] A. J. C. Sharkey: „On combining artificial neural nets“. In: *Connection Science* 8.3-4 (1996), S. 299–314.

[Sha97] A. J. C. Sharkey: „Modularity, Combining and Artificial Neural Nets“. In: *Connection Science* 9.1 (1997), S. 3–10.

[She00] C. Shearer: „The CRISP-DM model: the new blueprint for data mining“. In: *Journal of data warehousing* 5.4 (2000), S. 13–22.

[Shl90] S. Shlien: „Multiple binary decision tree classifiers“. In: *Pattern Recognition* 23.7 (1990), S. 757–763.

[Sid09] J. Sidorova: „Speech emotion recognition with TGI+.2 classifier“. In: *EACL '09: Proceedings of the 12th Conference of the European Chapter of the Association for Computational Linguistics: Student Research Workshop.* Athen: Association for Computational Linguistics, 2009, S. 54–60.

[Sie+12] I. Siegert, R. Böck, D. Philippou-Hübner und A. Wendemuth: „Investigation of Hierarchical Classification for Simultaneous Gender and Age Recognitions“. In: *Konferenzband Elektronische Sprachsignalverarbeitung (ESSV) 2012.* Hrsg. von M. Wolff. Bd. 64. Studientexte zur Sprachkommunikation. Dresden: TUDpress, 2012, S. 58–86.

[Sin+13] S. M. Siniscalchi, J. Reed, T. Svendsen und C.-H. Lee: „Universal attribute characterization of spoken languages for automatic spoken language recognition“. In: *Computer Speech & Language* 27.1 (2013), S. 209–227.

[SJK03] K. R. Scherer, T. Johnstone und G. Klasmeyer: „Vocal expression of emotion“. In: *Handbook of the Affective Sciences*. Hrsg. von R. Davidson, K. R. Scherer und H. Goldsmith. New York: Oxford University Press, 2003, S. 433–456.

[SKS13] I. Swietlicka, W. Kuniszyk-Jóźkowiak und E. Smołka: „Hierarchical ANN system for stuttering identification“. In: *Computer Speech & Language* 27.1 (2013), S. 228–242.

[Sky+05] P. Skyrme, L. Wilkinson, J. D. Abraham und J. D. Morrison: „Using personality to predict outbound call center job performance“. In: *Applied HRM Research* 10.2 (2005), S. 89–98.

[SL13] A. Schweitzer und N. Lewandowski: „Convergence of articulation rate in spontaneous speech.“ In: *INTERSPEECH 2013*. 2013, S. 525–529.

[SM06] L. Suhl und T. Mellouli: *Optimierungssysteme: Modelle, Verfahren, Software, Anwendungen*. Berlin: Springer, 2006.

[Smi+75] B. Smith, B. Brown, W. Strong und A. Rencher: „Effects of speech rate on personality perception“. In: *Language and Speech* 18.2 (1975), S. 145–152.

[Spo12] S. L. Sporer: „Making the subjective objective? Computer-assisted quantification of qualitative content cues to deception“. In: *Proceedings of the Workshop on Computational Approaches to Deception Detection*. EACL. Stroudsburg: Association for Computational Linguistics, 2012, S. 78–85.

[SPP10] A. Schmitt, R. Pieraccini und T. Polzehl: „'For Heaven's Sake, Gimme a Live Person!' Designing Emotion-Detection Customer Care Voice Applications in Automated Call Centers“. In: *Advances in Speech Recognition*. Berlin: Springer, 2010, S. 191–219.

[Spr08] C. Sprengel: *Referenzmodellierung zur Gestaltung von Informationssystemen im Bereich der bildgebenden Diagnostik*. Berlin: Pro Business, 2008.

[SR06] B. Schuller und G. Rigoll: „Timing levels in segment-based speech emotion recognition.“ In: *INTERSPEECH 2006*. 2006, S. 1818–1821.

[SR09] B. Schuller und G. Rigoll: „Recognising Interest in Conversational Speech – Comparing Bag of Frames and Supra-segmental Features“. In: *INTERSPEECH 2009*. ISCA, 2009, S. 1999–2001.

[SS79] K. R. Scherer und U. Scherer: „Nonverbales Verhalten von Beamten in der Interaktion mit dem Bürger: Erste Ergebnisse“. In: *Nonverbale Kommunikation. Forschungsberichte zum Interaktionsverhalten, Weinheim-Basel* (1979), S. 307–319.

[SSB09] B. Schuller, S. Steidl und A. Batliner: „The Interspeech 2009 Emotion Challenge“. In: *INTERSPEECH 2009*. ISCA, 2009, S. 312–315.

[SSB13] B. Schuller, S. Steidl und A. Batliner: „Introduction to the special issue on Paralinguistics in Naturalistic Speech and Language“. In: *Computer Speech & Language* 27.1 (2013), S. 1–3.

[SST02] F. Schiel, S. Steininger und U. Türk: „The SmartKom Multimodal Corpus at BAS.“ In: *LREC*. 2002.

[ST16] F. Schümann und H. Tisson: *Call Center Controlling. Ein Modell fur die Planung, Kontrolle und Steuerung von Kundenservice-Centern*. Wiesbaden: Gabler, 2016.

[Ste+02] S. Steininger, F. Schiel, O. Dioubina und S. Raubold: „Development of user-state conventions for the multimodal corpus in SmartKom“. In: *LREC Workshop on Multimodal Resources*. 2002, S. 33–37.

[Ste09] S. Steidl: *Automatic Classification of Emotion-Related User States in Spontaneous Children's Speech*. Berlin: Logos, 2009.

[STN15] M. V. Segbroeck, R. Travadi und S. S. Narayanan: „Rapid Language Identification“. In: *IEEE/ACM Transactions on Audio, Speech & Language Processing* 23.7 (2015), S. 1118–1129.

[Sto+06] F. Stouten, J. Duchateau, J. P. Martens und P. Wambacq: „Coping with disfluencies in spontaneous speech recognition: Acoustic detection and linguistic context manipulation“. In: *Speech Communication* 48 (2006), S. 1590–1606.

[Sto96] E. Stock: *Deutsche Intonation*. München: Langenscheidt, 1996.

[SVT03] T. Seppänen, E. Väyrynen und J. Toivanen: „Prosody-Based Classification of Emotions in Spoken Finnish“. In: *Eighth European Conference on Speech Communication and Technology*. ISCA, 2003, S. 717–720.

[SW11] C. Sammut und G. I. Webb, Hrsg.: *Encyclopedia of machine learning*. New York: Springer, 2011.

[SW65] S. S. Shapiro und M. B. Wilk: „An analysis of variance test for normality (complete samples)“. In: *Biometrika* 52.3/4 (1965), S. 591–611.

[Sza07] D. Szameitat: *Perzeption und akustische Eigenschaften von Emotionen in menschlichem Lächeln*. MPI Series in Human Cognitive and Brain Sciences 91. Leipzig, 2007.

[Tak+07] H. Takeuchi, L. Subramaniam, T. Nasukawa und S. Roy: „Automatic Identification of Important Segments and Expressions for Mining of Business-Oriented Conversations at Contact Centers“. In: *Proceedings of the 2007 Joint Conference on Empirical Methods in Natural Language Processing and Computational Natural Language Learning (EMNLP-CoNLL).* 2007, S. 458–467.

[Tay90] R. Taylor: „Interpretation of the correlation coefficient: a basic review“. In: *Journal of diagnostic medical sonography* 6.1 (1990), S. 35–39.

[TB06] W. F. Thompson und L.-L. Balkwill: „Decoding speech prosody in five languages“. In: *Semiotica* 2006.158 (2006), S. 407–424.

[Teo15] H.-N. Teodorescu: „Fuzzy Logic in Speech Technology - Introductory and Overviewing Glimpses“. In: *Fifty Years of Fuzzy Logic and its Applications.* Hrsg. von A. K. Dan E. Tamir Naphtali D. Rishe. Bd. 326. Studies in Fuzziness and Soft Computing. Berlin: Springer, 2015.

[TH09] H. Toutenburg und C. Heumann: *Deskriptive Statistik:* Springer-Lehrbuch. Heidelberg: Springer, 2009.

[TH10] K. P. Truong und D. Heylen: „Disambiguating the functions of conversational sounds with prosody: the case of 'yeah'“. In: *INTERSPEECH 2010.* ISCA, 2010, S. 2554–2557.

[TM87] R. J. Tallarida und R. B. Murray: „Duncan Multiple Range Test“. In: *Manual of Pharmacologic Calculations.* New York: Springer, 1987, S. 125–127.

[TSK05] P.-N. Tan, M. Steinbach und V. Kumar: *Introduction to Data Mining.* Boston: Addison-Wesley, 2005.

[Tur50] A. M. Turing: „Computing machinery and intelligence“. In: *Mind* (1950), S. 433–460.

[Tv05] K. P. Truong und D. A. van Leeuwen: „Automatic detection of laughter“. In: *INTERSPEECH 2005.* 2005, S. 485–488.

[Tv07] K. P. Truong und D. A. van Leeuwen: „Automatic discrimination between laughter and speech“. In: *Speech Communication* 49 (2 2007), S. 144–158.

[TW97] Y. Tsao und G. Weismer: „Interspeaker variation in habitual speaking rate: evidence for a neuromuscular component“. In: *Journal of Speech, Language, and Hearing Research* 40.4 (1997), S. 858–866.

[UAG08] J. S. Uleman, S. Adil Saribay und C. M. Gonzalez: „Spontaneous inferences, implicit impressions, and implicit theories“. In: *Annu. Rev. Psychol.* 59 (2008), S. 329–360.

[VA05] T. Vogt und E. André: „Comparing Feature Sets for Acted and Spontaneous Speech in View of Automatic Emotion Recognition“. In: *ICME.* 2005, S. 474–477.

[VA06] T. Vogt und E. André: „Improving automatic emotion recognition from speech via gender differentiation“. In: *Proc. Language Resources and Evaluation Conference (LREC 2006).* Genou: Citeseer, 2006.

[VA09] T. Vogt und E. André: „Exploring the benefits of discretization of acoustic features for speech emotion recognition“. In: *INTERSPEECH 2009.* Bd. 9. ISCA, 2009.

[VA11] T. Vogt und E. André: „An Evaluation of Emotion Units and Feature Types for Real-Time Speech Emotion Recognition“. In: *KI – Künstliche Intelligenz* 25.3 (2011), S. 213–223.

[Val+14] C. Valentini-Botinhao, J. Yamagishi, S. King und R. Maia: „Intelligibility enhancement of HMM-generated speech in additive noise by modifying Mel cepstral coefficients to increase the glimpse proportion“. In: *Computer Speech & Language* 28.2 (2014), S. 665–686.

[VAW08] T. Vogt, E. André und J. Wagner: „Automatic Recognition of Emotions from Speech: a Review of the Literature and Recommendations for Practical Realisation“. In: *Affect and Emotion in Human-Computer Interaction.* Hrsg. von C. Peter und R. Beale. Bd. 4868. Lecture Notes in Computer Science. Berlin: Springer, 2008, S. 75–91.

[VC06] M. Vuk und T. Curk: „ROC Curve, Lift Chart and Calibration Plot“. In: *Metodološki zvezki* 3.1 (2006), S. 89–108.

[VCA00] P. Verlinde, G. Chollet und M. Acheroy: „Multi-Modal Identity Verification Using Expert Fusion“. In: *Information Fusion* 1 (2000), S. 17–33.

[VD07] L. Vidrascu und L. Devillers: „Five emotion classes detection in real-world call center data: the use of various types of paralinguistic features“. In: *Proceedings of the International Workshop on Paralinguistic Speech - between Models and Data.* Citeseer, 2007, S. 11–16.

[Vin+08] A. Vinciarelli, M. Pantic, H. Bourlard und A. Pentland: „Social signal processing: state-of-the-art and future perspectives of an emerging domain“. In: *Proceedings of the 16th ACM international conference on Multimedia.* ACM. 2008, S. 1061–1070.

[Vin09] A. Vinciarelli: „Capturing order in social interactions“. In: *Signal Processing Magazine, IEEE* 26.5 (2009), S. 133–152.

[VK03a] D. Ververidis und C. Kotropoulos: „A review of emotional speech databases“. In: *Proc. Panhellenic Conference on Informatics (PCI).* 2003, S. 560–574.

[VK03b] D. Ververidis und C. Kotropoulos: „A State of the Art Review on Emotional Speech Databases“. In: *Proc. 1st Richmedia Conference.* 2003, S. 109–119.

[VK04] D. Ververidis und C. Kotropoulos: „Automatic speech classification to five emotional states based on gender information“. In: *Proc. Eusipco, Vienna.* 2004, S. 341–344.

[VKP04] D. Ververidis, C. Kotropoulos und I. Pitas: „Automatic emotional speech classification“. In: *Proceedings of the IEEE International Conference on Acoustics, Speech, and Signal Processing (ICASSP).* 2004.

[Vla+07] B. Vlasenko, B. Schuller, A. Wendemuth und G. Rigoll: „Combining frame and turn-level information for robust recognition of emotions within speech.“ In: *INTERSPEECH 2007.* 2007, S. 2249–2252.

[Vla+08] B. Vlasenko, B. Schuller, A. Wendemuth und G. Rigoll: „On the influence of phonetic content variation for acoustic emotion recognition“. In: *Perception in Multimodal Dialogue Systems.* Springer, 2008, S. 217–220.

[VM14] A. Vinciarelli und G. Mohammadi: „A Survey of Personality Computing“. In: *Affective Computing, IEEE Transactions on* 5.3 (Juli 2014), S. 273–291.

[VPB09] A. Vinciarelli, M. Pantic und H. Bourlard: „Social signal processing: Survey of an emerging domain“. In: *Image and Vision Computing* 27.12 (2009), S. 1743–1759.

[VSP09] A. Vinciarelli, H. Salamin und M. Pantic: „Social signal processing: Understanding social interactions through nonverbal behavior analysis“. In: *Computer Vision and Pattern Recognition, IEEE Computer Society Conference on.* IEEE. 2009, S. 42–49.

[VV10] A. Vinciarelli und F. Valente: „Social Signal Processing: Understanding Nonverbal Communication in Social Interactions“. In: *Proceedings of Measuring Behaviour.* 2010, S. 118–121.

[Wal+15] M. Walther, B. Neuber, O. Jokisch und T. Mellouli: „Towards a Conversational Expert System for Rhetorical and Vocal Quality Assessment in Call Center Talks“. In: *SLaTE 2015 – Sixth Workshop on Speech and Language Technology in Education.* 2015, S. 29–34.

[Wal+16] M. Walther, F. T. Beier, T. Mellouli und B. Neuber: „Automatische Klassifikation des Ersteindrucks der Gesprächswahrnehmung bei ungeschulten Hörern“. In: *Konferenzband Elektronische Sprachsignalverarbeitung (ESSV) 2016.* Hrsg. von O. Jokisch. Studientexte zur Sprachkommunikation. Dresden: TUDpress, 2016, S. 93–100.

[Wal09] M. Walther: „Ein hybrider Ansatz zur Bewertung von Callcenter-Gesprächen“. In: *Tagungsband des elften interuniversitären Doktorandenseminars Wirtschaftsinformatik der Universitäten Halle, Leipzig, Jena, Dresden und Freiberg.* Hrsg. von T. Mellouli. Halle: Martin-Luther-Universität Halle-Wittenberg, 2009, S. 61–73.

[Wal10] M. Walther: *Methoden der künstlichen Intelligenz zur Qualitätsbeurteilung von Callcenter-Gesprächen.* Vortrag am 08.10.2010 auf der Jahrestagung 2010 der Deutschen Gesellschaft für Sprechwissenschaft und Sprecherziehung (DGSS) e. V. Halle/Saale, 2010.

[Wal11] M. Walther: „Automatische Bewertung der Gesprächsqualität auf Basis mehrstufiger Modelle stimmlicher Merkmale – Zwischenbericht über ein Forschungsprojekt". In: *Interpersonelle Kommunikation: Analyse und Optimierung.* Hrsg. von I. Bose und B. Neuber. Bd. 39. Hallesche Schriften zur Sprechwissenschaft und Phonetik. Frankfurt: Peter Lang, 2011, S. 313–319.

[Wan+13] W. Y. Wang, F. Biadsy, A. Rosenberg und J. Hirschberg: „Automatic detection of speaker state: Lexical, prosodic, and phonetic approaches to level-of-interest and intoxication classification". In: *Computer Speech & Language* 27.1 (2013), S. 168–189.

[War+01] M. Ware, E. Frank, G. Holmes, M. Hall und I. Witten: „Interactive machine learning: letting users build classifiers". In: *International Journal of Human-Computer Studies* 55.3 (2001), S. 281–292.

[WB10] B. Weiss und F. Burkhardt: „Voice attributes affecting likability perception". In: *INTERSPEECH 2010.* ISCA, 2010, S. 2014–2017.

[Wen07] B. Wendt: *Analysen emotionaler Prosodie.* Bd. 20. Hallesche Schriften zur Sprechwissenschaft und Phonetik. Frankfurt: Peter Lang, 2007.

[WFH05] I. H. Witten, E. Frank und M. A. Hall: *Data Mining: Practical Machine Learning Tools and Techniques.* San Francisco: Morgan Kaufmann, 2005.

[WFH11] I. H. Witten, E. Frank und M. A. Hall: *Data Mining: Practical Machine Learning Tools and Techniques.* 3. Aufl. San Francisco: Morgan Kaufmann, 2011.

[WGC14] M. Woźniak, M. Graña und E. Corchado: „A survey of multiple classifier systems as hybrid systems". In: *Information Fusion* 16 (2014), S. 3–17.

[WH07] T. Wilde und T. Hess: „Forschungsmethoden der Wirtschaftsinformatik". In: *WIRTSCHAFTSINFORMATIK* 49.4 (2007), S. 280–287.

[WI98] S. M. Weiss und N. Indurkhya: *Predictive data mining: a practical guide.* San Francisco: Morgan Kaufmann, 1998.

[Wil45] F. Wilcoxon: „Individual comparisons by ranking methods". In: *Biometrics bulletin* 1.6 (1945), S. 80–83.

[Wir15] G. Wirsching, Hrsg.: *Konferenzband Elektronische Sprachsignalverarbeitung (ESSV) 2015.* Bd. 78. Studientexte zur Sprachkommunikation. Dresden: TUDpress, 2015.

[WJM16] M. Walther, O. Jokisch und T. Mellouli: „Two-stage Decision Trees for Automatic Speaker Likability Classification“. In: *Tagungsband der 12. Tagung Phonetik und Phonologie im deutschsprachigen Raum.* Hrsg. von C. Draxler und F. Kleber. Bd. 12. 2016, S. 219–223.

[WKS06] J. Wilting, E. Krahmer und M. Swerts: „Real vs. acted emotional speech.“ In: *INTERSPEECH 2006.* ISCA, 2006.

[WLA12] J. Wagner, F. Lingenfelser und E. André: „A Frame Pruning Approach for Paralinguistic Recognition Tasks.“ In: *INTERSPEECH 2012.* 2012, S. 274–277.

[WM17] M. Walther und T. Mellouli: „Intelligente Systeme zur Bewertung der Gesprächsqualität im Callcenter – Stand der Forschung und experimentelle Ergebnisse“. In: *Dialogoptimierung in der Telekommunikation.* Hrsg. von B. Neuber und J. Pietschmann. Bd. 9. Schriften zur Sprechwissenschaft und Phonetik. Berlin: Frank & Timme, 2017.

[WMJ15] M. Walther, T. Mellouli und O. Jokisch: „Fusion von Klassifikationsmodellen zur automatischen Erkennung von Stimmeigenschaften in der Qualitätsbewertung von Callcentergesprächen“. In: *Konferenzband Elektronische Sprachsignalverarbeitung (ESSV) 2015.* Hrsg. von G. Wirsching. Bd. 78. Studientexte zur Sprachkommunikation. Dresden: TUDpress, 2015, S. 188–195.

[WMN12] M. Walther, T. Mellouli und L. Nöbel: „KI-basierte Modellierungsansätze für die Qualitätsbewertung von Servicegesprächen mittels Sprach- und Stimmanalyse“. In: *Service Engineering & Management: Proceedings der Teilkonferenz im Rahmen der Multi-Konferenz Wirtschaftsinformatik.* Hrsg. von T. Böhmann, R. Knackstedt, J. M. Leimeister, M. Nüttgens und O. Thomas. Books on Demand, 2012, S. 167–177.

[Wöl+11a] M. Wöllmer, F. Weninger, F. Eyben und B. Schuller: „Acoustic-Linguistic Recognition of Interest in Speech with Bottleneck-BLSTM Nets“. In: *INTERSPEECH 2011.* ISCA, 2011, S. 77–80.

[Wöl+11b] M. Wöllmer, F. Weninger, F. Eyben und B. Schuller: „Computational Assessment of Interest in Speech - Facing the Real-Life Challenge“. In: *KI – Künstliche Intelligenz* 25.3 (2011), S. 225–234.

[Wol11] M. Wolff: *Akustische Mustererkennung.* Hrsg. von R. Hoffmann. Bd. 57. Studientexte zur Sprachkommunikation. Dresden: TUDpress, 2011.

[Wol12] M. Wolff, Hrsg.: *Konferenzband Elektronische Sprachsignalverarbeitung (ESSV) 2012.* Bd. 64. Studientexte zur Sprachkommunikation. Dresden: TUDpress, 2012.

[Wol92] D. H. Wolpert: „Stacked Generalization". In: *Neural Networks* 5 (1992), S. 241–259.

[Wol96] D. H. Wolpert: „The lack of a priori distinctions between learning algorithms". In: *Neural Computations* 8.7 (1996), S. 1341–1390.

[WP01] G. M. Weiss und F. J. Provost: *The effect of class distribution on classifier learning: an empirical study.* Techn. Ber. Rutgers Univerity, 2001.

[WP03] G. M. Weiss und F. J. Provost: „Learning when training data are costly: The effect of class distribution on tree induction". In: *J. Artif. Intell. Res.(JAIR)* 19 (2003), S. 315–354.

[Wu+08] X. Wu, V. Kumar, J. R. Quinlan, J. Ghosh, Q. Yang, H. Motoda u. a.: „Top 10 algorithms in data mining". In: *Knowledge and Information Systems* 14.1 (2008), S. 1–37.

[Wu12] D. Wu: „Genetic Algorithm Based Feature Selection for Speaker Trait Classification". In: *INTERSPEECH 2012.* ISCA, 2012, S. 294–297.

[WVA07] J. Wagner, T. Vogt und E. André: „A systematic comparison of different HMM designs for emotion recognition from acted and spontaneous speech". In: *Affective Computing and Intelligent Interaction* (2007), S. 114–125.

[WWS14] F. Weninger, M. Wöllmer und B. Schuller: „Emotion Recognition in Naturalistic Speech and Language – A Survey". In: *Emotion Recognition: A Pattern Analysis Approach.* Hrsg. von A. Konar und A. Chakraborty. Hoboken: Wiley, 2014, S. 237–268.

[WYC09] C.-H. Wu, J.-F. Yeh und Z.-J. Chuang: „Emotion perception and recognition from speech". In: *Affective Information Processing.* Hrsg. von J. Tao und T. Tan. Springer, 2009, S. 93–110.

[Xia+07] Z. Xiao, E. Dellandrea, W. Dou und L. Chen: „Automatic Hierarchical Classification of Emotional Speech". In: *Multimedia Workshops, 2007. ISMW '07. Ninth IEEE International Symposium on.* 2007, S. 291–296.

[Xia+10] Z. Xiao, E. Dellandrea, W. Dou und L. Chen: „Multi-stage classification of emotional speech motivated by a dimensional emotion model". In: *Multimedia Tools and Applications* 46.1 (2010), S. 119–145.

[XL10] S. Xie und Y. Liu: „Improving supervised learning for meeting summarization using sampling and regression". In: *Computer Speech & Language* 24.3 (2010), S. 495–514.

[Yac+03] S. Yacoub, S. Simske, X. Lin und J. Burns: „Recognition of Emotions in Interactive Voice Response Systems". In: *Eurospeech 2003.* 2003, S. 1–4.

[Yen+06] S.-J. Yen, Y.-S. Lee, C.-H. Lin und J.-C. Ying: „Investigating the effect of sampling methods for imbalanced data distributions". In: *IEEE Interna-*

tional Conference on Systems, Man and Cybernetics. Bd. 5. IEEE. 2006, S. 4163–4168.

[YL04] L. Yu und H. Liu: „Efficient feature selection via analysis of relevance and redundancy“. In: *The Journal of Machine Learning Research* 5 (2004), S. 1205–1224.

[YL10] B. Yang und M. Lugger: „Emotion recognition from speech signals using new harmony features“. In: *Signal Processing* 90.5 (2010), S. 1415–1423.

[You+09] S. J. Young, G. Evermann, M. J. F. Gales, T. Hain, D. Kershaw, G. Moore u. a.: *The HTK Book, version 3.4.* 9. Aufl. Cambridge: Entropic Cambridge Research Laboratory, 2009.

[Zad02] L. A. Zadeh: „From Computing with Numbers to Computing with Words — From Manipulation of Measurements to Manipulation of Perceptions“. In: *Appl. Math. Comput. Sci* (2002), S. 307–324.

[Zad12] L. A. Zadeh: *Computing with Words: Principal Concepts and Ideas.* Bd. 277. Studies in Fuzziness and Soft Computing. Berlin: Springer, 2012.

[Zad65] L. A. Zadeh: „Fuzzy sets“. In: *Information and control* 8.3 (1965), S. 338–353.

[Zah73] G. L. Zahn: „Cognitive integration of verbal and vocal information in spoken sentences“. In: *Journal of Experimental Social Psychology* 9.4 (1973), S. 320–334.

[Zar15] A. Zarend: *Höflichkeit in der interkulturellen Kommunikation Russisch – Deutsch: Sprechwissenschaftliche Untersuchungen zum Höflichkeitsgrad in telefonischen Servicegesprächen.* Bd. 1. Schriften zur Sprechwissenschaft und Phonetik. Berlin: Frank & Timme, 2015.

[Zha+11] Z. Zhang, F. Weninger, M. Wollmer und B. Schuller: „Unsupervised learning in cross-corpus acoustic emotion recognition“. In: *IEEE Workshop on Automatic Speech Recognition and Understanding (ASRU).* IEEE. 2011, S. 523–528.

[Zha04] H. Zhang: „The Optimality of Naive Bayes“. In: *Proceedings of the Seventeenth International Florida Artificial Intelligence Research Society Conference.* 2004, S. 562–567.

[ZW14] M. J. Zaki und J. Wagner Meira: *Data Mining and Analysis: Fundamental Concepts and Algorithms.* New York: Cambridge University Press, Mai 2014.

Anhang

A.1 Entwicklung und Verifikation

A.1.1 Bewertungskatalog

Nachfolgend ist der vom Seminar für Sprechwissenschaft und Phonetik für die Annotation erstellte Bewertungskatalog dargestellt [MP11a, S. 200 ff.]. Die Bewertung erfolgte auf einer Skala von 1 bis 6. Mit (*) markierte Kriterien werden in dieser Arbeit verwendet.

1. Authentizität

   a: Natürlichkeit: sehr natürlich (1) – sehr unnatürlich (6)*

   b: Glaubwürdigkeit: sehr glaubwürdig (1) – sehr unglaubwürdig (6)*

   c: Aufgeschlossenheit: sehr aufgeschlossen (1) – sehr verschlossen (6)

   d: Kompetenz: sehr kompetent (1) – sehr inkompetent (6)*

   e: Sicherheit: sehr sicher (1) – sehr unsicher (6)*

2. Verständlichkeit

   a: Artikulation: sehr deutlich (1) – sehr undeutlich (6)

   aFo: Artikulationsform: sehr standardnah (1) – sehr regional gefärbt (6)

   b: Akzentuierung: sehr sinntragend (1) – sehr sinnfern (6)

3. Situationsangemessenheit

   a: Zeitliche Angemessenheit: sehr angemessen (1) – sehr unangemessen (6)

   b: Sprachliche Adäquatheit: sehr adäquat (1) – sehr inadäquat (6)

   c: Sprecherische Auffälligkeit: sehr auffällig (1) – sehr unauffällig (6)

4. Emotionalität

   a: Valenz: sehr positiv (1) – sehr negativ (6)

   b: Aktivierung: sehr ruhig (1) – sehr erregt (6)

   c: Erwartbarkeit: sehr erwartet (1) – sehr unerwartet (6)

   d: Motivation: sehr motiviert (1) – sehr unmotiviert (6)

   e: Zufriedenheit: sehr zufrieden (1) – sehr frustriert (6)

5. Gesprächsgestaltung

   a: Automatisierung: sehr flexibel (1) – sehr automatisiert (6)

b: Gesprächsführung: sehr dialoggestaltend (1) – sehr monologisierend (6)

6. Gesprächspartnerorientierung

a: Freundlichkeit: sehr freundlich (1) – sehr unfreundlich (6)*

b: Höflichkeit: sehr höflich (1) – sehr unhöflich (6)

c: Kooperativität: sehr kooperativ (1) – sehr unkooperativ (6)*

d: Aufdringlichkeit: sehr unaufdringlich (1) – sehr aufdringlich (6)

e: Gerichtetheit: sehr gerichtet (1) – sehr ungerichtet (6)

f: Einfühlsamkeit: sehr einfühlsam (1) – sehr rücksichtslos (6)

7. Sprechausdruck

a: Stimmklang: sehr angenehm (1) – sehr unangenehm (6)*

aV: Stimmklang-Volumen: sehr klangvoll (1) – sehr klangarm (6)

b: Sprechstimmlage: sehr hoch (1) – sehr tief (6)*

c: Lautheit (Stärke): sehr laut (1) – sehr leise (6)*

cU: Lautheit (Umfang): sehr groß (1) – sehr klein (6)

d: Tonhöhenverlauf: sehr bewegt (1) – sehr monoton (6)*

e: Endmelodieverlauf: interrogativ (1) – terminal (6)*

f: Melodiesprung: stark (1) – sehr schwach (6)*

g: Sprechspannung: sehr gespannt (1) – sehr ungespannt (6)*

h: Sprechgeschwindigkeit: sehr schnell (1) – sehr langsam (6)*

hFo: Sprechgeschwindigkeit (Form): sehr sprunghaft (1) – sehr gleitend (6)

hV: Sprechgeschwindigkeit (Verlauf): sehr wechselnd (1) – sehr gleichförmig (6)

hVÄE: Sprechgeschwindigkeit (Verlauf am Äußerungsende): sehr schnell (1) – sehr langsam (6)

iA: Pausenart: Grenzpausen (1) – Binnenpausen (6)*

iD: Pausendauer: sehr lang (1) – sehr kurz (6)*

iFr: Pausenfrequenz: sehr viel (1) – sehr wenig (6)*

jFo: Akzentuierungsform: dynamisch (d), temporal (t), melodisch (g), wechselnd (w)*

jFr: Akzentuierungsfrequenz: sehr viele (1) – sehr wenig Akzente (6)*

jS: Akzentuierungsstärke: sehr stark (1) – sehr schwach (6)

A.1.2 Statistische Funktionen der Merkmalsextraktion

Tabelle A.1: Statistische Funktionen der Merkmalsextraktion [EWS10, S. 31 f.].

Funktionen	Erklärung
min*	Minimalwert
maxPos	Absolute Position des Maximalwerts in Frames
minPos	Absolute Position des Minimalwerts in Frames
amean	Arithmetisches Mittel der Kontur
linregc1	Anstieg der linearen Approximation der Kontur
linregc2	Verschiebung der linearen Approximation der Kontur
linregerrA	linearer Fehler als Differenz der linearen Approximation der Kontur und dem tatsächlichen Wert
linregerrQ	quadratischer Fehler als Differenz der linearen Approximation der Kontur und dem tatsächlichen Wert
stddev	Standardabweichung der Kontur
skewness	Moment dritter Ordnung
kurtosis	Moment vierter Ordnung
quartile1	Quartil Q_1 (25 %-Perzentil)
quartile2	Quartil Q_2 (50 %-Perzentil)
quartile3	Quartil Q_3 (75 %-Perzentil)
iqr1-2	Interquartilabstand $Q_1 - Q_1$
iqr2-3	Interquartilabstand $Q_3 - Q_2$
iqr1-3	Interquartilabstand $Q_3 - Q_2$
percentile1.0*	1 %-Perzentil als ausreißerrobustes Minimum
percentile99.0	99 %-Perzentil als ausreißerrobustes Maximum
pctlrange0-1 *	ausreißerrobuster Abstand von Minimum und Maximum
upleveltime75	Prozentualer Anteil der Frames, in denen das Signal über dem Schwellwert 0,75· pctlrange0-1 + percentile1.0 liegt
upleveltime90	Prozentualer Anteil der Frames, in denen das Signal über dem Schwellwert 0,9· pctlrange0-1 + percentile1.0 liegt
risetime*	Zeit, in der das Signal ansteigt
falltime*	Zeit, in der das Signal abfällt

* Nur Bestandteil des Funktionssatzes mit 25 statistischen Funktionen.

A.1.3 Performanzmaße für Gesprächsqualität

Für Erläuterungen der Tabellen siehe Abschnitt 4.3.5.

Natürlichkeit (1a)

Klasse positiv: *natürlich*, Anzahl: 140
Klasse negativ: *unnatürlich*, Anzahl: 140
Testdatensatz: *unnatürlich*, Anzahl: 205

Tabellen siehe Abschnitt 4.3.5.

Glaubwürdigkeit (1b)

Klasse positiv: *glaubwürdig*, Anzahl: 85
Klasse negativ: *unglaubwürdig*, Anzahl: 85
Testdatensatz: *unglaubwürdig*, Anzahl: 41

Tabelle A.2: Performanzmaße für Glaubwürdigkeit (1b).

	Ada	LMT	J48	NB	MLP	SMO	JRip	BN
Avg(F_1)	0,5329	0,5946	0,5674	0,5638	0,4073	0,5873	0,6193	0,6245
Rang	7	3	5	6	8	4	2	1
Var(F_1)	0,0126	0,0165	0,0156	0,0376	0,1005	0,0056	0,0124	0,0131
Avg(AUC)	0,5736	0,6167	0,5854	0,6417	0,5806	0,5826	0,6111	0,6354
Avg(ER)	0,5294	0,5824	0,5706	0,6118	0,6	0,5824	0,6176	0,5824
Avg(rpr)	0,5389	0,6292	0,5667	0,5597	0,4153	0,5986	0,6417	0,7014
Avg(rnr)	0,5236	0,5292	0,5708	0,6583	0,7694	0,5667	0,5875	0,4569
Avg(ER_T)	0,6341	0,561	0,5366	0,5366	0,3171	0,561	0,439	0,3171
W	0,8882	0,8736	0,7061	0,8764	0,8857	0,8925	0,9075	0,9786
p_{sw}	0,1619	0,1102	0,001	0,1186	0,1516	0,1809	0,2641	0,9572
Gruppe	-	-	-	-	-	-	-	-

Für die Klassifikationsalgorithmen Ada, LMT, NB, MLP, SMO, JRip und BN gilt $p_{sw} \geq 0{,}05$. Somit kann die Nullhypothese des Shapiro-Wilk-Tests für die F_1-Werte nicht abgelehnt werden und diese werden als normalverteilt angesehen. Es wird für die normalverteilten F_1-Werte eine Varianzanalyse durchgeführt, deren Ergebnisse Tabelle A.3 zeigt.

Tabelle A.3: Varianzanalyse der F_1-Werte für Glaubwürdigkeit (1b).

	df	SAQ	MQ	$\hat{F}$	p_a
Gruppen	6	0,3365	0,0561	1,9808	$8{,}1683 \cdot 10^{-2}$
Residuen	63	1,784	0,0283		

Der p_a-Wert von 0,08 liegt außerhalb des Ablehnungsbereichs von H_0. Somit sind die mittleren F_1-Werte der einzelnen Algorithmen nicht signifikant verschieden. Es wird kein Duncan-Test durchgeführt.

Kompetenz (1d)

Klasse positiv: *kompetent*, Anzahl: 71
Klasse negativ: *inkompetent*, Anzahl: 71
Testdatensatz: *inkompetent*, Anzahl: 29

Tabelle A.4: Performanzmaße für Kompetenz (1d).

	Ada	LMT	J48	NB	MLP	SMO	JRip	BN
Avg(F_1)	0,7206	0,7555	0,7376	0,7459	0,7684	0,7934	0,6554	0,762
Rang	7	4	6	5	2	1	8	3
Var(F_1)	0,021	0,0184	0,0261	0,0101	0,012	0,008	0,0512	0,0212
Avg(AUC)	0,8163	0,7594	0,7311	0,7288	0,8	0,7875	0,6892	0,8286
Avg(ER)	0,7171	0,7386	0,7329	0,7181	0,7543	0,7876	0,6819	0,78
Avg(rpr)	0,7446	0,8161	0,7286	0,8286	0,8018	0,8143	0,6857	0,7732
Avg(rnr)	0,6911	0,6643	0,7375	0,6107	0,7143	0,7607	0,6786	0,7893
Avg	0,6207	0,6897	0,5172	0,5172	0,7586	0,6207	0,7931	0,8276
W	0,9067	0,8634	0,9149	0,9571	0,9041	0,94	0,9407	0,9027
p_{sw}	0,2591	0,0838	0,3167	0,7521	0,2431	0,5535	0,5606	0,2347
Gruppe	-	-	-	-	-	-	-	-

Für alle Klassifikationsalgorithmen gilt $p_{sw} \geq 0{,}05$. Somit kann die Nullhypothese des Shapiro-Wilk-Tests für die F_1-Werte nicht abgelehnt werden und diese werden als normalverteilt angesehen.

Tabelle A.5: Varianzanalyse der F_1-Werte für Kompetenz (1d).

	df	SAQ	MQ	$\hat{F}$	p_a
Gruppen	7	0,1191	0,017	0,8107	0,5813
Residuen	72	1,5108	0,021		

Der p_a-Wert von 0,58 liegt außerhalb des Ablehnungsbereichs von H_0. Somit sind die mittleren F_1-Werte der einzelnen Algorithmen nicht signifikant verschieden. Es wird kein Duncan-Test durchgeführt.

Sicherheit (1e)

Klasse positiv: *sicher*, Anzahl: 55
Klasse negativ: *unsicher*, Anzahl: 55
Testdatensatz: *unsicher*, Anzahl: 262

Tabelle A.6: Performanzmaße für Sicherheit (1e).

	Ada	LMT	J48	NB	MLP	SMO	JRip	BN
Avg(F_1)	0,6518	0,6558	0,5598	0,6891	0,7333	0,6454	0,6487	0,6105
Rang	4	3	8	2	1	6	5	7
Var(F_1)	0,0289	0,0282	0,05	0,0231	0,0233	0,0212	0,0421	0,0313
Avg(AUC)	0,705	0,73	0,61	0,64	0,7833	0,6567	0,67	0,6717
Avg(ER)	0,6545	0,6455	0,6	0,6273	0,7273	0,6636	0,6455	0,6
Avg(rpr)	0,6633	0,71	0,51	0,8267	0,77	0,6333	0,6967	0,6233
Avg(rnr)	0,63	0,58	0,6933	0,4333	0,69	0,68	0,5933	0,5767
Avg(ER_T)	0,6489	0,5687	0,5458	0,5153	0,5	0,5534	0,5382	0,626
W	0,8823	0,9181	0,9714	0,9258	0,923	0,9868	0,8462	0,9007
p_{sw}	0,1385	0,341	0,9033	0,4076	0,3829	0,9913	0,0524	0,2229
Gruppe	-	-	-	-	-	-	-	-

Für alle Klassifikationsalgorithmen gilt $p_{sw} \geq 0{,}05$. Somit kann die Nullhypothese des Shapiro-Wilk-Tests für die F_1-Werte nicht abgelehnt werden und diese werden als normalverteilt angesehen.

Tabelle A.7: Varianzanalyse der F_1-Werte für Sicherheit (1e).

	df	SAQ	MQ	$\hat{F}$	p_a
Gruppen	7	0,1821	0,026	0,8389	$5{,}5877 \cdot 10^{-1}$
Residuen	72	2,2331	0,031		

Der p_a-Wert von 0,56 liegt außerhalb des Ablehnungsbereichs von H_0. Somit sind die mittleren F_1-Werte der einzelnen Algorithmen nicht signifikant verschieden. Es wird kein Duncan-Test durchgeführt.

Freundlichkeit (6a)

Klasse positiv: *freundlich*, Anzahl: 73
Klasse negativ: *unfreundlich*, Anzahl: 73
Testdatensatz: *freundlich*, Anzahl: 143

Tabelle A.8: Performanzmaße für Freundlichkeit (6a).

	Ada	LMT	J48	NB	MLP	SMO	JRip	BN
Avg(F_1)	0,634	0,6875	0,6282	0,7255	0,6925	0,656	0,6714	0,6968
Rang	7	4	8	1	3	6	5	2
Var(F_1)	0,0301	0,0155	0,0194	0,0037	0,0098	0,0095	0,0127	0,0055
Avg(AUC)	0,6983	0,7298	0,6501	0,6736	0,6696	0,6393	0,6698	0,737
Avg(ER)	0,6438	0,6838	0,639	0,6795	0,6714	0,6376	0,6714	0,6795
Avg(rpr)	0,675	0,6946	0,625	0,8357	0,7571	0,7	0,6857	0,7536
Avg(rnr)	0,6214	0,6696	0,6464	0,5179	0,5821	0,5786	0,6607	0,6018
Avg(ER_T)	0,5594	0,6503	0,5804	0,8112	0,6853	0,7133	0,6154	0,6503
W	0,8634	0,9276	0,9117	0,9336	0,9448	0,9297	0,8785	0,8591
p_{sw}	0,0836	0,4248	0,2925	0,4841	0,6073	0,4448	0,1255	0,0744
Gruppe	-	-	-	-	-	-	-	-

Für alle Klassifikationsalgorithmen gilt $p_{sw} \geq 0{,}05$. Somit kann die Nullhypothese des Shapiro-Wilk-Tests für die F_1-Werte nicht abgelehnt werden und diese werden als normalverteilt angesehen.

Tabelle A.9: Varianzanalyse der F_1-Werte für Freundlichkeit (6a).

	df	SAQ	MQ	$\hat{F}$	p_a
Gruppen	7	0,0772	0,011	0,8306	$5{,}6537 \cdot 10^{-1}$
Residuen	72	0,9562	0,0133		

Der p_a-Wert von 0,57 liegt außerhalb des Ablehnungsbereichs von H_0. Somit sind die mittleren F_1-Werte der einzelnen Algorithmen nicht signifikant verschieden. Es wird kein Duncan-Test durchgeführt.

Kooperativität (6c)

Klasse positiv: *kooperativ*, Anzahl: 82
Klasse negativ: *unkooperativ*, Anzahl: 82
Testdatensatz: *kooperativ*, Anzahl: 44

Tabelle A.10: Performanzmaße für Kooperativität (6c).

	Ada	LMT	J48	NB	MLP	SMO	JRip	BN
Avg(F_1)	0,5213	0,4696	0,4887	0,4514	0,4247	0,5417	0,5072	0,4949
Rang	2	6	5	7	8	1	3	4

Tabelle A.10 – Fortsetzung

	Ada	LMT	J48	NB	MLP	SMO	JRip	BN
$\mathrm{Var}(F_1)$	0,0281	0,0356	0,016	0,0089	0,0377	0,0058	0,0223	0,0255
$\mathrm{Avg}(AUC)$	0,5087	0,4816	0,4877	0,5055	0,5009	0,5472	0,516	0,4948
$\mathrm{Avg}(ER)$	0,5353	0,4673	0,4816	0,4934	0,511	0,5478	0,5371	0,511
$\mathrm{Avg}(rpr)$	0,5653	0,4958	0,5208	0,4264	0,4417	0,5347	0,4972	0,5194
$\mathrm{Avg}(rnr)$	0,4986	0,4375	0,4347	0,5556	0,5681	0,5597	0,5722	0,5014
$\mathrm{Avg}(ER_T)$	0,6364	0,6818	0,4773	0,5227	0,25	0,5682	0,4545	0,5
W	0,951	0,906	0,8936	0,9439	0,9353	0,8814	0,9369	0,9812
p_{sw}	0,6807	0,2547	0,1859	0,597	0,5025	0,1356	0,5195	0,9713
Gruppe	-	-	-	-	-	-	-	-

Für alle Klassifikationsalgorithmen gilt $p_{sw} \geq 0{,}05$. Somit kann die Nullhypothese des Shapiro-Wilk-Tests für die F_1-Werte nicht abgelehnt werden und diese werden als normalverteilt angesehen.

Tabelle A.11: Varianzanalyse der F_1-Werte für Kooperativität (6c).

	df	SAQ	MQ	$\hat{F}$	p_a
Gruppen	7	0,0939	0,0134	0,5882	$7{,}6337 \cdot 10^{-1}$
Residuen	71	1,619	0,0228		

Der p_a-Wert von 0,76 liegt außerhalb des Ablehnungsbereichs von H_0. Somit sind die mittleren F_1-Werte der einzelnen Algorithmen nicht signifikant verschieden. Es wird kein Duncan-Test durchgeführt.

A.1.4 Performanzmaße für Sprechausdruck

Für Erläuterungen der Tabellen siehe Abschnitte 4.3.5 und 4.3.6.

Stimmklang (7a)

Klasse positiv: *angenehm*, Anzahl: 74
Klasse negativ: *unangenehm*, Anzahl: 74
Testdatensatz: *unangenehm*, Anzahl: 324

Tabelle A.12: Performanzmaße für Stimmklang (7a).

	Ada	LMT	J48	NB	MLP	SMO	JRip	BN
$\mathrm{Avg}(F_1)$	0,6245	0,5589	0,5897	0,6745	0,6329	0,6332	0,5922	0,6883

Tabelle A.12 – Fortsetzung								
	Ada	LMT	J48	NB	MLP	SMO	JRip	BN
Rang	5	8	7	2	4	3	6	1
Var(F_1)	0,0183	0,0164	0,0255	0,0117	0,0141	0,0198	0,0342	0,0091
Avg(AUC)	0,6362	0,612	0,6074	0,625	0,6839	0,6429	0,6394	0,6722
Avg(ER)	0,6076	0,56	0,5948	0,6276	0,6357	0,6429	0,6276	0,6543
Avg(rpr)	0,6821	0,5821	0,6054	0,7661	0,6464	0,6464	0,6036	0,7643
Avg(rnr)	0,5286	0,5393	0,5839	0,4857	0,625	0,6393	0,6518	0,5411
Avg(ER_T)	0,5617	0,4907	0,5309	0,2994	0,2623	0,4475	0,537	0,3364
W	0,945	0,9338	0,9774	0,9335	0,9313	0,8981	0,884	0,9215
p_{sw}	0,6102	0,4864	0,9498	0,483	0,4609	0,2085	0,1449	0,3698
Gruppe	-	-	-	-	-	-	-	-

Für alle Klassifikationsalgorithmen gilt $p_{sw} \geq 0{,}05$. Somit kann die Nullhypothese des Shapiro-Wilk-Tests für die F_1-Werte nicht abgelehnt werden und diese werden als normalverteilt angesehen.

Tabelle A.13: Varianzanalyse der F_1-Werte für Stimmklang (7a).

	df	SAQ	MQ	$\hat{F}$	p_a
Gruppen	7	0,1328	0,019	1,019	$4{,}2539 \cdot 10^{-1}$
Residuen	72	1,3405	0,0186		

Der p_a-Wert von 0,43 liegt außerhalb des Ablehnungsbereichs von H_0. Somit sind die mittleren F_1-Werte der einzelnen Algorithmen nicht signifikant verschieden. Es wird kein Duncan-Test durchgeführt.

Sprechstimmlage (7b)

Klasse positiv: *hoch*, Anzahl: 146
Klasse negativ: *tief*, Anzahl: 146
Testdatensatz: *hoch*, Anzahl: 114

Tabelle A.14: Performanzmaße für Sprechstimmlage (7b).

	Ada	LMT	J48	NB	MLP	SMO	JRip	BN
Avg(F_1)	0,9167	0,9416	0,853	0,8695	0,9496	0,9207	0,9099	0,8446
Rang	4	2	7	6	1	3	5	8
Var(F_1)	0,0027	0,0018	0,006	0,0013	0,0017	0,0014	0,0015	0,002
Avg(AUC)	0,9674	0,9822	0,8534	0,8958	0,9678	0,9214	0,9186	0,8629

Tabelle A.14 – Fortsetzung

	Ada	LMT	J48	NB	MLP	SMO	JRip	BN
Avg(ER)	0,9177	0,9417	0,8598	0,8663	0,9484	0,9211	0,9075	0,8285
Avg(rpr)	0,919	0,9395	0,8424	0,8981	0,9595	0,9181	0,9324	0,9248
Avg(rnr)	0,9186	0,9452	0,8776	0,8357	0,9381	0,9248	0,8843	0,731
Avg(ER_T)	0,9561	0,9649	0,8684	0,9035	0,9386	0,8947	0,9298	0,9298
W	0,8825	0,8715	0,9197	0,9316	0,9113	0,9166	0,9207	0,889
p_{sw}	0,1393	0,1039	0,3545	0,4635	0,2902	0,3292	0,3631	0,1653
Gruppe	a	a	c	bc	a	a	ab	c

Für alle Klassifikationsalgorithmen gilt $p_{sw} \geq 0{,}05$. Somit kann die Nullhypothese des Shapiro-Wilk-Tests für die F_1-Werte nicht abgelehnt werden und diese werden als normalverteilt angesehen.

Tabelle A.15: Varianzanalyse der F_1-Werte für Sprechstimmlage (7b).

	df	SAQ	MQ	$\hat{F}$	p_a
Gruppen	7	0,1119	0,016	6,9654	$2{,}4802 \cdot 10^{-6}$
Residuen	72	0,1652	0,0023		

Mit einem p_a-Wert von $2{,}48 \cdot 10^{-6}$, der kleiner als das Signifikanzniveau von 0,05 ist, wird die Nullhypothese der Varianzanalyse abgelehnt und geschlussfolgert, dass die Mittelwerte von F_1 verschieden sind. Es wird ein Duncan-Test durchgeführt, dessen Ergebnisse in Tabelle A.14 in der Zeile „Gruppe" verzeichnet sind.

Tabelle A.16: Kritische Bereiche des Duncan-Tests für 7b.

t_{emp}	2,82	2,97	3,06	3,13	3,19	3,23	3,27
krit. Bereich	0,0427	0,0449	0,0464	0,0475	0,0483	0,049	0,0495

Lautheit (7c)

Klasse positiv: *laut*, Anzahl: 47
Klasse negativ: *leise*, Anzahl: 47
Testdatensatz: *leise*, Anzahl: 15

Tabelle A.17: Performanzmaße für Lautheit (7c).

	Ada	LMT	J48	NB	MLP	SMO	JRip	BN
Avg(F_1)	0,9655	0,9433	0,969	0,8561	0,9578	0,9689	0,9346	0,9376
Rang	3	5	1	8	4	2	7	6
Var(F_1)	0,0032	0,0037	0,0043	0,0183	0,0052	0,0047	0,0068	0,0051
Avg(AUC)	0,9775	0,995	0,9675	0,928	0,967	0,97	0,935	0,986
Avg(ER)	0,9678	0,9467	0,9689	0,8711	0,9578	0,9689	0,9356	0,9378
Avg(rpr)	0,955	0,915	0,975	0,845	0,94	0,96	0,935	0,92
Avg(rnr)	0,98	0,98	0,96	0,89	0,98	0,98	0,935	0,96
Avg(ER_T)	1,0	1,0	1,0	0,8667	1,0	1,0	1,0	0,9333
W	0,6539	0,7594	0,5268	0,8487	0,6543	0,5365	0,7841	0,7989
p_{sw}	0,0002	0,0046	0,0	0,056	0,0002	0,0	0,0093	0,0141
Gruppe	-	-	-	-	-	-	-	-

Der F_1-Wert nur für den Klassifikationsalgorithmus NB normalverteilt. Es wird keine Varianzanalyse durchgeführt.

Tonhöhenverlauf (7d)

Klasse positiv: *bewegt*, Anzahl: 120
Klasse negativ: *monoton*, Anzahl: 120
Testdatensatz: *bewegt*, Anzahl: 85

Tabelle A.18: Performanzmaße für Tonhöhenverlauf (7d).

	Ada	LMT	J48	NB	MLP	SMO	JRip	BN
Avg(F_1)	0,6757	0,7566	0,6338	0,5995	0,7749	0,7628	0,6956	0,698
Rang	6	3	7	8	1	2	5	4
Var(F_1)	0,0274	0,0085	0,0087	0,0133	0,0118	0,0043	0,0048	0,0067
Avg(AUC)	0,7719	0,8222	0,6538	0,6611	0,834	0,7667	0,6872	0,7847
Avg(ER)	0,6958	0,7625	0,6417	0,6292	0,7708	0,7667	0,6833	0,7083
Avg(rpr)	0,675	0,7417	0,6417	0,5667	0,7917	0,75	0,725	0,675
Avg(rnr)	0,7167	0,7833	0,6417	0,6917	0,75	0,7833	0,6417	0,7417
Avg(ER_T)	0,5765	0,7412	0,5176	0,4353	0,6471	0,6824	0,6588	0,5529
W	0,7434	0,9465	0,9224	0,9737	0,8591	0,9681	0,9296	0,9646
p_{sw}	0,003	0,6278	0,3775	0,9228	0,0744	0,873	0,444	0,8372
Gruppe	-	a	bc	c	a	a	ab	ab

Für die Klassifikationsalgorithmen LMT, J48, NB, MLP, SMO, JRip und BN gilt $p_{sw} \geq 0{,}05$. Somit kann die Nullhypothese des Shapiro-Wilk-Tests für die F_1-Werte nicht abgelehnt werden und diese werden als normalverteilt angesehen. Es wird für die normalverteilten F_1-Werte eine Varianzanalyse durchgeführt, deren Ergebnisse Tabelle A.19 zeigt.

Tabelle A.19: Varianzanalyse der F_1-Werte für Tonhöhenverlauf (7d).

	df	*SAQ*	*MQ*	$\hat{F}$	p_a
Gruppen	6	0,2721	0,0453	5,448	$1{,}3692 \cdot 10^{-4}$
Residuen	63	0,5244	0,0083		

Mit einem p_a-Wert von $1{,}37 \cdot 10^{-4}$, der kleiner als das Signifikanzniveau von 0,05 ist, wird die Nullhypothese der Varianzanalyse abgelehnt und geschlussfolgert, dass die Mittelwerte von F_1 verschieden sind. Es wird ein Duncan-Test durchgeführt, dessen Ergebnisse in Tabelle A.18 in der Zeile „Gruppe“ verzeichnet sind.

Tabelle A.20: Kritische Bereiche des Duncan-Tests für 7d.

t_{emp}	2,83	2,97	3,07	3,14	3,2	3,24
krit. Bereich	0,0815	0,0858	0,0886	0,0906	0,0922	0,0934

Endmelodieverlauf (7e)

Klasse positiv: *interrogativ*, Anzahl: 57
Klasse negativ: *terminal*, Anzahl: 57
Testdatensatz: *interrogativ*, Anzahl: 551

Tabelle A.21: Performanzmaße für Endmelodieverlauf (7e).

	Ada	LMT	J48	NB	MLP	SMO	JRip	BN
Avg(F_1)	0,7771	0,7641	0,7205	0,7173	0,7359	0,782	0,6405	0,6929
Rang	2	3	5	6	4	1	8	7
Var(F_1)	0,0169	0,0251	0,0319	0,0116	0,0285	0,0281	0,0099	0,0143
Avg(AUC)	0,8681	0,845	0,7169	0,7014	0,8522	0,79	0,6747	0,8028
Avg(ER)	0,7788	0,7705	0,7394	0,6652	0,7356	0,7879	0,6689	0,6841
Avg(rpr)	0,7833	0,8	0,7067	0,85	0,7733	0,8267	0,6133	0,72
Avg(rnr)	0,7633	0,74	0,77	0,4867	0,7	0,7533	0,7133	0,6467
Avg(ER_T)	0,6243	0,4791	0,559	0,7169	0,4319	0,4065	0,4083	0,4628
W	0,9251	0,8444	0,8412	0,9622	0,8446	0,8196	0,952	0,5916
p_{sw}	0,401	0,0498	0,0456	0,8107	0,0501	0,0251	0,6918	0,0
Gruppe	-	-	-	-	-	-	-	-

Für die Klassifikationsalgorithmen Ada, NB, MLP und JRip gilt $p_{sw} \geq 0{,}05$. Somit kann die Nullhypothese des Shapiro-Wilk-Tests für die F_1-Werte nicht abgelehnt werden und diese werden als normalverteilt angesehen. Es wird für die normalverteilten F_1-Werte eine Varianzanalyse durchgeführt, deren Ergebnisse Tabelle A.22 zeigt.

Tabelle A.22: Varianzanalyse der F_1-Werte für Endmelodieverlauf (7e).

	df	SAQ	MQ	$\hat{F}$	p_a
Gruppen	3	0,0982	0,0327	1,9588	$1{,}3762 \cdot 10^{-1}$
Residuen	36	0,6016	0,0167		

Der p_a-Wert von 0,14 liegt außerhalb des Ablehnungsbereichs von H_0. Somit sind die mittleren F_1-Werte der einzelnen Algorithmen nicht signifikant verschieden. Es wird kein Duncan-Test durchgeführt.

Melodiesprung (7f)

Klasse positiv: *stark*, Anzahl: 6
Klasse negativ: *schwach*, Anzahl: 6
Testdatensatz: *stark*, Anzahl: 295

Tabelle A.23: Performanzmaße für Melodiesprung (7f).

	Ada	LMT	J48	NB	MLP	SMO	JRip	BN
Avg(F_1)	0,5	0,2667	0,4	0,6	0,5	0,5	0,1333	0,6
Rang	3	7	6	1	3	3	8	1
Var(F_1)	0,2778	0,1926	0,2667	0,2667	0,2778	0,2778	0,079	0,2667
Avg(AUC)	1,0	0,75	1,0	1,0	1,0	1,0	0,5	1,0
Avg(ER)	0,7	0,55	0,7	0,9	0,8	0,8	0,3	0,9
Avg(rpr)	0,5	0,3	0,4	0,6	0,5	0,5	0,2	0,6
Avg(rnr)	0,4	0,4	0,5	0,5	0,5	0,5	0,2	0,5
Avg(ER_T)	0,7898	0,7458	0,8441	0,9322	0,7492	0,6746	1,0	0,8847
W	0,6553	0,6307	0,6405	0,6405	0,6553	0,6553	0,5093	0,6405
p_{sw}	0,0003	0,0001	0,0002	0,0002	0,0003	0,0003	0,0	0,0002
Gruppe	-	-	-	-	-	-	-	-

Der F_1-Wert ist für keinen Klassifikationsalgorithmus normalverteilt.

Sprechspannung (7g)

Klasse positiv: *gespannt*, Anzahl: 98
Klasse negativ: *ungespannt*, Anzahl: 98
Testdatensatz: *ungespannt*, Anzahl: 52

Tabelle A.24: Performanzmaße für Sprechspannung (7g).

	Ada	LMT	J48	NB	MLP	SMO	JRip	BN
Avg(F_1)	0,675	0,7236	0,6436	0,5931	0,7269	0,7241	0,6797	0,7276
Rang	6	4	7	8	2	3	5	1
Var(F_1)	0,0321	0,0216	0,0108	0,0218	0,0116	0,009	0,0122	0,0054
Avg(AUC)	0,7861	0,758	0,6281	0,6734	0,7581	0,715	0,6808	0,7681
Avg(ER)	0,6897	0,7218	0,6526	0,6284	0,6955	0,7155	0,6792	0,6997
Avg(rpr)	0,6822	0,7367	0,6344	0,5744	0,8167	0,7467	0,6922	0,7956
Avg(rnr)	0,6922	0,7078	0,6711	0,6844	0,5711	0,6833	0,6633	0,6011
Avg(ER_T)	0,5962	0,7692	0,8269	0,7115	0,5962	0,6731	0,2885	0,5769
W	0,9309	0,9696	0,8405	0,9405	0,8947	0,8866	0,9382	0,8776
p_{sw}	0,4567	0,8876	0,0447	0,5581	0,1912	0,1554	0,5328	0,1225
Gruppe	-	-	-	-	-	-	-	-

Für die Klassifikationsalgorithmen Ada, LMT, NB, MLP, SMO, JRip und BN gilt $p_{sw} \geq 0{,}05$. Somit kann die Nullhypothese des Shapiro-Wilk-Tests für die F_1-Werte nicht abgelehnt werden und diese werden als normalverteilt angesehen. Es wird für die normalverteilten F_1-Werte eine Varianzanalyse durchgeführt, deren Ergebnisse Tabelle A.25 zeigt.

Tabelle A.25: Varianzanalyse der F_1-Werte für Sprechspannung (7g).

	df	SAQ	MQ	$\hat{F}$	p_a
Gruppen	6	0,1473	0,0245	1,511	$1{,}8915 \cdot 10^{-1}$
Residuen	63	1,0235	0,0162		

Der p_a-Wert von 0,19 liegt außerhalb des Ablehnungsbereichs von H_0. Somit sind die mittleren F_1-Werte der einzelnen Algorithmen nicht signifikant verschieden. Es wird kein Duncan-Test durchgeführt.

Sprechgeschwindigkeit (7h)

Klasse positiv: *schnell*, Anzahl: 44
Klasse negativ: *langsam*, Anzahl: 44

Testdatensatz: *schnell*, Anzahl: 343

Tabelle A.26: Performanzmaße für Sprechgeschwindigkeit (7h).

	Ada	LMT	J48	NB	MLP	SMO	JRip	BN
Avg(F_1)	0,7514	0,7253	0,6084	0,38	0,7611	0,7159	0,7102	0,7554
Rang	3	4	7	8	1	5	6	2
Var(F_1)	0,0278	0,0393	0,0344	0,068	0,0152	0,0265	0,0108	0,0178
Avg(AUC)	0,795	0,8187	0,6637	0,7119	0,7888	0,7125	0,7	0,7888
Avg(ER)	0,7583	0,7375	0,6347	0,5819	0,75	0,7139	0,6931	0,75
Avg(rpr)	0,8	0,78	0,625	0,29	0,82	0,79	0,77	0,8
Avg(rnr)	0,735	0,705	0,67	0,865	0,675	0,635	0,615	0,71
Avg(ER_T)	0,7318	0,7259	0,7522	0,2974	0,6822	0,7347	0,8105	0,8659
W	0,7966	0,8516	0,9546	0,9184	0,8558	0,8657	0,9414	0,9257
p_{sw}	0,0132	0,0608	0,7225	0,3437	0,0681	0,089	0,5692	0,4071
Gruppe	-	a	a	b	a	a	a	a

Für die Klassifikationsalgorithmen LMT, J48, NB, MLP, SMO, JRip und BN gilt $p_{sw} \geq 0{,}05$. Somit kann die Nullhypothese des Shapiro-Wilk-Tests für die F_1-Werte nicht abgelehnt werden und diese werden als normalverteilt angesehen. Es wird für die normalverteilten F_1-Werte eine Varianzanalyse durchgeführt, deren Ergebnisse Tabelle A.27 zeigt.

Tabelle A.27: Varianzanalyse der F_1-Werte für Sprechgeschwindigkeit (7h).

	df	SAQ	MQ	$\hat{F}$	p_a
Gruppen	6	1,101	0,1835	6,0599	$4{,}7424 \cdot 10^{-5}$
Residuen	63	1,9076	0,0303		

Mit einem p_a-Wert von $4{,}74 \cdot 10^{-5}$, der kleiner als das Signifikanzniveau von 0,05 ist, wird die Nullhypothese der Varianzanalyse abgelehnt und geschlussfolgert, dass die Mittelwerte von F_1 verschieden sind. Es wird ein Duncan-Test durchgeführt, dessen Ergebnisse in Tabelle A.26 in der Zeile „Gruppe“ verzeichnet sind.

Tabelle A.28: Kritische Bereiche des Duncan-Tests für 7h.

t_{emp}	2,83	2,97	3,07	3,14	3,2	3,24
krit. Bereich	0,1555	0,1636	0,1689	0,1728	0,1758	0,1782

Pausenart (7iA)

Klasse positiv: *Grenzpausen*, Anzahl: 9
Klasse negativ: *Binnenpausen*, Anzahl: 9
Testdatensatz: *Binnenpausen*, Anzahl: 54

Tabelle A.29: Performanzmaße für Pausenart (7iA).

	Ada	LMT	J48	NB	MLP	SMO	JRip	BN
Avg(F_1)	0,5667	0,8667	0,5333	0,7667	0,8333	0,8333	0,7	0,7333
Rang	7	1	8	4	2	2	6	5
Var(F_1)	0,2481	0,1037	0,2272	0,1741	0,1049	0,1049	0,1593	0,1679
Avg(AUC)	0,75	0,875	0,6875	0,875	1,0	0,875	0,75	0,875
Avg(ER)	0,8	0,95	0,75	0,9	0,9	0,8	0,8	0,85
Avg(rpr)	0,6	0,9	0,6	0,8	0,9	0,9	0,8	0,8
Avg(rnr)	0,8	0,8	0,7	0,8	0,7	0,6	0,6	0,7
Avg(ER_T)	0,6481	0,7593	0,6296	0,6852	0,4259	0,4815	0,3889	0,4815
W	0,7032	0,5004	0,7519	0,6057	0,6033	0,6033	0,7379	0,6819
p_{sw}	0,001	0,0	0,0038	0,0001	0,0001	0,0001	0,0025	0,0005
Gruppe	-	-	-	-	-	-	-	-

Der F_1-Wert ist für keinen Klassifikationsalgorithmus normalverteilt.

Pausendauer (7iD)

Klasse positiv: *lang*, Anzahl: 45
Klasse negativ: *kurz*, Anzahl: 45
Testdatensatz: *lang*, Anzahl: 82

Tabelle A.30: Performanzmaße für Pausendauer (7iD).

	Ada	LMT	J48	NB	MLP	SMO	JRip	BN
Avg(F_1)	0,6065	0,6869	0,6862	0,7007	0,7722	0,7056	0,6461	0,7214
Rang	8	5	6	4	1	3	7	2
Var(F_1)	0,014	0,0251	0,0319	0,0232	0,0134	0,0318	0,034	0,0388
Avg(AUC)	0,605	0,6912	0,7125	0,6287	0,805	0,7125	0,6213	0,8381
Avg(ER)	0,6056	0,6847	0,6944	0,625	0,7542	0,7083	0,6069	0,7417
Avg(rpr)	0,605	0,715	0,695	0,83	0,825	0,72	0,7	0,715
Avg(rnr)	0,61	0,655	0,715	0,435	0,69	0,705	0,51	0,78
Avg(ER_T)	0,6463	0,7195	0,6707	0,8537	0,8415	0,7073	0,622	0,7805
W	0,936	0,7829	0,8695	0,9138	0,9536	0,7614	0,9591	0,9375
p_{sw}	0,5089	0,009	0,0987	0,308	0,7107	0,0049	0,7753	0,525

Tabelle A.30 – Fortsetzung	Ada	LMT	J48	NB	MLP	SMO	JRip	BN
Gruppe	-	-	-	-	-	-	-	-

Für die Klassifikationsalgorithmen Ada, J48, NB, MLP, JRip und BN gilt $p_{sw} \geq 0{,}05$. Somit kann die Nullhypothese des Shapiro-Wilk-Tests für die F_1-Werte nicht abgelehnt werden und diese werden als normalverteilt angesehen. Es wird für die normalverteilten F_1-Werte eine Varianzanalyse durchgeführt, deren Ergebnisse Tabelle A.31 zeigt.

Tabelle A.31: Varianzanalyse der F_1-Werte für Pausendauer (7iD).

	df	SAQ	MQ	$\hat{F}$	p_a
Gruppen	5	0,1676	0,0335	1,2956	$2{,}7950 \cdot 10^{-1}$
Residuen	54	1,3971	0,0259		

Der p_a-Wert von 0,28 liegt außerhalb des Ablehnungsbereichs von H_0. Somit sind die mittleren F_1-Werte der einzelnen Algorithmen nicht signifikant verschieden. Es wird kein Duncan-Test durchgeführt.

Pausenfrequenz (7iFr)

Klasse positiv: *viel*, Anzahl: 37
Klasse negativ: *wenig*, Anzahl: 37
Testdatensatz: *wenig*, Anzahl: 212

Tabelle A.32: Performanzmaße für Pausenfrequenz (7iFr).

	Ada	LMT	J48	NB	MLP	SMO	JRip	BN
Avg(F_1)	0,8016	0,8164	0,8294	0,64	0,8455	0,8169	0,6639	0,857
Rang	6	5	3	8	2	4	7	1
Var(F_1)	0,0198	0,0463	0,0144	0,0575	0,041	0,0349	0,0185	0,0139
Avg(AUC)	0,9021	0,8875	0,8427	0,9229	0,9313	0,8333	0,6833	0,9417
Avg(ER)	0,7964	0,825	0,8232	0,7429	0,8518	0,825	0,675	0,8643
Avg(rpr)	0,85	0,8333	0,85	0,5333	0,85	0,825	0,675	0,8417
Avg(rnr)	0,7583	0,8167	0,8	0,975	0,8667	0,8417	0,6833	0,8917
Avg(ER_T)	0,8095	0,8429	0,8476	0,9	0,8048	0,7905	0,8143	0,8
W	0,9101	0,8272	0,9119	0,8423	0,7465	0,7251	0,9177	0,9158
p_{sw}	0,2818	0,031	0,2945	0,047	0,0032	0,0018	0,3381	0,3231

Tabelle A.32 – Fortsetzung

	Ada	LMT	J48	NB	MLP	SMO	JRip	BN
Gruppe	a	-	a	-	-	-	b	a

Für die Klassifikationsalgorithmen Ada, J48, JRip und BN gilt $p_{sw} \geq 0{,}05$. Somit kann die Nullhypothese des Shapiro-Wilk-Tests für die F_1-Werte nicht abgelehnt werden und diese werden als normalverteilt angesehen. Es wird für die normalverteilten F_1-Werte eine Varianzanalyse durchgeführt, deren Ergebnisse Tabelle A.33 zeigt. Mit einem p_a-Wert von

Tabelle A.33: Varianzanalyse der F_1-Werte für Pausenfrequenz (7iFr).

	df	SAQ	MQ	$\hat{F}$	p_a
Gruppen	3	0,2206	0,0735	4,4194	$9{,}5746 \cdot 10^{-3}$
Residuen	36	0,5989	0,0166		

$9{,}57 \cdot 10^{-3}$, der kleiner als das Signifikanzniveau von 0,05 ist, wird die Nullhypothese der Varianzanalyse abgelehnt und geschlussfolgert, dass die Mittelwerte von F_1 verschieden sind. Es wird ein Duncan-Test durchgeführt, dessen Ergnisse in Tabelle A.32 in der Zeile „Gruppe“ verzeichnet sind.

Tabelle A.34: Kritische Bereiche des Duncan-Tests für 7iFr.

t_{emp}	2,87	3,02	3,11
krit. Bereich	0,117	0,123	0,1269

Akzentuierungsform (7jFo)

Klasse *dynamisch*, Anzahl: 71
Klasse *temporal*, Anzahl: 71
Klasse *melodisch*, Anzahl: 71
Testdatensatz: *dynamisch*, Anzahl: 50
Testdatensatz: *melodisch*, Anzahl: 139

Tabelle A.35: Performanzmaße für Akzentuierungsform (7jFo).

	Ada	LMT	J48	NB	MLP	SMO	JRip	BN
Avg(F_1)	0,6223	0,5468	0,455	0,5583	0,5522	0,5639	0,5757	0,5879

Tabelle A.35 – Fortsetzung	Ada	LMT	J48	NB	MLP	SMO	JRip	BN
Rang	1	7	8	5	6	4	3	2
Var(F_1)	0,0203	0,0308	0,0256	0,0248	0,0483	0,0311	0,055	0,0394
Avg(AUC)	0,7135	0,7643	0,6014	0,7098	0,7561	0,7634	0,7157	0,7538
Avg(ER)	0,4879	0,5126	0,4141	0,4976	0,5684	0,5634	0,5173	0,563
Avg(rpr)	0,7304	0,5339	0,4518	0,6036	0,5893	0,5732	0,5446	0,6036
Avg(rnr)	0,6967	0,7776	0,7476	0,7195	0,7881	0,8024	0,8662	0,7819
Avg(ER_T)	0,1746	-	0,2011	-	0,2646	-	0,0053	-
W	0,8718	0,8295	0,94	0,9543	0,7273	0,9412	0,8084	0,9395
p_{sw}	0,105	0,033	0,5531	0,7189	0,0019	0,5669	0,0183	0,5477
Gruppe	-	-	-	-	-	-	-	-

Für die Klassifikationsalgorithmen Ada, J48, NB, SMO und BN gilt $p_{sw} \geq 0{,}05$. Somit kann die Nullhypothese des Shapiro-Wilk-Tests für die F_1-Werte nicht abgelehnt werden und diese werden als normalverteilt angesehen. Es wird für die normalverteilten F_1-Werte eine Varianzanalyse durchgeführt, deren Ergebnisse Tabelle A.36 zeigt.

Tabelle A.36: Varianzanalyse der F_1-Werte für Akzentuierungsform (7jFo).

	df	SAQ	MQ	$\hat{F}$	p_a
Gruppen	4	0,1568	0,0392	1,3871	$2{,}5361 \cdot 10^{-1}$
Residuen	45	1,2713	0,0283		

Der p_a-Wert von 0,25 liegt außerhalb des Ablehnungsbereichs von H_0. Somit sind die mittleren F_1-Werte der einzelnen Algorithmen nicht signifikant verschieden. Es wird kein Duncan-Test durchgeführt.

Akzentuierung (7jFr)

Klasse positiv: *viele*, Anzahl: 8
Klasse negativ: *wenig*, Anzahl: 8
Testdatensatz: *viele*, Anzahl: 67

Tabelle A.37: Performanzmaße für Akzentuierungsfrequenz (7jFr).

	Ada	LMT	J48	NB	MLP	SMO	JRip	BN
Avg(F_1)	0,3333	0,3	0,2	0,4667	0,6333	0,6333	0,2667	0,5
Rang	5	6	8	4	1	1	7	3
Var(F_1)	0,1975	0,1593	0,1778	0,2519	0,2086	0,2086	0,1926	0,2037
Avg(AUC)	0,75	0,5833	0,5	0,8333	0,8333	0,75	0,3333	0,5833
Avg(ER)	0,6	0,35	0,5	0,75	0,75	0,75	0,5	0,65
Avg(rpr)	0,4	0,4	0,2	0,5	0,7	0,7	0,3	0,6
Avg(rnr)	0,5	0,2	0,6	0,7	0,5	0,5	0,4	0,4
Avg(ER_T)	0,4179	0,6119	0,3731	0,0896	0,5075	0,5522	0,2537	0,3433
W	0,715	0,7227	0,5093	0,7077	0,7307	0,7307	0,6307	0,784
p_{sw}	0,0013	0,0017	0,0	0,0011	0,0021	0,0021	0,0001	0,0093
Gruppe	-	-	-	-	-	-	-	-

Der F_1-Wert ist für keinen Klassifikationsalgorithmus normalverteilt.

A.1.5 Verifikation der Basismodelle

Tabelle A.38: Phi-Koeffizienten für Daten und Modelle.

Daten	Modelle											
	7a	7b	7c	7d	7e	7f	7g	7h	7iA	7iD	7iFr	7jFr
Stimmklang (7a)	0,49	0,0	0,04	0,0	−0,13	−0,33	0,21	−0,04	0,28	0,07	0,08	0,04
Sprechstimmlage (7b)	0,19	0,96	0,48	0,33	−0,04	−0,21	0,36	0,26	−0,02	0,17	−0,24	0,08
Lautheit (7c)	−0,11	0,7	0,98	0,47	−0,1	0,19	0,43	0,31	0,0	0,04	−0,52	0,51
Tonhöhenverlauf (7d)	−0,11	0,23	0,21	0,96	−0,05	0,21	−0,05	0,03	−0,07	−0,06	−0,03	0,13
Endmelodieverlauf (7e)	0,13	0,07	0,05	−0,11	1,0	−0,05	0,21	0,18	−0,11	0,08	−0,11	0,2
Melodiesprung (7f)	−0,85	-	0,19	0,58	-	1,0	0,17	−0,51	−0,71	0,0	0,0	0,85
Sprechspannung (7g)	0,07	0,21	0,28	0,2	0,08	0,0	0,63	0,05	0,18	−0,08	−0,27	0,21
Sprechgeschwindigkeit (7h)	0,05	−0,05	0,07	0,11	0,26	−0,1	0,17	1,0	0,1	−0,5	−0,52	−0,12
Pausenart (7iA)	0,62	0,34	0,11	0,27	−0,45	−0,62	0,45	−0,15	0,89	−0,24	−0,27	−0,45
Pausendauer (7iD)	−0,13	−0,09	−0,17	−0,12	−0,06	0,06	−0,1	−0,33	0,03	1,0	0,5	−0,09
Pausenfrequenz (7iFr)	−0,12	0,2	−0,03	0,09	−0,46	0,12	−0,1	−0,44	0,23	0,73	0,92	−0,2
Akzentuierungsfrequenz (7jFr)	0,0	0,26	0,16	0,4	0,25	−0,38	0,58	0,0	−0,13	0,4	0,29	1,0

A.2 Fallstudien

A.2.1 Korrelation der Expertenhörer

Tabelle A.39: Korrelation der Expertenbewertungen nach Spearman.

Kriterium	E_1–E_2	E_1–E_3	E_1–E_3
Natürlichkeit (1a)	0,1877	0,103	0,2462
Glaubwürdigkeit (1b)	0,3351	0,3009	0,548
Kompetenz (1d)	0,3749	0,371	0,4853
Sicherheit (1e)	0,4098	0,2834	0,2819
Freundlichkeit (6a)	0,4239	0,3857	0,635
Kooperativität (6c)	0,3393	0,2959	0,5117
Stimmklang (7a)	0,3746	0,4242	0,4542
Sprechstimmlage (7b)	0,3206	0,4312	0,5165
Lautheit (7c)	0,4524	0,5733	0,5519
Tonhöhenverlauf (7d)	0,2208	0,1602	0,2604
Endmelodieverlauf (7e)	0,204	0,3247	0,1641
Melodiesprung (7f)	0,2846	0,065	0,2518
Sprechspannung (7g)	0,3684	−0,0106	0,205
Sprechgeschwindigkeit (7h)	0,2023	0,2366	0,2905
Pausenart (7iA)	0,0893	0,153	0,1227
Pausendauer (7iD)	0,093	0,2187	0,227
Pausenfrequenz (7iFr)	0,106	0,1112	0,1575
Akzentuierungsfrequenz (7jFr)	0,1357	0,1898	0,2325

Tabelle A.40: Expertenregeln.

Nr.	Regel	w
r_{14}	7a(+) ∧ 7b(−) ∧ 7c(+) ∧ 7h(−) ∧ 7iA(+) → *kompetent*	1
r_{47}	7a(+) ∧ 7b(−) ∧ 7d(+) ∧ 7g(+) ∧ 7h(−) → *kompetent*	1
r_{10}	7b(−) ∧ 7d(+) ∧ 7g(+) ∧ 7h(+) → *kompetent*	1
r_{19}	7a(−) ∧ 7b(+) ∧ 7h(+) ∧ 7iFr(−) → *inkompetent*	1
r_{26}	7d(+) ∧ 7g(+) ∧ 7h(+) ∧ 7iD(+) → *kompetent*	1
r_{45}	7a(+) ∧ 7b(−) ∧ 7d(+) ∧ 7h(−) → *kompetent*	1
r_2	7a(+) ∧ 7b(−) ∧ 7h(−) → *kompetent*	3
r_3	7a(+) ∧ 7d(+) ∧ 7g(−) → *inkompetent*	1

Tabelle A.40 – Fortsetzung

Nr.	Regel	w
r_4	7a(−) ∧ 7b(+) ∧ 7f(+) → *inkompetent*	1
r_6	7d(−) ∧ 7g(−) ∧ 7h(+) → *inkompetent*	1
r_{11}	7b(+) ∧ 7d(+) ∧ 7f(+) → *inkompetent*	1
r_{15}	7a(−) ∧ 7b(+) ∧ 7h(+) → *inkompetent*	1
r_{25}	7a(−) ∧ 7b(+) ∧ 7d(−) → *inkompetent*	1
r_{28}	7a(+) ∧ 7b(−) ∧ 7h(+) → *kompetent*	2
r_{31}	7a(+) ∧ 7b(−) ∧ 7g(+) → *kompetent*	1
r_{32}	7d(+) ∧ 7g(−) ∧ 7iA(−) → *inkompetent*	1
r_{35}	7a(−) ∧ 7c(−) ∧ 7g(−) → *inkompetent*	1
r_{37}	7a(+) ∧ 7d(+) ∧ 7g(−) → *kompetent*	2
r_{39}	7a(+) ∧ 7c(−) ∧ 7h(+) → *kompetent*	1
r_{40}	7a(−) ∧ 7b(+) ∧ 7g(−) → *inkompetent*	3
r_{46}	7a(−) ∧ 7b(+) ∧ 7jFr(−) → *inkompetent*	1
r_5	7a(+) ∧ 7iD(+) → *kompetent*	1
r_7	7b(+) ∧ 7d(−) → *inkompetent*	1
r_8	7b(+) ∧ 7d(+) → *kompetent*	1
r_{13}	7a(−) ∧ 7jFr(+) → *inkompetent*	1
r_{17}	7a(−) ∧ 7b(+) → *inkompetent*	3
r_{20}	7a(−) ∧ 7d(−) → *inkompetent*	2
r_{21}	7b(+) ∧ 7g(−) → *inkompetent*	2
r_{29}	7a(+) ∧ 7d(−) → *kompetent*	1
r_{33}	7b(−) ∧ 7d(+) → *kompetent*	1
r_{34}	7a(−) ∧ 7h(+) → *inkompetent*	1
r_{36}	7b(+) ∧ 7jFr(+) → *inkompetent*	1
r_{38}	7b(−) ∧ 7h(−) → *kompetent*	1
r_{41}	7c(+) ∧ 7g(+) → *kompetent*	1
r_{42}	7c(+) ∧ 7iA(+) → *kompetent*	1
r_{43}	7b(−) ∧ 7e(−) → *kompetent*	1
r_{44}	7d(+) ∧ 7e(−) → *kompetent*	1
r_1	7iD(+) → *kompetent*	1
r_9	7e(−) → *inkompetent*	1
r_{12}	7a(+) → *kompetent*	4
r_{16}	7a(−) → *inkompetent*	3
r_{18}	7b(+) → *inkompetent*	2
r_{22}	7a(−) → *kompetent*	1
r_{23}	7e(−) → *kompetent*	1
r_{24}	7d(−) → *inkompetent*	1
r_{27}	7d(+) → *kompetent*	1
r_{30}	7b(−) → *kompetent*	2

A.2.2 Regelgenerierung durch Expertenhörer

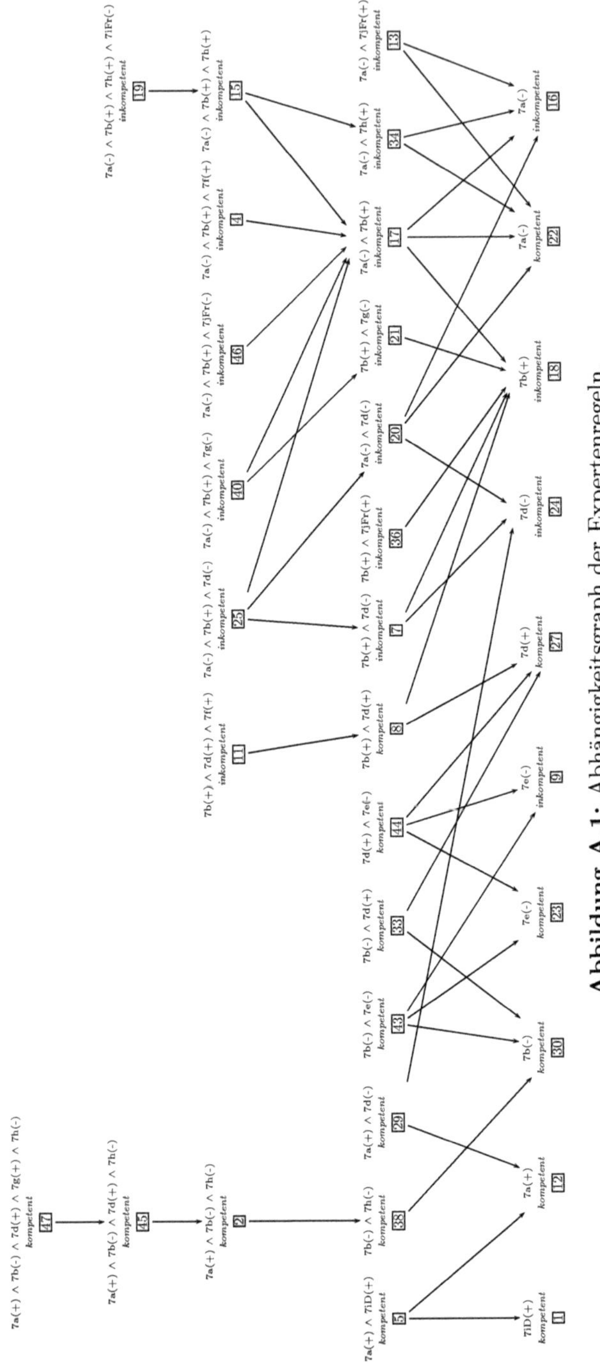

Abbildung A.1: Abhängigkeitsgraph der Expertenregeln.

A.2.3 Entscheidungsbäume zur Sympathieerkennung

Tabelle A.41: Konfidenz c und Support s für den transformierten Regelsatz.

	Entwicklung		Test	
Nr.	c	s	c	s
r_1	0,500	0,034	0,667	0,013
r'_4	0,724	0,163	0,625	0,140
r'_5	0,574	0,528	0,540	0,544
r_7	0,609	0,129	0,390	0,180
r'_9	0,636	0,062	0,667	0,053
r'_{10}	0,667	0,017	0,600	0,022
r_{11}	1,000	0,011	0,000	0,009
r_{12}	0,000	0,000	0,000	0,000
r_{13}	0,750	0,022	0,333	0,013
r_{14}	1,000	0,011	0,000	0,009
r_{15}	0,000	0,000	1,000	0,004
r'_{17}	1,000	0,022	0,333	0,013

Tabelle A.42: Regelsatz für den finalen Entscheidungsbaum (Abbildung 5.9).

Nr.	Regel
r_1	7e(+) $\rightarrow$ *NL*
r'_4	7e(−) ∧ 7g(+) $\rightarrow$ *NL*
r_7	7e(−) ∧ 7g(−) ∧ 7a(+) ∧ 7jFr(−) ∧ 7c(+) $\rightarrow$ *NL*
r'_9	7e(−) ∧ 7g(−) ∧ 7a(+) ∧ 7jFr(−) ∧ 7c(−) $\rightarrow$ *L*
r'_{10}	7e(−) ∧ 7g(−) ∧ 7a(−) ∧ 7b(+) $\rightarrow$ *L*
r_{11}	7a(−) ∧ 7b(−) ∧ 7e(−) ∧ 7g(−) ∧ 7jFo(t) $\rightarrow$ *NL*
r_{12}	7e(−) ∧ 7g(−) ∧ 7a(−) ∧ 7b(−) ∧ 7jFo(m) $\rightarrow$ *L*
r_{13}	7e(−) ∧ 7g(−) ∧ 7a(−) ∧ 7b(−) ∧ 7jFo(t) ∧ 7iD(−) $\rightarrow$ *NL*
r_{14}	7e(−) ∧ 7g(−) ∧ 7a(−) ∧ 7b(−) ∧ 7jFo(t) ∧ 7iD(+) ∧ 7c(+) ∧ G(m) $\rightarrow$ *L*
r_{15}	7e(−) ∧ 7g(−) ∧ 7a(−) ∧ 7b(−) ∧ 7jFo(t) ∧ 7iD(+) ∧ 7c(+) ∧ G(w) $\rightarrow$ *NL*
r'_{17}	7e(−) ∧ 7g(−) ∧ 7a(−) ∧ 7b(−) ∧ 7jFo(t) ∧ 7iD(+) ∧ 7c(−) $\rightarrow$ *L*
r_{90}	7e(−) ∧ 7g(−) ∧ 7a(+) ∧ 7jFr(+) ∧ 7jFo(t) ∧ 7iD(+) ∧ 7c(+) $\rightarrow$ *NL*
r_{91}	7e(−) ∧ 7g(−) ∧ 7a(+) ∧ 7jFr(+) ∧ 7jFo(t) ∧ 7iD(+) ∧ 7c(−) $\rightarrow$ *L*
r_{92}	7e(−) ∧ 7g(−) ∧ 7a(+) ∧ 7jFr(+) ∧ 7jFo(t) ∧ 7iD(−) $\rightarrow$ *L*
r_{93}	7e(−) ∧ 7g(−) ∧ 7a(+) ∧ 7jFr(+) ∧ 7jFo(d) ∧ 7h(+) $\rightarrow$ *NL*
r_{94}	7e(−) ∧ 7g(−) ∧ 7a(+) ∧ 7jFr(+) ∧ 7jFo(d) ∧ 7h(−) $\rightarrow$ *L*
r_{95}	7e(−) ∧ 7g(−) ∧ 7a(+) ∧ 7jFr(+) ∧ 7jFo(m) $\rightarrow$ *L*

Tabelle A.43: Konfidenz und Support für den finalen Entscheidungsbaum (Abbildung 5.9).

	Entwicklung		Test	
Nr.	c	s	c	s
r_1	0,500	0,034	0,667	0,013
r'_4	0,724	0,163	0,625	0,140
r_7	0,609	0,129	0,390	0,180
r'_9	0,636	0,062	0,667	0,053
r'_{10}	0,667	0,017	0,600	0,022
r_{11}	1,000	0,011	0,000	0,009
r_{12}	0,000	0,000	0,000	0,000
r_{13}	0,750	0,022	0,333	0,013
r_{14}	1,000	0,011	0,000	0,009
r_{15}	1,000	0,022	0,333	0,013
r'_{17}	1,000	0,022	0,333	0,013
r_{90}	0,451	0,287	0,603	0,276
r_{91}	0,800	0,028	0,667	0,066
r_{92}	1,000	0,011	1,000	0,013
r_{93}	0,000	0,006	0,750	0,018
r_{94}	0,543	0,197	0,718	0,171
r_{95}	0,000	0,000	0,000	0,000

A.2.4 Quasi-kontinuierliche Klassifikation der zweiten Stufe

Tabelle A.44: Erkennungsleistung der quasi-kontinuierlichen Klassifikation.

	2. Stufe					1. Stufe			
Pr.	F_1	ER	rpr	rnr	Reg.	F_1	ER	rpr	rnr
P_1	0,5450	50,07	0,6168	0,3913	41	0,5283	50,85	0,5344	0,4811
P_2	0,5150	50,86	0,6408	0,4178	51	0,5521	51,51	0,5033	0,5323
P_3	0,4393	54,94	0,4188	0,6446	43	0,5763	54,13	0,5372	0,5469
P_4	0,5130	50,72	0,6294	0,4215	37	0,5205	49,54	0,4644	0,5399
P_5	0,5013	49,41	0,4936	0,4946	50	0,5188	47,97	0,4988	0,4551
P_6	0,5000	49,67	0,6025	0,4208	27	0,4936	48,10	0,4327	0,5489
P_7	0,4836	50,20	0,4646	0,5397	32	0,5598	54,65	0,5759	0,5171
P_8	0,4930	47,69	0,5147	0,4401	61	0,5021	53,21	0,4639	0,6027
P_9	0,4670	50,99	0,4466	0,5685	69	0,5676	53,08	0,5905	0,4658
P_{10}	0,5126	46,38	0,6772	0,3115	23	0,5837	53,08	0,5615	0,4873
P_{11}	0,5355	48,35	0,5870	0,3770	47	0,4789	49,80	0,4668	0,5285
P_{12}	0,4994	44,80	0,5387	0,3531	37	0,4696	49,67	0,4570	0,5345

Tabelle A.44 – Fortsetzung

	2. Stufe					1. Stufe			
Pr.	F_1	ER	rpr	rnr	Reg.	F_1	ER	rpr	rnr
P_{13}	0,5569	55,34	0,5576	0,5491	30	0,5147	50,33	0,5276	0,4791
P_{14}	0,4938	46,51	0,4151	0,5496	67	0,4129	47,44	0,4982	0,4604
P_{15}	0,5362	51,91	0,5315	0,5055	47	0,5466	51,51	0,6093	0,4282
P_{16}	0,4011	42,95	0,4693	0,4022	51	0,5012	46,79	0,4493	0,4951
P_{17}	0,5308	51,78	0,4988	0,5407	49	0,4634	47,18	0,5014	0,4471
P_{18}	0,3804	45,06	0,4089	0,4798	35	0,6096	52,16	0,6362	0,3587
P_{19}	0,5912	53,36	0,6024	0,4461	60	0,4397	48,23	0,4613	0,4988
P_{20}	0,4632	47,17	0,4638	0,4793	38	0,4982	44,30	0,5410	0,3405
P_{21}	0,5007	50,86	0,6275	0,4317	39	0,5629	51,77	0,5108	0,5284
P_{22}	0,4882	48,62	0,4662	0,5083	39	0,4448	49,93	0,4227	0,5686
P_{23}	0,5553	55,47	0,6720	0,4719	54	0,5507	51,25	0,5078	0,5191
P_{24}	0,4697	47,04	0,4018	0,5665	53	0,4328	50,20	0,4531	0,5372
P_{25}	0,5385	46,25	0,5561	0,3414	33	0,3485	47,58	0,3204	0,5967
P_{26}	0,5109	49,54	0,5319	0,4595	64	0,4736	45,22	0,4870	0,4164
P_{27}	0,4793	55,34	0,4742	0,6140	47	0,5858	52,56	0,5926	0,4381
P_{28}	0,5013	50,99	0,5405	0,4843	53	0,5139	51,90	0,4675	0,5805
P_{29}	0,5164	53,36	0,5339	0,5333	44	0,4848	48,75	0,4499	0,5311
P_{Avg}	0,5952	57,71	0,6162	0,5372	22	0,5867	55,31	0,6368	0,4700